JN440900

# 러시아-우크라이나 전쟁

우아한 위선에서
정직한 야만의 시대로

# 러시아-우크라이나 전쟁

## 우아한 위선에서 정직한 야만의 시대로

이문영 지음

일조각

# 들어가며

이 책은 전쟁에 관한 이야기다. 그것도 기존 세계 질서를 온통 흔들어버린, 2차대전 후 유럽에서, 세계에서 가장 큰 전쟁에 관한 이야기다. 러시아 연구자는 이처럼 큰 이야기를 해야 할 때가 많은데, 이는 다분히 러시아 탓이다.

모스크바 크렘린에는 차르 종Tsar Bell이라는 것이 있다. 세계에서 제일 큰 종으로 지름이 6미터가 넘고 무게는 200톤이 넘는다. 그런데 너무 커서 울릴 수가 없다. 또 차르 대포Tsar Cannon도 있다. 구경이 1미터 가까이 되고 무게도 40톤이 넘는, 세계에서 제일 큰 대포다. 그런데 마찬가지로 너무 커서 쏠 수가 없다.

'쓸모'를 제압하는 '규모'에 대한 이 러시아식 강박은 세계 육지의 1/9에 달하는 거대한 영토와 무관하지 않을 터, '유럽이 자기 정체성을 '역사'를 통해 표현했다면 러시아는 '지리'를 통해 표현'했으며, '러시아에 공간은 영예이자 운명'이라는 말이 나온 이유다.[1] 러시아 문명은 역사보다는 영토로, 시간보다는 공간을 축으로 구성되었다는 뜻이다. 서구식 합리에 익숙한 우리로서는 도통 이해할 수 없는 '러시아적인 어떤 것'을 이해하려면 여기서부터 출발할 필요가 있다.

너무 커서 울리지 않는 종, 너무 커서 쏠 수 없는 대포처럼 실용성과 거리가 먼, 규모에 대한 러시아적 강박 또는 감각은 사상과 비전의 영역에서는 허황할 정도의 '거창함'이나 '무모함'으로 발현되곤 했다. 한마디로, 말도 안 되는 것을 꿈꾸고, 말이 되게 하려 용을 썼다는 얘기다.

이론상 고도로 발달한 자본주의 후에야 가능한 사회주의로의 도약이 생뚱맞게도 영국이 아닌, 국민 대다수가 농민인 제정러시아에서 현실이 된 것도 이와 무관치 않다. 그러더니 어느 날 갑자기 앞뒤 잴 것 없이 일단 소련부터 날려버리고 자본주의로 방향을 틀었고, 그 과정에서 말도 못 할 고생을 했다. 더 멀리로는 제국의 심장 모스크바를 활활 불태워 나폴레옹의 세계정복을 막았고, 레닌그라드에서는 무려 900일의 봉쇄를 끝내 견디고 히틀러의 진격에 종지부를 찍었다.

정치사만이 아니다. 톨스토이는 비폭력을 정당방위도 허락하지 않는 극한까지 밀어붙였고, '이제는 돌아와 거울 앞에 설' 여든 나이에 새 삶을 찾아 가출했다가 객사했다. 도스토옙스키는 라스콜니코프를 내세워 '나폴레옹은 되는데 나는 왜 안되나' 감히 읊조리다가, 누구도 의심치 않던 합법적 폭력(법)의 신화를 겨냥해 도끼부터 휘둘렀고, 이후 처절하게 고통받았다. 추상미술의 세계를 열어젖힌 말레비치는 오로지 절대와 궁극

---

1 Marlene Laruelle, translated by Mischa Gabowitsch, *Russian Eurasianism: An Ideology of Empire*, Baltimore: The Johns Hopkins University Press, 2012, p. 31; Константин Амелюшкин, "Российский историк," *Иносми*, 7 марта 2017.

에 대한 염원으로 기존 미술사 전체를 '검은 사각형' 하나에 묻어버렸다.

이처럼 러시아인들은 허무맹랑할 정도로 무모하고 거창한 도전을 자주 했고, 대개 실패해 비웃음을 샀지만, 간혹 성공한 도전들로 사람들의 생각을 바꾸고, 세계의 모습을 변경하고, 때로 인류사 전체를 갈아치웠다. 그 도약은 대부분 실용성과는 거리가 있다. '불가능한 가능성'을 향한 도전의 가치는 본디 윤리의 영역에 속하기 때문이다.

이제쯤 러시아가 사고를 칠 때가 됐는데…싶을 무렵, 이 전쟁이 터졌다. 이번에도 누구도 예상하지 못했고, 이번에도 실용성이나 합리적 판단과는 거리가 멀고 의미나 파장은 거대했으나, 이번에는 반反윤리의 영역이었다. 그쪽 방면으로의 무지막지함 또한 러시아에 낯선 것이 아니다. 2차대전으로 사망한 소련 인구가 2,700만 명에 달하며, 러시아만 따져도 1,400만 명을 헤아린다. 두 경우 모두 군인보다 민간인이 훨씬 더 많이 죽었다. 정상적인 국가라면, 국민 1,400만 명을 희생해 얻은 승리를 승리라고 할 수 있을까. 아마도 그전에 정부가 알아서 항복하거나, 아니면 '우릴 다 죽일 셈이냐' 국민이 먼저 들고일어났을 것이다.

하지만 러시아는 그러지 않았고, 정부만이 아니었다. 현재까지도 대다수 러시아 국민에게 2차대전 승리는 애국심과 자긍심의 원천이며, 상상을 초월하는 희생의 규모는 자부심을 훼손하기보다 극적으로 고양시켰다. 러시아는 이런 나라다. 러시아가 손에 쥔 핵만큼 무서운 것이 러시아의 이런 과거, 그것을 가능하게 한 멘탈리티mentality다.

책을 마무리할 즈음, 다시 종전 협상이 급물살을 타기 시작했다. 지난 1년 익숙해진 과정이 다시 시작되었다. 즉, ① 철저히 러시아 편에 선 협상안으로 트럼프가 우크라이나를 거칠게 몰아붙인다, ② 유럽과 젤렌스키가 똘똘 뭉쳐 트럼프를 어르고 달래 이를 조정한다, ③ 달라진 조건을 러시아가 단호히 거부한다, ④ 실망한 트럼프가 이번에는 러시아를 몰아세우다 푸틴과 접촉 후 원점 복귀한다. … 트럼프 취임 후 이런 과정이 최소한 세 차례 반복되었다. 이번에는 다를 수 있을까.

한 가지는 분명하다. 전쟁이 언제 끝날지는 아무도 모르지만, 이 전쟁과 트럼프의 부활로 우리가 알던 세계가 끝났다는 것은 모두가 안다. 말하자면 이 전쟁은 '종말의 시작'을 알리는 서곡이다. 전쟁과 트럼프가 어우러져 이제 세계는 ① 단극에서 다극으로, ② 자유주의 국제질서에서 강대국 정치로, ③ '규칙이 힘이 되던 시대'에서 '힘이 규칙이 되는 시대'로 이동했다. 바야흐로 '우아한 위선'의 시대는 가고, '정직한 야만'의 시대가 도래한 것이다.

감히 예상해본다면, 어떤 경우든 러시아는 ① 우크라이나의 나토 가입 포기, ② 우크라이나 병력 축소, ③ (크림반도와 돈바스 전체를 필수로 포함한) 점령지 인정이 이뤄지지 않는 한 물러서지 않을 것이다. 일부 조율은 가능할지 몰라도 큰 폭의 타협은 허락되지 않을 것이다. '주권 존중'과 '무력에 의한 현상 변경 금지'라는 2차대전 후 국제법의 규범과 상식을 훌쩍 넘어서는 이 최대주의적 요구가 러시아에는 최소 요건인 셈이다. 이제 그만할 때도 되었는데, 아무리 욕을 먹어도, 아무리 제재를 당해도 러시아는 꿈쩍도 하지 않는다. 러시아는 왜 이러는 것일까. 앞서 밝혔듯이 좋은 의미로든 나쁜 의미로든 상식의 한계를 무지막지한 규모로 초과해온 러시아지만, 그래도 늘 이유는 있었다.

이 책은 그 이유에 대한, 다시 말해 이 파국적인 전쟁의 기원과 근본 원인에 대한 답을 찾고자 했다. 바이든은 이 전쟁을 '이유 없고 정당화할 수 없는unprovoked and unjustified' 전쟁으로 정식화했다. 정당화할 수 없는 것은 맞지만, 이유 없는 전쟁은 아니다. 책은 그 점을 밝히고자 했다.

잘 알려져 있듯이 러시아-우크라이나 전쟁(이하, 우크라이나 전쟁)은 ① 나토 문제로 대표되는 글로벌global 차원, ② 러우 양국 간 관계international의 차원, ③ 돈바스 내전이라는 국내적intra-national 차원이 복잡하게 교직된 다차원 전쟁이다. 또 멀리는 고대 러시아부터 가까이는 소련 해체 후 30여 년의 역사를 아우르고, 정치, 경제, 역사, 사회, 문화, 종교, 언어의 차원이 두루 교차하는 매우 복잡한 맥락과 배경을 가진다.

다른 한편, 현재는 정보전의 위상이 극대화된 하이브리드 전쟁hybrid war의 시대이자 저마다의 진실이 난무하는 탈진실post-truth의 시대이기도 하다. 현재 이 전쟁은 바로 그러한 탈진실의 최대 격전지로, 진실을 참칭하는 서로 다른 주장들의 무한경쟁이 벌어지고 있다. 온갖 미디어를 통해 매일 쏟아져나오는 전쟁 정보 속에서 어떤 것이 사실이고 거짓인지 일일이 가려내는 것은 거의 불가능에 가깝다. 이 전쟁은 '전쟁의 첫 희생자는 진실'이라는 오래된 격언의 유효성을 온몸으로 입증하고 있다. 동시에 바로 그러한 이유로 이 전쟁에 대한 '근거 있고 증빙 가능한' 분석의 필요가 어느 때보다 절실하다.

100% 객관적인 사실이란 애초에 불가능하고 진실도 결국 구성되는 것이지만, 영어, 러시아어, 우크라이나어 자료 간 교차 검증을 통해 최대한 객관적이고자 노력했다. 자료나 사료는 가능한 한 원본을 직접 확인해 인용했고, 러시아 쪽 주장은 주로 우크라이나나 서방측 자료에 근거해 검증했다. 러시아 여론조사도 (극히 일부를 제외하고) 레바다센터Levada Center의 자료에 한정해 사용했다. 러시아의 다른 조사기관과 달리 비정부 독립기관인 레바다센터는 상대적인 자율성과 객관성을 확보한 것으로 평가되며, 이는 이 기관이 '러시아판 블랙리스트'인 '외국 에이전트Foreign Agent'

목록에 이미 2013년부터 이름을 올렸다는 점에서도 확인된다.

책은 우크라이나 전쟁을 둘러싼 가장 유명하고 논쟁적인 질문 13개를 뽑아 이에 답하는 방식으로 구성되었다. 모든 전쟁이 그렇지만 이 전쟁도 기원과 배경, 진행 과정이나 향후 전망과 관련해 무수히 많은 논란이 존재한다. 전쟁의 진짜 원인이 무엇인지, 푸틴의 영토 욕심 때문인지 나토 확대 때문인지, 서방이 했다는 '1인치 약속'의 실체는 무엇인지, 푸틴이 걸핏하면 걸고넘어지는 우크라이나 네오나치는 어디까지가 사실인 것인지, 말도 많고 탈도 많던 북한군 참전의 실상은 어떠한지, 트럼프가 정말 이 전쟁을 끝낼 수 있을지 등 끝도 없이 나열할 수 있는 여러 쟁점 중 가장 핵심적인 13개를 중심으로 답을 구하고자 했다. 10장까지는 주로 기원과 배경에 관한 이야기이고, 이후는 전쟁의 경과와 전망, 한반도에 주는 함의를 담았다. 보통의 전쟁 책과 달리 시간 순이 아닌 쟁점 순이지만, 몇 가지 기본 정보만 있다면 어느 챕터부터 읽어도 무방하리라 생각한다.

여기서 기본 정보란, ① 1991년 소련에서 독립한 후 우크라이나는 '북서부 vs 동남부'가 '친서방 vs 친러'로 양분되었고, ② 2004년 오렌지 혁명은 친러 대통령 후보의 선거 부정 의혹에 항의한 친서방 시위였고, ③ 2013년 말 발생한 유로마이단 사태 역시 친서방 시위로 친러 정권이 전복된 사건이었으나, ④ 그 여파로 2014년 친러 성향이 강한 크림반도는 분리독립 선언 후 러시아에 합병되었고, 돈바스에서는 친러 반군과 키이우 정부군 간 내전이 시작되었으며, ⑤ 2015년 민스크 평화협정이 체결된 이후로도 7년간 계속된 내전이 2022년 2월 러시아의 침공으로 전쟁으로 비화되었다 정도로 간추릴 수 있다.

전쟁이 시작되고 일 년쯤 지난 후부터 유튜브 방송 〈삼프로〉 등에 정기적으로 출연해 전쟁 이야기를 전해왔다. 많은 분이 관심을 보여주셨고, 생각지도 못한 통찰이나 몰랐던 정보가 담긴 댓글이 많아 자주 놀랐다. 무엇보다 방송에서 미처 하지 못한, 또는 차마 못 한 이야기까지 헤아려 공감해주신 분들 덕분에 힘이 났다.

하지만 처음 출연 섭외를 받았을 때 복잡했던 심경을 떠올리면 아직도 마음이 무겁다. 2023년 4월 말쯤으로 기억되는데, 한미정상회담을 앞두고 우크라이나에 무기 지원 가능성을 시사한 당시 한국 대통령의 인터뷰로 발칵 뒤집힌 상황이었다. 그것만은 막아야 한다고 생각했고, 마침 기회가 닿은 방송 출연이 필자가 할 수 있는 가장 효과적인 방법이라 여겨졌지만, 겁이 났다. 사실을 말했다가 '친러'에 '전쟁 옹호자', '푸틴 앞잡이'로 험하게 저격당하는 장면을 여러 번 목격한 데다, 필자 역시 전쟁 초반 쓴 칼럼으로 이미 비슷한 곤욕을 치렀기 때문이다. 부러 거짓을 말하지 않은 다음에야, 아무리 '아군 아니면 적군'인 전쟁 이야기라도, 더구나 어쨌든 남의 나라 전쟁에 대해 말하는 일이 그렇게 살 떨리는 실존적 결단을 요구하는 상황은 더 이상 없었으면 좋겠다.

이와 관련해 한 가지 말씀드리고 싶은 것이 있다. 1990년 한러 수교로 양국이 본격적인 관계를 맺은 지 벌써 36년이 됐지만, 러시아는 한국에 여전히 낯설고 먼 나라다. 그러다 보니 러시아에 대한 한국인의 인식 속에는 여러 차원의 불균형이 존재한다.

필자가 속한 서울대 통일평화연구원이 2007년부터 매년 실시해온 〈통일의식조사〉에는 '주변국 인식'이란 항목이 있다. 그에 따르면, 한국인의 약 70%가 한반도 평화와 통일에 러시아의 협조가 필요하다고 여기지만, (미국, 중국, 일본과 달리) 러시아의 경우 국가 친밀감이나 위협감은 0~1%대에 머문다. 즉, 평화변수로서의 무게감과 (좋은 의미로든 나쁜 의미로든) 러시아라는 나라 자체의 존재감이 한국인의 의식 속에서 전혀 조화를 이루지 못하는 셈이다. 알 필요는 있지만 잘 알지 못하는 나라라는 뜻이다. 이 전쟁 후 러시아가 주는 위협감이 약 10%로 급등했는데, 이는 18년의 조사 기간 중 매우 예외적인 경우에 해당한다.

다른 차원의 불균형도 존재한다. 러시아에 대한 한국인의 인상에는 극단적으로 대조적인 요소가 기이하게 결합돼있다. 소련이 사라진 지 30년이 넘었는데도 아직도 한국인은 '러시아' 하면 '소련', '공산주의'부터 떠올리거나, 아니면 정반대로 '톨스토이', '차이콥스키', '볼쇼이'를 먼저 생각한다. 여러 여론조사 결과는 소련이 없어진 후 태어난 젊은 세대에도 이 현상이 마찬가지로 적용됨을 보여준다. 흥미롭게도 이는 한국에 대한 러시아인의 인상에도 비슷하게 적용되는데, 러시아인 역시 '한국' 하면 '삼성', '현대', 'LG' 등 최첨단 산업을 떠올리거나, 아니면 정반대로 '북한', '분단', '북핵'을 함께 떠올린다.

이런 유사성에도 러시아인의 한국 이미지가 최소한 현실에 부합한다면, 한국인의 러시아 인식은 제정러시아나 소련 같은 '사라진 기호'의 감옥에 갇혀 있다. 그 결과 한국인에게 러시아는 '무시무시한 강대국'과 '자원팔이로 연명하는 몰락한 제국' 사이, 과장된 공포와 부당한 폄하 사이를 오간다. 그중 어디에도 현재의 진짜 러시아는 없다. 러시아는 그렇게 무서운 존재도, 그렇다고 함부로 만만히 볼 상대도 아니다.

이 전쟁으로 인해 한국인의 의식 속에서 러시아를 구성하는 두 이미지 중 톨스토이와 볼쇼이가 물러나고, 소련, 공산주의, 독재가 전면화되었을 터, KGB 출신인 푸틴의 이력도 한몫했을 것이다. 그와 한 묶음으로, 우리 현대사에 깊이 각인된 한국전쟁과 분단, 냉전의 기억이 다시 소환되었다. 우크라이나처럼 강대국에 둘러싸여 자주 침략당하고, 6·25

로 세계의 원조를 받았던 한국인에게 침략국 러시아에 대한 단죄와 침략당한 우크라이나에 대한 공감은 자연스러운 일이다.

하지만 전쟁의 비극성과 반인륜성은 이미 그 자체 자명한바, 이 극단적인 비평화 상황을 하루빨리 끝내고 두 번 다시 반복되지 않도록 하기 위해서는 전쟁을 구성하는 사실들에 대한 냉정하고 객관적인 인식이 시급하다. 앞서 밝혔듯이, 한국인의 러시아 인식이 냉전 경험에 결박된 불완전한 인상에 좌우되곤 한다는 점을 생각하면 더욱 그렇다. 전쟁 내내 서방의 관점에 심각하게 경도되었던 한국 언론의 모습은 우리가 아직도 얼마나 냉전적 사고나 구조에서 자유롭지 못한지 여실히 보여준다.

또 '정당화될 수 없음'과 '이유 있음'이 공존하는 이 전쟁의 특성도 감안할 필요가 있다. 물론 모든 전쟁은 정의로운 전쟁을 참칭하며, 침략자의 입장에서 명분 없는 전쟁이란 없고, 그럼에도 어떤 전쟁도 정당화될 수 없다. 하지만 이 전쟁은 그 예측 불가능성과 예외성만큼이나 정당성과 명분 사이 곤경의 골도 깊고 험하다. 필자가 이 어렵고 복잡한 전쟁에 대해 최대한 사실을 전달하기 위해 내 안의 주관성을 끊임없이 검열하며 책을 썼듯이, 부디 독자 여러분도 열린 마음으로 읽어주시길 바란다.

많은 방송과 강연을 하며 가장 많이 받은 질문 중 하나가 '왜 약대를 나와서 러시아 연구를 하느냐', '문학박사인데 왜 전쟁 연구를 하느냐'였다. 전자는 너무 개인적인 사연이라 말하기 어렵지만, 후자에 대해서는 간략히 밝히고 싶다.

현재처럼 학문 경계 간 융합과 통섭이 대세가 되기 훨씬 전부터 지역학은 여성학, 평화학과 더불어 학제 간 연구를 본질로 삼은 가장 대표적인 학문 분야다. 단적으로, 러시아를 제대로 이해하기 위해서는 러시아 정치, 경제, 역사나 문화 어느 한 분야를 아는 것만으로는 부족하다. 이에 지역학은 여러 전공자의 협업을 장려해왔지만, 실상은 각 분야를 병렬하는 방식에 그쳤다. 이 역시 불완전하기는 마찬가지다.

필자는 학제 간 연구를 내면화함으로써 이 한계를 넘어서고 싶었다. 마침 필자의 박사학위 주제가 러시아의 유명 철학자 미하일 바흐틴Mikhail Bakhtin의 '대화주의Dialogism'였다. 서구 탈구조주의에 영감을 주었고, (인문학은 물론, 정치학, 교육학, 심리학에도 널리 활용돼) '바흐틴 산업'이란 말이 생겨날 정도로 한때 서구 지성계를 풍미한 큰 사상가다. 그는 대표 개념인 대화주의를 통해 '나와 타자, 주체와 객체, 삶과 문화 등 다양한 경계와 구획들 사이의 대화와 소통'을 강조했다. 바흐틴 자신, 철학, 윤리학, 미학, 문학 등을 자유로이 오가며 사유의 장르를 가리지 않았다.

필자는 '하나의 정의로 완결될 수 없고, 완성은 영원히 미래로 유예되며, 그렇게 형성이자 과정으로 역동하는 존재'에 대한 바흐틴의 사유를 러시아 연구와 결합하고 싶었다. 2012년 서울대에 자리를 잡은 후 필자는 인문학과 사회과학을 오가며 러시아로 한반도를 읽고, 전쟁으로 평화를 사유하는 실험을 하고 있다. 전쟁 또한 어느 한 분과만으로 설명되지 않는다. 또 전쟁도 결국 인간사, 사람들의 이야기라면, 스토리텔링에 익숙한 인문학자가 오히려 적임자일 수 있다. 이 책에서도 각각의 쟁점을 하나의 서사로 다루고, 전쟁 뒤에 숨겨진 사람들의 목소리를 가능한 한 많이 담고자 했다.

어쩌면 필자도 러시아처럼 말도 안 되는 꿈을 꾸고, 말이 되게 하려 용을 쓰는 중인지 모르겠다. 연구자가 연구대상을 닮아가는 것인지, 원래 닮아 그 대상을 선택한 것인지도 모를 일이다. 필자의 무모한 시도도 완성과는 거리가 멀지만, 용은 쓰고 있다. 책을 쓰는 내내 정말 고3처럼 살았다. 학자로서 글로 한번 정리해보고 싶은 마음과, 떨리는 심정으로 마이크 앞에 선 필자에게 전혀 예상 못 한 격려와 응원을 보내주신 이름

모를 분들께 감사를 전하고 싶은 마음이 겹쳤다. 많이 부족하지만, 그 마음만은 온전히 전달될 수 있기를 바란다.

2026년 2월

이문영

# 차례


들어가며 5

**01 영토 때문인가 나토 때문인가** ---- 21

서방 vs 글로벌 사우스 22
바이든 vs 트럼프 24
푸틴은 정말 소련의 부활을 꿈꾸나 26
영토 때문이 아닌 이유 28

**02 1인치 약속, 누구 말이 사실인가** ---- 43

논란 1: 약속은 없었다? 46
논란 2: '동쪽'은 동유럽이 아니라 '동독'이다? 50
논란 3: 법적으로 아무 문제 없다? 55

**03 러시아는 처음부터 나토 확대에 반대했나** ---- 67

러시아도 나토에 가입하겠다! 67
옐친의 나토 딜레마 71
1997 나토-러시아 창립법 75
푸틴과 나토의 짧았던 밀월 78

**04 우크라이나의 나토 가입은 왜 러시아에 위협인가** ---- 87

나토로 가는 험난한 길 87
우크라이나 국민은 나토 가입을 원했을까 91
동맹 선택의 권리 vs 안보 불가분의 의무 94
우크라이나의 나토 가입이 러시아에 위협인 이유 97
러시아 국민은 우크라이나의 나토 가입에 대해 어떻게 생각할까 100

**05 푸틴이 우크라이나에 집착하는 진짜 이유는?** 109

우크라이나 없이 러시아는 러시아가 아니다 111
러시아 없이 우크라이나는 우크라이나가 아니다 114
공유 역사의 빛과 그림자 116
존재하지 않는 나라의 역사 만들기 119
토착화: 우크라이나 국가 만들기 프로젝트 124
형제국가가 끝장낸 형제 관계 128

**06 크림, 합병인가 통일인가** 137

크림이 러시아에 각별한 이유 137
크림, 합병인가 통일인가 143
크림 vs 코소보: 주권 vs 자결 또는 강대국의 내로남불 150

**07 민스크 협정을 위반한 것은 누구인가** 161

전쟁은 2014년에 시작되었다 161
민스크 협정은 무용지물이었나 163
위반된 약속, 폐기된 협정 167
약속을 어긴 것은 누구인가 171
강해진 군대, 버려진 국민 175

**08 네오나치, 어디까지 사실인가** 185

우크라이나 파시즘의 기원 185
기억 정치와 극우의 부활 190
유로마이단의 네오나치들 194
저격수들은 누구인가 198
아조우: 최후의 십자군 전쟁 205
아조우 vs 푸틴: 적대적 공생관계 211

**09 북한군 참전, 진실은? 그리고 우리 언론은?** 221

북한군 사태의 전말 222
북한군은 언제부터 전투에 참여했나 228

바이든은 왜 그랬을까 232
한국 언론의 풍경 234
유일한 북한군 생존자? 237
〈한겨레〉의 '자칭 진보' 비판 239

**10 막을 수 있는, 멈출 수 있는 전쟁이었다?** 247

막을 수 있었던 전쟁 247
멈출 수 있었던 전쟁 253

**11 전쟁은 어떻게 진행되었나** 263

전쟁 1년 차 263
전쟁 2년 차 266
전쟁 3년 차 285

**12 트럼프는 정말 전쟁을 끝낼 수 있을까** 291

트럼프 2.0: 정직한 야만의 시대 291
다극화와 강대국 정치 294
트럼프가 러시아에 원하는 것 299
알래스카 정상회담이 남긴 것 307
협상의 경과와 조건들 314
트럼프가 전쟁을 끝낼 수 있을까 319

**13 전쟁 이후, 한국은?** 331

사라진 우리 30년 331
러중 밀착의 어두운 그림자 335
러시아에 한국이 필요한 이유 338
한국이 러시아를 관리해야 하는 이유 341

참고문헌 351

## 일러두기

1. 한글 맞춤법과 외래어표기는 국립국어원의 어문 규정을 따르되, 오래 사용해 굳어진 관용적 표현은 그대로 썼다.
2. 인용의 경우 직접인용은 원문에 큰 따옴표(“ ”), 간접인용은 작은 따옴표(‘ ’)를 사용하였다.
3. 온라인 자료의 인터넷 링크는 참고문헌에 제시하였다.
4. 기관 홈페이지에 게재된 자료는 출처에 기관명을 이탤릭체로 표기하였다.
5. 이 책은 저자의 아래 연구결과에 기반해 이를 수정, 보완한 것임을 밝힌다.
   - “형제국가들의 역사전쟁: 우크라이나 사태와 러시아의 크림반도 합병의 기원.”『역사비평』 112호. 2015.
   - “지금 러시아에선 무슨 일이: 소비에트 노스탤지어와 기억의 정치학.”『창작과비평』 46권 1호. 2018.
   - “러시아-우크라이나 전쟁과 나토: 쟁점과 여론.”『슬라브학보』 제37권 제3호. 2022.
   - “러시아-우크라이나 전쟁 2023: 전황과 전망.”『통일과평화』 16집 1호. 2024.
   - “2024 러시아-우크라이나 전쟁: 결산과 전망.” 경남대 극동문제연구소 편.『한반도 리포트: 2024-2025』. 2024.

01 

# 영토 때문인가 나토 때문인가

모든 전쟁은 논쟁적이다. 전쟁의 폭력적 이분법이 명분이나 정당성을 둘러싼 경쟁에도 고스란히 투사되기 때문이다. 해석의 주체가 전쟁의 두 당사국을 벗어나면 상황은 더욱 복잡해진다. 나라마다 다른 이해관계, 지역마다 고유한 역사적 경험, 정파나 진영에 따른 이념적 성향 등이 보태지며 전쟁을 둘러싼 내러티브 경쟁은 또 하나의 전쟁으로 가열된다. 그럼에도 또는 그럴수록 '무엇이 보다 사실에 부합하는가'에 대한 판단은 더욱 긴요해진다.

우크라이나 전쟁도 마찬가지다. 이 전쟁에 대한 인식과 평가 역시 ① 나라마다 지역마다 다르고, ② 같은 국가 내에서도 정치적 입장에 따라 극단을 오가는 경우가 비일비재하다. 이는 특히 전쟁의 원인에 대한 해석에서 가장 단적으로 드러난다.

## 서방 vs 글로벌 사우스

①의 대표적 사례로 서방의 나토 회원국과 글로벌 사우스Global South의 브릭스BRICS 회원국 간 차이를 들 수 있다. 나토 회원국이 전쟁 초반부터 일관되게 우크라이나 편에 서서 각종 지원 및 러시아 제재에 적극 동참해왔다면, 브릭스로 대표되는 글로벌 사우스 나라들은 러시아와 우크라이나, 러시아와 서방 사이에서 중립을 유지하며, 우크라이나 지원과 러시아 제재 둘 다에 소극적인 행보를 보였다. 이러한 행위의 차이는 전쟁에 대한 인식의 차이가 반영된 결과다.

전쟁 발발 직후인 2022년 2월 25일, 미국 정치전문매체 〈폴리티코〉는 전쟁의 원인과 관련한 전문가 인터뷰를 발표했다. 인터뷰에는 조지 W. 부시 정부의 국가안보회의 러시아 담당국장을 지낸 토머스 그레이엄Thomas Graham, 오바마 행정부의 러우 담당 국방부 차관보를 지낸 에벌린 파카스Evelyn Farkas, 국제정치학자 티모시 프라이Timothy Frye, 역사학자 프랜시스 후쿠야마Francis Fukuyama 등 전·현직 정치인, 외교관, 학자 등이 다수 참여했다. 이들 중 다수가 전쟁의 본질을 '소련 세력권 복원'이나 '푸틴의 제국주의'를 키워드로 설명했다.[1]

역시 전쟁 발발 직후인 2022년 3월, 아랍에미리트 아부다비 소재 싱크탱크인 트렌즈 리서치 앤 어드바이저리Trends Research & Advisory도 우크라이나 전쟁에 대한 전문가 조사 결과를 발표했다. 다양한 국적의 전문가가 참여했지만, 대다수(75%)는 아랍인이었다. 조사 결과, "우크라이나 전쟁의 원인은 무엇인가"라는 질문에 "러시아를 약화시키려는 서방의 시도"라는 응답이 1위를, "서방의 러시아 안전보장 제공 실패"와 "우크라이나의 나토 가입 시도"라는 응답이 공동 2위를 차지했다. "푸틴의 소련 세력권 복원 시도"라는 응답은 4위에 머물렀다.[2]

1-1. 글로벌 사우스

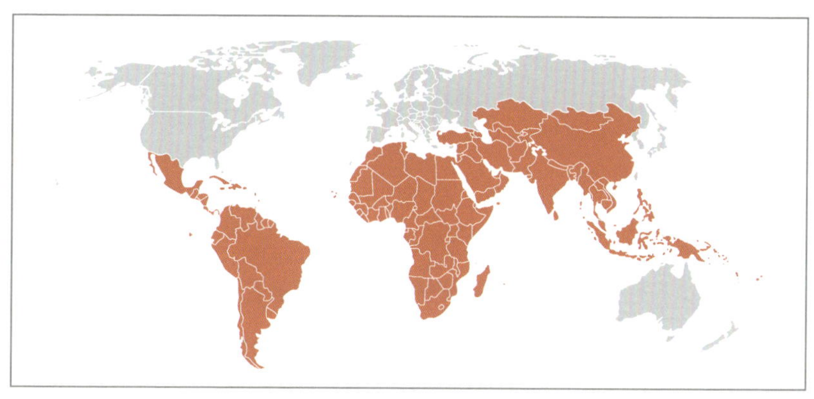

1-2. 러시아 제재 참여 지도

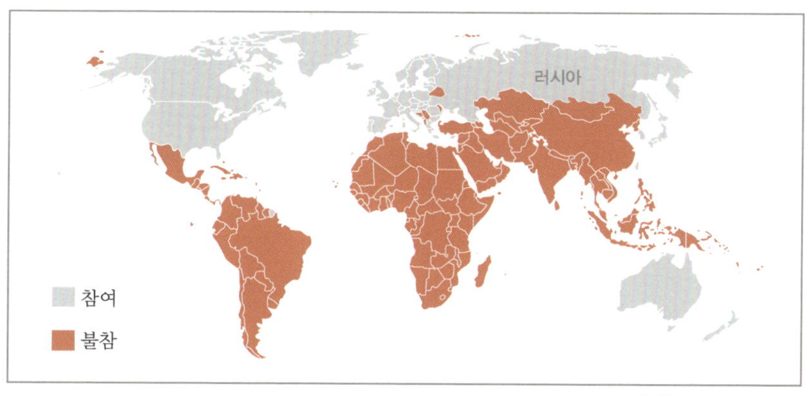


출처: Castellum.AI

이처럼 전쟁의 원인과 관련해 서방과 글로벌 사우스, 또는 제재 참여국과 불참국의 주류 입장 사이에는 무시할 수 없는 차이가 존재한다. 두 지도를 비교해보자. 〈1-1〉은 글로벌 사우스를 나타낸 지도다. 〈1-2〉는 (2025년 8월 15일 기준) 러시아 제재 참여국을 표시한 것이다.[3]

글로벌 사우스와 제재 불참 지역이 지리적으로 정확히 겹치는 것을 확인할 수 있다. 실제로 아시아 국가 중 제재 참여국은 한국, 일본, 대만, 싱가포르뿐이며, 그 외 동북아, 동남아, 중앙아, 중동, 라틴아메리카, 아프리카 중 어느 나라도 대러 제재에 동참하지 않았다. 이와 관련해 미국 윌슨센터의 마크 그린Mark Green은 전쟁 발발 3개월 후 다음과 같이 말했다.

> "우크라이나 문제로 러시아에 제재를 가한 나라들은 세계 인구의 16%를 대표할 뿐이다. 바이든 대통령과 다른 서방 지도자들은 러시아의 이유 없는 침공에 맞서기 위해 '우리가 세계를 결집시켰다'고 거듭 강조해 왔다. 불행히도 아직은 그렇지 않다. 사실 우리는 소수다. … 세계 인구의 3분의 2는 중립을 취하거나 사실상 비난을 꺼리는 등 러시아의 우크라이나 침공을 규탄하지 않는 나라에 살고 있다."[4]

전쟁 후 3년이 지난 지금도 상황은 전혀 달라지지 않았다. 서방과 확연히 구별되는 글로벌 사우스의 이런 행보는 ① '인도는 인도 편'이라는 모디 총리의 발언이 함축하는 실용주의, ② (반둥 정신Bandung spirit으로 대표되는) 특유의 비동맹 전통, ③ (이란 등에 유난한) 반미 정서 등이 복합적으로 작용한 결과로, 앞서 거론한 글로벌 사우스의 전쟁 인식도 이러한 요인들과의 상호작용 속에 형성된 것이라 할 수 있다.

## 바이든 vs 트럼프

②의 사례, 즉 '같은 나라 내 의견 불일치'를 대표하는 것은 다름 아닌 미국이다. 2025년 출범한 트럼프 2기 행정부의 전쟁 인식은 직전 바이든

정권과 극단적으로 대비된다. 전쟁 발발 직후 바이든이 이 전쟁을 "이유 없고unprovoked 정당화될 수 없는 공격"으로 규정한 후, '이유 없음'은 서방이 이 전쟁을 정의하는 키워드가 되었다.[5] 동시에 '이유 없음'의 유력한 근거로 '소련 부활 내러티브'가 다시 소환되었다. 이미 2014년부터 서방에 널리 공유된 이 서사는 '푸틴의 제국적 욕망과 보복주의revanchism(상실된 영토 복구 의지)'가 크림합병부터 이번 전쟁까지를 모두 관통하는 본질이라 주장한다.

반면 트럼프는 바이든과 우크라이나에 전쟁 책임을 돌리는 듯한 발언을 거듭해왔다. 그는 '우크라이나가 나토 가입을 말하는 순간 전쟁이 시작되었다', '나토가 바로 문 앞에 왔을 때 러시아가 느꼈을 감정을 이해할 수 있다'고 말했다. 그는 젤렌스키를 '이기지도 못할, 따라서 하지 말았어야 할 전쟁을 시작한 자'로, 바이든은 '우크라이나를 부추겨 러시아의 침공을 도발한provoked 자'로 규정했다. 같은 맥락에서 트럼프는 '해외에서 자유와 민주주의를 위해 싸우는 척하며 미국을 끝없이 전쟁으로 밀어 넣는 이들(바이든 정권)이 러시아나 중국보다 미국에 더 해롭다'고 직격했다.[6]

요컨대 바이든이 전쟁의 원인을 '소련 부활을 향한 푸틴의 영토 팽창주의'에서 찾았다면, 트럼프는 이와 정반대로 '나토 팽창과 우크라이나의 나토 가입 시도'를 전쟁의 원인으로 본 것이다. 트럼프 2기 출범 후, 전쟁 3년간 유지되어온 미국-유럽 사이 강고한 연대가 깨지고, '미국-러시아 vs 유럽-우크라이나'라는 미증유의 전선이 형성된 것도 바이든과 트럼프 간 이러한 인식의 괴리가 초래한 결과다. 결국 이번 전쟁의 본질과 관련해, 바이든 vs 트럼프, 또는 서방 vs 글로벌 사우스 간 입장 차를 한마디로 요약하면 '영토 때문인가, 나토 때문인가'가 될 것이다.

## 푸틴은 정말 소련의 부활을 꿈꾸나

그렇다면 어느 쪽이 보다 사실에 부합하는가. 결론부터 말하면 영토보다는 나토 때문이다. 물론 전쟁의 본질을 푸틴의 영토 욕심, 그와 짝을 이루는 소련 부활 야심에 두는 서방의 확신에 그럴만한 정황이 없는 것은 아니다. 사실상 26년째 집권 중인 푸틴의 지상과제는 '강한 러시아의 부활'로 요약되며, 이를 위해 그는 소련이라는 과거를 누구보다 적극적으로 활용해왔다. 그의 주된 정치전략은 '러시아의 부활'과 '과거의 부활' 사이에 등식을 구성하는 것, 다시 말해 나폴레옹의 세계정복을 막아낸 제정러시아, 히틀러의 진격을 끝장낸 위대한 소련의 자부심과 사명 등 과거의 가치를 새로운 시대, 새로운 국가 정체성의 본질로 호명하는 것이었다.

그는 다양한 입법·행정적 조치, 국가國歌와 국경일 같은 국가상징체계의 조정, 미디어를 활용한 공익광고나 캠페인 등을 통해 이 새로운 정체성을 대중에게 공격적으로 전달해왔고, 그 과정에서 가장 성공적으로 재활용된 것이 바로 '소련'이라는 기호다. 소련 해체를 아쉬워하고 그 시절을 그리워하는 소비에트 노스탤지어Soviet Nostalgia가 푸틴의 장기 집권이 본격화된 2000년대 후반부터 러시아에 일종의 사회 현상으로 부상한 것도 이와 무관치 않다.[7]

상징 통치의 차원만이 아니다. 2000년 취임과 동시에 푸틴이 지속적으로 추진해온 '대유라시아Greater Eurasia' 구상도 마찬가지다. 푸틴의 대표 브랜드이자 국가 이데올로기로 동원돼온 이 개념은, 한편으로는 유럽과 아시아 사이에 위치한 러시아의 '문명적 실존'에, 다른 한편으로는 소련이라는 경험을 공유한 유라시아 공간의 '역사적 실존'에 뿌리를 둔다. 그 일환으로 러시아가 주도한 유라시아연합Eurasian Union

의 비전, 그 예비단계로 시도된 유라시아경제공동체Eurasian Economic Community(2000~2014)나 유라시아경제연합Eurasian Economic Union(2015) 모두 소련의 경계와 유산에 근거한 지역통합에 해당한다. 푸틴은 이러한 시도가 '붉은 제국'의 부활과 무관함을 거듭 강조하지만, 그 궁극적 목표가 소련 시절 전통적 세력권 내 러시아 패권의 보존과 확대에 있음은 명백하다.

이는 푸틴이 직접 밝힌 이번 전쟁의 목표와도 관련된다. 2023년 10월 5일 푸틴은 러시아 대표 싱크탱크인 발다이클럽Valdai Club 기조연설에서 이번 전쟁의 목표를 '새로운 세계질서를 위한 원칙의 확립'이라고 말했다. 그는 탈냉전 후 미국이 주도해온 자유주의 국제질서, 그 근간에 해당하는 규칙 기반 질서rule based order의 오만과 독선을 맹렬히 비난하며, '공정한 다극성', '모두를 위한 정의'가 국제사회의 새로운 원칙이 되어야 함을 역설했다.[8]

미국 유일의 단극체제를 매섭게 질타한 2007년 뮌헨안보회의 연설 이래 푸틴이 한결같이 주장해온 이 '정의로운 다극(성)', 또는 '국제사회의 민주화'는 미국만이 아닌 가능한 많은 국가, 많은 문명이 가치를 인정받는 국제관계를 말한다. 푸틴 주장의 요체는 러시아도 그러한 다극의 하나로 인정되고 존중받고 싶다는 것이며, 이때 그의 대유라시아 구상은 미국 유일의 단극체제를 다극화하는 지정학적 전략이 되는 셈이다.

하지만 이때의 다극화가 푸틴의 주장처럼 '(국제사회 구성원) 모두를 위한 정의', 즉 '정의로운 다극화'일 리 없다. 그보다는 복수의 강대국 간 세력균형을 의미하는 '패권적 다극화', 또는 트럼프 2기 출범 후 노골화된 강대국 정치, 세력권 정치에 보다 가까울 것이다.

이처럼 서방이 주장하는 소련 부활 내러티브, 푸틴의 패권적 욕망에 대한 정황증거는 차고 넘치며, "소련의 붕괴는 20세기 최악의 지정학적 재앙"이라는 푸틴의 유명한 발언이 강력한 근거로 빈번히 인용되었다.[9] 실제로 KGB 요원으로 근무하던 독일에서 소련이 몰락하는 과정을 생생히 목격한 푸틴이 소련 해체에 대해 짙은 회한을 가진 것은 사실이다.

## 영토 때문이 아닌 이유

하지만 소련을 정치적으로 활용하는 것과 소련을 정치적으로 복구하는 것, 또는 소련 시절 세력권의 보존과 소련의 영토적 부활은 전혀 다른 문제다. 무엇보다 푸틴은 이를 누구보다 잘 아는 사람이다. 2005년 한 독일 기자가 '소련 붕괴가 20세기 최악의 지정학적 재앙'이라는 말의 의미를 묻자 푸틴은 다음과 같이 답했다.

> "소련의 붕괴를 아쉬워하지 않는 사람은 '가슴'이 없는 사람이고, 아쉬워하는 사람은 '머리'가 없는 사람이라고들 합니다. 우리는 그것이 아쉽지 않고, 기정사실로 받아들이고 있으며, 뒤가 아니라 앞을 바라봐야 한다는 걸 알고 있어요. 과거에 발목을 잡힐 수는 없지요. 앞으로 나아갈 기회를 뺏겨서도 안 됩니다. 우리는 어디로 나아가야 할지 알고 있어요. 다만 (그 발언은) 무슨 일이 일어났는지는 정확히 알고 거기서 출발해야 한다는 뜻입니다."[10]

소련이 사라진 건 아쉽지만, 그 부활은 가능하지도 필요하지도 않음을 자인하는 말이다. 푸틴의 위 발언이 단지 정치적 수사만은 아니라는 점, 나아가 이번 전쟁의 목표 역시 소련 부활에 있지 않음을 보여주는 객관적 증거도 존재한다. 소련 당시의 영토 회복을 위한 '현상변경'의 기회가 전쟁 직전까지 여러 차례 있었음에도, 크림반도를 제외하고 푸틴이 이를 시도한 경우가 전무全無하다는 사실이 그것이다. (크림반도에는 특별한 역사적 맥락이 있고, 이는 별도의 장에서 다룰 것이다.) 만일 그가 소련 부활과 영토 회복에 대한 오랜 열망과 계획을 가지고 있었다면 외부로부터 먼저 주어진 이 현상변경의 기회들을 마다할 이유가 없다. 대표적으로 다음 세 가지 사례를 차례대로 살펴보자.

### 1) 조지아의 남오세티야 공화국 & 몰도바의 트란스니스트리아 공화국

근외near abroad, 즉 옛 소련지역에 대한 푸틴의 기존 행보에 비추어 2014년 크림합병은 매우 이례적인 것으로 평가된다. 푸틴은 크림 사태에 매우 신속하고 단호하게 대처했고, 그 결과 크림의 분리독립 선언부터 러시아 합병까지 소요된 시간은 단 5일에 불과하다. 그야말로 속전속결로 처리된 것이다. 하지만 다른 친러 분리주의 공화국들에 대한 그의 태도는 전혀 달랐다.

소련 해체 후 옛 소련지역 중 친러 분리주의 공화국이 존재한 곳은 우크라이나만이 아니다. 조지아의 압하지야와 남오세티야 공화국, 몰도바의 트란스니스트리아 공화국, 아제르바이잔 내 아르메니아 소수민족체인 나고르노 카라바흐 공화국(아르차흐 공화국)이 대표적이다. 체첸이나 다게스탄의 경우에서 알 수 있듯이, 푸틴은 자국 내 분리주의 운동은 강력 진압했지만, 러시아 밖에서는 친러 성향의 소수민족을 지원해 그들의 분리독립을 도왔다. 하지만 합병이라는 현상변경을 시도한 경우는 크림반도가 유일했다. 지도 〈1-3〉은 이들 친러 분리주의 분쟁 지역을 표시한 것이다.[11] (참고로 2023년 9월 발생한 무력 충돌의 결과 2024년 나고르노 카라바흐는 해체되어 아제르바이잔에 흡수되었다.)

조지아의 소수민족자치체인 남오세티야 공화국부터 살펴보자. 남오

1-3. 친러 분리주의 분쟁 지역 (2022.02. 기준)

출처: The Washington Post

세티야가 조지아로부터 분리독립을 선언한 것은 소련 해체 직전인 1990년 9월 20일이었다. 소련 건립 초기부터 조지아의 통치권에 저항해왔던 남오세티야는 소련 해체의 과도기적 혼란을 독립의 기회로 활용하고자 했다. 1991년 3월 실시된 주민투표에서 남오세티야 주민의 99%가 독립에 찬성했고, 1992년 1월 실시된 투표에서는 주민의 90%가 러시아 편입을 지지했다.[12]

하지만 2000년 대통령이 된 이후로도 오랫동안 푸틴은 남오세티야의 합병은커녕 분리독립도 인정하지 않았다. 푸틴이 (정확히는 그 대리인이었던 메드베데프 정권이) 남오세티야의 독립을 최초로 인정한 것은 2008년 8월 조지아 전쟁 직후였다. 전쟁은 서방이 '우크라이나와 조지아는 나토의 회원이 될 것이다'라고 선언한 2008년 4월의 부쿠레슈티 나토 정상회의가 있은 지 4개월 만에 터졌다. 하지만 세간의 오해와 달리 러시아가 먼저 침공한 것이 아니라, 조지아가 먼저 남오세티야를 침공하면서 전쟁이 시작되었다. 나토 가입을 열망했던 당시 조지아 대통령 미헤일 사카슈빌리Mikheil Saakashvili가 부쿠레슈티 선언에 자극받아 (나토 가입의 선결 조건인) 자국 분리주의 분쟁을 일소하고자 했기 때문이다.[13]

이에 러시아는 조지아 중앙정부와 남오세티야 반군 사이의 전쟁에 개입해 2008년 8월 8일부터 12일까지 단 5일 만에 전쟁을 끝내고 사카슈빌리에게 항복선언을 받아냈다. 그로부터 2주 후인 8월 26일, 러시아는 처음으로 남오세티야 공화국과 압하지야 공화국의 분리독립을 인정했다. 하지만 이때도 독립을 인정했을 뿐 남오세티야의 요청에도 불구하고, 더구나 이미 러시아연방 내 그 반쪽인 북오세티야공화국이 존재함에도 전쟁까지 불사했던 푸틴은 합병을 거절했다. 합병을 공식 요청하지 않은 압하지야 공화국은 말할 것도 없다.

몰도바의 트란스니스트리아 공화국도 남오세티야와 판박이처럼 같은 경우다. 트란스니스트리아 공화국 역시 소련 해체 직전인 1990년 9월 몰도바로부터 독립을 선언한 후 기회가 될 때마다 러시아에 귀속 의사를 밝혔다. 일례로 2006년 9월 17일 투표에서는 주민 98%가 '몰도바로부터 독립 후 러시아연방 가입'에 찬성표를 던졌다. 2014년 러시아가 크림반도를 합병한 후부터는 더 적극적으로 더 자주 러시아에 합병을 요청했지만, 푸틴은 합병은커녕 독립도 인정하지 않았고 이는 현재도 마찬가지다.[14] 푸틴이 호시탐탐 소련 부활의 기회만 노리고 있었다면, 당시 영토 회복을 열망했다면 있을 수 없는 일이다.

### 2) 우크라이나의 도네츠크 및 루한스크 공화국

돈바스 내 도네츠크 공화국, 루한스크 공화국이 분리독립을 선언한 것은 러시아가 크림반도를 합병한 직후였다. 크림합병 두 달 후인 2014년 5월 11일, 두 공화국은 크림의 선례를 따라 (우크라이나로부터) 분리독립 찬반 투표를 실시했고, 도네츠크 주민의 89.7%, 루한스크 주민의 96.2%가 찬성표를 던졌다. 투표 결과에 따라 독립을 선언한 후 두 분리공화국은 연방을 결성했는데, 그 이름은 다름 아닌 '노보로시야Novorossiya'였다. '새로운 러시아'라는 뜻의 이 이름은 제정러시아에 속했던 당시 명칭을 되돌린 것이다.

크림의 길을 따라 고향으로 돌아가고자 했던 두 공화국은 이후 수시로 러시아로 귀속 의사를 밝혔다. 다음은 2014년 5월 28일 도네츠크공화국의 수장 데니스 푸실린Denis Pushilin이 주민투표를 근거로 러시아 편입을 호소하며 밝힌 입장이다.

> "우리 국민에게 비극적인 이 순간에 우리는 러시아의 도움을 요청합니다. 친애하는 블라디미르 블라디미로비치(푸틴), 러시아 국민 여러분, 도네츠크공화국 국민은 여러분의 전폭적인 도움과 지원이 필요합니다. 우리는 형제 국민, 형제 국가의 도움을 간절히 기다리고 있습니다. 우리는 러시아인이고, 바로 이것이 우리가 살해당하는 이유입니다. 우리는 러시아의 일부가 되고 싶습니다."[15]

하지만 그후로도 오랫동안 푸틴은 민스크 협정 준수를 통한 외교적 해결을 강조했을 뿐, 합병은커녕 분리독립조차 인정하지 않았다. 돈바스의 주민투표가 임박한 2014년 5월 7일 푸틴은 유럽안보협력기구Organization for Security and Cooperation in Europe(OSCE) 의장과 만난 후, '사태 해결을 위해 키이우 정부와 동남부 대표 간 대화가 중요하며, 이를 위해 동남부가 예정된 주민투표를 연기할 것'을 공개적으로 요청하기도 했다.[16] 푸틴이 이들의 독립을 인정한 것은 그로부터 8년이 지난 2022년 2월 21일, 이번 전쟁 개시 3일 전이었다. 전쟁을 작정하고 나서야 비로소 분리독립을 인정한 것이다.

돈바스 분쟁 해결과 민스크 협정 타결에 깊숙이 관여했던 당시 독일 총리 앙겔라 메르켈Angela Merkel의 판단에 따르면, 2014~2015년 즈음 우크라이나의 군사력은 형편없었고 러시아는 우크라이나 정부군을 제압할 충분한 힘을 가지고 있었다.[17] 그런데도 당시 푸틴은 돈바스는 왜 합병하지 않았을까?

푸틴 행보의 배경으로, ① 돈바스 지위와 관련한 국민적 합의의 부재, ② 합병에 수반되는 경제·사회적 비용, ③ (크림합병으로 이미 고조된) 국제사회의 비난과 제재, 고립의 심화, ④ 두 분리공화국을 우크라이나 내 친서방·친나토 노선의 비토 세력으로 남겨둘 전략적 필요성 등을 추론할 수 있다.

①의 경우, 2014년 러시아 국민의 88%가 크림합병에 찬성했고 이후에도 이 비율이 고르게 유지된 반면, 돈바스 합병에 대한 지지율은 사건이 불거진 2014년 5월에도 25%에 불과했고, 2015년 17%, 2021년 25%로 전쟁 직전까지 매우 낮았다.[18] ④와 관련해서는, 나토는 내전국을 회원으로 받아들이지 않기에 분쟁 지역화된 돈바스는 우크라이나의 나토 가입 저지를 위한 효과적인 레버리지가 될 수 있다.

이러한 현실적 고려는 푸틴이 소련 해체에 유감을 표하면서도 소련 부활이 비현실적이거나 불필요하다고 주장한 근거이자, (앞서 조지아의 남오세티야나 몰도바의 트란스니스트리아 공화국 경우처럼) 그가 대다수 분리주의 분쟁에 '현상변경 불가'로 대응해온 이유이기도 하다. 다시 말해 푸틴은 소련 부활에 목매고 영토 욕심에 눈먼 자가 아니라, 상황에 따른 고려와 전략적 판단을 할 줄 아는 사람이라는 뜻이다.

동시에 이는 이번 전쟁 역시 '영토 욕심, 소련 부활 야심' 같은 상투적인 프레임으로 해석돼서는 안 된다는 점을 시사한다. 그런 단순하고 관성적인 논리로는 이번 전쟁 역시 돈바스에 집중되었음에도, 2014년에는 왜 푸틴의 현상변경이 돈바스를 비껴갔는지 설명하기 어렵다. 더구나 이런 사례가 전쟁 전에만 있었던 것도 아니다. 다시 말해, 심지어 전쟁 후에도, 적어도 초기에는, 돈바스를 포함한 현재의 4대 점령지가 다시 한 번 현상변경에서 제외될 기회가 있었다. 전쟁 한 달 후 체결 직전에 결렬된 이스탄불 평화협상이 그것이다.

### 3) 2022년 이스탄불 평화협상

이 전쟁이 한 달 만에 끝날 수도 있었다는 사실을 이제 많은 사람이 알고 있다. 전쟁 한 달만인 2022년 3월 29일 러시아와 우크라이나는 튀르키예 이스탄불에서 평화협상을 가졌다. 러시아 쪽에서는 블라디미르 메딘스키Vladimir Medinsky 대통령 보좌관, 알렉산드르 포민Aleksandr Fomin 국방부 차관 등이, 우크라이나 측은 집권당인 국민의 종Sluha Narodu 대표 다비드 아라하미아David Arakhamia, 국방부 장관 올렉시 레즈니코프Oleksii Reznikov, 대통령 군사고문 올렉시 아레스토비치Oleksii Arestovych 등이 대표로 참석했다. 협상 과정에서 3건의 문서가 작성되었고, 2023년 6월 17일 푸틴이 문서의 존재를 최초로 알렸으며, 1년이 지난 2024년 6월 15일 〈뉴욕타임스〉가 3개 문서의 전문을 모두 공개했다.[19]

종전의 조건을 담은 이들 문건은, ① 협상을 위해 준비된 1차 초안(2022.03.17), ② 대면 회담에서 논의된 내용을 정리한 〈이스탄불 코뮈니케Istanbul communique〉(2022.03.29), ③ 대통령에게 전달된 2차 초안(2022.04.14)으로 분류된다. ①과 ②는 협상 진행 과정에서 일부 변화가

1-4. 뉴욕타임스가 공개한 이스탄불 평화협상 문건

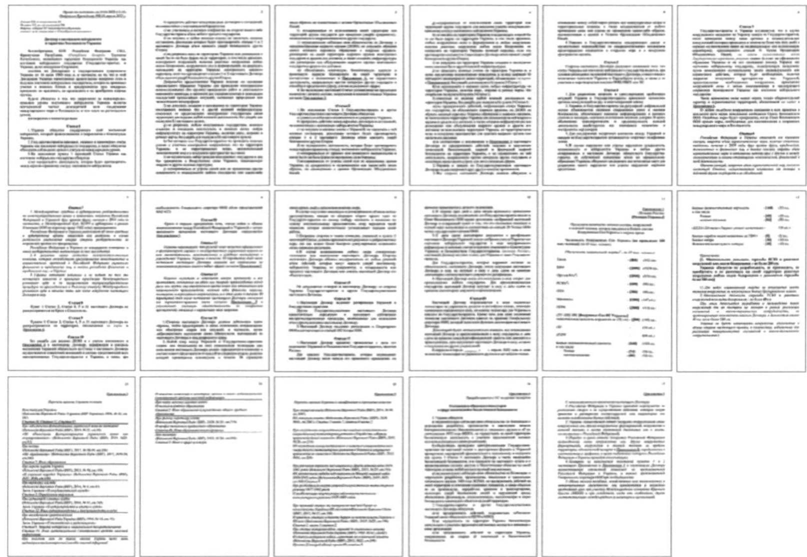

출처: The New York Times

발생했다는 점에서, ③은 협상단 차원의 최종안이지만, 영토 관련 지침이 되는 지도(부록 6)가 공개되지 않아 관련 조항의 의미를 정확히 파악할 수 없다는 한계를 가진다.

그럼에도 이 문서들과 협상 참가자 발언, 언론 보도 등을 종합하면, 당시 러시아의 관심이 영토가 아니라 나토였다는 점은 확실해 보인다. 이 협상에 대해 푸틴은 2022년 9월 21일 부분 동원령 관련 대국민연설에서 처음 언급했고, 2023년 6월 17일 아프리카 대표단과의 회담에서 협상 문건까지 제시하며 구체적 실체를 공개했다.[20] 마침내 2023년 11월, 이스탄불 협상 당시 우크라이나 대표였던 아라하미아 역시 우크라이나 TV와의 인터뷰에서 이 사실을 인정한 후 다음과 같이 말했다.

"그들은(러시아 측은) 거의 마지막 순간까지 우리에게 협정을 체결하도록 압력을 가해 중립을 선언하게 만들기를 진심으로 바랐습니다. 이것이 그들에게는 가장 중요한 문제였어요. 그들은-핀란드가 한때 그랬듯이-우리가 중립을 선언하고 나토에 가입하지 않겠다는 약속을 하면 전쟁을 끝낼 준비가 되어있었습니다. 사실 이것이 핵심 포인트였어요. 탈나치화니, 러시아어 사용인구니 등등, 그런 나머지는 다 장식적이고 정치적인 '양념'에 불과했습니다."[21]

실제로 당시 협상에서 영토 문제는 핵심 쟁점이 아니었다. 전쟁 4년 차인 현재 러시아가 우크라이나 영토의 20%를 점령 중인 데 반해, 협상이 진행되던 당시는 그보다 더 넓은 27%를 점령하고 있었다. 당시도 러시아는 도네츠크, 루한스크, 자포리자, 헤르손 4개 주를 점령하고 있었지만, 당시 영토 문제와 관련해 러시아가 일관되게 권리를 주장한 것은 크림반도가 유일했다. 위 세 개 문서의 영토 관련 조항이 이를 객관적으로 증명해준다.

일례로 3월 17일 협상문(1차 초안)에 적시된 러시아의 요구는 크림의 '주권'(6조 1항)과 돈바스의 '독립'(7조 1항)이었다. 즉, 크림반도와 달리 돈바스의 두 공화국에 대해서는 (러시아의 영토 주권이 아니라) 우크라이나 내 분리독립을 요구한 것으로, 이는 전쟁 전인 2015년 민스크 협정과 동일하다.

이후 협상 진행 과정에서 돈바스 지위에 대한 러시아의 요구가 강화되긴 했지만, 결과적으로 돈바스 소유권 문제는 향후 양국 정상 간 만남에서 해결하는 것으로 유예되었고(〈코뮈니케〉 11조), 크림반도의 지위 역시 일단 '우크라이나의 법적 인정이 없는 상태에서 러시아가 실효 지배하는 것'으로 두고, 향후 10년(또는 15년) 이내 양국 간 협상을 통해 최종 해결하는 것으로 마무리되었다(《코뮈니케》 8조). 또 다른 점령지인 자포리자와 헤르손에 대해서는 문서들에 언급조차 되지 않았는데, 이는 두 지역에 대해 러시아가 철군 의사를 밝혔기 때문이다.

즉 〈뉴욕타임스〉의 분석처럼 '당시 러시아가 보장받고 싶어 한 것은 우크라이나의 중립과 안전보장 문제였지, 영토적 요구에는 그다지 비중을 두지 않은 것'이 사실이다.[22] 이는 우크라이나 전문가에 의해서도 확인된다. 우크라이나의 대표적 독립 싱크탱크인 우크라이나 정치연구소Ukrainian Institute of Politics 소장 루슬란 보르트니크Ruslan Bortnik는 영토 의제 관련 당시 협상 결과를 다음과 같이 정리했다.

"양측은 크림을 조약에서 제외하기로 합의했는데, 이는 크림이 러시아 점령 아래 있되 우크라이나가 인정은 하지 않은 상태를 말한다. 양국은 크림 관련 문제를 15년 내 해결하기로 합의했다.

도네츠크와 루한스크 주와 관련해 여러 언론 매체는 이 문제가 젤렌스키와 푸틴의 개별 회동에 넘겨졌다고 보도했다. 헤르손과 자포리자 주와 관련해서는 푸틴이 거기서 러시아 군대를 철수할 준비가 되어있다고 밝힌 바 있다."[23]

이처럼 당시 러시아는 영토 문제에 유연한 태도를 보였고, 우크라이나는 나토 가입 포기와 중립화에 동의했다. 더구나 (10장에서 상세히 다루겠지만) 협상 직전 푸틴은 키이우 인근 북동부에서 군대까지 철수시켰다. 전쟁연구소 자료에 기반한 CNN 추산에 따르면, 당시 러시아군이 자진 철수한 지역은 초기 점령지의 40%에 달했다.[24] 전쟁의 일차적 목표가 영토였다면 있을 수 없는 일이다. 그럼에도 타결 직전까지 갔던 협상이 결렬된 가장 중요한 이유는 서방의 반대 때문이었다. 협상이 진행 중이던 2022년 4월 9일, 당시 영국 총리 보리스 존슨이 키이우까지 날아와 '협상을 중단하고 계속 싸울 것'을 외친 것은 널리 알려진 사실이다.

유엔 임원, OSCE 고문, 유럽의회 의원을 두루 지낸 독일의 유명 정치인 미하엘 폰 데어 슐렌부르크Michael von der Schulenburg는 2022년 3월 내내 지속된 평화 노력, 그럼에도 끝내 무산된 당시 상황을 종합해 다음과 같은 결론을 내렸다.

> "우크라이나에 대한 러시아의 군사 개입이 시작된 지 불과 한 달 만에 우크라이나와 러시아 협상가들은 휴전을 위한 합의 및 분쟁의 포괄적, 평화적 해결을 위한 개요에 매우 근접했다.
>
> 서방의 해석과 달리 당시 우크라이나와 러시아는 나토 확장 계획이 전쟁의 원인이라는 데 동의했다. 따라서 그들은 우크라이나의 중립과 나토 가입 포기에 평화협상을 집중했다. 그 대가로 우크라이나는 크림을 제외한 영토보전을 유지하게 되었다.
>
> 이러한 평화협상이 나토, 특히 미국과 영국의 저항으로 실패했다는 데는 의심의 여지가 거의 없다. 그 이유는 그러한 평화협정이 나토의 패배, 나토 동진의 종식, 따라서 미국이 지배하는 단극세계라는 꿈의 종식을 의미했기 때문이다."[25]

이스탄불 협상이 결렬되고 반년이 지난 2022년 9월, 푸틴은 크림 모델에 따라 4대 점령지 모두를 합병했고, 2025년 3월 해당 주민에 대한 러시아 여권 발부 작업을 마쳤다. 350만 명이 넘는 새로운 러시아 시민이 생긴 것이다.[26] 현재 푸틴이 전쟁 초기의 입장에서 완전히 돌아서 크림은 물론 '4대 점령지 포기 불가'를 외치고, 해당 지역에서 우크라이나군의 완전한 철수를 휴전의 전제조건으로 고집하는 것은 이 때문이다. 합병의 법적인 철회도 문제지만, 만일 전쟁 후 이 점령지들이 우크라이나에 남는다면, 대부분 러시아인인 데다 러시아 시민권까지 받았던 이들이 정상적인 우크라이나 국민으로 대접받고 살기는 어려울 것이다.

물론 2014년의 크림합병과 2022년의 4개 주 합병이 같은 의미로 평가될 수는 없다. 푸틴은 두 합병 모두 그 정당성을 자결의 권리, 즉 지역주민의 압도적 지지에서 찾았다. 2014년에는 크림 주민 97%가 합병에 찬성했고, 2022년 4개 점령지의 평균 찬성률은 94%였다. (도네츠크 99%, 루한스크 98%, 자포리자 93%, 헤르손 87%). 하지만 전쟁이라는 극단적으로 폭력적인 환경 속에서 이뤄진 투표는 이미 자발적일 수도 합법적일 수도 없으며, 따라서 크림의 경우와 동일할 수 없다.

다만 적어도 전쟁 초기 푸틴이 자포리자와 헤르손은 물론 돈바스도 포기할 의사를 보였다는 점, 다시 말해 크림을 제외한 모든 점령지를 우크라이나의 나토 포기와 맞바꿀 타협의 대상으로 삼았다는 사실은 여전히 남는다. 전쟁의 시발이 영토 때문은 아닌 것이다.

2023년 9월 당시 나토 사무총장 옌스 스톨텐베르그Jens Stoltenberg는 푸틴의 전쟁 목적이 무엇보다 나토 확대 저지에 있었음을 아래와 같이 주장했다.

"배경은 2021년 가을 푸틴 대통령이 '더 이상 나토 확대는 없을 것'이라는 약속이 담긴 조약 초안을 나토에 보내 서명을 요구했다는 겁니다. … 우크라이나를 침공하지 않겠다는 전제조건이기도 했습니다. 물론 우리는 서명하지 않았어요. … 또 그는 1997년 이후 나토에 가입한 모든 동맹국에서 군사 인프라를 제거하기를 원했어요. … 우리는 이를 거부했습니다. 그래서 그는 나토가, 더 많은 나토국가가 자국 국경에 가까이 오는 것을 막기 위해 전쟁을 일으켰습니다."[27]

그렇다면 러시아에 나토 문제는 왜 그렇게 중요했을까. 그 기원부터 차근차근 짚어보기로 한다.

## 미주


1 "What does Putin Really Want?" *Politico,* Feb. 25, 2022.

2 "Opinion Poll: Viewpoints of Experts and Specialists on Russia-Ukraine War," *Trends Research & Advisory*, 2022, p. 17.

3 "Russia Sanctions Dashboard," *Castellum.* AI, Aug. 15, 2025.

4 Mark Green, "Countries That Have Sanctioned Russia," *Wilson Center*, May 10, 2022.

5 Jeremy Herb, Donald Judd and Phil Mattingly, "Biden condemns 'Russia's unprovoked and unjustified attack on Ukraine'," *CNN,* Feb. 24, 2022.

6 "Read the Full Transcript of Donald Trump's '100 Days' Interview With TIME," *Time*, April 25, 2025; "Ukraine war briefing: "Trump sympathises with Russian stance against Ukraine joining Nato," *The Guardian*, Jan. 8, 2025; Donald Trump, Truth Socials, Feb. 20, 2025; Donald Trump, "Donald Trump full speech at Mar-a-Lago ahead of inauguration," Youtube, Jan. 7, 2025; Donald Trump, "Agenda 47: Preventing World War III," *donaldjtrump.com*, March 16, 2023.

7 Галина Зверева, "Русский проект: конструирование позитивной национальной идентичности в современном российском государстве и обществе," *Eurasian Review*, Vol. 1, 2008, pp. 15-46; 이문영, "지금 러시아에선 무슨 일이: 소비에트 노스탤지어와 기억의 정치학," 『창작과비평』 46권 1호, 2018.

8 Владимир Путин, "Выступления Владимира Путина на заседании дискуссионного клуба «Валдай»," *Президент России*, 5 октября 2023.

9 Владимир Путин, "Послание Федеральному Собранию Российской Федерации," *Президент России*, 25 апреля 2005.

10 "Путин считает, что распад СССР стал трагедией для миллионов," *РИА-Новости*, 5 мая 2005.

11 "Four maps that explain the Russia-Ukraine conflict," *The Washington Post*, Feb. 26, 2022.

12 Freedom House, "Freedom in the World 2009: South Ossetia (Georgia)," *Refworld*, July 16, 2009.

13 John Mearsheimer, "Why the Ukraine Crisis Is the West's Fault," *Foreign Affairs*, Sep./Oct. 2014, p. 79.

14 "2006 Transnistrian independence referendum," Wikipedia.

15 "Мы хотим стать частью России: глава ДНР попросил Путина о помощи," *РИА Новости*, 28 мая 2014.

16 "Путин попросил перенести референдум на востоке Украины," *РБК*, 7 мая 2014.

17 Tina Hildebrandt und Giovanni di Lorenzo, "Hatten Sie gedacht, ich komme mit Pferdeschwanz?" *Die Zeit*, Dez. 7, 2022.

18 "Крым," *Левада-Центр*, 26 апреля 2021; "Украина и Донбасс," *Левада-Центр*, 24 февраля 2022.

19 Anton Troianovski, Adam Entous and Michael Schwirtz, "Ukraine-Russia Peace Is as Elusive as Ever. But in 2022 They Were Talking," *The New York Times*, June 15, 2024; Anton Troianovski and Michael Schwirtz, "The Sticking Points That Kept Russia and Ukraine Apart," *The New York Times*, June 15, 2024.

20 Наталья Смирново, "Обращение Владимира Путина о частичной мобилизации в России," *Комсомольская правда*, 21 сентября 2022; Любовь Лежнева, Алена Нефедова, "После того как мы отвели войска, киевские власти выбросили всё на свалку истории," *Известия*, 17 июня 2023.

21 Olena Roshchina, "Head of Ukraine's Leading Party Claims Russia Proposed Peace in Exchange for Neutrality," *Ukrainska Pravda*, Nov. 24, 2023.

22 Troianovski, Entous and Schwirtz, "Ukraine-Russia Peace Is as Elusive as Ever."

23 Ruslan Bortnik, Oksana Krasovskaya, Andrey Timchenko, "Situation in Ukraine: June 13-19, 2024," *Ukrainian Institute of Politics*, June 20, 2024.

24 "The turning points in Russia's invasion of Ukraine," *CNN*, Sep. 30, 2022.

25 Michael von der Schulenburg, "How The Chance Was Lost For A Peace Settlement Of The Ukraine War," *Michael von der Schulenburg,* Nov. 14, 2023.

26 "Обладателями новых паспортов РФ стали 3,5 млн жителей Донбасса и Новороссии," *Интерфакс*, 5 марта 2025.

27 Jens Stoltenberg, "Opening remarks at the joint meeting of the European Parliament's Committee on Foreign Affairs and the Subcommittee on Security and Defence," *NATO*, Sep. 7, 2023.

02 

# 1인치 약속, 누구 말이 사실인가

침공 직전 푸틴은 두 차례의 대국민 연설을 했다. 도네츠크 및 루한스크 분리공화국의 독립을 승인한 2월 21일 연설과 특수군사작전 개시를 선언한 2월 24일 연설이 그것이다. 전쟁의 명분과 정당성을 주장한 두 연설을 통해 푸틴은 전쟁의 주요 목표가 '나토의 추가 확대 및 우크라이나의 나토 가입 저지'라는 점을 분명히 했다.[1] 두 연설이 '대통령의 역사 강의'라는 별칭을 얻은 데서 알 수 있듯이, 나토를 둘러싼 쟁점에는 소련 해체 후 30여 년에 걸쳐 축적된 러시아-서방 간 관계의 역사가 농축되어 있다. 그 출발점에 유명한 '1인치 발언'이 있다.

1990년 2월 9일 제임스 베이커James Baker 당시 미 국무장관은 '(소련이 독일 통일에 협조해주면) 나토는 동쪽으로 1인치도 확대되지 않을 것'을 고르바초프에게 약속했다. 하지만 1990년대 중반부터 나토 확대 논의가 본격화되어 1999년부터 2020년까지 5차례에 걸쳐 총 14개의 중·동유럽 국가가 나토의 신규 회원국이 되었다. 그때마다 러시아는 서방의 '약속 위반'과 '배신'을 반복적으로 거론했는데, 그 근거가 된 것이 바로 1인치 발언이다.

탈냉전 후 러시아가 당사국이 된 두 개의 전쟁, 즉 2008년 조지아 전쟁과 2022년 우크라이나 전쟁 때도 러시아가 전쟁의 정당성을 주장하며 그 기원으로 가장 먼저 소환한 것이 바로 1인치 약속이었다. 2007년 뮌헨안보회의에서 푸틴은 서방 지도자들 면전에서 '당신들이 그때 한 약속은 지금 어디 있는가'라고 일갈했고, 2014년 크림합병 기념 연설에서는 '서방이 러시아를 속이고 뒤통수를 쳤다'고 거칠게 비난했으며, 2022년 침공 개시 연설 때는 '러시아에 사기 친' 미국과 서방을 싸잡아 '거짓의 제국'이라 불렀다. 아래가 그것이다.

> "내 생각에 나토 확장은 동맹의 현대화나 유럽의 안전보장과 어떤 관련도 전혀 없습니다. 오히려 상호 신뢰의 수준을 낮추는 심각한 도발 요소지요. 게다가 우리에겐 다음과 같이 솔직히 물어볼 합당한 권리가 있습니다. 그 확장은 누구를 겨냥한 겁니까? 바르샤바 조약기구 해체 후 서구 파트너들이 한 약속들은 어떻게 되었습니까? 그 발언들은 지금 어디에 있지요? 누구도 기억조차 하지 않습니다." (뮌헨안보회의 연설, 2007.02.10.)[2]

> "반대로 (서방은) 우리를 계속 속였고, 우리 등 뒤에서 결정을 내리고는 이게 기정사실이라고 내밀었습니다. 나토가 동쪽으로 확장한 것도 그랬고, 우리 국경 근처에 군사 인프라를 배치한 것도 그랬습니다. 그리고는 우리에게 늘 똑같은 말을 반복했어요. '이건 당신들과는 상관없는 일이야'라고 말입니다." (크림합병 연설, 2014.03.18.)[3]

> "나토가 동쪽으로 1인치도 확장하지 않겠다고 우리 나라에 한 약속도 여기

속합니다. 다시 한번 말하지만, 그들은 우리를 속였어요, 속된 말로 그냥 뒤통수를 쳤습니다. 네, 정치는 더럽다고들 하죠. 그럴 수 있어요. 하지만 이 정도는 아닙니다, 이 정도까지는 아니에요. 이렇게까지 사기 치는 건 국제관계의 원칙만이 아니라, 보편의 도덕과 윤리 규범에 정면으로 반하는 겁니다. 대체 여기 어디 정의와 진실이 있습니까? 거짓과 위선뿐입니다. … 따라서 우리는 미국이 자기 이미지나 모습과 비슷하게 만들어낸 소위 서방 진영 전체가 '거짓의 제국'이라고 자신 있게 말할 수 있습니다." (전쟁 개시 연설, 2022.02.24.)[4]

이처럼 러시아는 위기 국면마다, 특히 우크라이나 이슈가 불거질 때면 베이커의 발언을 어김없이 소환했다. 발언이 1990년에 있었으니 30년 넘게 이런 상황이 반복된 셈이다. 서방도 가만히 있지 않았다. 그간 러시아의 주장에 대한 서방의 반론과 그에 따른 논란은 크게 다음의 3가지로 정리될 수 있다.

① 그런 약속 자체가 없었다.
② 발언 속 '동쪽'은 동유럽이 아니라 '동독'을 말한다.
③ 법적으로 문제가 없으므로 위반도 말할 수 없다.

세 가지 쟁점을 차례대로 짚어보자.

## 논란 1: 약속은 없었다?

이 입장을 대표하는 것은 다름 아닌 나토다. 다음은 크림합병 직후인 2014년 4월 나토가 발표한 공식 입장이다. 위에 인용한 푸틴의 크림합병 연설에 대한 직접적 대응이라 할 수 있다.

> "러시아 관리들은 미국과 독일 관리들이 1990년에 나토가 중·동유럽으로 확장하지 않고, 러시아 국경 근처에 군사 인프라를 건설하지 않고, 그곳에 군대를 영구 배치하지 않을 것이라 약속했다고 주장한다. 그런 약속을 한 적이 없고, 러시아의 주장을 뒷받침할 증거도 제시된 적이 없다. 나토가 그런 약속을 했다면 그 결정은 모든 나토 동맹국에 의해 형식을 갖춘 서면으로 이뤄졌어야 한다. 게다가 나토 확대에 대한 고려는 독일 통일 후 수년이 지나서야 이루어졌다. 러시아가 이 약속이 있었다고 주장할 당시 이 문제는 아직 의제에 포함되지도 않았다."[5]

결론부터 말하면, 나토의 위의 주장과 달리 약속 발언은 실제 있었고 증거도 존재한다. 논쟁 초기에는 이에 대한 입증이 개별 증언, 또는 어느 한쪽의 기록에 의존해 불완전했다. 하지만 시간이 지나 관련 외교문서의 기밀해제가 이뤄지고, 특히 2017년 미국의 비정부기구인 국가안보아카이브National Security Archive가 주요 자료를 총망라해 공개하면서 이 논란은 일단락됐다.

조지워싱턴대학 내 위치한 국가안보아카이브는 2017년 12월 12일 "나토 팽창: 고르바초프가 들은 것NATO Expansion: What Gorbachev Heard" 이라는 제목 아래 당시 정상회담이나 고위급 회담 회의록, 연설, 성명, 보고서, 편지, 메모, 통화기록 등 1인치 발언과 관련된 미국, 러시아, 독일, 영국, 프랑스 등의 자료를 모두 모아 공개했다. 2018년 3월 16일에는 "나토 팽창: 옐친이 들은 것NATO Expansion: What Yeltsin Heard"이라는 제목으로 추가 자료들이 공개되었다.[6] 아래에서 더 상세히 밝히겠지만, 이 기록들에 따르면 베이커의 약속 발언은 실제 있었다.

이후 나토도 입장을 약간 변경해 '기록에 따르면 1990년 당시 미 국무장관 제임스 베이커와 서독 외무장관 한스 겐셔Hans Genscher가 소련 지도자들과 독일 통일에 대해 논의하던 초기 단계에 그런 아이디어가 오가긴 했다'고 인정했다. 하지만 '이후 협상이 빠르게 진행되며 아이디어는 바로 폐기되었고, 따라서 러시아의 약속 주장은 '신화'이자 '허위정보'에 불과하다'는 것이 현재까지 유지되고 있는 나토의 입장이다.[7]

그렇다면 정말 러시아의 주장은 신화나 프로파간다에 불과한가. 런던 정경대학 교수이자 냉전사 분야의 세계적 권위자인 블라디슬라프 주보크Vladislav Zubok는 다음과 같이 말했다. 그는 러시아인이지만 푸틴의 권위주의 체제에 비판적인 지식인이다.

> "러시아 신화는 단지 거짓말과 속임수의 집합체가 아니다. 신화는, 편향되었을 뿐, 실제 전개 상황을 강력하게 종합한다. 모든 신화와 마찬가지로 푸틴의 신화에도 '고집스런 해석'과 '자기실현적 예언'에 둘러싸인 일말의 진실이 존재한다."[8]

앞서 열거한 3개의 논란 중 ②와 ③이 아마도 이 '해석' 또는 '예언'과 관련될 것이다. 특히 ②의 경우, 즉 '베이커의 발언 속 동쪽이 동유럽이냐, 동독이냐'와 관련된 논란은 러시아와 서방 저마다의 '고집스런 해석'이 정면으로 충돌한 경우에 해당한다. 누구의 해석이 맞는지, 그렇다면 상대는 왜 그런 고집을 부리는지 판단하기 위해 당시 상황을 잠시 들여다볼 필요가 있다.

베이커가 1인치 발언을 한 1990년은 고르바초프의 개혁·개방정책으로 냉전 종식이라는 전지구적 격변이 이뤄지던 때다. 유럽에서도 새로운 지정학적 현실에 부합할 새로운 안보 질서에 대한 논의가 활발하게 이뤄졌고, 독일 통일은 이를 가늠할 시금석이었다. 당시 서독은 나토 회원이었고, 동독은 바르샤바 조약기구에 속했다. 1949년 창설된 서방의 군사동맹 나토가 소련을 겨냥하고, 그런 나토에 대한 대응 차원에서 1955년 사회주의권을 아우르는 바르샤바 조약기구가 창설된 것은 주지의 사실이다.

그렇다면 동독이 포함된 통일된 독일은 나토에 속할 것인가, 나토 밖에 남을 것인가. 당시 바르샤바 조약기구는 대안이 되지 못했다. 이미 독일 통일 전 헝가리와 루마니아, 불가리아가 탈퇴하는 등 사실상 해체 수순을 밟고 있었기 때문이다.

미국은 독일 전체의 나토 잔류를 원했고, 소련은 이를 우려했다. 미국은 나토 주축국인 독일이 통일 후에도 나토에 남음으로써 유럽 내 나토(미국)의 위상이 보존되기를 원했고, 소련은 동독으로의 나토 확대가 지역 내 세력균형을 깨뜨리고 소련의 이익을 침해할 것이라 여겼기 때문이다.

2차대전의 후과後果로 서독은 비교적 늦은 1955년 나토에 가입했지만, 이후 나토 군사력의 핵심 거점이 되었다. 당시 조지 H. W. 부시 대통령은 통일 독일 전체의 나토 잔류, 즉 동독으로의 나토 확대를 한 번도 포기한 적이 없다. 이처럼 독일 없는 나토를 상상할 수 없던 미국은 '고르바초프가 (당시 서독 총리였던) 헬무트 콜Helmut Kohl에게 거절할 수 없는 제안을 하는 것, 즉 중립을 대가로 통일을 허락하는 것'을 최악의 시나리오로 여겼다.[9]

반면 고르바초프가 원했던 것은 나토와 바르샤바 조약기구 모두 사라지고, 과거의 분열을 걷어낼 범凡유럽 안보공동체를 만드는 것이었다. 1989년 9월 소련 외무상 에두아르드 셰바르드나제Eduard Shevardnadze는 베이커에게 "나토도 바르샤바 조약도 해체하자. 당신네와 우리 동맹국들을 풀어주자. 단, 나토가 존재하면 바르샤바 조약도 존재한다"고 경고했다.[10] 하지만 앞서 언급한 것처럼 당시 바르샤바 조약기구는 이미 명운을 다한 처지로, 실제로도 1991년 7월 소련보다 먼저 해체되었다. 이런 상황에서 통일 독일의 나토화, 즉 사실상의 나토 확대는 소련에 민감한 사안일 수밖에 없었다.

1인치 발언은 이처럼 독일 통일을 둘러싸고 미소 간 힘겨루기가 벌어지던 상황에서 나온 것이다. 베이커는 이 약속으로 미국의 기대와 소련의 불안을 동시에 해결하고자 했다. 다시 말해 '통일 독일 전체가 나토 회원국으로 남는 대신 (즉, 동독도 나토에 속하는 대신), 소련이 이를 허락하면 나토는 더 이상의 동진을 하지 않겠다'는 것이다. 당시 동독에는 30만이 넘는 소련군이 주둔 중이었고, 따라서 독일 통일도, 통일 독일의 나토화도 소련의 동의가 반드시 필요했으며, 베이커의 약속은 그 동의를 얻기 위한 것이었다. 다음이 1990년 2월 9일 베이커가 고르바초프에게 한 1인치 관련 발언 전체다. 당일 회담에서 베이커는 아래와 같이 관련 발언을 3번 반복했다.

> 베이커: "우리는 (통일 후) 미국이 나토의 틀 안에서 독일에 계속 주둔한다면, 나토의 현재 군사관할권이 **동쪽으로 1인치도** 확대되지 않을 거라는 보장을 받는 것이 소련뿐 아니라 다른 유럽 국가들에게도 중요하다는 것을 잘 알고 있습니다."

베이커: "〈2+4〉 메커니즘의 틀 내에서 진행되는 협의와 논의가 독일 통일로 인해 나토 군사조직이 **동쪽으로** 확장되는 결과를 초래하지 않도록 보장해야 한다고 우리는 믿습니다."

베이커: "한 가지 묻고 싶은데, 바로 대답하지 않으셔도 됩니다. 통일이 이뤄진다고 가정하면, 당신은 어느 쪽을 선호하나요? 통일된 독일이 나토 밖에 남아 완전히 독립적이고 미군도 주둔하지 않는 쪽입니까, 아니면 통일 독일이 나토에 속하는 대신, 나토의 관할권이나 군대가 현재의 경계에서 **동쪽으로** 확대되지 않는다는 보장을 받는 쪽입니까."

고르바초프: "모든 걸 잘 생각해볼게요. 우리는 이 모든 문제를 지도부 차원에서 심도 있게 논의할 것입니다. 나토 구역의 확대가 용납될 수 없다는 것은 말할 필요도 없고요."(*)

베이커: "그건 우리도 동의합니다."(*)[11]

## 논란 2: '동쪽'은 동유럽이 아니라 '동독'이다?

그렇다면 베이커의 발언 속 '동쪽'은 '동독'인가 '동유럽'인가. 이제 논란 2를 검토할 차례다. '동독' 주장의 대표자 중 하나는 바로 베이커다. 그는 여러 인터뷰에서 '나토 관할권이란 단어를 쓴 기억도 없고, 한두 번 썼다 해도 오직 동독에 대한 것이었다'고 주장했다.[12] 역설적이게도 여기에 힘을 실어준 것은 다름 아닌 고르바초프였다. 그는 다양한 인터뷰, 회고록 등에서 베이커와 비슷하게 '동독' 주장을 반복했다. 예를 들어 베를린 장벽 붕괴 25주년이자 크림합병이 일어난 해인 2014년, 그는 한 언론 인터뷰에서 다음과 같이 말했다.

사회자: "우크라이나 사태와 관련해 제기된 핵심 쟁점 중 하나는 나토의 동진입니다. 서방 파트너들이 동유럽의 미래 계획을 세울 때 당신에게 거짓말을 했다고 느끼십니까? 왜 당신에게 한 약속을 법률적으로 문서화하자고 주장하지 않았나요? 특히 제임스 베이커 미국 국무장관이 나토가 동쪽으로 확대되지 않을 거라고 약속한 것 말입니다."

고르바초프: "당시에 '나토 확대'란 주제는 전혀 논의되지 않았고 거론조차 되지 않았습니다. 이 말에 전적으로 책임지겠습니다. 1991년 바르샤바 조약기구가 해체된 후에도 동유럽 국가 중 어느 나라도 그 문제를 제기하지 않았어요. 서방 지도자들도 그 문제를 제기하지 않았고요. 논의된 건 우리가 제기한 다른 문제였습니다. 즉, 독일 통일 후 나토의 군사 구조가 당시 동독 영토로 전진하지 않는 것과 동맹의 추가 병력이 동독 영토에 배치되지 않도록 하는 것 말입니다. 질문에서 언급하신 베이커의 발언도 그 맥락에서 나온 겁니다. 콜과 겐셔가 이야기한 것도 거기에 대해서고요."[13]

대화의 두 당사자 모두 '나토를 동쪽으로 1인치도 확대하지 않겠다'는 당시 발언을 '동독'에 국한된 것이라 주장하고 있는 셈이다. 이는 '통일 독일 전체가 나토에 속하되(즉, 동독도 나토에 속하되), 나토의 '군사조직'은 동독에 두지 않는다'는 의미다.

실제 베이커와 고르바초프가 이런 주장을 한 것은, 문제의 대화가 있은 지 7개월 후 체결된 〈독일에 대한 최종해결에 관한 조약Treaty on the Final Settlement with Respect to Germany〉에 근거한다. 이 조약은 독일 통일과 관련된 쟁점을 해결하기 위해 2개의 독일(동독과 서독)과 2차대전 승전 4개국(미국, 영국, 프랑스, 소련)이 모여 독일의 국제법적 지위, 소련군 철수 등을 합의한 조약으로, 흔히 〈2+4 조약〉이라 불린다. 이 조약이 베이커와 고르바초프의 논거가 되는 이유는 그 5조 3항 때문이다. 5조 3항의 핵심은 '통일 후, (핵무기와 더불어) 외국군이 예전 동독 영토에 주둔하지도, 배치되지도 않는다'는 것이었다.[14]

다시 말해, 실제로 〈2+4 조약〉은 '독일 통일 후 예전 **동독** 지역에 **외국군**이 없을 것'을 약속하고 있고, 이것이 바로 베이커가 말한 '**나토군**의 관할권이 **동쪽으로** 1인치도 확대하지 않을 것'의 의미라는 것이다. 그러니 발언의 '동쪽'은 '동독'이고, 따라서 약속은 지켜졌다는 것이 이 주장의 요체다. 고르바초프가 위 인터뷰에서 한 말도 바로 이것이며, 그는 '(이와 관련된) 모든 정치적 의무가 이행되었고, 지금까지 지켜지고 있다'고 덧붙여 강조했다. 러시아의 약속 위반 주장을 부정하는 서방 학자들은 고르바초프의 이 말을 주요 논거로 삼았다.[15]

충분히 그럴듯한 설명이다. 이 주장을 감안해 앞서 인용한 베이커의 문제의 발언 3개를 다시 읽어보면 '동쪽'을 '동독'으로 해석해도 무리가 없다. 실제로 3개의 발언 속에서 '동쪽'이라는 단어에 동반된 '나토'는 그 '군사적 관할권'이나 '군사조직'으로 구체화되었고, 두 번째 발언의 경우 베이커가 '2+4 프레임'을 직접 거론하기도 했다.

다른 한편, '동쪽'에 '동유럽'을 대입해 읽어봐도 역시 또 전혀 무리가 없다. 나토는 무엇보다 군사동맹이기에, '나토의 군사관할권'은 '나토 자체'와 얼마든지 동의어로 이해될 수 있다. 결국 베이커의 1인치 발언 속 '동쪽'은 '동독'으로도, '동유럽'으로도 일단 다 해석될 수 있다.

그렇다면 그간의 모든 소란은, 누가 옳다 그르다 따질 수 없는, 그저 서방과 러시아 간 해석의 차이 또는 동상이몽에 불과했던 것인가. 아니면

서방은 동독을 말한 것이고 그래서 〈2+4 조약〉에도 그렇게 명문화된 것인데, 러시아가 제멋대로 동유럽으로 오해해놓고 30년 넘게 고집을 부리고 있는 것인가. 결론부터 말하면 그렇지 않다. 무엇보다 〈2+4 조약〉 자체가, 다음으로는 조약, 즉 약속이 필요했던 '맥락'과 약속이 기반한 '정신'이 그렇지 않았다는 것을 보여준다.

먼저 서방이 '동독' 주장의 근거로 내세운 〈2+4 조약〉은 그 주장에 정면으로 배치되는 요소를 디테일에 숨겨두었다. 앞서 밝혔듯이 〈2+4 조약〉의 핵심은 5조 3항에, 5조 3항의 핵심은 '동독이 나토에 포함돼도 나토군(외국군)은 동독에 배치되지 않는다'였다. 하지만 서방은 체결 직전 별도의 부록agreed minute을 추가해 5조 3항의 회피 가능성을 마련해놓았다. 1개의 항으로 이뤄진 부록의 내용은 아래와 같다.

> "5조 3항의 마지막 문장에서 사용된 '배치deployed'라는 단어의 적용과 관련된 모든 문제는 서문에 명시된 각 계약 당사자의 안보 이익을 고려해 합리적이고 책임감 있는 방식으로 통일 독일 정부가 결정한다."[16]

즉, 부록은 5조 3항의 '예전 동독 영토에 외국군 배치 금지'에서 '배치'의 적용과 이를 위한 상황 판단을 '합리적이고 책임감 있는 방식으로'라는 애매한 문구 아래 독일 정부의 재량에 맡긴 것이다. 부가조항에 의해 조약의 핵심조항이 무력화될 가능성, 즉 외국군이 동독 영토에 배치될 가능성과 그 법적 근거가 확보된 것이다. 겐셔와 베이커의 주도로 이 부록이 추가된 것은 '체결일 당일 새벽 2시'였다.

협상 당시 베이커 국무장관의 수석보좌관이었고, 이후 아들 부시 정권에서 국무부 차관을 지낸 로버트 졸릭Robert Zoellick은 부록 추가 이유에 대해 '(동독) 다음 단계로 폴란드가 나토에 가입할 경우 미군이 동독 지역을 통과해 폴란드에 주둔할 수 있기를 원했기 때문'이라고 밝혔다.[17] 반면 '일시적이라도 미군의 동독 내 기동maneuver을 원하지 않았던 소련은 '배치'라는 단어가 그걸 허용하게 할까 우려했다'고 당시 〈뉴욕타임스〉는 전했다.[18] 그럼에도 베이커와 겐셔는 부록을 추가했고, 그럼에도 셰바르드나제는 본안뿐만 아니라 부록에도 사인했다.

정리하자면 당시 서방은 동독 다음은 동유럽임을 이미 알고 있었고, 동독도 동유럽도 포기할 생각이 없었다는 뜻이다. 다만 소련에 통일을 허락받기 위해 '동독에 외국군 배치 금지'라는 양보를 했지만, 이마저 비껴갈 법적 근거를 고안해 그야말로 사인 직전에 황급히 추가한 것이다. 결국 나토건 나토 군사관할권이건, 동독이건 동유럽이건, 1인치 발언은 어느 것에도 적용되지 않은 셈이다.

물론 이 모든 건 법의 테두리 안에서 이뤄졌다. 결과적으로 서방은 한 글자도 조약을 어긴 적이 없다. 그렇게 중요한 거래에 그토록 엉성하고 둔했던 소련을 탓할 수도 있다. 한 평자는 "이 이야기는 서방의 행동action에 대한 것이라기보다, 고르바초프와 다른 소련 지도자들의 무대책inaction에 대한 이야기"라고 말하기도 했다.[19] 당시 소련은 (동독의 나토 가입도 허락했고 부록에도 사인했으니) '독일 문제에 이렇게 양보했는데, 설마 동유럽까지…'라고 생각했을지도 모른다. 그래도 안일하고 대책 없기는 마찬가지다.

하지만 그야말로 악마를 디테일에 숨겨두는 치밀하고 정교하기 짝이 없는 서방의 방식 자체가 그들이 처음부터 어떤 의미로든 1인치 발언을 지킬 생각이 없었다는 것을 보여준다. 어쩌면 이것이야말로 더 근본적인 위반이고 배신일 수 있다. 단지 조약만의 문제가 아니라, 조약으로는 온전히 다 담아낼 수 없는, 그러나 조문 하나하나가 기반해야 할 '약속의 정신'의 위반, '당대의 시대정신'에 대한 배신 말이다. 이 경우 치밀함은 치졸함의, 정교함은 교활함의 징표가 된다. 이는 마지막 남은 논란 ③과 직결된다. 다시 고르바초프로 돌아가보자.

## 논란 3: 법적으로 아무 문제 없다?

베이커와 서방이 이처럼 "그럴듯하나 별로 존경할 만하지 못한 주장"을 한 이유는 충분히 짐작 가능하다.[20] 그렇다면 고르바초프는? 그에게도 그럴만한 사정이 있었다. 1990년대 중반 이후 나토 확대가 본격화되고 러시아 사회 내 비판 여론이 급등하면서 고르바초프는 사태의 원흉으로 지목되어 혹독한 비판을 받았다. 비난은 고르바초프가 죽을 때까지 계속되었다. 일례로 푸틴은 2017년 올리버 스톤과의 인터뷰에서 '나토 확대는 서방의 약속을 문서로 기록해놓지 않은 고르바초프의 실수 때문'이라고 꼭 집어 말하기도 했다.[21]

고르바초프는 서방에서는 철의 장막을 열어젖힌 영웅이고 노벨평화상 수상자지만, 정작 자신의 조국에서는 옐친과 함께 역대급 비호감을 자랑한다. 러시아에는 '옐친도 싫지만, 고르바초프는 더 싫다'란 말이 널리 퍼져있다. 정작 소련을 해체한 건 옐친인데, 일반 국민은 고르바초프를 더 싫어한다. 2023년 8월 역대 지도자들에 대한 호감도 조사에서 고르바초프와 옐친은 각각 비호감 64%, 63%로 사이좋게 꼴등을 차지했다.[22]

고르바초프가 여러 인터뷰에서 반복한 동독 주장은 수십 년간 계속된 이러한 비판에 대한 항변에 해당한다. 즉, '당시 나토 확대 문제는 거론조차 되지 않았으며, 논의는 오로지 동독에 대한 것이었고, 적어도 동독과 관련된 약속은 법률적으로 문서화돼 지금도 지켜지고 있으니 나는 잘못이 없다'는 것이다. 심정은 이해하지만, 이 방어적 주장은 무엇보다 사실에 부합하지 않는다. '거론된 적도 없다'는 고르바초프의 주장과 달리 당시 나토 확대 문제는 이미 유럽에서 가장 뜨거운 화두 중 하나였고, 이는 국가안보아카이브를 비롯해 여러 전문기관과 전문가에 의해 입증된 바 있다.

예를 들어 나토 동진을 다룬 화제의 책 *Not One Inch*의 저자인 존스 홉킨스대 교수 메리 사로트Mary Sarotte는 "(나토 확대라는) 중·동유럽의 미래를 둘러싼 싸움은 이미 베를린 장벽 붕괴와 함께 시작되었다"고 말했다.[23] 이처럼 고르바초프의 주장을 반박하는 기록은 차고 넘치며 대표적인 사례를 들면 다음과 같다.

(1) 고르바초프는 '1991년 바르샤바 조약기구가 해체된 후에도 동유럽 국가 중 어느 나라도 나토 확대 문제를 제기하지 않았다'고 주장했지만,

① 1990년 2월 20~27일 미국 국무부 차관 로렌스 이글버거는 헝가리와 폴란드를 방문해 헝가리 외무장관과 '새로운 나토가 중·동유럽에 정치적 우산을 제공할 방안'을 논의했고,[24]

② 1990년 3월 3일에는 체코슬로바키아 외무장관, 3월 21일에는 폴란드 외무장관이 브뤼셀의 나토 본부를 방문했고, 3월 17일에는 체코슬로바키아, 헝가리, 폴란드가 나토의 동진을 반대하는 러시아를 공개적으로 비판했으며,[25]

③ 1990년 5월 17일 헬무트 콜은 부시 대통령에게 "고르바초프는 큰 문제를 안고 있어요. 그의 동유럽 동맹들이 나토에 가입하고 싶다고 말하고 있거든요"라고 전했고,[26]

④ 가장 중요하게는 고르바초프 자신 1990년 5월 18일 베이커에게 바르샤바 조약 동맹국들이 나토 가입을 원하는 데 대한 불만을 토로하며, "동유럽을 대표하는 많은 나라가 바르샤바 조약기구 탈퇴 후 나토 가입 의사를 밝힌 것에 대해 미국이 호의적이라는 것을 알고 있다"고 경고했다.[27]

(2) 고르바초프는 '당시 서방 지도자들도 나토 확대 문제를 거론한 적이 없다'고 주장했지만,

① 1인치 발언이 있기 하루 전인 1990년 2월 8일, 베이커는 부시 대통령에게 '체코슬로바키아 지도자들과 나토에 대해 논의했고, 나토 내에서 독일 통일을 관리하는 것이 이들 중부 유럽인에게 매우 중요할 수 있다'고 보고했고,[28]

② 1990년 1월 31일 당시 서독 외무장관 겐셔는 독일 통일의 원칙을 밝힌 투칭 연설에서 "동유럽의 변화와 독일 통일 과정이 소련의 안보 이익 침해로 이어져서는 안 되고, 따라서 나토는 영토를 동쪽으로 확장하는 것, 즉 소련 국경으로 더 가까이 움직이는 것을 배제해야 한다"고 말했으며,[29]

③ 1990년 2월 2일 겐셔는 베이커에게 "나토가 동독 지역이나 동유럽 어느 곳으로도 영토 범위를 확대하지 않을 것이라는 확신을 소련에 줄 필요가 있다"고 말했고, 따라서 나토 확대 문제가 동독만이 아니라 동유럽과도 관련될 수 있다는 점을 베이커는 1인치 발언 전에 이미 분명히 알고 있었으며,[30]

④ 1990년 2월 6일 영국 외무장관 더글러스 허드와 대화 중 겐셔는 "러시아는 예를 들어 폴란드가 어느 날 바르샤바 조약기구를 탈퇴하고 다음 날 나토에 가입하지 않을 것이라는 확신을 얻어야 한다"고 말했고, 이 발

언은 베이커와 셰바르드나제 소련 외무상과도 공유되었으며,[31]

⑤ 1990년 2월 10일 겐셔는 셰바르드나제에게 "통일 독일의 나토 멤버십 문제가 복잡하다는 걸 알고 있어요. 하지만 한 가지는 확실합니다. 나토는 동쪽으로 확대되지 않을 것이고…이것은 (동독만이 아니라) 보편적으로 적용될 겁니다"라고 말했고, 셰바르드나제는 "당신이 말한 모든 것을 믿는다"고 답했다.[32]

이상을 종합하면 고르바초프의 주장과 달리, 1인치 발언을 포함해 〈2+4 조약〉이 논의되던 당시, ① 바르샤바 조약기구 해체 후는 물론 해체 전에도 많은 동유럽 국가가 나토 가입 의사를 밝히고 이를 위해 이미 활발히 움직이고 있었으며, ② 고르바초프도 서방 지도자들도 이를 당연히 인지하고 있었고, ③ 부시, 베이커, 콜, 겐셔, 허드, 대처, 미테랑 등 당시 서방 지도자들은 독일 통일이 향후 이러한 변화의 기준이 될 것을 예감했으나, ④ 통일에 꼭 필요한 소련의 동의를 얻기 위해 나토 확대 금지가 동독만이 아니라 동유럽에도 적용됨을 꼭 집어 여러 번 밝혔다.

이처럼 객관적 기록과 그것이 제공해주는 맥락은 고르바초프는 물론, 나토의 주장("나토 확대에 대한 고려는 독일 통일 후 수년이 지나서야 이루어졌고, 러시아가 약속이 있었다고 주장할 당시에는 이 문제가 아직 의제에 포함되지도 않았다") 역시 사실이 아님을 보여준다. 따라서 당시 소련이 1인치 발언 속 동쪽에, 나토 확대 금지에, 동독만이 아니라 동유럽도 포함된다고 믿은 것은 당연했다. 러시아의 일방적 오해나 단순한 동상이몽이 아니었던 것이다. 서방은 그렇게 믿게 할 충분한 이유가 있었고, 실제 그렇게 행동했다.

이미 2009년 독일의 시사지 〈슈피겔Spiegel〉은 기밀 해제된 영국과 독일 문서를 꼼꼼히 검토한 후 "당시 서방은 폴란드, 헝가리, 체코슬로바키아 같은 나라의 나토 가입이 불가능하다는 인상을 소련에 주기 위해 할 수 있는 모든 것을 했다는 데 의심의 여지가 없다"고 결론 내렸다.[33] 2017년 미국의 국가안보아카이브 역시 전방위적 자료 분석 후 "(서방이) 나토 확대가 없을 거라고 러시아가 믿게 만들어놓고led to believe 나중에 이를 강행했다는 비판이 타당하다"고 확인했다. 이를 포함해 국가안보아카이브가 내린 최종 결론은 아래와 같다.

> "오늘 국가안보아카이브가 공개한 미국, 소련, 독일, 영국, 프랑스의 기밀 해제 문서들에 따르면, (1인치 발언은) 1990년의 독일 통일 과정부터 1991년까지 서방 지도자들이 고르바초프와 다른 소련 관리들에게 폭포처럼 쏟아낸 소련 안전보장의 일환으로 나온 것이다.
>
> 이 문서들은 1990년 초부터 1991년까지 여러 (서방) 국가 지도자들이 중·동유럽의 나토 가입을 검토하고 부인했으며, 1990년 독일 통일 협상 과정에서 나토 논의가 동독 영토의 지위에만 국한된 맥락이 전혀 아니었으며, 나토 확대에 대해 '속았다being misled'는 소련과 러시아의 이후 불만이 당시 최고위급 회의록과 통신문에서 서면으로 확인됨을 보여준다."[34]

따라서 논란 3, 즉 '법적으로 아무 문제 없다'는 반만 맞는 말이고, 그래서 다 틀린 말이다. 〈2+4 조약〉의 서독 협상단 단장이었던 디터 카스트루프Dieter Kastrup는 "(러시아의 약속 위반 주장이) 형식적으로는 맞지 않지만, 우리가 심각하게 받아들여야 할 정치적, 심리적 실체를 가지고 있다"고 회고했으며, 메리 사로트는 "배신 혐의는 법적으로는 사실이 아니지만, 심리적으로는 진실"이라고 결론 내렸다.[35] 1인치 약속을 부정했던 고르바초프조차 정작 나토 확대에 대해서는 다음과 같이 비판한 것도 같은 맥락이다.

"나는 처음부터 그것(나토 확대)이 큰 실수라고 말했습니다. 그것은 1990년에 우리에게 한 진술과 보증의 정신을 명백히 위반한 것입니다. … 오늘날 우리는 유럽 (그리고 세계) 정치가 위기에 놓였음을 인정해야 해요. 유일한 건 아니지만, 그 이유 중 하나는 서방 파트너들이 러시아의 관점과 정당한 안보 이해를 고려할 생각이 별로 없다는 겁니다. 특히 옐친 시대에 그들은 러시아에 박수를 보낸다는 립서비스만 했지 행동으로는 고려하지 않았어요. 나토 확장, 미사일 방어 계획, 그리고 (유고슬라비아, 이라크, 조지아, 우크라이나처럼) 러시아에 중요한 지역에서 서방이 한 행동을 주로 말하는 겁니다. 서방은 말 그대로 "이건 당신들이 상관할 바가 아니야"라고 했지요. 그 결과 종양이 생겼고 터져 버렸어요."[36]

베이커가 고르바초프에게 1인치 발언을 할 당시, 소련은 서방의 약속에 모든 걸 걸었고 얼마 후 스스로를 없앴다. 역사상 어느 제국도 총성 한 방 울리지 않고 피 한 방울 흘리지 않고 그렇게 자발적으로 해체된 적은 없다. 물론 러시아를 위한 선택이었지만, 그 속에는 하나의 유럽, 하나의 세계를 향한 이상과 꿈이 분명히 존재했다. 그 이상은 모두의 꿈, 즉 시대정신이 되었고, 러시아는 이처럼 존재를 건 도전에 마땅한 환대를 기대했다. 하지만 약속은 지켜지지 않았고, 러시아는 끝없이 추락했으며, 나토는 그런 러시아를 향해 끊임없이 진군했다.

대소 봉쇄정책을 기획한 '냉전의 설계자' 조지 케넌George Kennan은 "나토 확대는 탈냉전 시기를 통틀어 미국이 시행한 정책 중 가장 치명적인 실수가 될 것"이라고 경고했다.[37] 1차 나토 확대안이 미 의회를 통과한 후 다시 그는 '냉전이 종식된 마당에 나토를 확대할 어떤 이유도 없으며, 당연히 러시아는 나토 확대에 대응할 것이고, 위기가 발생할 것이며, 그러면 나토 확대론자들은 '러시아는 원래 저렇다'고 주장할 것이나, 그것은 사실이 아니다'라고 질타했다. 무엇보다 케넌에게 나토 확대는 '가장 위대한 무혈 혁명을 통해 소련을 역사에서 없애버린 바로 그 국민에게 등을 돌리는 행위'였고, 옐친에 따르면 '러시아에 대한 새로운 봉쇄의 시작이자 러시아 국민에 대한 배신'이었다.[38]

1인치 논란이 함축하는 러시아 국민의 실망과 배신감은 체제전환의 험한 파고를 거치며 더 큰 상처와 트라우마로 깊어졌다. 최초의 약속을 둘러싸고 30년이 넘도록 질기게 이어진 러시아와 서방 사이의 진실 게임은 탈냉전 후 양자의 적대와 불화를 그대로 되비치는 거울이자 예언이 된 셈이다. 이 전쟁으로 다시 또 소환된 그 예언은 전후 70년간 중립국이었던 스웨덴과 핀란드로 나토 확대를 극대화하며 다시 한번 자신을 실현했다.

그래프 〈2-1〉과 〈2-2〉는 고르바초프가 이끈 개혁정책(페레스트로이카)과 소련 해체에 대한 러시아 국민 여론을 나타낸 것이다.[39] 2025년 러시아 국민의 약 60%가 '페레스트로이카가 러시아에 해를 끼쳤다'고 생각한다. 최근만이 아니라 지난 20년 내내 부정 평가가 긍정 평가보다 압도적으로 높았다. 소련 해체에 대해서도 비슷한 비율이 유감을 표명했고, 마찬가지로 20년 내내 거의 그랬다. 두 사건이 러시아 국민에게 어떤 상실이고 상처인지 말해준다.

2–1. 페레스트로이카에 대한 러시아 국민 여론 (2006~2025)

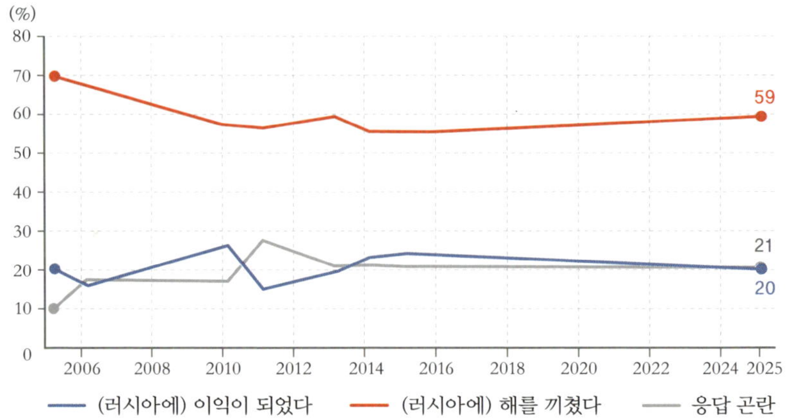


출처: Levada Center

2–2. '소련이 해체되어 아쉽다'고 생각하는 러시아 국민 비율 (2001~2021)

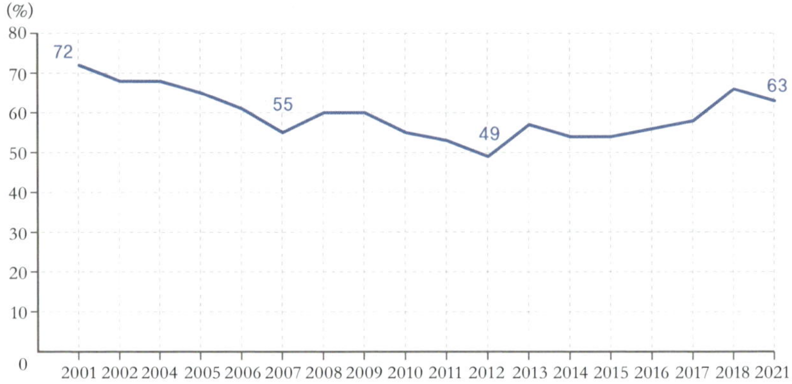


출처: Levada Center

## 미주

1 Владимир Путин, “Обращение Президента Российской Федерации,” *Президент России*, 21 февраля 2022; “Обращение Президента Российской Федерации,“ *Президент России*, 24 февраля 2022.

2 Владимир Путин, “Выступление и дискуссия на Мюнхенской конференции по вопросам политики безопасности,” *Президент России*, 10 февраля 2007.

3 Владимир Путин, “Обращение Президента Российской Федерации,” *Президент России*, 18 марта 2014.

4 Путин, “Обращение Президента Российской Федерации,” 24 февраля 2022.

5 “Russia's accusations: setting the record straight,” *NATO*, April 2014.

6 두 게시물은 해당 아카이브가 2017년 11월 10일 시카고에서 열린 “슬라브, 동유럽, 유라시아 연구 협회(Association for Slavic, East European and Eurasian Studies)”의 연례학술대회 중 “나토 확대에 대해 누가 누구에게 무엇을 약속했는가?(Who Promised What to Whom on NATO Expansion?)”라는 제목의 패널 토론을 위해 준비한 것이다. “NATO Expansion: What Gorbachev Heard,” *National Security Archive*, Dec. 12, 2017; “NATO Expansion: What Yeltsin Heard,“ *National Security Archive,* March 16, 2018.

7 “Setting the record straight: De-bunking Russian disinformation on NATO,” *NATO*, Oct. 24, 2024.

8 Vladislav Zubok, “Myths and Realities of Putinism and NATO Expansion,” in James Goldgeier and Joshua R. Itzkowitz Shifrinson eds., *Evaluating NATO Enlargement: From Cold War Victory to the Russia-Ukraine War*, Cham. Switzerland: Palgrave Macmillan, 2023, p. 146.

9 Mary Elise Sarotte, *Not One Inch: America, Russia, and the Making of Post-Cold War Stalemate*, New Haven & London: Yale University Press, 2021, pp. 43-44.

10 Ibid, p. 29.

11 “Memorandum of conversation between Mikhail Gorbachev and James Baker in Moscow,” *National Security Archive*, Feb. 9, 1990; “Record of Conversation between Mikhail Gorbachev and James Baker in Moscow. (Excerpts),” *National Security Archive*, Feb. 9, 1990. 전자는 베이커-고르바초프 회담의 미국 측 기록이고, 후자는 고르바초프 재단 문서고에 보관된 러시아 측 녹취록으로 양자 간 표현의 차이는 존재한다. 단, 미국 기록에는 인용 속 (*)로 표시된 고르바초프-베이커 간 대화가 삭제된 채 공란으로 남겨진 반면, 러시아 녹취록에는 존재한다. 회담 다음 날인 1990년 2월 10일 베이커가 헬무트 콜에게 보낸 편지는 러시아 측 기록이 맞음을 확인해준다. 이에 전체 인용은 러시아 녹취록

에서 했다. 베이커가 콜에게 보낸 2월 10일 자 편지도 국가안보아카이브에서 확인할 수 있다. "Letter from James Baker to Helmut Kohl," *National Security Archive*, Feb. 10, 1990.

12 Michael R. Gordon, "The Anatomy of a Misunderstanding," *The New York Times*, May 25, 1997. '동독' 주장을 대표하는 논문은 Mark Kramer, "The Myth of a No-NATO-Enlargement Pledge to Russia." *The Washington Quarterly*, No. 2, April 2009, pp. 39-61 참조.

13 Maxim Korshunov, "Mikhail Gorbachev: I Am Against All Walls," *Russia beyond the Headlines*, Oct. 16, 2014.

14 "September 12 Two-Plus-Four Ministerial in Moscow: Detailed account," *National Security Archive,* Nov. 2, 1990.

15 Mark Kramer, "NATO Enlargement: Was There a Promise?" *International Security*, Volume 42, No. 1, Summer 2017: Steven Pifer, "Did NATO Promise Not to Enlarge? Gorbachev Says 'No'," *Brookings,* Nov. 6, 2014.

16 "September 12 Two-Plus-Four Ministerial in Moscow."

17 Sarotte, *Not One Inch*, p. 104에서 재인용.

18 Thomas L. Friedman, "Evolution in Europe; Four Allies Give Up Rights in Germany," *The New York Times*, Sep. 13, 1990.

19 Kristina Spohr, "Precluded or Precedent-Setting? The 'NATO Enlargement Question' in the Triangular Bonn-Washington-Moscow Diplomacy of 1990-91," *Journal of Cold War Studies*, Vol. 14, No. 4, Fall 2012, p. 51.

20 Pavel Palazhchenko, "Mikhail Gorbachev and the NATO Enlargement Debate: Then and Now," in Daniel S. Hamilton and Kristina Spohr, eds., *Exiting the Cold War, Entering a New World,* Washington DC: Johns Hopkins University SAIS, 2019, p. 447.

21 "Горбачев отверг критику Путина в свой адрес по поводу договоренностей с НАТО," *Интерфакс*, 13 июня 2017.

22 "Россияне ставят на модернизаторов," *Коммерсантъ*, 21 августа 2023.

23 Sarotte, *Not One Inch*, p. 12.

24 Ibid, p. 11.

25 Ibid, pp. 11-12.

26 "Memorandum of Conversation with Helmut Kohl," *George H. W. Bush Presidential Library and Museum*, May 17, 1990.

27 Sarotte, *Not One Inch*, p. 87.

28 Ibid, p. 11.

29 "NATO Expansion: What Gorbachev Heard."

30 Ibid.

31 "Mr. Hurd to Sir C. Mallaby (Bonn). Telegraphic N. 85: Secretary of State's Call on Herr Genscher: German Unification," *National Security Archive*, Feb. 6, 1990.

32 Von Uwe Klußmann, Matthias Schepp und Klaus Wiegrefe, "NATO's Eastward Expansion: Did the West Break Its Promise to Moscow?" *Spiegel*, Nov. 26, 2009.

33 Ibid.

34 "NATO Expansion: What Gorbachev Heard."

35 Claudio Catalano, "Casus Belli: NATO Enlargement to Eastern Europe as a Justification for Russian Aggression to Ukraine," *De-Europa*, Vol. 7, No. 2, 2024, p. 69; Patrick Wintour, "Russia's belief in Nato 'betrayal' and why it matters today," *The Guardian*, Jan. 12, 2022.

36 Korshunov, "Mikhail Gorbachev: I Am Against All Walls."

37 George Kennan, "A Fateful Error," *The New York Times*, Feb. 5, 1997.

38 Thomas Friedman, "Foreign Affairs: Now a Word from X," *The New York Times*, May 2, 1998; "Summary report on One-on-One meeting between Presidents Clinton and Yeltsin," *National Security Archive*, May 10, 1995.

39 "Перестройка 40 лет спустя," *Левада-Центр*, 2025.04.08.; "Ностальгия по СССР," *Левада-Центр*, 2021.12.24.

03 

# 러시아는 처음부터 나토 확대에 반대했나

## 러시아도 나토에 가입하겠다!

냉전 종식 후 러시아의 모든 지도자는 유럽의 새로운 안보 질서에 러시아가 포괄되기를 바랐다. 고르바초프가 구상한 '유럽 공동의 집', '유럽인 공동의 운명'은 당연히 러시아의 참여를 전제로 한 것이었다. 그는 냉전 시대의 분열과 대결을 상징하는 나토와 바르샤바 조약 모두를 해체하고, 러시아가 포함된 단일하고 새로운 범유럽 안보기구를 원했다.

하지만 바르샤바 조약기구가 해체되고 나토를 대신할 새로운 구조 마련이 여의치 않은 상황에서, 보다 정확히는 미국은 나토를 포기할 의사가 없고 러시아는 이에 대응할 힘을 갖지 못한 상황에서, 러시아 지도자 모두 러시아의 나토 가입 의사를 밝히고 가능성을 타진했다. 고르바초프와 옐친은 물론 푸틴도 적어도 통치 초반까지는 마찬가지였다. 러시아가 미국과 동등한 지위로 포괄된 '새로운 나토'라면 범유럽 안보체로 인정할 수 있다는 의미다.

일례로 1990년 5월 18일 고르바초프는 베이커와 대화 도중 '러시아가 나토 가입을 원한다고 부시 대통령에게 공개적으로 말하겠다'고 제안했다. 통일 독일의 나토 잔류가 러시아에 위협이 되지 않는다는 베이커의 논리에 '그렇다면 러시아도 나토에 가입하겠다'로 대응한 것이다. 당황한 베이커에게 고르바초프는 이 제안이 '단순한 가정이나 터무니없는 공상'이 아니라고 말하며, '한때 동맹이었던 미국과 소련이 지금이라고 왜 안 되겠느냐'고 반문했다.[1].

옐친도 마찬가지다. 1991년 12월 8일 러시아, 우크라이나, 벨라루스 3국 대통령이 모여 소련 해체를 결정한 〈벨로베자 조약Belovezha Accords〉 직후, 옐친은 당시 나토 사무총장 만프레트 뵈르너Manfred Wörner에게 특사를 보내 '유럽과 세계에서 대결의 모든 조건을 없애기 위해 러시아의 나토 가입 가능성을 단호히 고려하고 있다'고 전했다. 소련 해체가 공식 선언되기 4일 전인 1991년 12월 21일에는 '나토 가입이 러시아의 장기적인 정치적 목표'임을 밝히는 친서를 브뤼셀의 나토 본부에 보냈으며, 미국이 나토 확대 기조로 완전히 돌아선 1994년경에는 '러시아가 그 최초가 되겠다'는 뜻을 거듭 밝힌 바 있다.[2]

푸틴 역시 2000년 대통령 취임 전후로 러시아의 나토 가입 여부를 타진한 적이 있다. 취임 직전인 2000년 3월 BBC와의 인터뷰에서, 취임 직후인 6월에는 모스크바를 방문한 빌 클린턴과 관련 대화를 나눴다. 또 9·11 테러 직후인 2001년 9월 21일 브뤼셀에서 열린 나토 긴급회의에서도 당시 나토 사무총장 조지 로버트슨George Robertson에게 '언제 러시아를 나토에 초청할 것인지' 물었다.

특히 클린턴과 나눈 대화에 대해서는 그 상세한 정황을 2022년 전쟁 개시 3일 전에 한 대국민연설에서, 그리고 2024년 전쟁 2주년을 맞아 미

## 3-1. 러시아의 나토 가입의사를 알린 〈뉴욕타임스〉 보도 (1991.12.21.)

The New York Times

SATURDAY, DECEMBER 21, 1991

**Soviet Disarray:** Whose Future Is It Anyway?

### *Yeltsin Says Russia Seeks to Join NATO*

By THOMAS L. FRIEDMAN

President Mikhail S. Gorbachev, in a wax likeness, being unceremoniously removed from the company of fellow world leaders at Madame Tussaud Wax Museum in Amsterdam. In Moscow, the chief of the waning Soviet Union was left behind as leaders of the republics headed to a summit meeting.

### Broad Turnout for Republics' Summit

By SERGE SCHMEMANN

Nikolai N. Afanasyevsky, the Soviet Ambassador to Belgium, before the first meeting between NATO foreign ministers and those of the former Warsaw Pact in Brussels. He announced at the session that his country no longer existed, and that he had been ordered to strike all references to the "Soviet Union" from the final communiqué.

출처: The New York Times

1991년 12월 21일 벨기에 브뤼셀의 나토 본부에서 나토와 구(舊) 바르샤바 조약기구 외무장관들 간 최초의 회의가 열렸다. 옐친은 특사를 여기 보내 러시아의 나토 가입 의사를 밝힌 친서를 전달했다. 왼쪽 사진 하단의 안경 쓴 이가 특사로 회의에 참석한 주(駐) 벨기에 소련 대사 니콜라이 아파나시옙스키다. 그는 참석한 서방 파트너들에게 소련이 곧 사라지고 러시아가 이를 승계할 것을 알렸고, 4일 후인 12월 25일 고르바초프는 소련 해체를 공식 발표했다.

3-2. 나토 확대와 회원국 변화 (1949~2020)

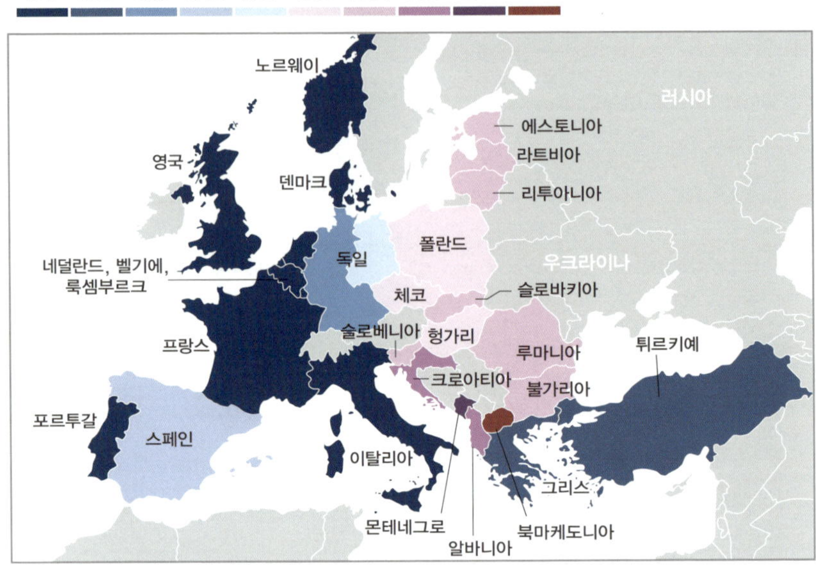


출처: NATO, Guardian
(미국, 캐나다, 아이슬란드: 미표기)

국 유명 앵커 터커 칼슨과 가진 인터뷰에서 푸틴이 직접 밝힌 바 있다. 당시 푸틴이 '러시아가 나토 가입을 요청하면 성사되겠습니까?'라고 묻자 클린턴은 오전에는 '그렇다'고 했다가 오후에는 '팀과 논의해본 결과 지금은 불가능하다'고 답했다고 한다.[3]

하지만 1인치 약속처럼 러시아의 나토 가입도 실현되지 못했다. 미국은 만장일치제인 나토의 의사결정 과정에 러시아가 부정적 영향을 미칠 것을 우려해 러시아의 나토 가입을 열외로 두었다.[4] 무엇보다 러시아는 수 세기 동안 유럽의 안도 밖도 아닌 경계에 머물렀고, 2차대전 후 반세기 가까이 서방의 완전한 적이었다. 이러한 근원적 타자성을 극복하기에 양자 간 신뢰는 턱없이 부족했다.

반면 러시아를 향한 나토의 동진은 끊임없이 이어졌다. 지도 〈3-2〉는 1949년 창설 이후부터 우크라이나 전쟁 발발 전까지 이뤄진 나토 확대 상황을 지도로 표시한 것이다.[5] 분홍 계열의 표시는 소련 해체 이후부터 2022년 전쟁 전까지 5차례에 걸쳐 진행된 나토 확대와 시기별 가입국을 나타낸다. 나토의 지속적인 동진의 결과 현재 (친러 성향의 벨라루스를 제외하면) 러시아와 나토 사이에 남은 전략적 완충지대는 사실상 우크라이나와 조지아가 유일하다.

## 옐친의 나토 딜레마

나토 동진이 러시아와 서방, 특히 미국과의 관계 악화의 주요 원인 중 하나였다는 점은 주지의 사실이다. 냉전 종식 후 나토의 존속 또는 확대의 필요성, 미러 관계 악화를 유발한 여러 요인 중 나토 확대가 차지한 비중이나 다른 요인들과의 상관관계, 나토 확대가 없었다면 미러 관계가 현재와 달랐을지 등에 대한 판단은 학자마다 학파마다 다르다. 그럼에도 "나토의 지리적 확장이 러시아 지도자들을 크게 자극하고 러시아-서방 간 전반적 관계 악화에 기여했다는 데는 의심의 여지가 없다"는 것이 중론이다.[6]

실제로 클린턴-옐친 정부가 표방한 새로운 동반자 관계는 제1차 나토 확대, 즉 폴란드, 헝가리, 체코의 나토 가입을 미국이 공식화하며 균열이 시작되었다. 9·11 사태 이후 부시-푸틴 행정부 사이 맺어진 긴밀한 반테러 공조 및 협력관계는 제2차 나토 확대, 즉 발트 3국의 나토 가입 문제로 흔들리기 시작해 2008년 우크라이나와 조지아의 나토 가입을 시사한 부쿠레슈티 선언 이후 최악으로 치달았다. 이후 오바마의 대러 관계 전면 재조정 정책Russian Reset Policy 역시 우크라이나의 나토 가입과 긴밀히 연관된 2014년의 유로마이단 사태 및 러시아의 크림반도 합병으로 무용지물이 되었다.

하지만 나토 확대에 러시아가 처음부터 강경일변도로 반응한 것은 아니었다. 1차 나토 확대, 즉 폴란드, 헝가리, 체코가 나토에 가입한 건 1999년이었지만, 가입 움직임이 가시화된 것은 이미 1990년대 초반부터였다. 당시 옐친은 이에 반대하지 않았을 뿐만 아니라, 1993년 8월 바르샤바 방문 당시 "폴란드의 나토 가입은 러시아의 이익에 반하지 않는다"는 공동선언까지 발표했다. 하지만 군부, 공산당 등 러시아 내부의 강한 비판에 직면한 옐친은 바로 입장을 변경해, 1993년 9월 나토 확대에 대한 반대 의사를 공식 천명했다. 특히 그는 나토 확대가 러시아 내 강경파와 극우 민족주의자들을 자극해 이제 막 시작된 민주적 개혁 과정을 저해할 수 있다고 서방에 경고했다.[7]

1990년대 초까지만 해도 나토 확대에 대한 미국의 입장 역시 확고한 것은 아니었다. 미국 내 전문가들 사이에서 찬반 논란도 뜨거웠다. 특히 1993년 출범한 클린턴 행정부는 나토 확대가 동유럽 민주화, 자유주의 시장경제 확산, 유럽 내 미국의 위상 강화에 기여할 것이라는 찬성론과, 러시아와 관계 악화, 동서 간 신뢰 파괴, 유럽 안보의 불안정화를 초래할 것이라는 비판론 사이에서 신중한 행보를 보였다. 클린턴 행정부가 임기 초반 도입한 '평화를 위한 파트너십Partnership for Peace(PfP)' 프로그램이나 옐친에게 약속한 '3NOs (No surprises, No hurry and No exclusion of Russia)'가 이를 잘 보여준다.

PfP는 1994년 1월 브뤼셀의 나토 정상회의에서 나토 확대가 공식적으로 천명된 후 그 전략의 일환으로 도입되었다. 주로 예전 사회주의 블록의 신생 독립국을 대상으로 한 PfP는 완전하고 최종적인 '멤버십'보다

점진적이고 단계적인 '파트너십'을 강조했다. PfP의 도입은 확대를 원칙으로 하되 속도와 수위를 조절하고, 동유럽의 안보 불안을 해결하되 러시아의 고립 우려도 해소하고자 한 클린턴 행정부의 이중 전략을 반영한다. 다시 말해 "PfP는 워싱턴이 러시아, 중·동유럽, 그리고 발트 3국이나 우크라이나 같은 포스트소비에트 공화국 중 어느 하나를 너무 일찍 선택해야 하는 상황을 피할 수 있게 해준 것"이다.[8]

1993년 10월 당시 미 국무장관 워런 크리스토퍼Warren Christopher가 PfP의 도입에 대해 설명했을 때 옐친은 이를 몹시 반겼다. 옐친은 PfP가 중·동유럽과 소련 출신 신생 독립국 모두에 개방되어 있고, 누가 누구보다 앞서는 것도 아닐뿐더러, 무엇보다 '멤버십이 아닌 파트너십'이라는 것을 확인하고는 '기발하고 천재적인 발상'이라고 극찬했다. 다음 해 6월 러시아도 PfP에 가입했고, 이후 협력의 일환으로 보스니아-헤르체고비나, 코소보 등 발칸반도에서 전개된 나토의 평화유지 작전에 러시아군을 파견하기도 했다.[9] PfP는 '(나토 확대를) 서두르지도, (러시아를) 놀라게 하거나 배제하지도 않겠다'는 3NOs의 실현이었던 셈이다.

하지만 동유럽 국가들의 줄기찬 호소, 미국 주도 자유주의 질서의 확산 필요, 무엇보다 1994년 11월 민주당의 중간선거 참패와 공화당의 상하원 장악 등 국내 정치 위기를 돌파하기 위해 클린턴은 이후 신속한 확대 노선으로 선회한다. 1994년 말부터 착수된 미 행정부의 전략문건 "나토 확대에 관한 연구", 1994년 12월 1일 발표된 나토 북대서양이사회North Atlantic Council 성명 등은 이러한 선회를 알리는 전환점이 되었다. 전자는 나토의 개방 원칙open policy을 강조하며 가입의 구체적 기준과 방법을 제시했고, 후자는 '동쪽의 민주주의 국가들에 도달할 확대를 기대하고 환영한다'는 나토의 입장을 공식화했다.[10]

그 결과 나토 대신 당시의 유럽안보협력회의Conference on Security and

Cooperation in Europe(CSCE)나 유럽공동체European Community(EC)를 활용하는 방안 등 나토 확대의 대안으로 논의되어온 여러 구상은 급격히 힘을 잃었다. CSCE는 나토보다 제도화의 수준이 낮았고, EC의 방위능력은 나토에 크게 못 미쳤으며, 무엇보다 유럽이 아닌 미국이 기본적으로 유럽 기구인 양자의 주도권을 갖기 어렵다는 점이 크게 작용했다.[11]

결국 1994년 12월 5일 부다페스트에서 열린 유럽안보협력회의에서 미국과 러시아 정상이 격돌했다. 이날 같은 장소에서 우크라이나는 미·영·러의 보증 아래 핵 포기와 안전보장을 교환한 〈부다페스트 양해각서〉, 즉 〈우크라이나의 NPT 가입과 관련한 안전보장에 관한 양해각서Memorandum on Security Assurances in Connection with Ukraine's Accession to the NPT〉에 사인했다. 소련 해체 결과 대두된 가장 시급한 핵 안보 사안이 오랜 실랑이 끝에 마침내 타결된 상황도 클린턴의 노선 변화에 영향을 미쳤다고 말할 수 있다.

당시 클린턴은 '나토를 유럽 안보의 근간'으로 강조하며 '동맹 밖의 어떤 나라도 확대에 거부권을 행사할 수 없다'고 선언했고, 옐친은 '차가운 전쟁cold war에서 차가운 평화cold peace로 갈 작정이냐'며 맞불을 놓았다. 나토 확대가 러시아를 고립시키고 유럽을 분열시켜 아직 냉전의 유산에서 채 벗어나지 못한 유럽을 또 다른 냉전으로 몰아넣을 거라는 경고였다. 미국 국가안보아카이브는 이 사건을 '나토 확대로 가는 도중 발생한 가장 큰 열차 사고', '나토 확대와 러시아 개입NATO Enlargement and Russia Engagement'이라는 클린턴의 (양립 불가능한) 두 노선의 충돌'로 묘사했다.[12] 옐친의 기본 입장은 1995년 5월 클린턴과 나눈 아래 대화에 잘 반영되어 있다.

"나토 확대에 대한 당신 생각을 명확히 이해하고 싶습니다. 당신이 계속한다면 러시아에는 굴욕밖에 없을 테니까요. 바르샤바 조약은 폐지됐는데 다른 하나의 블록은 계속 존재한다면 우리에게 어떻게 보이겠습니까? 살아남은 냉전 블록 하나가 바로 러시아 국경까지 확장되는 건 새로운 형태의 봉쇄입니다. 많은 러시아인이 두려움을 느끼고 있어요. 러시아가 당신들 파트너라면서 그렇게 해서 얻고자 하는 게 뭡니까? 그들(러시아 국민)은 묻습니다. 나도 묻습니다. 왜 이런 일을 하려는 겁니까? 우리에게는 범유럽 안보를 위한 새로운 구조가 필요해요, 낡은 것이 아니라요! … 내가 나토 국경을 러시아 국경 쪽으로 확장하는 데 동의한다면, 그것은 러시아 국민을 배신하는 행위가 될 겁니다."[13]

이후로도 옐친은 러시아의 안보 위협과 고립, 민주화 지연 등을 거론하며 나토 확대에 원칙적인 반대를 표명했다. 하지만 그는 결국 이를 수용했다. 가장 절박했던 건 경제 지원이었고, 그 외 미국이 제공한 여러 유인책도 유효하게 작용했다. 예를 들어 나토 확대를 적어도 1996년 러시아 대통령 선거 이후로 미뤄달라는 옐친의 요구를 받아준 것, G7과 WTO, 파리클럽에 러시아 가입을 약속한 것이 대표적이다.[14] 실제로 제1차 나토 확대 대상국인 폴란드, 헝가리, 체코에 대한 나토 가입 초청은 옐친이 재선에 성공한 후인 1997년에, 실제 가입은 1999년에 이뤄졌다. 1997년 6월 G7은 러시아를 포함한 G8으로 확대되었고, 같은 해 9월 러시아는 파리클럽에 가입했다. (WTO 가입은 2011년에 이뤄졌다.)

## 1997 나토-러시아 창립법

나토 확대의 여파로 벌어진 일련의 사건 중 가장 중요한 것은 1997년 5

월 체결된 〈나토-러시아 간 상호관계, 협력, 안보에 관한 창립법Founding Act on Mutual Relations, Cooperation and Security between NATO and the Russian Federation(이하 〈창립법〉)〉이다. 이 협정은 나토 확대로 인한 러시아의 안보 불안을 해소하기 위해 마련된 것으로, 나토와 러시아를 더 이상 적이 아닌 상호 신뢰와 협력의 대상으로 규정하고, 근본적으로 새로운 양자 관계의 시작을 선포했다. 당시 러시아는 이미 나토의 PfP(평화를 위한 파트너십)에 가입한 상태였는데, 〈창립법〉은 그 프로그램보다 강화된 형태로 양자 협력의 기본원칙과 방법을 제시했다. 이에 준해 '나토-러시아 상설 공동이사회NATO-Russia Permanent Joint Council'가 설립되고, 나토와 러시아 외무부·국방부 장관 회담이 연 2회로 정례화되었다.[15]

하지만 PfP가 러시아를 '유럽 안보 내에 포함하면서 나토 밖에 두는 방법'으로 활용되었듯이, 〈창립법〉 역시 러시아를 '나토의 내부와 외부 사이의 경계'에 모호하게 남겨놓았다. 〈창립법〉 체결 두 달 전인 1997년 3월 헬싱키에서 클린턴과 만난 옐친이 이 협정에 대해 '원해서가 아니라 어쩔 수 없이 사인하는 것'이라고 토로한 것은 이 때문이다. 당시 옐친은 협정 체결 전 아래와 같은 조건을 달았다.

> "우리 입장은 변하지 않았습니다. 나토의 동진은 여전히 실수입니다. 하지만 그것이 러시아에 미칠 부정적 결과를 완화하기 위해 조치를 취할 필요가 있어요. 나는 나토와 협정을 맺을 준비가 되어있지만, 내가 원해서가 아니라 어쩔 수 없는 조치이기 때문입니다. 현재로서는 다른 해결책이 없으니까요. 내게 가장 중요한 문제는 다음과 같습니다. 협정은 법적인 구속력을 가져야 하고, 16개 동맹국 모두가 서명해야 합니다. 러시아의 우려나 의견을 고려하지 않은 채 나토의 결정이 이뤄져서는 안 됩니다. 또 핵무기와 재래식 무기가 러시아 국경 근처의 새로운 회원국으로 동진해서 러시아를 겨냥한

새로운 방역망을 구축해서도 안 됩니다. 한 가지 매우 중요한 것은 확대가 구소련 공화국들을 포함해서는 안 된다는 겁니다. 그런 문구 없이는 어떤 협정에도 서명할 수 없습니다. 우크라이나가 특히 그렇습니다. 만약 그들을 끌어들인다면, 많은 쟁점이 달린 우크라이나와의 협상이 순탄치 않을 겁니다."[16]

요약하자면 당시 옐친은 '핵 및 재래식 무기가 신규 회원국에 배치되어서는 안 되고, 나토 확대가 예전 소련공화국을 포함해서도 안 되고, 특히 우크라이나가 그러하며, 이러한 조건 없이는 어떤 협정도 사인하지 않겠다'고 주장한 것이다. 하지만 고르바초프 때와 마찬가지로 옐친의 주장은 받아들여지지 않았고, 조항으로 적시되지도 않았다.

대신 정치·군사문제를 다룬 〈창립법〉 4조에 '나토는 신규 회원국 영토에 핵무기를 배치할 어떤 의도도, 계획도, 이유도 없으며… 현재 및 가까운 장래의 안보환경 속에서 상당한 규모의 전투 병력을 추가 상주시키지 않을 것'이라는 문장이 포함되기는 했다. 하지만 '상당한 규모의 substantial', '현재 및 가까운 장래의 안보환경 속에서' 같은 애매한 표현이나 단서를 붙여 다른 해석의 여지를 남겨놓았다.[17] 2022년 전쟁을 앞두고 푸틴은 〈1997년 창립법〉을 지키라'고 요구하고, 서방은 '지켰다'고 반박하며 갑론을박을 벌인 것도 본질은 이것이다. 1인치 논란과 유사한 상황이다.

무엇보다 '나토+1' 개념에 기반한 나토-러시아 상설공동이사회는 러시아에 발언권은 부여했으나 거부권은 인정하지 않았고, 그 결과 러시아는 의견은 낼 수 있지만, 결정에는 참여하지 못했다. 당시 다수의 러시아 관리가 해당 이사회를 '토론 클럽'에 불과하다고 비판한 것은 이 때문이며, 실제 나토의 의사결정에 러시아의 목소리는 반영되지 못했다.[18]

이처럼 〈창립법〉이 러시아가 원했던 동등한 파트너십을 근본적으로 제한하는 구조와 비대칭성을 갖게 된 것은 협상의 주도권이 압도적으로 서방에 놓인 상황에서 러시아의 요구는 최소한으로 반영되었기 때문이다. 그럼에도 옐친은 결국 협정에 사인했고 나토 확대도 수용했으며, 〈창립법〉 체결 두 달 후인 1997년 7월, 마침내 폴란드, 헝가리, 체코에 대한 나토 가입 초청이 이루어졌다.

## 푸틴과 나토의 짧았던 밀월

나토 확대에 대한 옐친의 행보는 '원칙적 반대와 사실상 수용'으로 요약될 수 있는데, 이는 푸틴 집권 초기에도 마찬가지로 반복됐다. 동유럽 국가를 대상으로 한 1차 나토 확대와 비교해 푸틴 집권 때인 2004년 실시된 2차 확대는 사안이 더 심각했다. 예전 소련에 속했던 발트 3국이 대상에 포함됐기 때문이다. 러시아와 함께 소련에 속했기에 지금도 에스토니아와 라트비아는 인구의 약 25%가 러시아인이고, 리투아니아에는 러시아의 역외영토인 칼리닌그라드가 존재한다. 민족이나 영토 같은 민감한 문제로 얽혀 있기에 발트 3국의 나토 가입은 러시아에 더욱 예민한 사안일 수밖에 없었다.

하지만 옐친과 마찬가지로 푸틴 역시 원칙적 반대를 표명했지만, 발트 3국을 포함한 중·동유럽 7개국의 나토 가입을 용인했을 뿐만 아니라 나토와의 협력을 더 강화해나갔다. 취임 초반 푸틴이 견지한 친서방 노선, 9·11 사태가 촉발한 세계적 반테러리즘 기조 등이 배경이 되었다. 특히 체첸전쟁을 '테러리스트의 준동'으로 규정한 푸틴은 나토의 대테러 활동에 적극 호응하며 협력구조 제도화에 착수했다.

예를 들어 2002년 5월 로마에서 열린 나토-러시아 정상회의와 그 결과 채택된 로마 선언에 따라 '나토-러시아 이사회NATO-Russia Council(NRC)'를 설립한 것이 대표적이다. 예전 나토-러시아 상설공동이사회를 대체한 NRC는 나토 회원국과 러시아 간 '진정으로 동등하고 질적으로 새로운 관계'를 표방했다. 실제로 사후통보 성격의 예전 이사회에 비해 NRC는 의사소통 과정에 러시아의 참여를 보장한 진일보한 것이었다. 하지만 이 역시 특정 분야에 한정된 것이어서 러시아는 여전히 나토의 주요 의사결정 구조 밖에 남았고, '참정권 없는 동등성'이라는 '러시아 딜레마'도 그대로였다. 그럼에도 NRC에 기반한 양자 협력은 특히 아프간 대테러 공조 등에서 진전된 성과를 보였고, 2004년 미국 콜로라도, 러시아 칼리닌그라드 등에서 양국 간 합동군사훈련이 이루어지기도 했다.[19]

나토에만 러시아 딜레마가 있는 건 아니었다. 러시아에도 '나토 딜레마'가 존재했다. 옐친부터 푸틴 집권 초기까지 이어진 '(나토 확대에 대한) 원칙적 반대와 사실상 수용'이 그것이다. 2000년 3월 푸틴이 BBC와 한 아래 인터뷰는 이러한 곤경을 잘 보여준다.

> 기자: "나토에 대한 당신의 견해를 말씀해 주십시오. 나토를 잠재적 파트너로 보십니까, 아니면 경쟁자 또는 적으로 보십니까?"

> 푸틴: "러시아는 유럽 문화의 일부입니다. 나는 내 나라가 유럽이나, 우리가 흔히 문명 세계라고 부르는 세계에서 고립되는 것을 상상할 수 없습니다. 그러니 나토를 적으로 보기는 힘들지요. 이런 식의 질문을 던지는 것조차 러시아나 세계에 아무 도움이 되지 않습니다. … 우리가 나토와 더 심오한 통합에 대해 논의할 수도 있지만, 그건 러시아가 동등한 파트너로 간주될 때만 가능합니다. 당신들은 우리가 나토의 동진에 대해 끊임없이 반대해

왔다는 걸 알지 않습니까."

기자: "러시아가 나토에 가입할 가능성은 있나요?"

푸틴: "왜 안 되는지 모르겠군요. 하지만 다시 한번 말씀드립니다. 그런 가능성을 배제하지 않지만, 그건 러시아의 견해가 동등한 파트너로 고려될 때 가능합니다. 이 점을 거듭 강조하고 싶습니다. …

우리의 주된 관심사는 우리 나라이고, 오늘과 내일의 세계에서 그 위치입니다. 의사결정 과정에서 우리를 배제하려는 시도에 직면하면 당연히 걱정스럽고 짜증도 납니다. 하지만 그것이 우리가 나머지 세계로부터 스스로를 차단하겠다는 의미는 아닙니다. 고립주의는 선택지가 아닙니다."[20]

발트 3국을 포함한 2차 나토 확대가 본격적으로 추진되던 당시 나토 사무총장이었던 조지 로버트슨은 한 인터뷰에서 '푸틴과 가진 모든 만남과 대화에서 그는 단 한 번도 나토 확대에 대해 불만을 말한 적이 없고, 발트 3국의 나토 가입에 대해서도 단 한 번도 불평하지 않았다'고 주장했다.[21]

나토 동진에 대한 원칙적 반대, 러시아에 대한 존중을 끊임없이 강조한 위 BBC 인터뷰 속 푸틴을 고려하면 로버트슨의 발언은 과장된 면이 없지 않다. 하지만 푸틴이 대상 7개국 모두 바르샤바 조약국이었고, 소련에 속했던 발트 3국마저 포함된 2차 나토 확대에 대해 심각한 이의를 제기하지 않은 것은 사실이다. 당시만 해도 푸틴에게는 서방과의 신뢰 회복, 나토와의 관계 구축이 더 중요했기 때문이고, 무엇보다 당시 러시아는 힘이 없었다.

이처럼 옐친에서 푸틴 집권 초기에 걸친 러시아-나토 관계의 형성기에 러시아는 나토 동진까지 수용하며 양자 간 건설적인 관계 형성에 적극적으로 임했다. 하지만 1994년 러시아의 체첸 침공, 1995년 8월 나토의 보스니아 공습, 1998년 12월 미·영의 이라크 공습, 1999년 3월 코소보 전쟁과 나토의 세르비아 폭격, 2003년 3월 미국의 이라크 침공 등 양자 간 갈등 요소는 끊이지 않았다. 마지막 세 가지 결정은 유엔 안보리 승인 없이, 즉 러시아를 배제한 채 이뤄졌다.

특히 1999년, 같은 슬라브족이자 정교 국가로 러시아의 오랜 동맹인 세르비아에 대한 나토 공습은 나토-러시아 관계에 매우 부정적인 영향을 끼쳤다. 당시 러시아 외무장관 예브게니 프리마코프Yevgeny Primakov가 공습 소식을 듣자마자 워싱턴으로 가던 비행기를 모스크바로 돌린 사건은 이런 의미에서 매우 상징적이다. 나토의 폭격은 폴란드, 헝가리, 체코가 나토에 정식 가입한 지 2주 만에 일어났고, 러시아에서는 '오늘은 베오그라드, 내일은 모스크바!'라는 구호가 퍼져나갔다. 1995년 나토가 보스니아의 세르비아인을 폭격했을 때 옐친도 이를 두고 "나토가 러시아 국경 바로 앞까지 왔을 때 어떤 일이 일어날 수 있는지 보여주는 첫 번째 신호"라 경고한 바 있다.[22]

군사 안보적 측면에서는 미국의 〈탄도탄요격미사일 조약Anti-Ballistic Missile Treaty(ABM)〉 일방 파기에 주목할 필요가 있다. 1972년 닉슨과 브레즈네프가 맺은 이 조약은 '냉전 시절 미소 군비 통제의 초석'이자 '핵 위기관리의 보증자' 역할을 해온 역사적 합의에 해당한다. 2001년 12월 부시 행정부는 정당한 사유 없이 일방적으로 조약 탈퇴를 선언했다. 부시는 9·11 테러를 들어 탈퇴를 정당화하려 했지만, 그가 탈퇴 의사를 밝힌 것은 (9·11 테러 이전인) 5월이었다. 2002년 6월 결국 조약이 폐기되고 그와 밀접히 연동해 미국의 미사일 방어 시스템Missile Defense(MD)이 특히 나토 신규 회원국을 대상으로 확대되면서 러시아의 의혹과 불신은 점점 깊어졌다. 부시 행정부는 ABM 조약 폐기 후 폴란드와 체코 내 MD 시스템 구축을 지속적으로 추진했으며, 2004년 루마니아와 불가리아가 나토에 가입한 후부터는 이들 영토에 MD와 연계된 공군기지, 미사일 기지 등 군사 인프라 구축이 시도되었다.[23]

이처럼 급변하는 국제환경, 다양한 안보 이슈, 엇갈리는 이해 속에 나토-러시아 관계는 협력과 갈등 사이를 오락가락하며 서서히 냉각되었고, 그 과정에서 러시아의 불만과 분노도 커졌다. 이는 크림을 합병하고 우크라이나를 침공한 푸틴에 한정되지 않는다. 일찍이 1989년 12월 몰타에서 열린 미소 정상회담 후 고르바초프는 '마치 신神과 핫라인을 가진 듯하다'며 아버지 부시의 오만에 혀를 찼고, 정확히 5년 후인 1994년 12월 부다페스트에서, 그리고 또 5년 후인 코소보 전쟁 당시 옐친은 세계를 자기 맘대로 좌지우지하며 러시아를 무시하는 미국에 격노했다.[24] 미국의 유명 국제정치학자 제임스 골드게이어James Goldgeier는 이러한 상황을 다음과 같이 적절히 요약했다.

> "최근 기밀 해제된 문서는 미국의 무소불위한 힘에 대해 고르바초프와 옐친 모두 미국 측에 분명히 문제를 제기했고, 따라서 푸틴이 2007년 뮌헨안보회의 연설에서 미국의 패권에 불만을 제기한 것이 전혀 놀라운 일도, 고르바초프와 옐친의 태도와 크게 다른 것도 아니라는 것을 알게 해준다.
>
> 고르바초프는 소련의 이익을 위해 동유럽에서 군사력을 사용할 수도 있었으나 미국의 방식에 동의했고, 옐친은 중단시킬 힘이 없었기에 미국의 방식을 묵인했지만 그렇다고 그것을 받아들인 것은 아니었으며, 그의 후임자인 푸틴은 러시아가 저항할 수 있을 만큼 강해지자 그렇게 했다."[25]

집권 2기(2004~2008)를 거치며 러시아 경제가 회복되고 강대국 지위가 복원되면서 푸틴은 기울어진 관계를 바로잡으려 했고, 그 트리거 trigger가 된 것이 바로 우크라이나다. 나토-러시아 관계에 우크라이나가 연루되기 시작하면서 푸틴의 저항이 본격화되었고, 이는 나토 확대에 대한 러시아의 기존 대응에 질적인 변화를 일으켰다. 옐친도, 푸틴도 '특히 우크라이나는 절대 안 된다'고 말해왔다. 그들은 왜 그랬을까.

1 Александр Галкина, Анатолий Черняева сост., "Из беседы М.С. Горбачева с Дж. Бейкером 18 мая 1990 года," *Михаил Горбачев и германский вопрос: Сборник документов 1986-1991,* Москва: Издательство Весь Мир, 2006, pp. 442-444.

2 Vladislav Zubok, "Myths and Realities of Putinism and NATO Expansion," in James Goldgeier and Joshua R. Itzkowitz Shifrinson eds., *Evaluating NATO Enlargement From Cold War Victory to the Russia-Ukraine War*, Cham. Switzerland: Palgrave Macmillan, 2023, pp. 148-149; Thomas Friedman, "Soviet Disarray; Yeltsin Says Russia Seeks to Join NATO," *The New York Times*, Dec. 21, 1991.

3 Владимир Путин, "Интервью в эфире программы «Завтрак с Фростом» на телеканале Би-би-си," *Президент России*, 5 марта 2000; Путин, *Обращение Президента Российской Федерации*, 21 февраля 2022; Patrick Reilly, "Putin says Bill Clinton told him Russia could join NATO before pulling back hours later: 'You tricked us'," *New York Post*, Feb. 8, 2024; Jennifer Rankin, "Ex-Nato head says Putin wanted to join alliance early on in his rule," *The Guardian*, Nov. 4, 2021.

4 고상두, "러시아의 나토와 유럽연합 관계: 갈등과 협력 개념을 중심으로,"『국방연구』 61권 1호, 2018, p. 112; Татьяна Пархалина, "Россия-Нато: от холодной войны эпохи биполярной конфронтации до холодной войны эпохи глобализации," *Европейская безопасность: события, оценки, прогнозы*, Выпуск 63(79), 2021, p. 5.

5 Patrick Wintour, "Russia's belief in Nato 'betrayal' and why it matters today," *The Guardian*, Jan. 12, 2022.

6 James Goldgeier and Joshua R. Itzkowitz Shifrinson, "Evaluating NATO Enlargement: Scholarly Debates, Policy Implications, and Roads not Taken," in James Goldgeier and Joshua R. Itzkowitz Shifrinson eds., *Evaluating NATO Enlargement From Cold War Victory to the Russia-Ukraine War*, Cham. Switzerland: Palgrave Macmillan, 2023, pp. 1-42; Kimberly Marten, "NATO Enlargement: Evaluating Its Consequences in Russia," in James Goldgeier and Joshua R. Itzkowitz Shifrinson eds., *Evaluating NATO Enlargement From Cold War Victory to the Russia-Ukraine War*, Cham. Switzerland: Palgrave Macmillan, 2023, pp. 209-249. 인용은 Marten, p. 212.

7 Синтия Робертс, "Россия и НАТО: Пределы частичной интеграции," *Актуальные проблемы Европы*, No. 4, 2004, pp. 95-96.

8 James M. Goldgeier, "NATO Enlargement and the Problem of Value Complexity," *Journal of Cold War Studies*, Volume 22, No. 4, Fall 2020, pp. 146-174; Sa-

rotte, *Not One Inch*, pp. 173-180. 인용은 Sarotte, pp. 344-345.

9 "Secretary Christopher's meeting with President Yeltsin," *National Security Archive*, Oct. 22, 1993.

10 "Study on NATO Enlargement," *NATO*, Sep. 3, 1995; "Final Communiqué of the North Atlantic Council," *NATO*, Dec. 1, 1994.

11 Goldgeier, "NATO Enlargement and the Problem of Value Complexity," p. 148.

12 "NATO Expansion-The Budapest Blow Up 1994," *National Security Archive*, Nov. 24, 2021; Elaine Sciolino, "Yeltsin Says NATO is Trying to Split Continent Again," *The New York Times*, Dec. 6, 1994.

13 "Summary report on One-on-One meeting between Presidents Clinton and Yeltsin," *National Security Archive*, May 10, 1995.

14 Andrey Sushentsov, William Wohlforth, "The Tragedy of US–Russian Relations: NATO Centrality and the Revisionists' Spiral," in James Goldgeier and Joshua R. Itzkowitz Shifrinson eds., *Evaluating NATO Enlargement From Cold War Victory to the Russia-Ukraine War*, Cham. Switzerland: Palgrave Macmillan, 2023, pp. 265-266.

15 "Founding Act on Mutual Relations, Cooperation and Security between NATO and the Russian Federation," *NATO*, May 27, 1997.

16 "Declassified Documents Concerning Russian President Boris Yeltsin," *Clinton Digital Library*, p. 106.

17 "Founding Act."

18 Simon Lunn, "The NATO–Russia Council: Its Role and Prospects," *European Leadership Network*, Nov. 2013, pp. 2-3.

19 "NATO-Russia Council," *NATO,* July 25, 2024; "NATO-Russia Relations: A New Quality," *NATO*, May 28, 2002; Lunn, "The NATO–Russia Council," pp. 3-6.

20 Путин, "Интервью в эфире программы «Завтрак с Фростом» на телеканале Би-би-си."

21 Elisabeth Braw, "When Putin Loved NATO," *Foreign Policy*, Jan. 19, 2022.

22 John Mearsheimer, "Why the Ukraine Crisis Is the West's Fault," *Foreign Affairs*, Sep./Oct., 2014, p. 78.

23 Marten, "NATO Enlargement," pp. 229-231; 고재남, "미·러 군비통제 갈등과 INF 조약," 『러시아 외교정책의 이해: 대립과 통합, 푸틴의 길』, 서울: 역사공간, 2019, pp. 368-372.

24 Goldgeier, "NATO Enlargement and the Problem of Value Complexity," p. 149, 153.

25 Ibid, pp. 148-149.

04 

# 우크라이나의 나토 가입은 왜 러시아에 위협인가

## 나토로 가는 험난한 길

우크라이나는 1991년 12월 20일 나토 산하 북대서양협력위원회North Atlantic Cooperation Council 가입을 계기로 나토와 공식적인 관계를 시작했다. 해당 위원회는 나토가 중·동유럽의 민주화 촉진 및 안보 협력을 목표로 만든 기구다. 우크라이나 의회가 소련으로부터 독립을 선언한 것이 1991년 8월 24일, 독립에 대해 우크라이나 국민의 92.3%가 압도적 지지를 표명한 국민투표가 같은 해 12월 1일에 있었으니, 독립과 동시에 나토를 찾은 셈이다.

1994년 2월에는 구소련국가 중 최초로 나토와 평화를 위한 파트너십PfP을 맺었고, 1997년 7월에는 〈나토-우크라이나 간 특수 파트너십에 관한 헌장Charter on a Distinctive Partnership between NATO and Ukraine〉을 체결하고 나토-우크라이나 위원회NATO-Ukraine Commission를 설립했다. 같은 해 키이우에 나토 정보문서센터가, 1999년에는 나토 연락사무소가 설치되는 등 다각도의 협력이 이어졌다.[1]

하지만 독립 초기만 해도 우크라이나는 나토 가입을 명시적으로 추구하지 않았다. 이는 독립 후 우크라이나 국가 형성에 결정적 역할을 한 3대 문서에 반영돼있다. 〈국가주권선언Deklaratsiya pro derzhavnyy suverenitet Ukrainy〉(1990.07.16.), 〈독립선언법Akt proholoshennya nezalezhnosti Ukrainy〉(1991.08.24.), 〈우크라이나 헌법Konstytutsiia Ukrainy〉(1996.06.28.)이 그것이다. 이들은 역사적, 논리적으로 긴밀한 연쇄를 이루며 신생 주권국 우크라이나에 법적 기초를 제공했다. 즉, 독립 후 최초의 헌법에 해당하는 〈1996년 헌법〉은 〈독립선언법〉에, 〈독립선언법〉은 〈국가주권선언〉에 기반함을 적시하고 있는데, 〈국가주권선언〉 제9조는 "우크라이나가 군사동맹에 참여하지 않는 영구중립국이 될 것"을 천명했다.[2]

최초의 변화는 레오니드 쿠치마Leonid Kuchma 대통령의 집권 2기(1999~2005)부터 시작됐다. 그는 우크라이나 2대 대통령이자 현재까지 유일하게 재선에 성공한 대통령이다. 2002년 5월, 우크라이나 국가안보국방위원회Rada natsionalnoi bezpeky i oborony Ukrainy는 '예전의 비동맹이나 중립 정책을 고집하는 것은 우크라이나에 더 이상 이익이 되지 않는다'는 말로 나토에 대한 기존 노선의 선회를 공식화했다. 당시 쿠치마는 각종 부패 혐의, 언론인 살해 사건에 연루되어 유럽 각국의 비판을 받고 있었다. 또 비슷한 시기 나토-러시아 이사회가 설립되는 등 러시아-나토 간 협력이 강화되는 분위기였다. 쿠치마의 정책 전환은 이러한 국내적 위기와 국제사회에서의 고립을 타개하기 위한 방편이었고, 그런 만큼 일관성이 유지되지는 않았다.[3]

쿠치마로부터 시작된 변화는 2004년 오렌지 혁명으로 집권에 성공한 빅토르 유셴코Victor Yushchenko 대통령이 '유럽-대서양 통합Euro-Atlantic

Integration' 노선을 재확인하며 본격화되었다. 2005년 4월 유셴코의 취임 직후 나토와 우크라이나는 '강화된 대화Intensified Dialogue' 단계에 진입했는데, 이는 우크라이나가 나토의 가치와 기준을 충족시키도록 지원하는 프로그램이었다. 유셴코는 EU와 나토 가입을 국가 전략목표로, 나토 가입의 사전단계에 해당하는 '회원 가입 행동 계획Membership Action Plan(MAP)' 확보를 우크라이나의 최우선 과제로 삼고 이를 위한 전방위 외교를 펼쳤다.

당시 부시 행정부는 이를 적극 지원했고, 2008년 4월 루마니아 부쿠레슈티에서 열린 나토 정상회의에서 채택된 선언은 그 결절점에 해당한다. 선언문 23조는 "나토는 우크라이나와 조지아의 나토 가입을 위한 유럽-대서양 열망Euro-Atlantic aspiration을 환영한다. 오늘 우리는 이들 국가가 나토 회원국이 될 것에 합의했다"고 적시했다.[4] 러시아를 자극하지 않으려는 메르켈과 사르코지의 강력한 반대로 우크라이나와 조지아의 MAP 비준은 무산되었지만, 미국의 강력한 요구로 위와 같은 조항이 선언문에 명기된 것이다. 즉, 해당 조항은 동맹 내 분열의 결과이자 이를 봉합하고자 한 타협의 산물이었다.

문제는 타협의 결과 나토 가입의 가능성은 열렸으나, 타협의 한계로 이후 실제 가입을 위한 어떤 절차도 진행되지 않았다는 데 있다. '나토 회원국이 될 것'이라는 원칙적 선언 외, 언제 어떻게 그것이 가능한지 구체적인 일정표도 계획도 전혀 제시되지 않았다. 그 결과 우크라이나와 조지아는 나토 가입에는 '사실상' 차단되고, 러시아의 불만에는 '최대한' 노출된 최악의 상황에 놓이게 되었다. 나토 확대 지지자와 반대자 모두 한 목소리로 '이 조항이 두 당사국(우크라이나와 조지아)과 향후 유럽 안보에 재앙적 결과를 초래했다'고 주장한 것은 이 때문이다.[5] 이 선언 후 4개월 만에 터진 조지아 전쟁이나 2014년의 크림합병이 단적인 사례가 될 수 있으며, 2022년의 전쟁도 이와 무관치 않다.

부쿠레슈티 선언 이후 우크라이나의 친나토 행보는 전반적인 정체와 부분적인 진전 사이를 오락가락하다가 2010년 친러 성향의 빅토르 야누코비치Viktor Yanukovych가 대통령이 된 후 중단된다. 그는 나토 가입이 우크라이나 안보에 도움이 되지 않으며, 대중적 지지도 낮다는 점을 들어 '비동맹 노선으로의 복귀'를 선언하고 나토 가입에 제동을 걸었다. 하지만 2013년 11월부터 시작된 유로마이단 사태, 2014년 크림반도 합병과 돈바스 내전 등 숨 가쁘게 이어진 격변의 와중에 2014년 6월 새로 출범한 페트로 포로셴코Petro Poroshenko 정부는 나토 가입을 우크라이나 안보의 시급한 의제로 다시 세웠다.

나토 역시 2014년 9월 웨일스 정상회의에서 러시아의 크림합병을 집중 성토하며 우크라이나에 대한 지원을 대폭 늘리고 나토-우크라이나 위원회의 협력 수준을 강화하기로 결정한다. 2016년 7월 바르샤바 나토 정상회의에서는 우크라이나를 위한 포괄적 지원 패키지가 승인되었다. 이후 우크라이나의 자체 방어 능력 강화를 위한 국방 및 안보 개혁, 우크라이나군 현대화 및 나토 표준화, 나토군과 상호운용성 강화 등을 위한 대규모 지원이 이루어졌고, 나토와 우크라이나 간 합동군사훈련도 본격화되었다.

포로셴코 정부는 2017년 기존의 비동맹 노선을 폐기하고 EU와 나토 가입을 국가의 최우선 전략목표로 법제화하는 헌법 개정 작업에 착수했고, 2019년 2월 해당 개정안이 의회를 통과했다. 개정된 헌법 전문은 "우크라이나 국민의 유럽적 정체성과 우크라이나의 유럽 및 유럽-대서양 노선의 불가역성"을 적시했고, 헌법 102조는 대통령의 역할을 "우크라이나가 EU와 나토의 정회원이 되기 위한 전략적 노선을 실행하는 보증인"으로 규정했다.[6]

2019년 5월 대통령에 취임한 젤렌스키 역시 이전 정부의 기조를 이어받아 2020년 6월 나토와의 관계를 '향상된 기회 파트너Enhanced Opportunities Partner'로 발전시키고, 2020년 9월에는 '러시아를 침략자로, 나토 가입을 전략적 목표로' 명확히 규정한 〈우크라이나 신국가안보전략〉을 발표했다. 젤렌스키는 우크라이나의 미래 안보와 국가발전을 위해 나토와의 파트너십 강화가 국정의 최우선순위임을 밝히고, 나토 가입을 위한 MAP 초대를 거듭 요청했다.

특히 2021년 나토-우크라이나 군사 협력은 러우 양국 간 긴장 고조와 서로 맞물려 역대 최대 규모로 이뤄졌다. 2021년 6월 흑해에서는 나토-우크라이나군의 대규모 합동군사훈련이, 브뤼셀의 나토 정상회의에서는 2008년 부쿠레슈티 선언이 재확인되었다. 이처럼 수년간 이어진 미국과 나토의 전폭적 지원으로 전쟁 직전 우크라이나는 나토 비회원국 중 나토와 가장 통합된 국가였다.

## 우크라이나 국민은 나토 가입을 원했을까

앞의 내용을 요약하면, 단명한 야누코비치 정권을 제외하고 2004년 오렌지 혁명 이래, 특히 2014년 유로마이단 이후 우크라이나 정부는 나토 가입을 위해 매진했다. 그럼 우크라이나 국민은 어땠을까. 국민도 정부처럼 나토 가입을 그렇게 열렬히 바랐을까? 전쟁 후 젤렌스키는 나토 가입이 온 국민의 오랜 염원이었던 것처럼 행동했다. 직접 확인해보자.

그래프 〈4-1〉은 나토 가입 논의가 본격화된 2002년부터 전쟁 발발 후인 2023년까지 나토 가입에 대한 우크라이나 여론 변화를 나타낸 것이다.[7]

4-1. 나토 가입에 대한 우크라이나 국민 여론 (2002~2023)

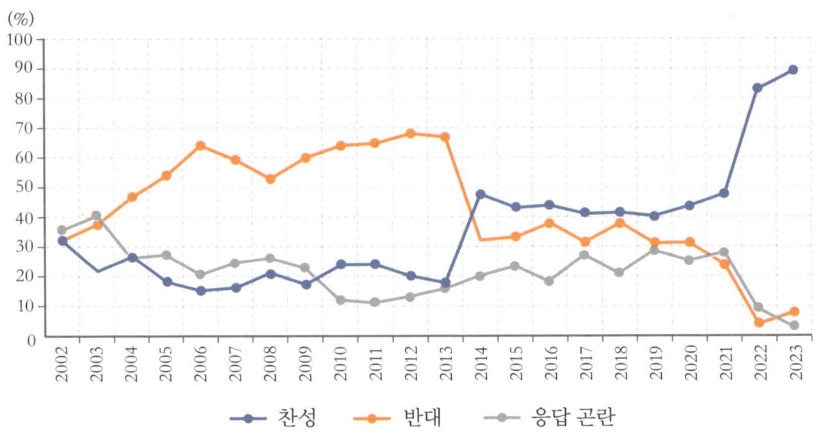


출처: KIIS, Rating Group, Anisimova

예상과 달리 2014년 크림합병 전까지는 나토 가입 반대가 찬성보다 훨씬 높았다. 사실 2004년 오렌지 혁명 후 우크라이나 정부의 적극적 노력과 미국의 강력한 지원에도 우크라이나의 나토 가입이 끝내 이뤄지지 않은 데는 이런 여론도 크게 작용했다. 당시 메르켈과 사르코지가 우크라이나 나토 가입에 결사반대한 근거 중 하나가 바로 '우크라이나 국론 분열'이었다. 오렌지 혁명의 영웅 율리야 티모셴코Yulia Tymoshenko, 유로마이단으로 대통령이 된 포로셴코, 현재의 젤렌스키에 이르기까지 나토 가입을 주장한 우크라이나 정치인들 모두 '나토 가입에 대한 최종 결정은 국민투표 결과에 따르겠다'고 약속한 것도 이 때문이다.[8]

또, 2014년 크림합병 후 처음으로 나토 가입 찬성이 반대보다 높아졌지만, 그래프가 직관적으로 보여주듯이, 찬반 사이 차이가 생각보다 크지 않다. 찬성 비율은 대략 40%대로 과반에 이르지 못했고, 2018년에는 찬반이 다시 동률에 근접하기도 했다. 합병의 사건성이나, 당시 조사가 크림반도와 돈바스 친러 지역을 제외하고 이뤄졌다는 점을 고려하면 더욱 의외다.

전쟁 직전인 2021년, 러우 양국 간 긴장이 최대로 고조되며 찬성 비율이 높아지기는 했지만, 이때도 찬성 비율(47.8%)은 국민 절반에 불과했고, 응답 곤란을 감안하면 그때까지도 우크라이나 국민의 또 다른 절반은 여전히 반대거나 결정을 유보한 상태였다.

이런 상황을 결정적으로 변화시킨 것이 바로 이 전쟁이다. 전쟁 직후인 2022년 찬성률은 82%로, 2023년에는 90%로 급등한다. '우크라이나 나토 가입 불가'를 표방한 전쟁이 오렌지 혁명 후에도, 유로마이단 후에도, 심지어 크림합병을 겪고도 나토 가입에 유보적이었던 다수의 우크라이나 국민을 압도적 찬성으로 돌려세운 것이다. 전쟁을 일으킨 푸틴이 마땅히 치러야 할 후과에 해당한다.

한편 우크라이나 지도자 모두 나토 가입 여부는 국민 뜻에 따르겠다고 공언해놓고 그들 모두 국민 여론을 등한시했다. 반대가 훨씬 높을 때도, 찬성이 과반에 못 미쳤을 때도 그들은 나토 가입을 열심히 밀어붙였다. 하지만 크림합병 같은 중대사건 이후로도, 돈바스에서 내전이 진행 중인데도 찬성이 절반을 넘지 못했다면 이는 그 자체로 하나의 메시지가 된다. 섣불리 나토 가입을 추진했다간 안 그래도 분열된 나라가 두 동강이 날지도 모른다는 뜻이다. 국민은 이를 알고 있었던 것이다. 결론적으로 나토 가입이 초래할 치명적 위험에 대해 우크라이나 국민은 정치인들보다 훨씬 더 현명하고 신중했다고 말할 수 있다.

## 동맹 선택의 권리 vs 안보 불가분의 의무

나토 확대에 대한 러시아의 반응이 '소극적 수용'에서 '강경 대응'으로 전환된 시점은 2004년 오렌지 혁명 후 우크라이나 정부가 나토 가입을 본격적으로 추진한 시기와 일치한다. 이후 나토-우크라이나 간 협력의 수준이 높아질수록 러시아의 대응 수위도 높아졌다. 당시는 장기간 지속된 유가 상승에 힘입어 러시아 경제가 부활하고 강대국 지위가 회복되던 때이기도 하다. 나토 팽창과 미국 단극체제의 부당성을 강하게 질타한 푸틴의 2007년 뮌헨 안보회의 연설과 2008년 조지아 전쟁은 러시아의 변화를 각각 언술과 행동의 차원에서 상징한 사건이다.

나토의 부쿠레슈티 선언 다음 날인 2008년 4월 4일, 이를 러시아 안보에 대한 '직접적 위협'으로 규정한 푸틴은 서방을 향해 '러시아에 최후통첩을 하지도, 러시아가 최후통첩을 하게 만들지도 말라'고 경고했다. 러 외무장관 세르게이 라브로프Sergey Lavrov도 '우크라이나와 조지아의 나토 가입을 막기 위해서라면 무슨 일이든 하겠다'고 말했다.[9] 부쿠레슈티 선언 당시 미 국무부의 러시아-유라시아 국가정보관이었던 피오나 힐Fiona Hill은 부시 대통령에게 "푸틴은 우크라이나와 조지아를 나토에 더 가깝게 하려는 조치를 도발적 행위로 간주할 것이고, 따라서 러시아의 선제적 군사 행동을 유발할 가능성이 높다"고 경고했지만 "소용없었다"고 회고한 바 있다.[10]

그로부터 불과 넉 달 뒤 조지아 전쟁이 터졌다. 부쿠레슈티 선언에 고무된 당시 조지아의 사카슈빌리 대통령은 분리주의 척결을 위해 남오세티야를 공격했고, 러시아는 기다렸다는 듯이 뛰어들었다. 이 전쟁을 통해 러시아는 남오세티야를 조지아로부터 완전히 분리해내고, 1990년대 이래 유보해온 남오세티야와 압하지야 공화국의 독립 승인을 단행했다.

그로부터 6년 후 우크라이나의 유로마이단 사태에 직면해 이번에는 크림반도의 분리독립을 지원했을 뿐 아니라 아예 러시아에 합병시키는 초강수로 대응했다. 이후 8년간 이어진 돈바스 내전과 우크라이나 정부의 가속화된 친나토 행보에 대해 2022년에는 침공이라는 극단의 대응을 한 것이다.

그렇다면 러시아는 조지아와 우크라이나, 그중에서도 특히 우크라이나의 나토 가입에 왜 이토록 예민한 것일까. 여기에는 안보적 요인과 역사문화적 요인이 존재한다. 이 장에서는 안보적 요인에 대해 살펴보겠다.

우크라이나와 서방은 나토 가입 결정은 주권국의 정당한 권리이며, 방어적 동맹인 나토 확대는 러시아 안보에 어떤 위협도 되지 않는다고 주장해왔다. 반면 푸틴은 '어느 나라나 군사동맹을 포함해 자국 안보 시스템에 대한 선택의 권리를 갖지만, 이는 '안보 불가분성security indivisibility'이 준수되는 경우에 한한다'며 맞서왔다. 푸틴은 '자국 안보 강화를 위해 타국 안보를 희생시켜서는 안 된다'는 안보 불가분성의 원칙이 다름 아닌 유럽 스스로 세운 기준임을 거듭 강조했다.

실제로 안보 불가분성은 1975년 헬싱키 협정에 처음 등장한 이래 OSCE 등 유럽안보공동체를 지탱하는 중심 원칙으로 기능해왔다. 푸틴과 라브로프는 OSCE가 1999년 이스탄불에서 채택한 〈유럽안보헌장Charter for European Security〉 (8조, 10조), 2010년 〈(안보공동체를 향한) 아스타나 기념 선언Astana Commemorative Declaration Towards a Secutiry Community〉 (3조) 등을 예로 들어 유럽도 '안보동맹을 선택할 권리'와 '안보 불가분성 준수의 의무'를 긴밀하게 서로 연관된 패키지로 다루고 있음을 지적해왔다.[11]

안보 불가분성에 대한 강조는 푸틴에 국한되지 않는다. 일찍이 고르바초프와 옐친 모두 '동맹 선택에 대한 주권적 권리'에 근거해 각각 동독과 폴란드의 나토 가입을 용인했지만, 동시에 양자 모두 '안보 불가분성'

의 원칙에 준해 더 이상의 나토 확대에 반대한 바 있다. 예를 들어 고르바초프가 강조한 페레스트로이카 시대의 '신사고新思考', 즉 이념적 진영이나 군사동맹으로 분할된 유럽이 아닌 '하나의 유럽'을 가능하게 할 '새로운 정치적 사고'의 핵심이 바로 '세계의 상호의존성'과 그에 기반한 '안보 불가분성'을 받아들이는 것이었다.

"새로운 정치 전망은 또 하나의 단순한 공리를 요구합니다. 안보는 분리될 수 없다는 것입니다. 모두에게 동등한 안보가 아니라면 아무것도 아닌 것입니다. 안보를 위한 단 하나의 견고한 토대는 모든 민족과 나라의 이익, 그리고 국제사회에서 그들의 동등성을 인정하는 겁니다. 각 나라의 안보는 세계 공동체의 모든 구성원을 위한 안보와 결부되어야 합니다. 소련이 미국보다 안보가 취약하다고 여겨지는 상황에 처한다면 미국에 이익이 되겠습니까? 아니면 그 반대의 상황이 소련에 득이 될까요? 우리는 그런 상황을 원하지 않는다고 단호히 말씀드릴 수 있습니다."[12]

옐친도 1997년 5월 〈나토-러시아 창립법〉 조인식에서 다음과 같이 말했다.

"지금 가장 중요한 일은 하나의 더 큰 유럽을 만드는 것입니다. 이것이 평화롭고 안전한 유럽을 만들 유일한 방법이기 때문이지요. 단 하나의 국가만을 위한 안전과 안보를 구축하는 것은 불가능합니다. 안보는 모두에게 똑같고 서로 분리될 수 없을 때만 안정적이고 신뢰할 수 있으니까요."[13]

사실 〈나토-러시아 창립법〉 자체가 "유럽-대서양 공동체 속 모든 나라의 안보가 **분리될 수 없다**는 원칙에 따라 나토와 러시아는…"으로 시작된다.[14] 결국 푸틴의 논지는 '아무리 동맹 선택이 주권적 권리라 해도 우크라이나의 나토 가입은 러시아 안보에 심각한 위협을 야기하기에, 안보 불가분성을 강조한 〈나토-러시아 창립법〉의 정신에도, 〈유럽안보헌장〉으로 대표되는 유럽의 보편적 합의에도 정면으로 배치되며, 그럼에도 러시아의 우려를 무시하는 서방의 태도는 동맹 선택의 '권리'만 내세우고 '의무'는 저버리는 위험한 도발에 다름 아니다'로 요약할 수 있다.

## 우크라이나의 나토 가입이 러시아에 위협인 이유

그렇다면 정말로 우크라이나의 나토 가입이 러시아 안보에 그렇게 심각한 위협이 될까. 푸틴은 다 제쳐두고 군사적 차원만 따져봐도 '명백히 그렇다'고 주장한다.[15] 즉, 나토 동진이 시작된 이래로 루마니아, 폴란드 등 신규 회원국에 미국의 유럽 MD 시스템과 연동된 군사 인프라가 지속적으로 배치되어 러시아 국경 가까이 이르렀고, 이런 환경에서 우크라이나가 나토에 가입하면 러시아 공격의 교두보가 되는 것은 시간문제일 뿐이라는 것이다.

더구나 푸틴이 보기에 우크라이나는 이미 나토의 군사기지나 다름없다. 그는 2014년 이후 미국이 우크라이나에 수십억 달러를 쏟아부어 다량의 무기와 장비를 제공하고, 군대와 특수부대, 교관 등을 훈련시켰으며, 그 결과 현재 우크라이나의 군 운영 체계는 이미 나토와 완전히 통합되었다고 주장한다. 또 다수의 합동군사훈련이 정기적으로 이루어지고 있으며, 이를 명분으로 우크라이나 영토에 나토군이 지속적으로 존재해왔다는 것이다. 일례로 우크라이나의 영공은 미국이 현대화한 공항 네트워크에 의해, 해상은 미국이 건설한 흑해 연안 오차코프 해군작전센터에 의해 나토군의 활동에 완전히 개방되어 있으며, 이는 러시아 안보에 치명적이라는 것이 그의 주장이다.

단적으로 우크라이나가 나토에 정식 가입해 현재 개발된 군사 인프라가 나토 기지화되고, 여기에 미국이 개발한 지상 기반 다종타격시스템이 배치될 경우, 토마호크 순항미사일은 모스크바까지 35분, 탄도미사일은 7~8분, 극초음속 무기는 4~5분이면 충분하며, 그 범위는 러시아의 유럽 파트는 물론 우랄산맥 너머까지 미친다. 이에 푸틴은 우크라이나의 나토 가입은 "러시아의 목에 칼을 들이대는 것"이나 다름없다고 결론 내린다.

> "우크라이나 영토에 대한 북대서양 동맹의 이미 시작된 군사적 통합, 더 이상의 군사 인프라 확대를 우리는 용납할 수 없습니다. … 문제는 우리와 인접한 영토에… 우리에게 적대적인 '반反러시아'가 형성되고 있다는 점, 그곳에 완전한 외부 통제 아래 나토 국가들의 군대가 집약적으로 주둔하고, 최첨단 무기로 채워지고 있다는 사실입니다. … 궁극적으로 이것은 우리의 생사가 걸린 문제, 우리 국민의 역사적 미래가 걸린 문제입니다. 과장이 아니라 사실이 그렇습니다. … 우리 국가의 존재 자체와 주권에 대한 실질적 위협이란 말입니다. 수차례 말했던 바로 그 레드라인이기도 하지요. 그들이 그 선을 넘었습니다."[16]

나토와 우크라이나 간 군사 통합과 관련해 푸틴이 열거한 구체적 사례들은 대체로 사실에 부합한다. 2014년 이래 빠른 속도로 이뤄진 우크라이나군 현대화 및 군사력 강화는 미국의 전폭적 지원 속에 나토의 표준과 규범에 부합하는 방향으로 진행되었다. 나토 정상들도 2022년 전쟁 발발 후 발표한 러시아 규탄성명을 통해 "2014년 이후 우리는 우크라이나 병력을 훈련해 우크라이나군의 군사적 역량과 자질을 높이고 강인하게 만들었다"고 밝힌 바 있다.[17] 메르켈 전 독일 총리도 2022년 12월 7일 〈디 차이트Die Zeit〉와 가진 인터뷰에서 다음과 같은 폭탄 발언을 했다. 전쟁 발발 후 젤렌스키는 2008년 부쿠레슈티 선언 당시 우크라이나의 나토 가입을 막은 메르켈의 반대가 2022년 전쟁의 빌미가 되었다고 강하게 비판했고, 메르켈의 발언은 이를 항변하는 과정에서 나온 것이다.

> "하지만 당시 정확히 어떤 대안이 있었는지도 말할 필요가 있습니다. … 나는 2008년에 논의된 우크라이나와 조지아의 나토 가입 추진이 잘못되었다고 생각합니다. 두 나라는 가입에 필요한 전제조건을 갖추지 못했고, 그런 결정이 조지아와 우크라이나에 대한 러시아의 행동과 관련해 어떤 결과를 초래할지도 충분히 고려되지 않았어요. … 2014년 민스크 협정은 우크라이나에 시간을 주기 위한 시도였습니다.
>
> 우크라이나도 이 시간을 이용해 오늘날 보다시피 더 강해졌습니다. 2014과 2015년의 우크라이나는 오늘날의 우크라이나가 아니었어요. … 당시 푸틴은 그들을 쉽게 제압할 수 있었습니다. 게다가 당시 나토 국가들이 우크라이나를 돕기 위해 지금처럼 많이 노력할 수 있었을지 정말 의문입니다."[18]

우크라이나와 나토의 군사적 통합을 주도한 것은 당연히 미국이다. 우크라이나는 미국의 해외 군사 지원 주요 수혜국으로, 미국은 우크라이나 독립 후 첫 10년간 약 26억 달러, 2014년부터 2021년까지 25억 달러 이상의 안보 지원금을 제공했다.[19] 우크라이나군 인프라 및 무기, 장비의 현대화, 군사 교육 및 운영의 체계화, 다종다양한 합동군사훈련이 미국의 압도적 원조에 기반해 이루어진 것이다.

미국의 코소보, 아프간, 이라크 특수작전에서 활약한 베테랑이자 우크라이나군 현대화 작업에 참여한 한 미군 장교는 "미국이 우크라이나 군대의 명령 및 지휘 체계, 작전 계획, IT와 병참, 상당한 수준의 대공對空 능력을 조직화해 노후한 우크라이나 군대를 전문적인 서구 군대로 변신시켰다"고 증언했다.[20] 수잔 왓킨스Susan Watkins의 주장처럼 "우크라이나는 나토에 없었을지 몰라도, 나토는 우크라이나에 있었던 것"이며, 존 미어샤이머John Mearsheimer의 주장처럼 "우크라이나는 사실상 나토의 회원국이 되어가고 있었던 것"이다.[21]

물론 러시아의 크림합병도 우크라이나의 군비증강을 촉발한 주요 원인 중 하나였다. 하지만 앞서 밝힌바, 미국의 우크라이나 안보 지원이 크림합병 이전에도 합병 이후에 상응하는 규모로 이미 이루어진 것을 감안하면, 우크라이나군 강화를 둘러싼 러시아-미국 간 갈등은 상호위협과 상호불신의 확대재생산이 동반되는 전형적인 안보 딜레마에 해당한다고 말할 수 있다.

## 러시아 국민은 우크라이나의 나토 가입에 대해 어떻게 생각할까

우크라이나의 나토 가입이 초래할 위협에 대한 푸틴의 우려는 러시아 국민 사이에도 폭넓게 공유된 것이다. 러시아 국영 여론조사기관 브치옴VTSIOM의 2022년 4~5월 여론조사에 따르면, 러시아인의 62%는 나토를 '회원국 보호를 위한 방어조직'이 아닌 '(러시아와 그 동맹국에 대한) 공격을 목표로 한 군사조직'으로 인식하고 있다. 러시아 국민이 이해하는 이번 전쟁의 가장 중요한 목적도 '우크라이나의 나토 가입 저지'(40%)였다. 이는 전쟁 목적 2, 3위를 차지한 '네오나치 척결'(20%)이나 '돈바스 주민

4-2. 우크라이나의 나토 가입에 대한 러시아 여론 (1997~2022)

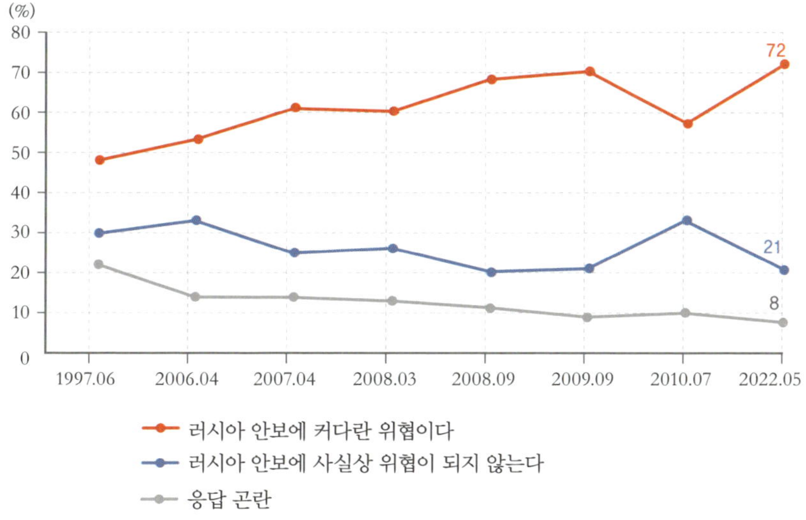


출처: Levada Center

보호'(18%)보다 두 배 높은 수치다.[22]

당연히 나토에 대한 평가도 압도적으로 부정적이다. 비슷한 시기 러시아의 독립 여론조사기관인 레바다센터가 실시한 여러 조사에 따르면, 러시아인의 82%가 나토를 부정적으로 생각하고, 60%는 나토 확대에 대한 러시아의 우려가 정당한 근거를 가진다고 여기며, 그 결과 비슷한 비율(57%)이 이번 전쟁에 대한 제1의 책임이 '미국과 나토에 있다'고 답했다. 러시아인에게 이 전쟁은 우크라이나와의 싸움이 아닌 것이다. 그들은 미국과 싸우고 있다고 생각한다. 러시아 국민 사이에는 '악의 축을 호명할 유일무이의 권리를 주장해온 미국이야말로 모든 악의 근원'이라는 폭넓은 공감이 존재하며, 이 전쟁에 대한 러시아 국민의 압도적 지지는 그 결과에 해당한다.[23]

러시아 국민 대다수는 특히 우크라이나의 나토 가입이 러시아 안보에 커다란 위협이 된다고 생각한다. 그래프 〈4-2〉는 1997년부터 2022년까지 우크라이나의 나토 가입과 관련한 러시아 여론의 추이를 나타낸 것이다.[24] (친러 야누코비치 대통령의 집권기(2010~2014)를 제외하면) "우크라이나의 나토 가입이 러시아 안보에 커다란 위협이 된다"고 생각하는 러시아인의 비율은 매년 꾸준히 증가해, 2008년 부쿠레슈티 선언 이후 68%, 2022년 전쟁 발발 직후에는 72%에 이른다.

푸틴과 러시아 국민만 이렇게 생각하는 것도 아니다. 2008년 부쿠레슈티 선언 당시 메르켈이 미국의 강력한 요구에도 우크라이나 나토 가입에 반대한 주된 이유는 "러시아의 정당한 안보 우려가 고려되어야 한다"는 것이었다. 사르코지도 입장을 공유했다. 앞서 밝힌 것처럼, 젤렌스키는 2022년 전쟁이 2008년 독일과 프랑스의 '오판'의 결과라고 주장하지만, 전쟁 후에도 메르켈은 2008년의 결정이 합당했다는 입장을 견지하고 있다.[25]

유럽만이 아니다. 2008년 모스크바 주재 미국 대사로 재직한 전前 CIA 국장 윌리엄 번스William Burns는 당시 미 국무장관 콘돌리자 라이스Condoleezza Rice에 다음과 같은 메일을 보냈다.

> "우크라이나의 나토 가입은 (푸틴뿐만 아니라) 러시아 엘리트에게 가장 밝게 빛나는 레드라인입니다. 크렘린궁 컴컴한 구석의 구닥다리들부터 푸틴을 가장 예리하게 비판하는 자유주의자들까지, 2년 반 넘게 러시아의 핵심 인사들과 대화를 나눠봤지만, 아직까지 저는 우크라이나의 나토 가입을 러시아의 이익에 대한 직접적인 도전 이외의 것으로 보는 사람을 만난 적이 없습니다. … (나토 가입 제안은) 전략적 도전장을 던진 것으로 여겨질 거예요. 오늘날의 러시아는 여기 대응할 겁니다. 러시아와 우크라이나 관계는 급속도로 얼어붙을 것이고… 그것은 러시아가 크림과 우크라이나 동부에 개입

할 수 있는 비옥한 토양을 조성할 겁니다."[26]

미국의 현실주의 국제정치학을 대표하는 존 미어샤이머도 2014년 우크라이나 사태 당시 "우크라이나 위기는 왜 서구의 잘못인가"라는 도발적 제목의 글을 통해 비슷한 주장을 했다. 그는 우크라이나의 나토 가입이 초래할 위협에 대한 푸틴의 우려는 지극히 정당하며, 이는 역사적으로도 입증된다고 주장했다. 미어샤이머는 1962년 쿠바 위기, 즉 소련이 쿠바에 미사일 기지 건설을 시도하자 미국이 '핵전쟁 불사, 3차대전 불사'를 외치며 격렬히 반대해 무산시킨 사건을 환기시킨다. 같은 맥락에서 '만일 중국이 군사동맹을 만들어 캐나다와 멕시코를 끌어들이려 한다면 미국은 가만히 있겠는가'라고 묻는다. 미어샤이머의 결론은 미국과 동맹이 우크라이나의 나토 가입 계획을 당장 포기하고 중립적 완충지대로 남겨놓아야 한다는 것이다.[27]

2022년 전쟁 발발 후에도 미어샤이머의 입장은 변하지 않았다. 전쟁 개시의 책임이 푸틴에게 있는 것은 사실이나, 극단적 위기의 근원은 '푸틴이 소련 부활의 망상에 사로잡힌 미친 독재자'여서가 아니라 '서방, 특히 미국의 무분별한 나토 확장에 있다'는 것이다.[28]

최근 사례로는 트럼프 2기 대선 캠프의 외교 안보 책사였던 키스 켈로그Keith Kellogg를 들 수 있다. 트럼프 취임 후 '러시아·우크라이나 특사'로 임명된 그는 러시아의 반발로 '우크라이나 특사'로 지위가 축소될 정도로 친우크라이나적인 인물이다. 이후 러시아와 소통을 중동 특사인 스티브 위트코프Steve Witkoff가 전담한 것도 이 때문이다. 그렇지만 나토 문제와 관련해서는 켈로그 역시 '러시아의 안보 우려가 정당하다'는 인식 아래 우크라이나의 나토 가입에 반대하는 입장을 일관되게 유지해왔다.[29]

살펴본 것처럼 우크라이나의 나토 가입은 러시아의 핵심 안보 이익에 중대한 위협이 됨과 동시에 '유라시아공동체 건설'이라는 푸틴의 메가 프로젝트와도 정면으로 충돌한다. 2011년 소련 해체 20주년을 맞아 푸틴이 제안한 유라시아연합은 예전 소련 지역의 통합에 기반한 정치, 경제, 안보 공동체로, 2015년 1월 유라시아경제연합이 그 사전단계로 출범했다.

중요한 점은 소련의 모태가 러시아, 우크라이나, 벨라루스 간 연합에 있고, 소련의 해체가 그 3국 정상 간 전격적 합의로 이뤄졌듯이, 러시아에 우크라이나를 제외한 유라시아공동체의 성공, 나아가 과거 소련권역을 기반으로 한 세력권의 유지가 어렵고 불완전하다는 데 있다. 브레진스키Zbigniew Brzezinski를 인용하자면, "우크라이나는 유라시아 체스판 위에 새로이 형성된 공간으로 지정학적 주축이라 할 만하다. 독립국가로서 우크라이나의 존재 자체가 러시아를 변화시키는 데 기여하기 때문이다. 러시아는 우크라이나 없이 유라시아의 제국이 될 수 없다."[30]

그런데 우리는 여기서 한 걸음 더 나갈 필요가 있다. 우크라이나가 러시아에 그렇게 큰 의미를 지니는 이유는 우크라이나 없이는 '러시아가 제국일 수 없기' 때문보다는 우크라이나 없이는 '러시아가 러시아일 수 없기' 때문이다. 다시 말해 우크라이나에 대한 러시아의 집착은 유럽에서 러시아 다음으로 넓은 영토, 4천만이 넘는 인구, 풍부한 지하자원을 가진 그 나라가 러시아의 정치, 경제, 안보에 중요하기 때문만이 아니라, 러시아 역사와 문화, 정체성과 가치, 멘탈과 정서에 심대한 영향을 미치는, 수사가 아닌 말 그대로의 '형제국가'이기 때문이다. 러시아가 유독 우크라이나에 죽자사자하는 이유, 우크라이나의 나토 가입을 수사가 아닌 말 그대로의 '전쟁 불사'로 막아선 가장 중요한 이유는 어쩌면 여기 있다.

## 미주

1 이하, 나토-우크라이나 관계에 대해서는 "Relations with Ukraine," *NATO*, June 26, 2025; "Ukraine-NATO Relations," Wikipedia; Rebecca R. Moore, "Ukraine's Bid to Join NATO: Reevaluating Enlargement in a New Strategic Context," in James Goldgeier and Joshua R. Itzkowitz Shifrinson eds., *Evaluating NATO Enlargement: From Cold War Victory to the Russia-Ukraine War*, Cham. Switzerland: Palgrave Macmillan, 2023; Василий Бабенко, "Украина и НАТО: Проблемы и перспективы," *Актуальные проблемы Европы*. No. 3, 2019; Marcin Kozieł, "Ukraine vis-à-vis NATO: the Challenges of the Partnership," *POLITEJA*, 3(17), 2011; Hennadiy Maksak, "The security perception and security policy of Ukraine: 1991-2018," *Defense & Security Analysis*, 37(1), 2021 참조.

2 "Конституція України," *zakon.rada.gov.ua*; "Акт проголошення незалежності України," *zakon.rada.gov.ua*; "Декларація про державний суверенітет України," *zakon.rada.gov.ua*; Sergiy Panasyuk, "Some Questions About Ukrainian 'Way to NATO' Constitutionality: Some Legal Aspects Which May Become the Stumbling Blocks for Ukrainian Future NATO Membership," *Cornell International Law Journal*, 56(2), 2023.

3 Askold Krushelnycky, "Ukraine: A Look At Kyiv's Motives For Seeking NATO Membership," *Radio Free Europe*, May 30, 2002.

4 "Bucharest Summit Declaration Issued by the Heads of State and Government participating in the meeting of the North Atlantic Council in Bucharest," *NATO*, April 3, 2008.

5 Moore, "Ukraine's Bid to Join NATO," p. 379.

6 "Конституція України."

7 Anna Anisimova, "Ukraine and NATO," *Free Network*, Oct. 30, 2023.

8 "Tymoshenko insists on referendum on membership in NATO," *Interfax-Ukraine*, May 19, 2014; "Ukraine's Poroshenko plans referendum on NATO membership," *Reuters*, Feb. 2, 2017; "Ukraine's President Promises NATO Referendum As Part Of Path To West," *Radio Free Europe*, June 5, 2019.

9 Vladimir Putin, "President Vladimir Putin addressed a meeting of the Russia-NATO Council," *President of Russia,* April 4, 2008; "Лавров пообещал всеми силами мешать вступлению Украины и Грузии в НАТО," *Lenta.ru*, 8 апреля 2008.

10 Fiona Hill, "Putin Has the U.S. Right Where He Wants It," *The New York Times*, Jan. 24, 2022.

11 Владимир Путин, "Обращение Президента Российской Федерации," 21 фев. 2022; Сергей Лавров, "Текст послания Министра иностранных дел Российской Федерации С.В.Лаврова по тематике неделимости

безопасности, направленного 28 января с.г. главам внешнеполитических ведомств США, Канады и ряда европейских стран," *mid.ru*, 1 фев. 2022; "Istanbul Document 1999," *OSCE*, 1999. p. 3; "Astana Commemorative Declaration Towards a Secutiry Community,“ *OSCE*, 2010, p. 1.

12 Mikhail Gorbachev, *Perestroika. New Thinking for our Country and the World*, London: Fontana/Collins, 1988, p. 142.

13 "Remarks by Boris Yeltsin, President of Russia at the Signing Ceremony of the NATO-Russia Founding Act," *NATO*, May 27, 1997.

14 "Founding Act on Mutual Relations, Cooperation and Security between NATO and the Russian Federation," *NATO*, May 27, 1997.

15 이하 푸틴의 주장은 Путин, "Обращение Президента Российской Федерации," 21 февраля 2022; "Обращение Президента Российской Федерации," 24 февраля 2022 참조.

16 Путин, "Обращение Президента Российской Федерации," 24 февраля 2022.

17 알렉스 캘리니코스 외 지음,『우크라이나 전쟁: 제국주의 강대국들의 각축전』, 서울: 책갈피, 2022, p. 161.

18 Tina Hildebrandt und Giovanni di Lorenzo, "Hatten Sie gedacht, ich komme mit Pferdeschwanz?" *Die Zeit*, Dez. 7, 2022.

19 Claire Mills, "Military assistance to Ukraine 2014-2021," *Research Briefing*, Number 7135, March 4, 2022, p. 6.

20 Susan Watkins, "An Avoidable War?" *New Left Review*, 133/134, Jan.-April 2022, pp. 13-14.

21 Watkins, "An Avoidable War?" p. 14; John Mearsheimer, "John Mearsheimer on why the West is principally responsible for the Ukrainian crisis," *Economist*, March 19, 2022.

22 "НАТО и Россия: вчера, сегодня, завтра?" *ВЦИОМ*, 4 апреля 2022; "Специальная военная операция: мониторинг," *ВЦИОМ*, 30 мая 2022.

23 "Россия и Нато," *Левада-Центр*, 6 июня 2022; "Конфликт с Украиной," *Левада-Центр*, 28 апреля 2022.

24 "Россия и Нато," *Левада-Центр*, 6 июня 2022.

25 "Germany blocks ex-Soviets' Nato entry," *Financial Times*, April 1, 2008; "Merkel defends 2008 decision to block Ukraine from NATO," *France 24*, April 4, 2022.

26 William J. Burns, *The Back Channel: A Memoir of American Diplomacy and the Case for Its Renewal*, New York: Random House, 2020, p. 233.

27 Mearsheimer, "Why the Ukraine Crisis Is the West's Fault," pp. 77-89.

28 Mearsheimer, "John Mearsheimer on why the West is principally responsible for the Ukrainian crisis."

29 "Gen. Keith Kellogg: Trump 'frustrated' with Russia's level of unreasonable-

ness," *ABC News*, May 30, 2025.

30 즈비그뉴 브레진스키 지음, 김명섭 옮김, 『거대한 체스판: 21세기 미국의 세계전략과 유라시아』, 서울: 삼인, 2007, p. 70.

## 05

# 푸틴이 우크라이나에 집착하는 진짜 이유는?

우크라이나와 조지아의 나토 가입을 시사한 2008년 부쿠레슈티 선언이 널리 회자된 데는 푸틴의 격렬한 반응도 한몫했다. 선언 직후 열린 비공개 회의에서 푸틴은 부시 대통령에게 다음과 같이 항의한 것으로 전해진다.

> "조지, 우크라이나가 나라도 아니란 걸 알잖습니까! 우크라이나가 어떤지 아십니까? 그 땅 일부는 동유럽이지만, 상당 부분은 우리가 준 겁니다!"[1]

당시 푸틴은 조지아에 대해서는 비교적 차분하게 반응했지만, 우크라이나에 대해서는 '이건 그냥 안보 문제가 아니다, 거기엔 1,700만 명의 러시아인이 살고 있다'며 격분했다고 한다. 2022년 침공 직전 연설에서도 그는 지금의 우크라이나가 소련, 특히 '레닌과 볼셰비키의 작품'이라고 주장했다. 현대 우크라이나 국가성의 기원이 러시아에 있다는 것이다. 나아가 그는 '우크라이나는 단순한 이웃 나라가 아닌, 혈연과 역사로 얽힌 러시아의 뗄 수 없는 일부'이고, 따라서 '러시아와 우크라이나 사이엔 아무도 끼어들어선 안 되며', 러시아에 우크라이나 문제는 '남의 일이 아닌 우리 일'이라고 일관되게 주장해왔다. 한마디로 '서방은 우리 형제 우크라이나에서 손을 떼라'는 것이다.[2]

푸틴만의 주장은 아니다. 2014년 초 유로마이단과 크림 사태로 어지러울 때 헨리 키신저Henry Kissinger는 다음과 같이 말했다.

> "서방은 우크라이나가 러시아에 결코 외국일 수 없다는 사실을 이해해야 한다. 러시아 역사는 키예프 루시라고 불리는 곳에서 시작되었다. 러시아 종교는 거기에서 퍼져나갔다. 우크라이나는 수 세기 동안 러시아의 일부였으며, 그 이전부터 그들의 역사는 얽혀있었다. 1709년 폴타바 전투를 시작으로 러시아의 자유를 위한 가장 중요한 전투 중 일부가 우크라이나 땅에서 벌어졌다. 러시아가 지중해에서 힘을 투사하는 수단인 흑해 함대는 크림의 세바스토폴에 장기 임대 방식으로 주둔하고 있다. 알렉산드르 솔제니친과 조지프 브로드스키 같은 유명한 반체제 인사들조차 우크라이나가 러시아 역사의 필수적인 부분이며, 실제로 러시아의 일부라고 주장했다."[3]

물론 형제국가라는 각별한 인연이 침공을 정당화할 수 없으며, 그런 사이라면 침공의 불의함은 더욱 자명하다. 하지만 사실 형제니까 싸우기도 하는 것이다. 상관없는 남이라면 왜 싸우겠는가. 싸움 중 가장 치열하고 잔인한 것이 원래 혈연 간 다툼이다. 그렇다면 러시아와 우크라이나는 정말 형제국가일까. 우크라이나 영토 상당 부분이 러시아가 준 것이고, 우크라이나라는 나라는 레닌의 작품이라는 푸틴의 주장은 사실인가.

## 우크라이나 없이 러시아는 러시아가 아니다

소련 해체에 대한 일반적인 표상과 달리, 당시 소련 내 여러 공화국이 독립을 요구한 가장 큰 이유는 '민족적'이기보다는 '정치적인' 것, 즉 소련 시스템에 대한 불만이었다고 한다. 2차대전의 결과 뒤늦게 소련에 흡수돼 반러 정서가 매우 강했던 발트 3국을 제외하면, 서로 다른 공화국에 속했던 소련 시민 다수가 해체 직전까지도 연방의 '해체'가 아니라 (개혁된 형태의) '보존'을 원했다는 사실이 이를 뒷받침해준다.[4]

1995년 발표된『연방은 보존될 수 있었다Soyuz Mozhno Bylo Sokhranit'』라는 제목의 백서에 따르면, 1991년 3월 소련 시민 전체를 대상으로 한 국민투표에서 76.4%가 연방 '보존'에 찬성표를 던졌다. 우크라이나의 경우 연방 보존 찬성률은 80.17%로 소련 평균보다 높았고, 중앙아시아 5개국은 90%를 훌쩍 넘었다. 이에 영국의 저명한 소련 전문가인 리처드 사크와Richard Sakwa는 '민족주의는 소련 해체의 원인이라기보다 산물'이라고 말했다.[5] 독일 통일이 우연한 실수에서 비롯된 것처럼 소련 해체 역시 돌연한 사건처럼 발생했다고 볼 수도 있다.

연방 '보존'의 분위기를 순식간에 '해체'로 뒤집어버린 불의의 일격은 1991년 8월 모스크바에서 일어난 쿠데타였다. 이 쿠데타는 고르바초프의 〈신연방조약〉으로 대표되는 소련 개혁에 반대해 군부가 일으킨 것이다. 쿠데타가 삼일 천하로 끝나고 넉 달 후인 12월 1일 다시 실시된 우크라이나 국민투표 결과는 '소련 해체 찬성 92.3%'로 완전히 뒤집힌다.

우크라이나의 이 강력한 독립 의지가 소련 해체의 결정적 요인이 되었다는 점은 잘 알려진 사실이다. 러시아, 우크라이나, 벨라루스 3국 정상 간 합의로 소련 해체를 결정한 1991년 12월의 벨라베자 회동 직후, 옐친은 의회 연설에서 '우크라이나의 국민투표 결과를 무시하거나 우크라이나 없이 연방을 강화하는 것은 범죄'라며 소련 해체의 정당성을 주장했다.[6] 물론 옐친의 개인적 야심도 작동했을 것이다. 소련이 사라지며 소련 대통령 고르바초프도 사라졌고, 러시아 대통령이던 옐친이 유일한 일인자로 남았으니 말이다. 어쨌든 소련의 모태가 3국 연합에 있었듯이, 소련의 해체 역시 3국 정상 간 전격 합의로 단행된 것이다.

이처럼 러시아, 우크라이나, 벨라루스가 소련의 시작과 종말을 함께 결정한 가장 큰 동인은 3국이 단일한 슬라브공동체를 이루며 수 세기에 걸쳐 혈연적, 언어적, 종교적, 문화적 동질성을 공유해왔기 때문이다. 3국은 각각 대러시아Great Russia, 소러시아Little Russia, 백러시아White Russia라 불리며 오랜 기간 이른바 '삼지동체三枝同體'로 존재해왔다. 슬라브족 중에서도 폴란드, 체코, 슬로바키아가 서슬라브족에, 불가리아, 세르비아, 크로아티아, 마케도니아가 남슬라브족에 속한다면, 러시아, 우크라이나, 벨라루스는 같은 동슬라브족에 속한다. 러시아인과 우크라이나인, 벨라루스인을 선명하게 가르는 인종적, 육체적 차이는 존재하지 않는다.

역사도 마찬가지다. 〈5-1〉은 러시아와 우크라이나 역사를 간략히 도표화한 것이다. 표에 붉은 글씨로 표기된 시기는 러시아와 우크라이나가 한 나라였던 때를 가리킨다. 즉, 600년 가까이 두 나라는 같은 나라였다. 두 나라의 역사를 따로 분리할 수 없는 시기가 무려 600년이 된다는 뜻이다. 무엇보다 양국의 뿌리가 같다. 러시아와 우크라이나 모두 키예프/키이우 공국으로부터 시작되었다. 따라서 우크라이나가 사라지면 러시아는 고대가 날아간다. 키예프 공국 시기인 고대 루시 시절 키릴문자가 만들어져 러시아와 우크라이나의 공식문자가 되었고, 키예프 대공 블라디미르는 로마 가톨릭과 비잔틴 정교 중 후자를 국교로 선택해 서유럽과 구별되는 슬라브 종교문화를 만들어냈다. 블라디미르가 최초로 세

5-1. 러시아와 우크라이나 역사

* 볼셰비키 혁명 후 러시아의 명칭은 1917년 러시아소비에트공화국, 1918년 러시아사회주의 연방소비에트공화국, 1936년 러시아소비에트연방사회주의공화국으로 변경됨.

례를 받은 곳, 즉 고대 러시아의 기독교화가 선포된 곳이 바로 크림반도다. 푸틴이 아래와 같이 주장한 이유다. 우크라이나 없이 러시아는 러시아일 수 없다는 말이다.

> "우리는 가까운 이웃 정도가 아니라… 사실상 한 민족입니다. 키예프는 러시아 도시들의 어머니입니다. 고대 루시는 우리 공통의 기원이고, 아무튼 우리는 서로가 서로 없이는 안 됩니다."[7]

## 러시아 없이 우크라이나는 우크라이나가 아니다

이번에는 우크라이나 편에서 살펴보자. 〈5-2〉는 우크라이나 지도다. 7개국과 국경을 접한 우크라이나는 러시아는 물론, 폴란드, 리투아니아, 오스트리아 등 여러 이웃 나라의 지배를 받았다. 우크라이나 특유의 다중심성, 즉 하나의 압도적인 중심 도시가 존재하는 것이 아니라, 키이우, 리비우, 하르키우, 도네츠크, 오데사 등의 대도시가 비슷한 균형을 이루며 공존하는 것, 또 이런 대도시가 주로 국경 인근에 포진한 것은 이 때문이다.[8]

각각의 대도시는 인접한 나라의 지배 아래 각기 발전했고, 그 과정에서 리비우, 테르노필 등 서부 지역은 폴란드, 리투아니아, 루마니아 같은 유럽국가에, 하르키우나 돈바스 같은 동부는 인접한 러시아의 영향을 받았다. 이런 세월이 쌓이고 쌓인 결과, 우크라이나 국토 중앙을 가로지르는 드니프로강을 기준으로 '북서부=친서구', '동남부=친러시아'의 지역색이 형성된 것이다. 유로마이단, 크림합병, 돈바스 내전, 그리고 이번 전쟁까지를 모두 관통한 우크라이나의 고질적인 지역 갈등은 이런 오랜 역사의 산물이다.

2014년 합병된 크림반도를 필두로, 8년 내전과 이번 전쟁의 격전지인 돈바스, 2022년 러시아에 새로 점령된 자포리자와 헤르손 모두 동남부에 속하며, 소련 초기 우크라이나 수도였던 하르키우, 우크라이나 대표항구가 있는 오데사도 동남부다. 이 지역은 17세기부터 18세기 제정러시아가 새로 병합한 땅으로 당시 명칭은 '노보로시야New Russia'였다. 즉 현재 러시아의 4개 점령지를 포함해 우크라이나 동남부 대부분이 200년 가까이 러시아 땅이었다. 특히 크림반도는 1954년 흐루쇼프가 우크라이나에 선물하기 전까지 러시아 영토였다. 이뿐만이 아니다. 2차 세계대전

5-2. 우크라이나 지도

5-3. 노보로시야 vs 러시아 4대 점령지

출처: ISW

전 폴란드, 루마니아, 헝가리 영토였던 우크라이나 서부 변경을 병합해 현재의 우크라이나 국경을 최종적으로 확정해준 사람도 다름 아닌 스탈린이다. 이쯤 되면 우크라이나 없이 러시아가 러시아가 아닌 것처럼, 러시아 없이는 우크라이나도 우크라이나가 아니다.

지도 〈5-3〉은 미국 전쟁연구소Institute for the Study of War(ISW)가 노보로시야와 현재 러시아 4대 점령지를 지도로 표시한 것이다. 핑크색으로 표시된 전체가 제정러시아 시절 노보로시야였던 지역이고, 4대 점령지는 그중 가운데 붉은 선 아래 빗금 부분이다.[9]

## 공유 역사의 빛과 그림자

러시아와 우크라이나 사이 오랜 세월 다방면으로 얽히고설킨 관계는 무엇보다 사람에 반영되었다. 소련 5대 지도자 중 3명이 우크라이나와 각별한 인연을 가진 것은 우연이 아니다. 스탈린의 뒤를 이어 소련 서기장이 된 흐루쇼프는 러시아인이었지만, 그가 정치 이력을 시작한 곳은 우크라이나, 그중에서도 돈바스 공산당이었다. 다음 서기장인 브레즈네프는 아예 우크라이나에서 태어났는데, 그가 러시아인인지 우크라이나인인지는 아직도 논란거리다. 그 자신, 젊은 시절엔 우크라이나인이라고 했다가 나중엔 러시아인이라고 말을 바꿨다. 고르바초프는 아버지는 러시아인, 어머니는 우크라이나인이다. 러시아에는 이런 사람이 한둘이 아니고, 우크라이나에는 더 많다. 2001년 〈우크라이나 인구 센서스〉에 따르면 우크라이나 인구의 17%, 약 830만 명이 러시아인이었다.

우리가 러시아인으로 알고 있는 유명인이 사실은 우크라이나인인 경우도 많다. 러시아 대표작가 고골이 그렇고, 러시아 국민화가 레핀, 세계

추상미술의 선구자 말레비치도 그러하며, 더 이상 수식이 필요치 않은 러시아의 자랑 차이콥스키도 아버지가 자포리자 코사크계 우크라이나인이었다. 제정러시아나 소련 시절에는 러시아와 우크라이나가 구별되지 않았기 때문이다.

앞서 인용한 푸틴의 말, 즉 '우크라이나 영토의 상당 부분은 러시아가 준 것이다', '우크라이나는 단순한 이웃 나라가 아닌, 혈연과 역사로 얽힌 러시아의 뗄 수 없는 일부다' 등은 이런 맥락에서 나온 것이다. 푸틴의 주장이 기분 나쁘고 저의가 의심스러워도 근거 없는 말은 아닌 셈이다. 푸틴은 이런 주장들을 모아 논문까지 썼다. 침공 1년 전 발표된 "러시아인과 우크라이나인의 역사적 단일성에 대하여"가 그것이다.

"나는 우크라이나의 진정한 주권은 러시아와의 파트너십 속에서만 가능하다고 확신한다. 우리의 정신적, 인간적, 문명적 유대는 수 세기에 걸쳐 형성되었고, 같은 기원으로 거슬러 올라가며, 공통의 시련과 성취, 승리로 단련되었다. 우리의 친족 관계는 대대로 이어져 왔다. 그것은 현대 러시아와 우크라이나에 사는 사람들의 마음과 기억 속에, 수백만의 가족을 하나로 묶어주는 혈연적 유대감 속에 살아 있다. 함께일 때 우리는 언제나 몇 배나 더 강하고 더 성공적이었으며 앞으로도 그럴 것이다. 우리는 하나의 민족이기 때문이다."[10]

근거가 없지 않지만, 다 맞는 말은 아니다. '러시아와 우크라이나가 함께할 때 늘 성공적이었다'는 말이 특히 그렇다. 러시아와 함께한 역사가 우크라이나에는 깊은 상처와 트라우마의 기억이기도 하기 때문이다. 홀로도모르holodomor가 대표적이다. '굶주림'을 뜻하는 '홀로드holod'와 '죽임'을 뜻하는 '모르mor'의 결합어인 홀로도모르는 1932~33년 우크라이나에서 발생한 대기근과 이로 인한 대량참사를 말한다. 희생자 규모는 아직도 논란이 분분하지만, 2015년 우크라이나과학아카데미 산하 프투하 인구사회연구소The Ptoukha Institute for Demography and Social Studies of the Ukrainian Academy of Sciences가 하버드대 우크라이나연구소 등과 협업을 통해 발표한 '390만 명'이 대체로 받아들여지는 추세다.[11]

우크라이나와 서방은 홀로도모르를 '우크라이나인을 절멸시키기 위한 스탈린의 의도된 기획'이라고 주장한다. 2006년 11월 우크라이나가 〈홀로도모르법〉을 제정해 사건을 제노사이드로 규정한 이래, 2022년 12월 기준, 미국, 캐나다, 프랑스, 독일, 폴란드, 발트 3국 등 세계 21개국과 유럽의회가 이를 제노사이드로 공식 인정했다. 키이우에 위치한 대표 기념관 이름도 '홀로도모르-제노사이드 국립 박물관'이다.[12]

하지만 제노사이드 주장을 조작된 신화로, 가공된 루소포비아Russophobia(러시아 공포·혐오증)로 비판하는 입장도 만만치 않다. 반론의 가장 강력한 근거는 비슷한 시기 유사한 비극이 우크라이나만이 아니라 러시아 남부와 카자흐스탄 등 소련의 다른 농업 지대에서도 발생했다는 사실이다. 홀로도모르가 우크라이나인의 절멸을 노린 것이라면 설명하기 힘든 현상이다. 논란은 아직도 진행 중이나, 그럼에도 참사가 스탈린의 급속한 산업화, 이를 위한 강제적 농업 집단화와 곡물 징발 과정에서 우크라이나가 희생된 사건이라는 데는 이견의 여지가 없다. 즉 '의도적인 인종학살'까지는 아니어도 '스탈린이 만든 인재人災'인 것은 분명하다.[13]

문제는 우크라이나가 스탈린 산업화의 최대 희생양인 동시에 최대 수혜자이기도 했다는 데 있다. 우크라이나, 그중에서도 자원이 풍부한 동남부는 모스크바의 전폭적인 지원 속에 소련 산업화의 중추, 중공업과 군수산업의 거점으로 적극 육성되었다. 제1차 경제개발 5개년 계획 기간(1928~1932) 소련 전체 자본투자금의 20%가 우크라이나에 집중되었고, 당시 소련의 35개 주요 산업시설 중 12개(그중 7개는 신규)가 우크라이나에 위치했으며, 1,500개의 새 공장 중 400개가 우크라이나에 지어졌다. 그 결과 당시 유럽에서 가장 큰 수력발전소가 드니프로에, 유럽에서 가장 큰 알루미늄 공장이 자포리자에, 유럽 최대 트랙터 공장이 하르키우에 있었고, 돈바스에는 광활한 규모의 석탄 광산과 아조우스탈 같은 철강 콤비나트가 존재했다. 드니프로 댐과 발전소는 '소련 공업화의 성공'을, 유명한 '스타하노프 운동'의 주인공이 일했던 돈바스 탄광은 '소련 산업화의 기적'을 상징했다. 우크라이나가 소련에서 독립한 후 돈바스가 그렇게 기를 쓰고 러시아로 돌아가고자 했던 것은 이 때문이다.[14]

따라서 러시아와 우크라이나 간 공유 역사shared history는 푸틴의 주장처럼 마냥 성공이었던 것도, 우크라이나의 주장처럼 오로지 비극이기만 했던 것도 아니라고 말할 수 있다. 진실은 중간 어디쯤 존재한다. 양국 관계는 '공존과 연대 vs 억압과 착취', '발전과 성취 vs 비극과 상처' 사이를 오가며 오랜 시간 깊어진 '애증 관계'로 보는 것이 보다 사실에 부합할 것이다.

## 존재하지 않는 나라의 역사 만들기

이제 우크라이나 국가성 문제를 살펴볼 차례다. 앞서 밝힌 것처럼, 푸틴은 '현대 우크라이나는 전적으로 소비에트의 산물'이고, '레닌이 그 작가이자 건축가'라는 말을 자주 했고, 그때마다 우크라이나는 강하게 반발했다. 우크라이나의 국가 정체성을 부정하는 발언이기 때문이다. 하지만 결론부터 말하자면 이 경우도 푸틴이 없는 말을 한 것은 아니다.

물론 우크라이나 민족, 우크라이나어, 우크라이나 문화는 고대부터 존재했다. 하지만 현대적 의미의 국민국가nation-state로서 우크라이나는 소비에트 우크라이나(우크라이나소비에트사회주의공화국)가 처음인 것이 사실이다. 앞서 밝혔듯이 우크라이나는 600년 가까이 러시아와 같은 나라였고, 서유럽에 근대 국민국가가 발흥하던 시절 우크라이나는 제정러시아와 한 몸이었다. 우크라이나가 버젓한 국민국가로 따로 존재할 겨를이 없었던 것이다.

1917년 볼셰비키 혁명으로 제정러시아가 무너지고, 1919년 소비에트 우크라이나가 등장하기 직전에 '우크라이나인이 세운 우크라이나 국가'가 잠깐 존재하기는 했다. 1917년 11월 수립된 '우크라이나인민공화국 Ukrainska Narodna Respublika'이 그것이다. 하지만 출범 당시 이 공화국은 사실상 '러시아령 우크라이나인민공화국'이었고, 1년도 안 돼 무너져 소비에트 우크라이나에 자리를 내주고 곧 사라졌다.[15] 따라서 현대 우크라이나 국가의 사실상의 시작은 레닌이 만든 소비에트 우크라이나인 것이 맞다.

우크라이나에 있어 이러한 '국가의 부재' 문제는 '역사의 부재' 논란과 직결되며, 사실 러시아와의 관계에서만 그런 것은 아니다. 다수의 강대국에 둘러싸인 우크라이나는 러시아만이 아니라 여러 나라의 지배를 번갈아 또는 동시에 받았다고 앞서 밝힌 바 있다. 그러다 보니 나라가 섞이고 역사가 섞였고, 그러다 보니 자신만의 국가國家, 자기만의 국사國史를 갖지 못한 것이다. (사실 이는 우크라이나만이 아니라 중·동유럽에 공유된 특성이기도 하다. 폴란드도 러시아, 프로이센, 오스트리아의 삼국 분할로 공중 분해돼 100년 넘게 나라가 사라진 적이 있다.) 우크라이나에 특히 러시아가 문제가 된 것은 러시아와의 인연이 유독 길고 넓고 질겼기 때문이다.

근대 이래 우크라이나에 국가나 국사가 부재했다는 주장은 러시아만이 아니라 서구나 우크라이나 학자들도 자주 하는 주장이다. 북미의 우크라이나 이민계를 대표하며, 『유럽의 문The Gates of Europe』이라는 우크라이나 역사책으로 세계적인 명성을 얻었고, 하버드대 우크라이나연구소 소장을 역임한 동유럽사 교수 세르히 플로히Serhii Plokhy가 대표적이다. 그는 "역사 없는 국가의 역사The History of a Non-historical Nation"라는 논문에서 '우크라이나는 동유럽의 소위 '비역사적 국가non-historical nation'에 속하며, 그 민족주의와 국민국가는 정교하게 가공된 역사적 신화의 직접적인 산물로 간주할 수 있다'고 말했다.[16]

컬럼비아대 교수를 역임한 미국의 동유럽사 전문가 마크 폰 하겐Mark von Hagen 역시 유사한 주장을 했다. 그는 "우크라이나에 역사가 있는가?Does Ukraine Have a History?"라는 도발적인 제목의 글을 통해 '우크라이나에 '과거'는 있어도 '역사'는 있다고 보기 어렵고, 근대 시기 우크라이나는 국가와 민족의 연속성을 결여했으며, 오늘날의 우크라이나는 매우 근대적인 창조물'이라고 주장했다.[17]

두 서방 학자의 주장은 한마디로 '우크라이나에 근대적 의미의 국가는 없었고, 따라서 과거는 있지만 (국가의 공적 기억으로서) 역사는 없었으며, 우크라이나 국가(성)에 대한 주장은 역사적 실체라기보다 신화에 해당하고, 현재의 우크라이나는 인공적인 창조물이다'로 요약될 수 있다. 이는 '민족이 민족주의를 만드는 것이 아니라, 민족주의가 민족을 만든다'는 탈민족주의의 유명한 테제와 맥이 닿는 주장이다.

실제로 제정러시아 말기인 19세기 중후반 우크라이나에도 소수의 지식인을 중심으로 민족주의 열풍이 불었다. 이 운동을 이끈 사람이 바로 '우크라이나 국부國父', '우크라이나 역사학의 창시자'라 불리는 미하일로 흐루셰우스키Mykhailo Hrushevsky다. 앞서 거론한 1917년의 우크라이나인민공화국을 만든 사람이 바로 흐루셰우스키다.[18]

민족주의 역사학자로서 그가 주장한 핵심은 한마디로 '우크라이나는 우크라이나만의 국가성과 역사를 가지고 있다'는 것이고, 그의 가장 큰 업적은 '우크라이나에 국사國史를 만들어준 것'이며, 그 방법은 다름 아닌 '러시아 지우기'였다.

흐루셰우스키는 온갖 외세의 침략에 이리저리 휩쓸리며 살았어도 우크라이나 국가(성)을 규정해주는 요소가 분명히 있다고 주장하며, '키이우 공국, 정교, 코사크, 우크라이나어'를 4대 요소로 꼽았다. 그는 ① 키이우 공국과 모스크바 공국 사이 연속성을 부정함으로써 키이우 공국을 우크라이나만의 역사로 만들었고, ② 우크라이나 문명의 기원을 가톨릭 유럽과 접촉하면서도 정교를 보존한 서부에서 찾음으로써 러시아 문명과 명확히 구별지었으며, ③ 우크라이나 근대국가의 시작을 17세기 코사크 국가에서 찾았다.

흐루셰우스키의 이러한 '역사 만들기'의 문제점, 즉 '(적어도 근대 이후로는) 독자적 나라도, 영토도 가져본 적 없는 상황에서 우크라이나 민족해방이라는 이상理想과 당위에 의해 인위적으로 구성된 역사의 한계'에 대해서는 서방 학계도 인정하는 바다. 앞서 소개한 우크라이나인 역사학자 플로히는 이를 '흐루셰우스키의 역설'이라 비판했다. '우크라이나 국가와 역사가 옛날부터 있었다'고 주장한 흐루셰우스키가 우크라이나 '최초'의 국부이자 우크라이나 역사학의 '창시자'가 된 아이러니를 지적한 것이다. 마크 하겐도 흐루셰우스키가 '우크라이나 최초의 근대국가'라 주장한 코사크 국가가 서구에서 근대 국민국가가 발흥하던 시점에 이미 소멸한 전근대적 조직이었다고 비판했다.[19]

우크라이나 코사크는 16세기 전반부터 우크라이나 동남부 드니프로강 근처, 즉 현재의 자포리자 지역에 모여 살던 집단을 말한다. 농노제를 피해 도망친 농민, 종교의 자유를 얻기 위해 탈출한 정교 신자 등 갖가지 사연으로 자포리자에 모인 이들은 폭행, 약탈, 강도, 살인 등을 마다하지 않았고, 특유의 호전성, 전투성으로 인해 곧 유능한 용병으로 이름을 날린다. 당시 이들은 폴란드-리투아니아의 지배를 받고 있었는데, 17세기 중반 보흐단 흐멜니츠키Bohdan Khmelnytsky라는 지도자를 중심으로 반反폴란드 봉기를 일으켰고, 그 과정에서 성립된 것이 바로 코사크 헤트만국Cossack Hetmanate이다.[20]

따라서 흐루셰우스키가 이 코사크 국가를 우크라이나 국가성의 어떤 원형으로 간주한 것이 전혀 근거 없는 것은 아니다. 하지만 이를 러시아와 구별되는 우크라이나 국가성의 기원으로 삼기에는 여전히 많은 문제가 존재한다. 하겐의 위의 주장 외에도, ① 코사크는 가장 대표적인 다국적 다민족 노마드 또는 자유전사 공동체로, ② 이들이 코사크 국가로 뭉친 계기가 된 반폴란드 봉기는 '정교 신앙인 코사크와 가톨릭 신앙인 폴란드 간 종교 갈등'이 본질이었고, ③ 이에 당시 코사크 리더 흐멜니츠키는 같은 정교 국가인 러시아에 도움을 청했으며, ④ 그 결과 1654년 그는 러시아와 페레야슬라브 보호조약Pereyaslav Treaty을 맺음으로써 러시아의 우크라이나 지배를 공식화했으며, ⑤ 따라서 흐루셰우스키가 우크라이나 국가 영웅으로 칭송한 흐멜니츠키가 러시아에서는 고대 이후 갈라졌던 러시아와 우크라이나를 '재통일'시킨 영웅으로 간주된다는 점, ⑥ 마지막으로 1954년 흐루쇼프가 200여 년간 러시아 땅이었던 크림반도를 우크라이나에 넘겨준 것도 바로 이 페레야슬라브 조약 300주년을 맞아 양국의 '재통일'을 기념하는 선물이었다는 사실을 기억할 필요가 있다.

그런데 흐루셰우스키에게는 더 중요한 역설이 또 하나 있다. (민족해방과 국가건설이라는) 흐루셰우스키의 '이상'이 (그가 그렇게 부정했던) 러시아에 의해 '현실'이 되었다는 점이다. 다시 말해 흐루셰우스키의 민족사관, 즉 러시아를 적대적 대大타자로 삼아 구성된 우크라이나 국가성에 대한 '주장'은 이후 소련에 의해 구체적인 형태를 부여받으며 역사적 '실체'가

되었다. 그 과정에서 중요한 역할을 한 것이 바로 레닌의 국민국가 창조와 토착화 정책이다. 푸틴이 '현대 우크라이나가 전적으로 소련의 산물이자 레닌의 작품'이라 주장한 이유다.

## 토착화: 우크라이나 국가 만들기 프로젝트

소련에 대한 통념과 달리, 적어도 소련 초기 레닌의 민족정책은 결코 반민족적이지 않았다. 여기에는 여러 요인이 복합적으로 작용했다. 이론적으로는 마르크스의 역사발전론과 관련된다. 사회주의는 고도로 발전된 자본주의의 물적 토대를 동력으로 삼는데, 볼셰비키 혁명 당시의 러시아는 고도 자본주의는커녕 국민 대다수가 농민인 상황이었다. 이에 레닌은 (소련을 구성하는) 국민국가 단위로 발전을 유도해 사회주의 단계로의 이행을 가속화하고자 했다. 이에 더해, 민족자결을 옹호한 레닌의 이념적 지향, 피억압민족의 지지를 얻어 그 혁명적 잠재력을 사회주의 건설로 결집시키고자 했던 실천적 목표, 마지막으로 민족주의를 체제내화함으로써 그 위험을 선제적으로 제거하려는 현실적 목표도 주요한 요소로 작용했다.[21]

이후 소비에트연방의 형성 과정은 민족적 경계선을 축으로 새로운 국민국가를 만들어 통합하는 과정이었다. 그 결과 미국과 구별되는 소련 특유의 연방제가 형성되었는데, 이를 '(위계적) 민족 연방제ethno-federalism' 또는 '마트료시카-연방제matryoshka-federalism'라 부른다. 큰 인형 안에 크기가 다른 똑같은 인형들이 줄줄이 들어있는 러시아 전통품 마트료시카처럼, 소련이라는 프레임 안에 크고 작은 국민국가들이 공존하는 연방 형태를 말한다. 실제로 1917년 러시아, 1919년 우크라이나와 벨라루스,

1922년 트랜스코카서스에 소비에트공화국이 만들어졌고, 1922년 12월 이들이 모여 최초의 소련이 탄생했다. 이후 중앙아시아 5개국 창조, 트랜스코카서스공화국의 3국 분리 후 소련 통합도 기본적으로 이 개념에 바탕한 것이다.

토착화korenizatsiya 정책이란 이렇게 새로 만들어진 국민국가에 그에 걸맞은 내용과 형식을 부여하는 것, 즉 비러시아계 신생 공화국의 국가 정체성을 제도화하는 과정이었다고 할 수 있다. 레닌과 볼셰비키가 구상한 토착화는 소련 건국 1년 후인 1923년 4월 제13차 당 대회에서 공식 정책으로 채택되었다. 핵심은 '현지인 고용과 현지어 사용, 토착문화 장려'에 있었다.

예를 들어 우크라이나의 토착화는 '우크라이나화ukrainizatsiya'라 불렸는데, 우크라이나 당이나 주요 행정기관에 우크라이나인 고용을 우선으로 하고, 그 수를 대폭 늘리고, 우크라이나어 사용범위를 확대해 '우크라이나인과 우크라이나어로 우크라이나를 운영하는 것'이 주된 목표였다. 토착화는 특히 소련 초기 10여 년 집중적으로 시행되었는데, 국가의 틀이 형성되던 시기 주요 정책으로 추진된 토착화는 "제도적이고 상징적인 측면에서 소비에트 시기 우크라이나 정체성의 발전에 의심할 수 없이 중요한 역할을 했다"고 평가된다.[22]

정책 시행 전후를 비교하면, 우크라이나 공산당 중 우크라이나인 당원 비율은 1920년 20.1%에서 1933년 60%로, 정부 기관 공공 문서의 우크라이나어 작성률은 1922년 20%에서 1927년 70%로, 우크라이나어 신문 발행 비중은 1926년 30%에서 1932년 92%로 대폭 증가했다. 1929년 발행 저널의 84%, 1931년 출판도서의 76.9%가 우크라이나어로 쓰였다. 또, 1938년 우크라이나에 존재한 총 21,656개의 중등학교 중 18,101개, 즉 83.5%가 우크라이나어로 교육을 진행했다. 토착화 이

전에는 상상할 수 없는 변화였다. 무엇보다 토착화를 통해 내셔널 엘리트층이 형성되고 우크라이나 민족문화 발전의 토대가 마련되었다.

보통 제국은 피식민국가나 소수민족을 강력한 동화의 대상으로 삼아 토착 언어와 문화를 억압하는 정책을 쓰기 마련이다. 이와 정반대인 토착화 정책은 초기 소련 제국을 기존 제국과 구별해주는 가장 주요한 특성으로, 서방 학자들도 이를 인정했다. 일례로 앞서 거론한 우크라이나 대표 역사학자 플로히는『유럽의 문』에서 아래와 같이 말했다. (참고로 토착화 정책이 시행될 무렵 우크라이나는 소련뿐 아니라, 폴란드, 루마니아, 체코슬로바키아에도 분할된 상태였고, 이 정책의 실행 배경에는 이들 동유럽 국가의 통치 아래 있는 우크라이나인들에게 소련 체제의 우월성을 어필하려는 목적도 있었다.)

> "전간기 동안 우크라이나 영토의 일부를 통제한 정권들 중에서 모스크바의 공산 정권만이 우크라이나 국가 프로젝트에 일정한 형태의 국가성을 부여하고 우크라이나 문화 발전을 지원했다. 우크라이나 국가건설이라는 공산주의 프로젝트는 소비에트 우크라이나와 대규모 우크라이나인 공동체가 있는 이웃 동유럽 국가들 모두에 폭넓은 호소력을 발휘했다."[23]

하버드대 교수인 소련사 전문가 테리 마틴Terry Martin은 소련의 토착화만으로 5백 페이지가 넘는 책을 썼다. *The Affirmative Action Empire*라는 책이다. 'affirmative action'은 '적극적 우대 조치'나 '긍정적 차별 정책' 등으로 번역할 수 있는데, 사회적 소수자나 약자에 대한 차별을 시정하기 위해 그들에게 우대 정책을 쓰는 것을 말한다. '차별을 없애기 위한 특혜'이기에 '긍정적 차별'인 것이고, 이러한 소수자(민족/인종) 우대 정책이 미국에서 처음 실시된 것은 1960년대였다. 마틴은 소련의 토착화를 '세계 최초의 적극적 (소수민족) 우대 정책'으로 아래와 같이 소개했다.

"소련은 세계 최초로 '적극적 (소수민족) 우대 정책'을 실시한 제국이다. 민족주의의 점증하는 물결에 직면해 러시아의 새로운 혁명 정부는 유럽 다민족국가 중 최초로 체제 차원에서 소수민족의 민족의식을 고무하고, 그들을 위해 국민국가에 특징적인 제도적 형식을 마련해주는 방식으로 이에 대응했다. 볼셰비키의 전략은 당시 불가피하게 여겨진 탈식민화 과정에서 주도권을 잡고, 예전 러시아제국의 영토적 통합을 유지하기 위한 방법으로 이를 수행하는 것이었다. 이를 위해 소련 정부는 12개의 커다란 민족 공화국뿐만 아니라, 소련 전역에 걸쳐 수만 개의 민족(자치)지역을 만들었다. 새로운 민족 엘리트들이 양성되어 이 새롭게 형성된 지역의 정부, 학교, 기업 등의 지도자 직위에 임명되었다. 각 지역에서 민족 언어가 정부 공식 언어로 선포되었다. 문어文語가 존재하지 않아 이를 만들어줘야 했던 사례도 수십 건이었다. 소련 정부는 러시아어가 아닌 언어로 된 책, 잡지, 신문, 영화, 오페라, 박물관, 민속음악 앙상블, 기타 문화 상품의 대량 생산을 지원했다. 이에 비견할 만한 것이 시도된 적은 이전에도 전혀 없었고, 아마도 인도를 제외하고는, 이후 어떤 다민족국가도 소련이 한 적극적 (소수민족) 우대 정책의 규모를 따라가지 못했다. 이 책은 다민족국가 통치에 있어 이 혁신적이고 매혹적인 실험을 분석한다."[24]

국민국가 창조와 토착화의 이 모든 과정은 흐루셰우스키 시절 극히 소수의 지식인에게만 공유되었던 우크라이나 정체성에 대한 인식이 대중화되고, 신화인지 역사인지 가물거리기만 하던 과거의 우크라이나가 고유한 이름과 영토와 문화를 가진 현실의 국가로 실체화되고, 우크라이나인이라는 자각이 개개인의 내면에 자연스럽게 스며들도록 했다. 푸틴이 현대 우크라이나가 레닌의 작품이라고 한 이유이자, 흐루셰우스키의 '꿈'이 소련에 의해 '현실'이 되었다고 말할 수 있는 근거다.

물론 1930년대 중반 스탈린의 강력한 중앙집권화와 반민족정책이 시작되면서 토착화 기조는 상당 부분 약화되었다. 하지만 스탈린 시기에조차 토착화가 완전히 중단된 적은 없으며, 흐루쇼프와 브레즈네프 시기 그 기조는 큰 틀에서 유지되었다. 헨리 헤일Henry Hale은 '소련 내 민족 정체성 형성 과정은 사실 브레즈네프 시기에 결실을 맺었다'고 말했다.[25]

적어도 소련 시절에는, 어느 때보다 무르익은 이 우크라이나 정체성이 독립이나 분리주의 수준으로 고양된 적은 없다. 우크라이나화와 우크라이나 정체성보다 이와 공존하던 러시아화와 소비에트 정체성이 더 우위에 있었기 때문이다. 동시에 두 정체성의 공존은 1991년 3월 '소련 보존 찬성 80%'가 1년도 안 돼 '해체 찬성 90%'로 돌변할 수 있었던 원인이기도 하다. 1991년 소련이 해체되고 모든 족쇄가 사라진 후, 두 정체성은 서로 경쟁하며 각자의 기원으로 거침없이 달려나갔다. 독립 후 우크라이나에서 반복된 친러, 친서구 정권의 교대, 키이우의 '유로'마이단과 동남부의 노보'로시야', 크림합병, 그리고 마침내 전쟁에 이르기까지 이 모든 사건은 바로 이 기원들의 전쟁에 해당한다. 하지만 앞서 살펴본 것처럼 서로가 서로를 품은 그들은 서로가 서로에게 이미 기원이지 않은가.

## 형제국가가 끝장낸 형제 관계

지금까지 논의를 종합하면 러시아와 우크라이나는 형제국가가 맞는 것 같다. 우크라이나가 러시아의 고대를 구성하고 러시아가 우크라이나의 근대를 구획한 이 상호구성성은 소련이 우크라이나에 국가성을 부여하는 것으로 완결되었다. 따라서 우크라이나가 사라지면 러시아의 뿌리가 흔들리고, 러시아가 사라지면 우크라이나의 근현대가 불완전해지며, 러시아 정체성에는 우크라이나가, 우크라이나 정체성에는 러시아가 기원적으로 연루돼있다.

과거의 이야기만이 아니다. 현재도 두 나라는 사람으로 밀접하게 얽혀있다. 2021년 12월 발표된 러시아의 레바다센터와 우크라이나의 키이우 국제사회학연구소Kyiv International Institute of Sociology(KIIS)의 합동 조사 결과에 따르면, 러시아 국민의 1/3이 우크라이나에 '친척이나 친구'가 있는 것으로 드러났다. '친척'으로만 한정하면 1,100만 명, 즉 인구의 약 8%가 여기 속한다. 우크라이나는 더하다. 우크라이나 국민의 43%가 러시아에 '가까운 친척'이 있고, '먼 친척'으로 넓히면 57%가 이에 해당했다.[26]

단적인 예로 현재 우크라이나의 전쟁 총사령관인 올렉산드르 시르스키Oleksandr Syrskyi는 부모와 동생이 러시아 시민으로 러시아에 살고 있고, 심지어 친푸틴에 특수군사작전 지지자들이다. 시르스키도 러시아에서 군사학교를 졸업했고, 그의 아버지는 러시아군을 대령으로 퇴역했다. 우크라이나 대통령실 고문인 미하일로 포돌랴크Mykhailo Podolyak도 러시아 시민권자인 형이 러시아에 살다 2024년 사망했는데, 살아생전 그 형은 러시아군 정보국에서 일했다.[27] 전쟁 중인 나라의 대통령실 핵심인사와 총사령관이 적국과 혈연으로 얽혀있는데도 여전히 직을 유지한다는 것은 그런 사람들이 너무 많다는 얘기다.

푸틴의 '우리가 남이냐' 식의 선을 넘는 발언들은 양국 간 이런 연루에 대한 강조에 가깝다. 애당초 깔끔하게 선이 그어지는 관계가 아닌 것이다. 푸틴만이 아니라 대다수 러시아 국민도 그렇게 생각한다. 러시아는 '최초의 차르' 이반 뇌제 이래 500년 넘게 제국으로 존재했다. (한 번도 제국인 적 없는 한국 사람은 이해하기 어렵지만) 러시아인에게 제국은 그들이 유일하게 경험한 정치적 형식이고, 그 광막한 영토에 유일하게 가능한 국가 형태였다. 따라서 그들에게 다른 민족들과 부대끼며 사는 삶은 매우 익숙하고 당연한 일이었다. 물론 이 '제국의 신민들', '소비에트 인민들'이 같거나 평등한 적은 한 번도 없었지만, 적어도 우크라이나가 러시아에 남인 적은 없었다.

"우리와 가장 가까운 나라이자 우리의 '제2의 나'이며, 같은 본질의 다른 발현인 우크라이나를 들여다보며 러시아 사회는 자신을 인식하고 자신의 위치를 평가하고 자신의 변화를 의미화했으며… 러시아에 우크라이나는 사실상 '우리'다"와 같은 주장은 대다수 러시아인에게 무리 없이 받아들여지는 생각이다.[28] 푸틴이 우크라이나 문제에 유독 예민한 이유, 나토에 다들 가입해도 우크라이나는 죽어도 안 되는 이유, 그렇게 러시아가 우크라이나에 죽자사자한 가장 중요한 이유가 여기 있다.

두 나라의 역사적 운명이 이렇게 얽혀있으니, 흐루셰우스키의 도전은 처음부터 실패할 운명이었다. 그는 우크라이나의 과거에서 러시아의 흔적을 지우려 했지만, 러시아는 지운다고 지워지는 타자가 아니다. 당장 전쟁 전 우크라이나 내 러시아계 국민이 수백 만이었다. 우크라이나가 러시아의 일부이듯이, 러시아도 우크라이나의 일부였던 것이다. 따라서 싫든 좋든, 러시아라는 계기를 부정하는 순간 우크라이나 자체가 흔들린다. 크림합병과 돈바스 내전, 그리고 이번 전쟁은 우크라이나가 자기 안의 러시아를 부정할 때 그 러시아가 오히려 더 위협적으로 부활한다는 점을 극적으로 보여준다. 각별한 인연이 남다른 연대가 아닌 치명적인 적대로 변질되는 것은 순식간이며, 역사적으로 그 결과는 언제나 러시아보다 우크라이나에 더 가혹했다. 이 전쟁이 가장 생생한 사례다.

역설적이게도 푸틴은 형제국가를 내세운 전쟁으로 형제 관계를 끝장냈다. 전쟁 전까지만 해도 러시아만 우크라이나를 각별하게 생각한 것은 아니다. 〈5-4〉는 위에 인용한 2021년 러우 합동 조사의 또 다른 결과로, 양국 국민에게 서로에 대한 감정을 물어본 것이다.[29]

5-4. 러우 양국 국민의 상대 국민에 대한 감정 (2021)

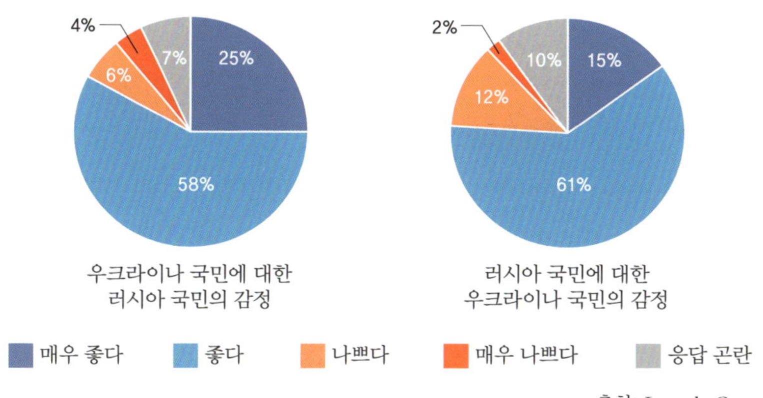


출처: Levada Center

조사가 진행된 당시는 전쟁 직전 양국 관계가 최악이던 때다. 당연히 상대편 정부에 대한 양국 국민의 평가는 매우 부정적이었다. 하지만 사람에 대해서는 달랐다. 러시아인의 압도적 다수(83%)가 우크라이나인을 좋아하고, 우크라이나인도 마찬가지였다. 홀로도모르라는 아픈 과거가 있고, 크림을 뺏겼고, 내전이 진행 중이고, 푸틴은 너무 싫어도, 우크라이나 국민의 76%가 '러시아인은 좋다'고 답했다. 그들이 푸틴과 그 국민을 구별했던 이유는 친척과 친구, 혈연과 사람으로 얽혀있기 때문이었을 것이다.

전쟁이 우크라이나인의 마음을 완전히 돌려세웠다. 2023~2024년 양국에서 각각 조사된 결과에 따르면, 러시아인의 절반(48%)은 아직도 우크라이나인을 좋아하지만, 우크라이나인의 경우 압도적 다수가 푸틴 정부는 말할 것도 없고(93%) '러시아인도 싫다'(84%)고 답했다.[30]

마음만 변한 것이 아니다. 전쟁으로 인해 우크라이나 내 인구 구성이 질적으로 변했다. 2000년경 우크라이나 내에 약 830만 명의 러시아계 국민이 돈바스 등 주로 동남부에 밀집해 살았다는 점은 이미 밝힌 바 있다. 전쟁 후 이들 중 상당수가 아예 러시아 국민이 되거나, 우크라이나를 떠났다. 전자의 경우, 2025년 3월 기준 러시아에 합병된 동남부 4개 주에서 350만 명이 러시아 시민권을 얻었다. 대부분 러시아계일 것이다. 후자의 경우, 유엔난민기구UNHCR의 2024년 9월 집계에 따르면 약 700만 명의 우크라이나 해외 전쟁 난민 중 약 130만 명이 러시아로 탈출했다. 이들도 대부분 러시아계일 것이다.[31] 여기에 2014년 크림합병으로 러시아 국민이 된 이들까지 고려하면, 현재 우크라이나의 러시아계 인구는 극적으로 감소했을 것이 분명하다. 소위 '형제 관계'의 물적 토대라 할 '집'(영토)과 '식구'(사람)가 대부분 러시아로 넘어갔고, 더구나 전쟁으로 그렇게 됐으니, 형제국가 운운은 더 이상 불필요하거나 불가능해진 셈이다.

## 미주

1 "Блок НАТО разошелся на блокпакеты," *Коммерсантъ*, 7 апреля 2008.
2 James Marson, "Putin to the West: Hands off Ukraine," *Time*, May 25, 2009.
3 Henry Kissinger, "How the Ukraine crisis ends," *The Washinton Post*, March 5, 2014.
4 А. Вебер, В. Логинов, Г. Остроумов, А. Черняев ответ. ред., *Союз можно было сохранить. Белая книга: документы и факты о политике М. Горбачева по реформированию и сохранению многонационального государства*, Москва: Апрель-85, 1995, pp. 168-179: Richard Sakwa, "Patterns of Secession and Disintegration in the USSR," in Jean-Pierre Cabestan and Aleksandar Pavkovic eds., *Secessionism and Separatism in Europe and Asia: To have a state of one's own*, London & New York; Routledge, 2013, pp. 53-60.
5 Sakwa, "Patterns of Secession and Disintegration in the USSR," p. 58.
6 Henry Hale, *The Foundations of Ethnic Politics: Separatism of States and Nations in Eurasia and the World*, New York: Cambridge University Press, 2008, p. 113에서 재인용.
7 Путин, "Обращение Президента Российской Федерации," 18 марта 2014.
8 Владимир Каганский, "Украина: география и судьба страны," *Неприкосновенный запас*, No.1(9), 2000.
9 "Russian Offensive Campaign Assessment. March 16, 2025," *Institute for the Study of War,* 2025.03.16.
10 Владимир Путин, "Об историческом единстве русских и украинцев," *Президент России*, 12 июля 2021.
11 "Дослідження демографії Голодомору 1932-1933 pp," *Інститут демографії та соціальних досліджень М.В. Птухи НАН України.*
12 "Worldwide Recognition of the Holodomor as Genocide," *Holodomor Museum*,
13 Robert Davies, Stephen Wheatcroft, *The Years of Hunger: Soviet Agriculture, 1931-1933,* London: Palgrave Macmillan, 2004. 홀로도모르를 둘러싼 논란은 구자정, "학살마는 어떻게 "자유의 민주 반공투사"가 되었나?: "뉴욕의 아이히만"? 미콜라 레베드와 냉전 초기 미국의 대(對)소련 우크라이나 공작", 『러시아연구』 제34권 2호, 2024, pp. 56-57 참조.
14 Н. Гончарова и др., "Формирование централизованной экономической системы на территории Украины," *Историко-экономические исследования*, 12(1), 2011, p. 111; Борис Ливанов, "Забои без правил: Краткая история промышленного Донбасса: от создания Российской империей до разрушения российской агрессией," *Новая газета-Европа*, 15 июня 2023; "Peace in Ukraine (III): The Costs of War in Donbas," *International Crisis Group*, Sep. 3, 2020, pp. 1-5.

15 Варвара Блищенко, "Присоединение Украины к России: мифы и реальность", *Обозреватель-observer*, No.2(289), 2014; "Ukrainian People's Republic," Wikipedia.

16 Serhii Plokhy, "The History of a "Non-historical" Nation: Notes on the Nature and Current Problems of Ukrainian Historiography," *Slavic Review*, Vol. 54, No.3, 1995, pp. 709-710.

17 Mark von Hagen, "Does Ukraine Have a History?" *Slavic Review*, Vol. 54, No. 3, 1995, pp. 658, 667-668.

18 이하, 흐루셰우스키에 대해서는 다음 참조. 한정숙, "역사서술로 우크라이나 민족을 만들어내다: 흐루세프스키의 『우크라이나의 역사』와 우크라이나 정체성," 『러시아연구』 제24권 2호, 2014, pp. 365-406; Serhii Plokhy, "The Ghost of Pereyaslav: Russo-Ukrainian Historical Debates in the Post-Soviet Era," *Europe-Asia Studies*, Vol. 53, No. 3, May 2001, pp. 489-505; Plokhy, "The History of a "Non-historical" Nation," pp. 709-716 참조.

19 Plokhy, "The History of a "Non-historical" Nation," p. 710; Hagen, "Does Ukraine Have a History?" pp. 667-668.

20 이하, 자포리자 코사크에 대해서는 구자정, "16세기 말 17세기 초 자포로지예 카자크 집단을 통해 본 우크라이나 역사의 카자크적 기원과 루스(Rus') 정체성," 『슬라브연구』 33권 4호, 2017, pp. 2-33; 이문영, "형제국가들의 역사전쟁: 우크라이나 사태와 러시아의 크림반도 합병의 기원," 『역사비평』 No. 8, 2017, pp. 432-433 참조.

21 이하, 소련 초기 민족 정책과 연방 특성에 대해서는 Hale, *The Foundations of Ethnic Politics*, pp. 94-99; Sakwa, "Patterns of secession and disintegration in the USSR," pp. 53-65 참조.

22 이하, 토착화 정책에 대해서는 다음 참조. Елена Ю. Борисёнок, *Концепции «украинизации» и их реализация в национальной политике в государствах восточноевропейского региона (1918–1941)*. Диссертация на соискание ученой степени доктора исторических наук. Москва: Институт славяноведения РАН, 2015. pp. 577-578, 752; Serhii Plokhy, *The Gates of Europe: A History of Ukraine*, New York: Basic Books, 2015, pp. 231-235; Hale, *The Foundations of Ethnic Politics*, p. 101. 인용은 Александр Воронович, "Большевизм и национальный вопрос," *Отечественные записки*, No. 1, 2012.

23 Plokhy, *The Gates of Europe*, p. 244.

24 Terry Martin, *The Affirmative Action Empire: Nations and Nationalism in the Soviet Union, 1923-1939*, Ithaca: Comell University Press, 2001. pp. 1-2.

25 Hale, *The Foundations of Ethnic Politics*, p. 98.

26 "Российско-украинские отношения." *Левада-Центр*, 2021.12.17; "Отношение населения Украины к России и населения России к Украине," *Киевский международный институт социологии*, 2021.12.17.; Valerie Hopkins, "Ukrainians Find That Relatives in Russia Don't Believe It's a War," *The New*

*York Times*, March 6, 2022.

27 “Родители и брат нового главкома ВСУ Сырского живут в России,” *Страна*, 8 февраля 2024; “В России умер брат советника главы ОП Украины Михаила Подоляка,” *НТВ*, 2024.07.07.

28 Игорь Яковенко, “Украина и Россия: сюжеты соотнесенности,” *Вестник Европы*, No.16, 2005.

29 “Российско-украинские отношения,” *Левада-Центр*, 2021.12.17. 그래프는 필자 작성.

30 “Attitude of Ukrainians towards Russia and Russians,” *Kyiv International Institute of Sociology*, 2024.11.07; “Великие страны, отношение к США, ЕС, Китаю и Украине, гражданам этих стран,” *Левада-Центр*, 2023.09.12.

31 “Обладателями новых паспортов РФ стали 3,5 млн жителей Донбасса и Новороссии,” *Интерфакс*, 5 марта 2025; “Ukraine Refugee Situation,” *UNHCR*, Sep. 24, 2024.

06 

# 크림, 합병인가 통일인가

## 크림이 러시아에 각별한 이유

러시아에는 '크림 컨센서스'라는 말이 있다. 크림반도 합병에 대한 러시아 국민의 압도적이고 일관된 지지를 일컫는데, 이 현상은 통계를 통해서도 쉽게 확인된다. 그래프 〈6-1〉은 2014년 합병 당시부터 최근까지 90%에 가까운 러시아 국민이 합병을 한결같이 지지하고 있음을 보여준다.[1] (크림반도는 행정적으로 크림자치공화국과 세바스토폴시市로 구성되며, 이하 '크림'은 둘 모두를 지칭하는 것으로 한다.)

러시아인 절대다수가 이렇게 크림에 진심인 이유는 무엇일까. 먼저 크림은 서유럽과 구별되는 러시아 고유의 종교문화가 탄생한 곳이다. 고대 키예프 공국 시절인 988년, 비잔틴 정교를 국교로 채택한 블라디미르 대공이 슬라브인 최초로 세례를 받은 곳이 바로 케르소네소스 Chersonesus, 즉 현재의 크림반도다. 그가 세례를 받은 후 고대 루시(러시

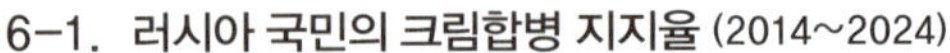

6-1. 러시아 국민의 크림합병 지지율 (2014~2024)

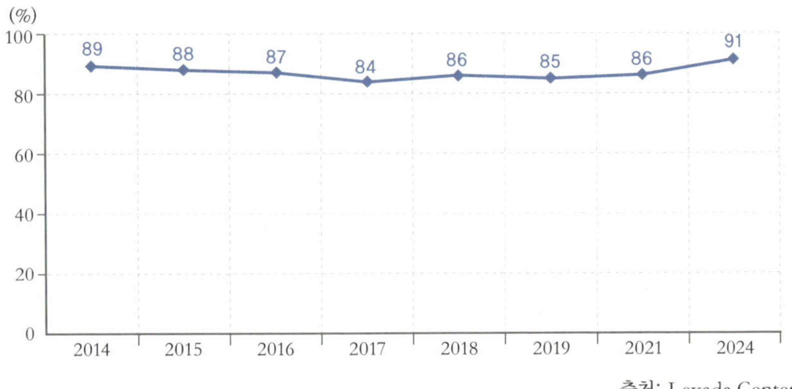


출처: Levada Center

아) 전체의 기독교화가 시작되었고, 당시는 러시아, 우크라이나, 벨라루스가 구별되지 않던 시절이기에 크림은 세 나라가 공유하는 슬라브 문명의 기원이 되었다.

영토적으로도 크림은 러시아에 남의 땅이 아니다. 1783년 예카테리나 2세가 제정러시아로 병합한 후 200년 가까이 크림은 러시아 영토였고, 소련 출범 당시도 러시아에 속했으며, 우크라이나 땅이 된 것은 1954년에 와서였다. 당시 소련 최고 지도자 흐루쇼프는 1654년 러우 양국이 맺은 페레야슬라브 조약 300주년을 기념해 크림을 우크라이나에 선물했다. 러시아는 고대 이래 갈라졌던 러시아와 우크라이나가 이 조약으로 다시 통일됐다고 여긴다. 말하자면 당시 흐루쇼프는 '러우 통일 300년'을 기려 크림을 우크라이나에 넘긴 셈이다. 〈6-2〉는 이를 기념해 당시 발행된 우표다.[2]

더구나 흐루쇼프는 러시아인이었지만, 우크라이나 돈바스에서 정치를 시작해 10년 가까이 거기서 활동했고 도네츠크 공산당 당서기를 역임하기도 했다. 형제애의 징표로 반도半島 하나를 턱 떼어주는 호기는 이런 개인적 인연에다, 소련이 없어지리라 상상도 못한 당시로서는 러시아나 우크라이나나 어차피 같은 나라니까 가능했던 것이다. 정확히 60년 후 크림을 두고 양국 사이 이런 사달이 벌어질 줄 알았다면 그런 결정을 내리지는 못했을 것이다.

6-2. 1954년 발행된 크림 양도 기념 우표

출처: Stamps.ru

"러시아와 우크라이나 통일 300주년"이라고 적혀있다.

이처럼 크림은 슬라브 문명의 기원이자 러시아의 역사적 고토(故土)인 동시에 흑해함대의 군사적 거점으로도 유명하다. 다음은 크림의 러시아 귀속에 관한 조약이 체결된 2014년 3월 18일 푸틴이 한 기념 연설의 일부다.

"크림의 모든 것은 말 그대로 우리 공동의 역사와 자부심으로 가득 차 있습니다. 블라디미르 대공이 세례를 받은 고대 케르소네소스가 바로 이곳입니다. 그의 영적인 업적, 즉 정교회로의 개종은 러시아, 우크라이나, 벨라루스 국민을 하나로 묶는 공통의 문화, 가치, 그리고 문명의 토대를 마련했습니다. 1783년 크림을 러시아제국에 가져온 용맹한 병사들의 무덤도 있습니다. 전설적인 도시이자 위대한 운명의 도시, 요새 도시이자 러시아 흑해함대의 고향인 세바스토폴도 크림입니다. … 이 모든 장소는 우리에게 신성하며 러시아군의 영광과 전례 없는 용기의 상징입니다."[3]

6-3. 우크라이나 민족 구성

| | 우크라이나계 (%) | 러시아계 (%) |
|---|---|---|
| 우크라이나 전체 | 77.8 | 17.3 |
| 도네츠크 | 56.9 | 38.2 |
| 루한스크 | 58.0 | 39.0 |
| 헤르손 | 82.0 | 14.1 |
| 자포리자 | 70.8 | 24.7 |
| 하르키우 | 70.7 | 25.6 |
| 크림자치공화국 | 24.3 | **58.3** |
| 세바스토폴 | 22.4 | **71.6** |

출처: 2001 Ukraine Census

이런 인연으로 우크라이나에 속했을 때도 크림은 동남부 중에서도 친러 성향이 가장 강했다. 이는 인구 구성이나 언어에서도 확인된다. 표 〈6-3〉은 2001년 우크라이나 센서스 결과에 기반해 인구 내 민족 구성을 지역별로 나타낸 것이다.[4] 오래전 센서스를 인용한 이유는 그것이 1991년 독립 후 현재까지 우크라이나 정부가 실시한 유일한 인구조사이기 때문이다. 2001년 최초 시행 후 반복적으로 연기되다 전쟁으로 실행이 더욱 불투명해진 상태다. 그간 우크라이나의 나라 운영이 얼마나 불안정했는지 보여준다.

크림, 그중에서도 세바스토폴의 러시아계 비중이 매우 높은 것을 알 수 있다. 합병이 이뤄진 2014년에는 더 높아져 당시 약 220만 명의 크림 인구 중 약 70%인 150만 명이 러시아인이었다. 크림 전체의 러시아인 비중이 세바스토폴 수준으로 높아진 것이다.

강한 러시아 정체성은 언어 사용에서도 확인된다. 2001년 센서스에 따르면 우크라이나인의 65.7%가 러시아어를 자유롭게 구사하며, 특히 동남부에서는 대부분 러시아어를 주 언어로 사용하는 것으로 드러났다. 일례로 2004년 키이우국제사회학연구소 조사에 따르면 러시아어를 일상어로 사용하는 동남부 주민 비율은 도네츠크 93%, 루한스크는 89%, 오데사 85%, 자포리자 81%, 하르키우 74%, 드니프로페트롭스크 72%로 매우 높았는데, 크림의 경우 무려 97%에 달했다. 사실상 크림 전체에서 주민 모두가 러시아어로 소통했다는 뜻이다.[5]

합병 직전의 상황도 크게 다르지 않았다. 2012년 레이팅그룹의 조사에 따르면, 우크라이나 국민 중 집에서 우크라이나어를 사용하는 비율은 45%, 러시아어는 39%, 두 언어를 섞어 사용하는 비율은 15%였다. 독립 이래 우크라이나 공식어는 우크라이나어 하나였지만, 우크라이나어와 러시아어의 이중언어체계가 대다수 국민에게 자연스러운 상황이었다. 당시 우크라이나 국민의 거의 절반(45%)이 러시아어에도 공식어 지위를 부여하는 데 찬성했던 것은 이 때문이다. 크림 지표는 따로 제시되지 않았지만, 돈바스의 찬성률이 84%였으니 당연히 크림은 그보다 더 높았을 것이다.[6]

2014년 유로마이단 사태가 분리독립과 합병, 내전 등 극단으로 치달은 것도 시작은 언어문제였다. 2013년 11월 친러 야누코비치 정권의 EU 가입 중단에 반발해 시작된 사태는 야누코비치 퇴진과 친서방 임시정부 수립으로 마무리됐다. 2014년 2월 23일 이 임시정부가 출범과 동시에 가장 먼저 시도한 것이 기존 언어법의 폐기였다. 당시 언어법은 주민의 10% 이상이 소수민족인 지역의 경우, 해당 소수민족이 사용하는 언어에 공용어 지위를 허락했다. 당연히 러시아어는 동남부를 비롯한 다수 지역의 공용어로 기능해왔다. 임시정부가 이 언어법의 폐기를 시도한 것은 바로 러시아어의 공용어 지위를 박탈하기 위함이었다.

안 그래도 키이우의 움직임을 불안하게 주시하던 동남부는 엄청나게

6-4. 우크라이나 지역별 러시아어 사용비율

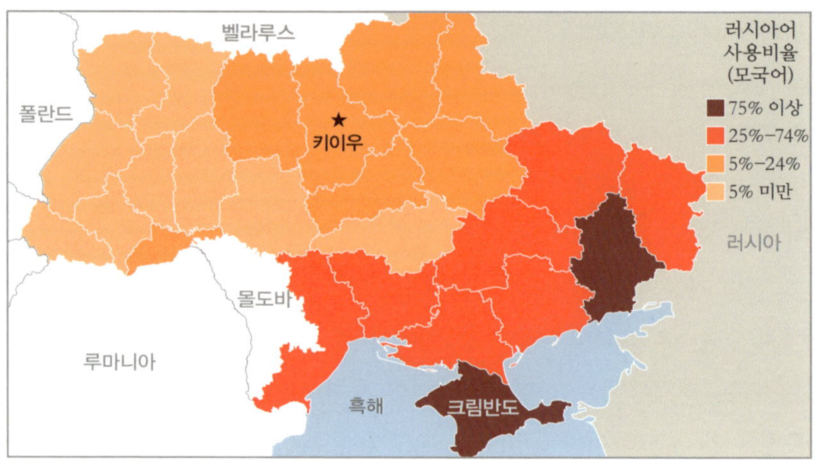


출처: 2001 Ukraine Census, CNN

6-5. 2010년 우크라이나 대통령 선거 지지율 분포

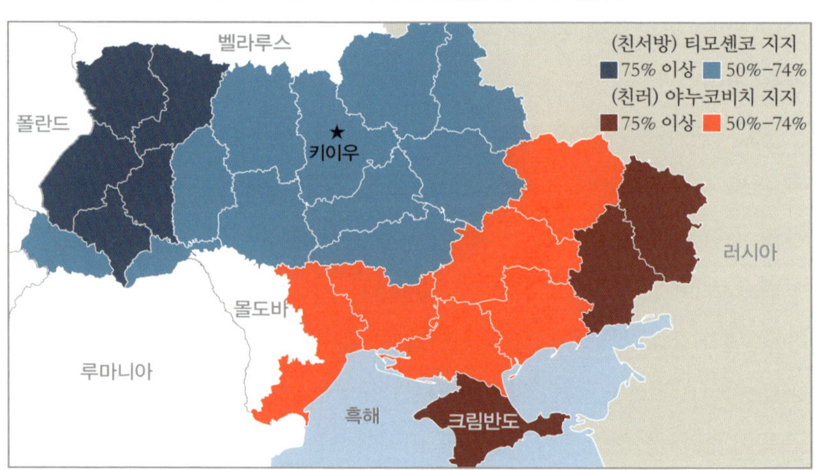


출처: Ukraine Central Election Commission, CNN

반발했고, 결국 언어법 폐지는 유예되었지만, 결과는 치명적이었다. 인구의 70%가 러시아인이고 97%가 러시아어를 일상어로 사용하는 크림은 물론, 동남부 전체에 이는 말 그대로 실존적 위협이었다. 2017년 미국 랜드연구소는 한 보고서에서 러시아의 크림합병을 초래한 키이우 정권의 3대 패착 중 첫 번째로 언어법 폐기 시도를 꼽았다.[7] 이후 크림의 선택은 러시아로 돌아가는 것이었고, 크림 뒤를 따르고자 했으나 실패한 돈바스에서는 내전이 벌어진 것이다.

지도 〈6-4〉는 러시아어 사용비율을 지역별로 나타낸 것으로 붉은색이 짙을수록 러시아어를 많이 사용하는 것이다. 〈6-5〉는 2010년 대통령 선거 지지율을 지역별로 나타낸 것인데, 파란색은 친서방 후보인 티모셴코, 붉은색은 친러 후보 야누코비치의 지지 분포를 나타낸다. 사용언어와 정치적 성향이 정확히 일치하며, 동남부와 북서부가 정치적으로도 언어적으로도 완전히 구별됨을 한눈에 확인할 수 있다.[8]

## 크림, 합병인가 통일인가

그렇다면 크림은 러시아 귀환에 성공하고 돈바스는 실패한 이유는 무엇일까. 사실은 돈바스가 정상이고 크림이 예외에 해당한다. 예전 소련지역에서 활발하게 벌어진 분리독립 운동에 대해 푸틴이 '현상변경 불가'로 대응해왔다는 점은 이미 밝힌 바 있다. 돈바스뿐 아니라, 조지아의 남오세티야와 압하지야공화국, 몰도바의 트란스니스트리아, (지금은 사라진) 아제르바이잔의 나고르노 카라바흐 공화국에 대해 푸틴은 합병은커녕 독립조차 인정하지 않았었다. 분리독립 선언과 동시에 전격적인 합병이 단행된 곳은 크림이 유일하다.

앞서 밝힌 모든 정황이 크림이 가진 이 예외성의 근거를 설명해준다. 문명, 종교, 역사, 영토, 인구, 언어 등 다방면에서 발견되는 크림과 러시아 사이의 압도적인 친연성親緣性이 유일한 예외를 허락한 것이다. 따라서 많은 러시아인에게 크림합병은 합병이 아니라 사실상의 '실지회복失地回復' 또는 '통일'을 의미하며, '크림 컨센서스'가 가능했던 것도 이 때문이다. 실제로 합병에 찬성하는 러시아인들은 러시아어로 '합병'을 뜻하는 'anneksiya (annexation)' 대신 '통일'을 뜻하는 'vossoedinenie (vos=re-, soedinenie=unification)'란 단어를 사용해 자신의 지지를 유표화했고, 크림이나 동남부의 친러 분리주의자들 역시 '통일'을 기치로 내걸었다. 푸틴도 크림합병 전후 각종 연설에서 '통일'이라는 단어를 여러 번 사용해 그 의미를 강조했으며, 러시아 국회의장을 지낸 세르게이 나리시킨Sergey Naryshkin처럼 '크림 통일은 독일 통일과 다를 바 없다'고 주장하는 정치인도 드물지 않다.[9]

러시아는 합병이 아니라 통일인 또 다른 근거로 크림 주민이 '자발적으로' 복귀를 선택했다는 점을 든다. 러시아인의 마음이나 크림인의 마음이나 같았다는 것이다. 실제로 2014년 3월 16일 크림반도에서 치러진 주민투표에서 크림공화국 주민의 96.7%, 세바스토폴 시민의 95.6%가 분리독립과 러시아 귀속에 찬성표를 던졌고, 이에 근거해 이틀 후인 3월 18일 러시아와 크림 정부 간 귀속 조약이 체결되고, 3월 21일 푸틴은 크림자치공화국과 세바스토폴시로 구성된 새로운 러시아 연방구 창설을 포고했다.

물론 서방은 러시아 국민 사이에 보편적인 이런 생각과 정서를 인정하지 않는다. 이 전쟁의 본질을 푸틴의 '소련 부활 야심'으로 보는 서방에 크림합병이야말로 이를 입증하는 가장 강력한 근거가 된다. 서방은 크림합병을 영토주권의 침범, 즉 국제법상 최고 강행규범jus cogens의 위반이자, (2차대전 이래 최초로 무력에 의한 현상변경을 시도한) 이번 전쟁의 강력한 전조前兆로 본다. 크림의 주민투표도 러시아의 강압과 조작의 결과로 판단한다.

실제로 주민투표가 있기 전인 2014년 2월 말부터 이미 크림에 러시아군의 투입이 이뤄졌고, 이것이 국제법 위반인 것은 맞다. 하지만 그렇다고 해서 당시 크림 주민의 선택까지 러시아의 압력이나 여론몰이의 결과로 주장할 수는 없다. 이는 다음의 두 가지 사실에 근거한다.

### 1) 1991년 크림 주민투표

크림 주민이 러시아로 돌아가고자 한 것은 2014년이 처음이 아니다. 소련이 해체되기 직전인 1991년 1월 20일 크림은 크림 지위와 관련해 자체 투표를 실시했다. 러시아에 속할 당시의 지위인 '크림소비에트사회주의자치공화국의 복구' 여부를 묻는 이 투표에서 크림인의 93.26%가 찬성표를 던졌고, 그 결과에 따라 1992년 5월 크림 의회는 우크라이나로부터 독립을 선언했다. 당시 상황은 키이우 정부가 크림에 자치 지위를 부여하는 것으로 봉합되었지만, 이때부터 이미 크림은 우크라이나로부터 독립을 원했고, 당시 변화의 분위기를 러시아로의 복귀를 위한 기회로 삼고자 했던 것이다.[10]

흥미로운 점은 1991년 당시 독립 시도도 언어문제로부터 시작되었다는 점이다. 1989년 키이우 정부가 우크라이나어만을 국어로 인정하는 언어법을 채택한 후 크림 내 주민투표 논의가 급물살을 탔다. '1991년의 투표가 2014년의 합병을 예고하는 전조'로 해석되는 이유가 여기에 있다. 다음은 2014년 합병 당시 크림공화국 총리 세르게이 악쇼노프Sergey

6-6. 크림 의회가 승인한 〈크림공화국 국가독립선포법〉이 실린 당시 신문 기사 (1992.05.05.)

КРЫМСКАЯ ПРАВДА

Республиканская общественно-политическая независимая газета

Среда, 6 мая 1992 г.

АКТ О ПРОВОЗГЛАШЕНИИ ГОСУДАРСТВЕННОЙ САМОСТОЯТЕЛЬНОСТИ РЕСПУБЛИКИ КРЫМ

ПОСТАНОВЛЕНИЕ ВЕРХОВНОГО СОВЕТА КРЫМА
Об Акте о провозглашении государственной самостоятельности Республики Крым

Закон Украины
О СТАТУСЕ АВТОНОМНОЙ РЕСПУБЛИКИ КРЫМ

Постановление Верховного Совета Украины
О ПОРЯДКЕ ВВЕДЕНИЯ В ДЕЙСТВ
ЗАКОНА УКРАИНЫ «О СТАТУСЕ
АВТОНОМНОЙ РЕСПУБЛИКИ КРЫ



ХОЧЕТСЯ ПОМОЧЬ, ДА ДЕНЕГ МАЛО

САМОСТОЯТЕЛЬНОСТЬ НАДО

출처: РИА Новости Крым

왼쪽 사진 2장은 당시 크림 주민의 집회 현장을 담은 것으로 피켓에 쓰인 문구는 "1954 거부(X), 투표로 정하자", "우크라이나 민족주의당(RUKH)은 크림에서 손을 떼라"는 뜻이다.

Aksyonov의 발언이다.

> "1991년 주민투표는 크림 땅에 '크림의 봄'의 씨앗을 뿌렸습니다. 그것은 러시아로, 집으로 돌아가는 우리의 길고 힘든 여정의 첫걸음이었습니다. 여정은 2014년 3월 16일 역사적인 주민투표로 완성되었습니다. 수십 년 간격으로 두 번의 투표가 있었고, 93%와 97%로 둘의 결과는 거의 같았습니다. 의미심장한 우연의 일치입니다. 이것은 영적, 문화적, 정신적으로 크림이 언제나 러시아의 일부였다는 분명한 증거입니다."[11]

## 2) 서방의 여론조사

두 번째 근거는 서방의 여론조사에서 찾을 수 있다. 2014년 당시 주민투표의 자발성과 합법성에 강한 의혹을 품은 서방은 합병 이후 크림 주민을 대상으로 다양한 설문조사를 벌였다. 대표 사례로 미국의 퓨리서치센터Pew Research Center가 합병 직후인 2014년 4월, 크림 주민을 포함해 1,659명의 우크라이나 국민을 대상으로 실시한 설문조사를 꼽을 수 있다. 조사 결과 크림 주민의 91%가 당시 투표가 '자유롭고 공정한 분위기에서 이루어졌다'고 답했다. 또 〈6-7〉 그래프가 보여주듯이 크림합병에 대한 우크라이나 국민의 의견은 지역별로 큰 편차를 보이지만, 당사자인 크림 주민의 경우 압도적 다수(88%)가 '키이우 정부는 투표 결과를 받아들여야 한다'고 답했다.[12]

합병 1년 후인 2015년 3월 〈포브스〉는 미국의 갤럽, 독일 GfKGrowth for Knowledge의 서베이에 기초해 "미국과 EU는 크림 사람들을 구원하고

6-7. 우크라이나 여론조사 (2014.04.)

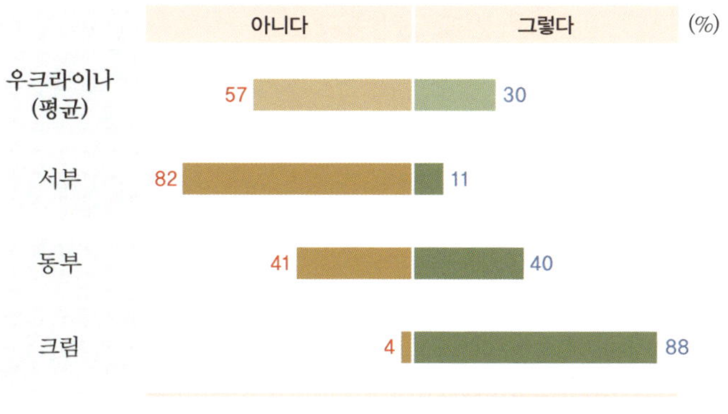


출처: Pew Research Center

싶을지 모르지만, 그들은 지금 거기서 행복하다"고 결론 내렸다. 즉 지난 1년간 거듭된 조사들은 (러시아인이든 우크라이나인이든 타타르인이든 상관없이) 크림인 대다수가 '러시아와의 삶이 우크라이나에서보다 낫다'고 생각한다는 점을 보여주며, '키이우, 브뤼셀, 워싱턴, EU의 숱한 노력에도 불구하고, 대부분의 크림 주민은 당시 투표가 합법적이었다고 생각한다'는 것이다. 갤럽 조사에서는 크림 주민의 82.8%가 러시아 귀속을 지지했으며, GfK의 조사에서는 93%가 지지했는데 이 93% 중 82%가 '전적으로 지지한다'였다.[13]

그렇다면 합병 후 상당한 시간이 흐른 지금은 어떨까. 아직도 크림인은 거기서 행복할까? 〈워싱턴포스트〉의 2020년 3월 18일 기사는 이 질문에 대한 답을 보여준다. '합병 후 6년간 푸틴 정부는 크림 개발에 200억 달러 가까운 돈을 쏟아부었고, 크림 주민은 푸틴에 높은 신뢰를 보이며, 지금도 크림인은 러시아에서 행복하다'가 기사의 결론이다. 주목할 점은 합병에 가장 부정적이었던 크림타타르인의 지지도가 2014년 39%에서 2019년 58%로 껑충 뛰었다는 사실이다.[14]

러시아인, 우크라이나인에 이어 크림 3대 민족에 속하는 크림타타르는 러시아에도 소련에도 적대감이 컸다. 투르크계 무슬림으로 인종도 종교도 완전히 다른 데다, 제정러시아가 정복할 당시 원래 크림의 주인은 그들이었다. 제정러시아에는 땅을 빼앗기고, 스탈린 시절인 1944년에는 나치에 부역했다는 혐의로 20만 명에 달하는 크림타타르인 모두가 중앙아시아로 강제이주를 당해 소련 해체 직전인 1989년에야 고향에 돌아올 수 있었다. 2014년 주민투표 당시 많은 크림타타르가 러시아 귀속에 반대표를 던지거나, 투표를 거부하거나, 아예 크림을 떠난 것은 이 때문이다.[15] 그랬던 크림타타르인의 상당수가 오히려 합병 후 마음을 바꾼 것은

'러시아의 크림이 우크라이나의 크림보다 낫다'를 보여주는 가장 확실한 징표다.

실제로 합병 직후인 2014년 8월 11일 러시아 정부는 〈크림공화국과 세바스토폴시의 사회경제발전〉이라는 국가 프로그램을 만들어 2024년까지 10년간 총 1조 3,800억 루블(약 172억 달러)을 크림에 쏟아부었다. 이 기간 크림공화국의 지역총생산GRP은 합병 전의 3.5배, 세바스토폴은 7.6배 증가했고, 평균임금도 두 지역 모두 2013년보다 약 4배 증가했다.

무엇보다 교량, 도로, 공항, 발전소, 호텔, 학교 등 교통 및 사회 인프라 개발이 활발하게 이뤄졌다. 2018년 개통된 크림 대교가 대표적이다. 케르치 해협을 가로질러 크림과 러시아 본토를 잇는 이 다리는 '크림의 귀환'을 상징하는 푸틴의 야심작으로 '푸틴 대교'라고도 불린다. 총 28억 달러가 든, 유럽에서 가장 긴 다리다. 또, 2020년 개통된 총길이 250km의 타브리다 고속도로는 케르치부터 심페로폴, 세바스토폴까지 크림 곳곳을 잇는 동맥이 되었다.[16]

크림에 고질적인 전력 및 물 부족 현상도 개선되었다. 합병 전 크림은 우크라이나 본토에서 전기와 물을 공급받았는데 합병 직후 당연히 우크라이나는 이를 끊었다. 이에 러시아 정부는 2개의 화력발전소를 세우고, 크림의 안정적 물 공급 보장을 위한 종합 계획을 세워 6억 달러의 예산을 책정했다.

물론 아직도 물 부족 문제는 완전히 해결되지 못했다. 이는 이번 전쟁의 또 하나의 쟁점이기도 하다. 또, 정부 지원에 대한 지나친 의존성, 크림 공무원의 부패, 양질의 의료 서비스 부족 등 여러 문제가 존재한다. 월급이 많이 늘어났어도 러시아 평균보다는 아직도 25% 가량 적다. 그렇지만 본토의 러시아 국민이 역차별을 말할 정도로 정부의 전폭적 지원이 이뤄진 것은 사실이며, 적어도 '우크라이나에서보다는 훨씬 낫다'가 대다수 크림인의 생각이다. 서방의 여러 조사에서 크림 주민의 절대다수가 '지금 투표를 해도 2014년과 똑같은 선택을 할 것'이라고 답한 것은 이 때문이다.

2017년 베를린의 동유럽국제연구센터Centre for East European and International Studies가 (200명의 크림타타르인을 포함해) 1,800명의 크림 주민을 대상으로 한 설문조사에서 응답자의 78.8%가 '지금 투표를 해도 2014년과 같은 선택을 할 것'이라 답했고, 76.8%는 '러시아에서의 경제적 삶에 만족한다'고, 80.8%는 '푸틴을 신뢰한다'고 답했다.[17]

더 최신 서방 자료를 찾지 못해 최근 상황에 대해서는 러시아 조사를 인용해보고자 한다. 러시아 국영여론조사기관인 브치옴이 2019년 크림 주민 1,600명을 대상으로 실시한 설문조사에서 응답자의 89%가 '다시 투표를 해도 2014년과 같은 선택을 할 것'이라고 답했고, 러시아 대표 포털 브콘탁테VKontacte의 2024년 조사에서는 93%가 같은 대답을 했다.[18] 현재 러시아의 언론 통제 상황을 감안해야겠지만, 인용한 서방의 자료들로 미루어 러시아의 수치가 터무니없이 조작된 것은 아님을 짐작할 수 있다. 러시아인만이 아니라 크림인에게도, 2014년만이 아니라 현재도, 서방이 주장하는 합병은 러시아에는 통일인 것이다.

## 크림 vs 코소보: 주권 vs 자결 또는 강대국의 내로남불

이제 크림과 관련해 마지막 쟁점이 남았다. 살펴본 것처럼 러시아는 물론 서방의 다양한 여론조사가 2014년 주민투표의 자발성과 러시아 귀속을 향한 크림인의 강력한 의지를 증명해준다. 따라서 당시 크림이 우크라이나의 (영토) '주권'과 크림인의 (민족) '자결'이 팽팽하게 맞선 상황이었음을 부인할 수 없다.

코소보와 함께 크림은 자결이 주권을 제압한 매우 드문 사례에 해당한다. 과거 유고연방 내 세르비아공화국에 속했던 코소보는 주민의 약 90%가 알바니아계였고, (주류민족인) 세르비아계와 오랜 세월 반목해왔다. 1991년 10월 코소보는 '99% 찬성'이라는 주민투표 결과에 기반해 세르비아로부터 분리독립을 선언했다. 당연히 독립은 성사되지 않았고, 1998~1999년 세르비아군과 코소보 분리주의 반군 사이의 무력 충돌로 대규모 인명 피해와 대량 난민이 발생했으며, 코소보 알바니아인에 대한 인종청소 의혹도 제기되었다. 당시 상황은 코소보의 편에 선 나토의 세르비아 공습으로 마무리되었고, 10년의 유엔 감독기를 거쳐 2008년 2월 17일 코소보는 공식적으로 독립을 선포했다.[19]

이렇듯 크림과 코소보 주민의 자결이 그들보다 힘이 센 우크라이나와 세르비아의 주권을 굴복시킨 것은 그보다 더 큰 힘의 개입이 있었기에 가능했다. 크림은 러시아, 코소보는 나토였다. 즉, 크림은 푸틴의 합병을 통해 자결을 실현했고, 크림인의 독립 의지가 아무리 강했다 한들 러시아의 개입 없이는 불가능한 일이었다. 크림의 현상변경이 러시아에 의한 것이었듯이, 코소보의 자결은 나토의 개입으로 실현되었고 이 경우 국제법적 인정까지 더해졌다. 2010년 7월 국제사법재판소는 '코소보의 독립 선언이 국제법에 위반되지 않는다'고 판결했다. 이처럼 크림과 코소보 사례는 매우 유사하며, 실제로 2014년 3월 11일 크림 의회가 발표한 독립 선언문은 독립의 법적 근거로 코소보를 인용하며 시작된다.

"크림자치공화국의 최고의회 의원과 세바스토폴 시의회 의원으로서 우리는 유엔 헌장의 규정과 민족자결의 권리를 명시한 일련의 국제 문서를 토대로, 그리고 2010년 7월 22일 국제사법재판소가 내린 코소보와 관련한 확인, 즉 '한 국가의 일부가 일방적으로 독립을 선언한 것은 국제법의 어떤 규범도 위반하지 않는다'는 사실을 고려하여 다음과 같은 공동 결정을 내린다."[20]

푸틴이 크림합병 당시 서방이 쏟아낸 비난에 '코소보는 되는데 크림은 왜 안 되냐'로 맞선 것은 이 때문이다. 코소보처럼 크림도 절대다수의 주민이 원했고, 크림에 러시아군이 있었다면 코소보엔 나토군이 있었고, 러시아군 투입이 국제법 위반이라면 78일간이나 폭격을 퍼부은 나토는 뭐냐는 논리다. 더구나 당시 나토의 세르비아 공습은 유엔 승인 없이 이루어졌다. 러시아와 중국의 비토를 우회하기 위해서였다.

물론 코소보와 크림이 완전히 같지는 않다. 코소보는 1999년 나토의 군사적 개입 후 실제 독립까지 9년이 걸렸지만, 크림은 러시아군 투입 후 한 달 만에 주민투표, 독립선포, 합병이 속전속결로 이루어졌다. 또 분리독립과 합병은 다르다. 코소보도 바로 옆에 알바니아가 있지만 독립국가로 남았다. 무엇보다 푸틴 자신, 2014년에는 코소보를 들어 크림을 정당화했지만, 코소보가 독립을 선포한 2008년에는 이를 강하게 비판했다. 아래가 그 발언이다. 같은 슬라브 정교 국가이자 오랜 우방인 세르비아 편인 데다, 코소보 독립이 러시아 내 분리주의 세력을 자극할까 염려했기 때문이다. 크림의 국제적 인정을 줄기차게 주장해온 푸틴은 지금까지도 코소보의 독립은 인정하지 않고 있다.

"코소보 사례는 끔찍한 선례입니다. 수십 년, 아니 수 세기 동안 형성돼 온 국제관계 시스템 전체를 사실상 무너뜨리고 있어요. 의심할 여지 없이 이것은 예측 불가능한 일련의 결과들로 이어질 겁니다. … 결국 이것은 양날의 칼이며, 언젠가 두 번째 칼날이 그들의(서방의) 머리를 내리칠 것입니다."[21]

역설적이게도 '코소보의 선례를 따른 일련의 결과들'은 대부분 푸틴 자신이 만들어냈다. 코소보가 독립을 선언한 지 6개월 후 푸틴은 (조지아와 전쟁 후) 남오세티야와 압하지야 공화국의 분리독립을 인정했고, 그로부터 6년 후엔 크림을 아예 합병해버렸다. 2008년 자신이 했던 말과 정반대로 코소보는 푸틴에게 '끔찍한' 선례가 아니라 '고마운' 선례가 되어준 셈이고, 당시 코소보의 분리독립을 지지한 서방에게 코소보는 정말로 양날의 칼이 되어버렸다.

말하자면 2008년에는 푸틴이 세르비아의 영토주권을 들어 코소보의 자결에 반대했고, 2014년엔 서방이 우크라이나의 영토주권을 들어 크림의 자결에 반대한 것이다. 그런데도 둘 다 '우리 경우는 다르다'고 죽어라 우기고 있다. 러시아와 서방 모두 자신의 이해관계에 따라 때로는 주권, 때로는 자결의 편을 자처하며 정당화의 논리를 구성해온 것이다. 이러한 아이러니 또는 내로남불이야말로 현재 지구촌 곳곳에서 벌어지고 있는 분리주의 분쟁의 본질이라 할 수 있다.

분리주의 갈등은 탈냉전 후 가장 흔한 분쟁으로 부상했지만, 그 해결은 국제법적 메커니즘이 아닌 힘의 논리에 좌우돼왔다. 유엔 등 국제사회가 분리주의 분쟁에 특히 무력한 이유는 그것이 유엔이 기반한 두 기둥, 즉 '영토주권과 민족자결 간의 충돌'을 본질로 삼기 때문이다. 현재로서는 '주권과 자결의 경쟁'을 해결하는 방법, 즉 분리독립이 인정될 수 있는 유일한 방법은 그 요구가 '얼마나 정당한가', '얼마나 불가피한가'에 대한 입증이다.[22] 하지만 앞서 서방과 러시아의 내로남불이 보여주듯이, 그러한 정당성, 불가피성에 대한 판단은 늘 정치적일 수밖에 없다. 그런데도 국제사회는 여전히 '합의 없는 영토변경 불가'를 고수하고 있다.

합의가 가능하면 왜 싸우겠는가. 그런데도 자결의 권리가 주권을 압도할 정당성을 얻기 위해서는 인종청소 정도의 비극은 있어 줘야 하는가. 나토의 폭격이 용인될 정도의 폭력은 발생해줘야 불가피하다고 인정되는가. 대부분의 분리주의 분쟁은 이러한 곤경aporia에서 자유롭지 못하며, 방치된 갈등은 학살이나 내전 같은 극한의 폭력으로 증폭되곤 했다.

코소보의 독립이 예외적 사례sui generis로 국제적 인정을 받은 것도 거기서 인종청소에 준하는 비극이 벌어졌다고 판단되었기 때문이다. 아울러 서방이 '코소보와 크림은 다르다'고 주장한 가장 결정적인 근거도 바로 이것이다. 즉 '코소보에서는 실제 위협이 있었지만, 크림은 상상된 위협에 불과'했기에 나토의 코소보 개입은 정당하고, 크림에 러시아군 투입은 위법하다는 것이다.[23] 그렇다면 크림에서 대량 살상이 일어났다면 러시아도 면죄부를 얻을 수 있었을까. 오히려 러시아의 개입으로 그런 비극이 일어나지 않아 다행이라고 생각할 수는 없을까.

푸틴은 당시 러시아군 투입이 '만일의 불상사에 대비한 평화유지 차원'이었다고 말했고, 이를 마냥 핑계로 보기는 어렵다. 당시 우크라이나는 정부가 전복되는 혁명적 상황에서 나라 전체가 친서방 대 친러로 갈려 싸우고 있었고, 양쪽 시위대의 충돌로 유로마이단에서만 100명 넘게 목숨을 잃었다. 더구나 친서방 시위대에는 나치즘과 폭력을 신봉하는 극우세력이 섞여 있었다. 분리독립 요구가 표면화된 크림에서도 분리 찬성파와 반대파의 대립이 격화되고 있었다.

2014년 2월 26일 크림 수도 심페로폴의 의회 건물 앞에 수천 명의 군중이 모여들었고, 양측 시위대 간 난투극이 벌어져 2명이 압사하고 30여 명이 부상을 입었다.[24] 5월 2일 오데사에서는 시위대 간 충격과 화염병 투척으로 48명이 사망하고 247명이 부상을 입는 참극이 벌어졌다. 사망자 48명 중 42명이 건물 화재로 사망했는데, 시위대 양측이 화염병을 던지며 싸웠기에 불이 처음 누구에 의해 어떻게 시작된 것인지는 단정하기 어렵다. 하지만 화재 사망자 전원이 친러 시위대였고, 화재가 참극으로 번진 가장 큰 책임은 반러 시위대를 이끈 프라비 섹토르Pravyi sektor(Right Sector)에 있었다. 우크라이나 극우를 대표하는 프라비 섹토르는 유로마이단에서 발생한 유혈 사태의 주범이기도 했다.[25] 오데사 참사 발생 이틀 후 프라비 섹토르 홈페이지에는 다음과 같은 글이 게시되었다.

"2014년 5월 2일 우리 민족사의 빛나는 페이지가 추가되었다. … 오데사에서 우크라이나 애국자들은 무장한 반우크라이나 광신자들에게 맞서야 했다. … 우크라이나의 정신이 승리했고 코사크 기질이 깨어났으며 타락한 분리주의자 무리는 수탉 떼처럼 흩어졌다.

반국가적인 반란자 무리에 맞선 것은 직업군인이 아니라 대중, 즉 100명의 프라비 섹토르 대원들과 오데사의 애국적인 주민들이었다. … 프라비 섹토르의 전사들과 다른 우크라이나 애국자들 중에 사상자가 발생했다. 그러나 러시아 테러리스트들의 피해는 훨씬 컸으며 오데사에서 '분리주의자'라는 현상 자체가 사라졌다. 이 모든 것은 애국심으로 똘똘 뭉친 대중의 공로다."[26]

이 프라비 섹토르의 리더 중 한 명이자 네오나치로 유명한 아조우 대대Azov Battalion 부사령관이었던 이호르 모시추크Ihor Mosiychuk는 2014년 2월 24일 한 TV 인터뷰에서 크림의 분리독립을 좌시하지 않겠다며 다음과 같이 말했다.

"우크라이나의 영토보전을 파괴하려는 시도는 혹독한 벌을 받을 겁니다. 당국이 이를 수행할 능력이 없다면 프라비 섹토르가 '우정 열차'를 꾸릴 거예요. 우리는 90년대 UNSO(당시 극우조직)처럼 크림으로 갈 겁니다. 그때 대원들이 세바스토폴에 입성했을 때 사람들은 쥐새끼처럼 도망쳤지요. 이번에도 비슷할 겁니다."[27]

미 랜드연구소도 모시추크의 이 도발이 러시아의 크림 개입에 정당성을 제공한 요인 중 하나였다고 인정했다.[28] 이런 상황에서 만일 크림에 러시아군이 없었다면, 그런 상태로 러시아 귀속 주민투표가 이뤄졌다면, 오데사보다 먼저 크림에서 비극이 일어나지 않았으리라 누구도 장담할 수 없다. 또 당시 러시아군이 군사 기지나 주요 정부 건물 등 크림 곳곳을 장악한 건 맞지만, 치안 및 평화유지 외 어떤 불상사도 없었다. 당시 크림 주민들이 러시아군을 '정중한 사람들'이란 별명으로 부른 것은 이 때문이다.

서방의 분리주의 전문가들은 '국경 변경이 바람직하지는 않아도 변경 연기는 때로 인종청소를 동반하는 강제적 변화를 초래하며,' '분리는 합의가 실패한 결과지만 무력 충돌이나 내전보다는 낫다'고 말했다.[29] 러시아가 강대국의 위세로 우크라이나의 주권을 제압해 크림의 자결을 실현한 방식이 바람직하지 않고, 코소보를 비켜 간 그 대의도 믿을 수 없지만, 어차피 서방이나 러시아나 힘의 논리와 내로남불이 국제정치의 생리라면, 나토의 개입으로 코소보가 안정을 얻었듯이, 러시아의 개입으로 크림이 아무 불상사 없이 소원을 이룬 것이 무력 충돌이나 내전, 인종청소보다는 훨씬 낫다. 따라서 어쩌면 크림은 코소보와 더불어 분리주의 분쟁의 새로운 사례가 될 수도 있었다. 적어도 이 전쟁이 있기 전까지는 말이다. 전쟁 후 4개 점령지에서 크림이 그대로 복사된 후, 푸틴의 발언 그대로, 그러나 코소보가 아닌 크림이 '끔찍한 선례'가 되고 말았다.

## 미주

1 "Конфликт с Украиной: массовые оценки марта 2024 года," *Левада-Центр*, 24 апреля 2024.

2 "1954 Государственные флаги УССР и РСФСР из серии 300-летие Воссоединения Украины с Россией," *stamps.ru*.

3 Путин, "Обращение Президента Российской Федерации," 18 марта 2014.

4 State Statistics Committee of Ukraine, "About number and composition population of UKRAINE by data All-Ukrainian population census' 2001 data," *All-Ukrainian population census 2001*.

5 "Портрет электоратов Ющенко и Януковича," *Киевский центр политических исследований и конфликтологии*, 2005.01.18.

6 "The language question: the results of recent research in 2012," *Rating Group*, 2012.05.25.

7 Michael Kofman et al., *Lessons from Russia's Operations in Crimea and Eastern Ukraine*, Santa Monica, Calif.: Rand Corporation, 2017. p. 20.

8 "A divided Ukraine," *CNN*, March 3, 2014.

9 "Нарышкин сравнивал воссоединение Крыма с Россией с объединением Германии," *РИА Новости*, 30 января 2015.

10 이하, 1991년 크림 주민투표와 당시 상황에 대해서는 다음 참조. ""Киев отступил". За что жители Крыма голосовали в 1991-м," *РИА Новости*, 2021.01.20; Илья Бондарчук, "Конституция и законодательство Республики Крым (2014-2018)," *Журнал российского права*, № 1, 2019. pp. 143-144; "Республика Крым: отложенный референдум. Часть первая, Сложный период," *РИА Новости Крым*, 2016.05.05. 자료 <6-6>의 출처는 세 번째 문헌.

11 "Аксенов: референдум 1991 года заронил семена Крымской весны," *РИА Новости Крым*, 2016.01.20.

12 "Despite Concerns about Governance, Ukrainians Want to Remain One Country," *Pew Research Center*, May 8, 2014.

13 Kenneth Rapoza, "One Year After Russia Annexed Crimea, Locals Prefer Moscow To Kiev," *Forbes*, March 20, 2015.

14 "Six years and $20 billion in Russian investment later, Crimeans are happy with Russian annexation," *The Washington Post*, March 18, 2020.

15 Noam Lupu, Leonid Peisakhin, "Why are Crimean Tatars so hostile to Russia?" *The Washington Post,* Sep. 5, 2017; Mansur Mirovalev, "Ten years ago Russia annexed Crimea, paving the way for war in Ukraine," *Aljazeera*, Feb. 20, 2024.

16 이하, 최근 10년간 크림의 변화는 "Как изменился Крым за 10 лет," *ТАСС*, 18

марта 2024; "«Российский» Крым в цифрах: Как изменился полуостров за 10 лет аннексии?" *Верстка*, 14 марта 2024 참조. 전자는 러시아의 대표적 관영언론, 후자는 반체제 독립미디어로 객관성을 위해 양자에 공통된 사항만 인용했다.

17 Gwendolyn Sasse, *Terra Incognita: The Public Mood in Crimea*, Berlin: Centre for East European and International Studies, 2017, p. 13, 17.

18 "5 лет с момента воссоединения Крыма с Россией: мнение крымчан," *ВЦИОМ*, 2019.03.14; Сергей Винник, "93 процента крымчан подтвердили свой выбор, сделанный на референдуме 2014 года," *Российская газета*, 2024.03.13.

19 이하, 코소보에 대해서는 다음 참조. Aleksandar Parkovic, "Seceding by the force of arms: Chchnya and Kosovo," in Jean-Pierre Cabestan and Aleksandar Pavkovic eds., *Secessionism and Separatism in Europe and Asia: To have a state of one's own*, London & New York; Routledge, 2013. pp. 99-109; Valur Ingimundarson, *The 'Kosovo Precedent': Russia's justification of military interventions and territorial revisions in Georgia and Ukraine*, London: LSE Ideas, 2022, pp. 5-14; Lowell West, "Crimea is not Kosovo: Seven Arguments against a False Comparison," *Policy Note*, No. 1, Prishtina: Group for Legal and Political Studies, March 2016.

20 Сергей Громенко, "День «независимости» Крыма," *Крым.Реалии*, 11 марта 2017.

21 "Путин: независимость Косово повлечет непредсказуемые последствия," *РИА-Новости*, 2008.02.22.

22 James Mayall, "Sovereignty, national self-determination and secession," in Jean-Pierre Cabestan and Aleksandar Pavkovic eds., *Secessionism and Separatism in Europe and Asia: To have a state of one's own*, London & New York; Routledge, 2013, pp. 20-34; Richard Sakwa, "Patterns of Secession and Disintegration in the USSR," in Jean-Pierre Cabestan and Aleksandar Pavkovic eds., *Secessionism and Separatism in Europe and Asia: To have a state of one's own*, London & New York; Routledge, 2013, pp. 60-62.

23 West, "Crimea is not Kosovo," p. 1.

24 "Дело 26 февраля," *Мемориал*; "В Симферополе у здания Верховного Совета тысячи человек проводили два митинга под разными лозунгами," *Первый канал*, 26 февраля 2014.

25 Henry E. Hale, Oxana Shevel & Olga Onuch, "Believing Facts in the Fog of War: Identity, Media and Hot Cognition in Ukraine's 2014 Odesa Tragedy," *Geopolitics*, 23:4, 2018, pp. 851-852, 859-861; International Advisory Panel, "IAP report on Odesa events," *Council of Europe*, Nov. 4, 2015, p. 15,

26 "АТО по-народному, або чому Владімір Путін не ввів війська," *Правий сектор*, 4 травня 2014.

27 “«Правый сектор» отправит в Крым «поезд дружбы»,” *Lenta.ru*, 25 февраля 2014.

28 Kofman et al., *Lessons from Russia's Operations in Crimea and Eastern Ukraine*, p. 21.

29 Sakwa, “Patterns of Secession and Disintegration in the USSR,” p. 63; Aleksandar Pavkovic, Jean Cabestan, “Secessionism and Separatism from a comparative perspective: An Introduction,” in J. Cabestan and A. Pavkovic eds., *Secessionism and Separatism in Europe and Asia: To have a state of one's own*, London & New York; Routledge, 2013, p. 17.

07 

# 민스크 협정을 위반한 것은 누구인가

## 전쟁은 2014년에 시작되었다

전쟁과 관련한 거의 모든 의제에서 팽팽히 맞서온 러시아와 우크라이나가 의견 일치를 보인 지점이 하나 있다. 이 전쟁이 2022년이 아니라 2014년에 시작되었다는 주장이 그것이다. 2014년의 크림합병과 돈바스 내전을 말한다. 의견 일치는 딱 여기까지다. 왜 합병에서 침공으로, 내전에서 국제전으로 비화되었는지, 그 책임이 누구에게 있는지로 넘어가면 또 첨예하게 입장이 갈린다. 특히 이는 내전을 끝내기 위해 당시 맺은 약속, 즉 민스크 협정을 누가 위반했는가가 핵심이다. 이 전쟁의 주된 논란거리 중 하나다. 이를 따져보기 전에 먼저 당시 상황을 간략히 정리해보자.[1]

2013년 말부터 시작된 유로마이단 사태로 친러 야누코비치 정권이 무너지고 2014년 2월 친서방 임시정부가 수립되었고, 이에 반발한 크림은 러시아로 합병되었다. 크림의 분리독립과 러시아 귀속은 2014년 3월

16일 주민투표에서 3월 21일 푸틴의 러시아 영토 선언까지 단 5일 만에 마무리됐다. 이 사건은 우크라이나의 다른 친러 지역에 큰 파장을 일으켰다. 우리도 크림처럼 되고 싶다는 것이다. 도네츠크, 루한스크, 하르키우, 오데사 등 동남부 대도시에서 친러 시위가 벌어져 각주의 자치화와 우크라이나 연방화, 또는 아예 우크라이나로부터의 분리독립과 이를 위한 주민투표 실시 요구가 쏟아져 나왔다. 앞서 밝혔듯이, 이 과정에서 분리 지지파와 반대파, 친러와 반러 시위대 사이 유혈 충돌이 빈발했고 오데사 참사가 대표적이다.

하르키우나 오데사의 경우 비교적 신속하게 소요가 진압된 반면, 도네츠크와 루한스크처럼 친러 세勢가 압도적인 곳에서는 시위대가 행정 건물을 점거하며 무력행동에 나섰다. 4월 6일 루한스크의 친러 시위대가 우크라이나 보안국 건물을 점거해 무기를 탈취한 사건, 4월 12일 도네츠크의 친러 지역 민병대가 슬로우얀스크 주 청사를 점령한 사건이 대표적이다. 이에 4월 13일 키이우 임시정부가 대테러작전을 선포했고, 돈바스 분리주의 반군과 키이우 정부군 간 무장투쟁이 본격화되었다. 내전이 시작된 것이다. 그에 앞선 4월 7일 도네츠크, 4월 27일 루한스크가 주권을 선언하고, 5월 11일 주민투표 결과에 기반해 (도네츠크 89.7%, 루한스크 96.2% 찬성), 5월 12일 도네츠크인민공화국과 루한스크인민공화국 수립이 선포된다.

당연히 키이우 정부는 이를 인정하지 않았고, 두 공화국 역시 5월 25일 치러진 우크라이나 대통령 선거를 보이콧했다. 그 사이 분리주의 반군은 동남부 전역으로 세력을 확장한다. 6월 친서방파 포로셴코가 대통령으로 취임한 후 7월부터 중화기와 탱크로 무장한 정부군의 대대적인 진압 작전이 시작되어 반군 거점 지역이 정부군에 의해 탈환되고 반군은 수세에 몰린다. 그러자 8월 중순 러시아가 군사적으로 개입하며 반군이 다시 승기를 잡게 된다.

결국 내전에서 러우 양국 간 전면전으로 확대될 것을 우려한 독일과 프랑스의 중재로 2014년 9월 5일 제1차 민스크 의정서가, 2015년 2월 12일 제2차 민스크 협정이 타결된다. 먼저 돈바스 내 '(키이우) 정부 통제구역'과 '비정부 통제구역'(반군 점령지, 돈바스 전체 면적의 1/3, 인구 약 360만 명)을 나누는 427km의 경계가 설정되고, 즉각 휴전, 중화기 철수, 비무장지대 설정, 포로 석방과 사면 등이 약속됐는데, 가장 중요한 조건은 '돈바스에 자치 지위를 부여한다'는 것이었다. 즉 '돈바스의 두 분리공화국은 우크라이나에 남되, 키이우 정부는 두 공화국에 특별(자치) 지위를 부여한다'는 것이다. 하지만 약속 불이행을 이유로 서로를 비난하며 이후로도 7년간 교전이 이어지다 2022년 전쟁에 이른 것이다. 돈바스는 전쟁에서도 주요 전장이 되었다.

## 민스크 협정은 무용지물이었나

8년의 내전은 많은 인명피해를 낳았고, 특히 돈바스 러시아계 주민의 희생이 컸다. 초기 우크라이나 진압군의 주력부대가 네오나치로 유명한 아조우 대대와 극우 민병대였기 때문이다. 2014년 5월 탄생한 아조우는 처음부터 '돈바스 분리주의자 척결'을 목적으로 결성된 의용 민병대였고, 같은 해 11월 우크라이나 정규군으로 편입되었다.

러시아 편에서 돈바스 반군을 지원한 세력으로 바그너 그룹Wagner Group을 들 수 있다. 그 유명한 예브게니 프리고진Yevgeny Prigozhin이 만든 민간군사기업Private Military Company이다. 프리고진은 2022년 전쟁 발발 후 바흐무트 등 주요 전투에서 혁혁한 공을 세워 국민 영웅으로 떠올랐으나, 2023년 6월 느닷없는 군사반란으로 국민 역적으로 전락했고, 두 달 후 비행기 폭발로 의문사한 인물이다. 돈바스와의 연루를 계속 부인하던 프리고진은 2022년 9월 자신이 바그너 그룹의 오너임을 최초로 인정하며 '처음 조직을 만든 건 돈바스의 러시아인들을 보호하기 위해서였다'고 말했다.

"그때 저는 훈련장 중 한 곳으로 날아가 직접 그 일에 착수했습니다. 오래된 무기를 직접 손질하고, 방탄조끼 건을 직접 해결하고, 문제를 도와줄 전문가를 찾아냈지요. 2014년 5월 1일 바로 그때 애국자 그룹이 탄생했고, 나중에 전술대대그룹 '바그너'라는 이름을 얻었습니다. 오직 그들의 용기와 대담함 덕분에 루한스크 공항을 비롯해 다른 많은 영토의 해방이 가능해졌고, 루한스크인민공화국과 도네츠크인민공화국의 운명도 근본적으로 바뀌었습니다."[2]

아조우처럼 바그너 그룹도 네오나치다. 이름이 '바그너'인 것도 히틀러가 가장 사랑한 음악가가 그였기 때문이다. 러우 양국의 대표 네오나치가 '돈바스 수호'라는 같은 목적으로 똑같이 2014년 5월 결성돼 같은 공간에서 대결한 셈이다. 어쨌든 내전 중 민간인 피해는 주로 아조우 등 우크라이나 극우가 주범이었다. 이들은 돈바스 주민의 다수를 이루는 러시아계 또는 친러 성향의 주민을 상대로 학살, 고문, 납치, 강간 등 무수한 전쟁범죄를 저질렀고, 푸틴이 이번 전쟁에서 내세운 목표 중 하나가 '탈나치화'와 '돈바스 동포 보호'였던 것은 이 때문이다.

그렇다면 민스크 협정은 정말로 무용지물이었나. 그렇지는 않다. 표 〈7-1〉은 유엔 인권최고대표사무소OHCHR가 집계한 돈바스 내전의 사상자 수를 정리한 것이다.[3]

**7-1. 돈바스 내전 사상자 수** (2014~2021)

| | | |
|---|---|---|
| 사상자 51,000~54,000 | 사망자 14,200~14,400 | 민간인 3,404 |
| | | 반군 6,500 |
| | | 우크라이나군 4,400 |
| | 부상자 37,000~39,000 | 민간인 7,000~9,000 |
| | | 반군 15,800~16,200 |
| | | 우크라이나군 13,800~14,200 (명) |

출처: UN OHCHR

**7-2. 연도별 돈바스 내전 민간인 사망자 수** (2014~2021)

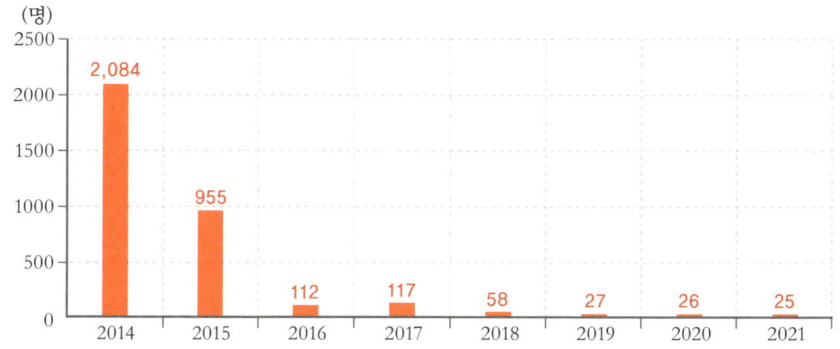


출처: UN OHCHR

한국에는 '돈바스 내전 중 우크라이나 나치가 학살한 민간인이 14,000여 명에 달한다'는 주장이 널리 퍼져있다. 사실은 좀 다르다. 위 공식 통계에 따르면, 14,000명은 민간인 사망자가 아닌 '민군民軍을 합친 전체 사망자 수'이고, 민간인 사망자는 총 3,404명임을 알 수 있다.

주목할 점은 사망자 발생 시기다. 그래프 〈7-2〉는 위 유엔 통계 중 '민간인' 사망자 수를 발생 연도별로 표시한 것이다. 사망자가 2014년과 2015년에 집중돼있고, 시간이 흐를수록 전쟁이 시작된 2022년에 가까워질수록 사망자 수가 현격히 감소했음을 알 수 있다. 실제로 8년의 내

7-3. 연도별 도네츠크공화국 내 민군 사망자 수 (2014~2021)

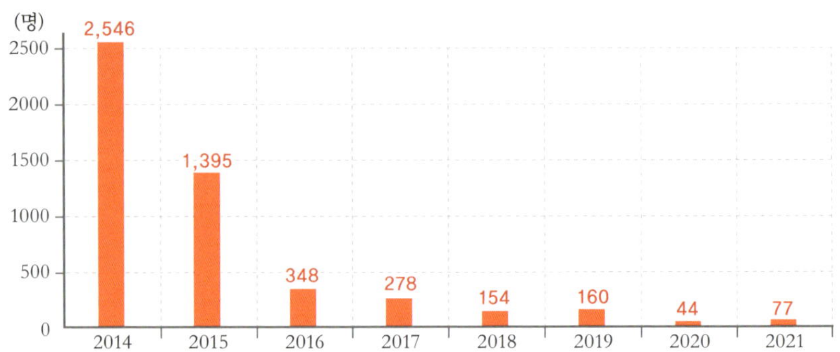


출처: Уполномоченный по правам человека в ДНР, Системный Блокъ

전 기간 중 전체 민간인 사망의 약 90%가 처음 2년에 발생했다. 이는 2015년 맺은 민스크 협정 이후로도 교전이 이어지긴 했지만, 그 강도나 빈도가 현격히 낮아졌음을 뜻한다.

러시아는 유엔 통계를 신뢰하지 않지만, 친러 돈바스 정부가 집계한 통계에서도 같은 추세가 확인된다. 〈7-3〉은 도네츠크인민공화국 인권판무관 연례 보고서에 기반해 작성된 그래프로, 수치는 해당 공화국이 제공한 것이다.[4] 수치는 '민간인+반군' 사망자를 가리키는데, 유엔 그래프와 마찬가지로 사망자가 2014년과 2015년에 집중되고 이후 급격히 감소함을 알 수 있다. 민간인 사망자만 따지면 (민스크 협정 후인) 2017년 총 32명, 2018년 19명, 2019년과 2020년 각 9명, 2021년 7명이다. 루한스크인민공화국의 경우도 이와 크게 다르지 않았을 것이다.

이러한 특성은 휴전 위반 지표에서도 마찬가지로 확인된다. 유럽안보협력기구OSCE의 우크라이나 특별감시단 보고서에 따르면 (폭발, 발사, 섬광 등의 징후로 판단된) 휴전 위반 건수는 민스크 협정 체결 직후인 2016년 총 316,397건에서 2020년 134,767건, 2021년 93,902건으로 대폭 감소했고, 2021년 중화기 사용 건수는 1%에 불과했다.[5] 사망자와 휴전 지표 모두에 공통된 이런 특성은 민스크 협정 체결 후 고강도 전쟁이 저강도의 산발적 교전으로 통제되었음을 보여준다. 다시 말해 완전한 휴전은 이루어지지 않았지만, 협정 후 폭력의 수준과 사상자 수가 대폭 감소한 것이다.

## 위반된 약속, 폐기된 협정

그런데도 민스크 협정 무용론 또는 기만론이 끊임없이 제기된 이유는 무엇일까. 가장 중요한 약속이 이행되지 않았기 때문이다. 그 결과 결국 전쟁이 터졌고, 당연히 협정은 완전히 무력화됐다. 징후는 전쟁 전 이미 나타났다. 〈7-4〉는 OSCE가 집계한 전쟁 직전, 즉 2022년 2월 1일부터 22일까지 돈바스 내 휴전 위반 및 폭발 횟수를 나타낸 그래프다.[6]

전쟁이 임박한 2월 17일부터 휴전 위반 건수가 폭발적으로 증가한 것을 확인할 수 있다. 2월 18일부터 20일 사이 (포격 결과를 포함한) 폭발이 총 3,439회 발생했는데, 이는 그 이전 2월 일 평균의 12배에 달한다. 우크라이나는 러시아가 침공의 명분을 얻기 위해 작정하고 도발했다고 비난했고, 러시아는 피해 대부분이 반군 점령지에서 발생한 점을 들어 우크라이나의 도발이라고 주장했다. OSCE가 작성한 지도에 따르면, 2월 18~20일 사이 휴전 위반의 결과로 추정되는 대부분의 폭발이 양측 경계 중 반군 점령지에서 발생했음이 확인된다.[7] 포격의 주체가 주로 우크라이나였다고 추정할 수 있다.

다음은 2022년 6월 〈한겨레〉 정의길 기자가 러시아계 고려인 나탈리아를 인터뷰한 글이다. 나탈리아는 도네츠크에 살다 2022년 전쟁 발발

**7-4. 민스크 협정 위반 및 폭발 건수** (2022.02.01.~02.22.)

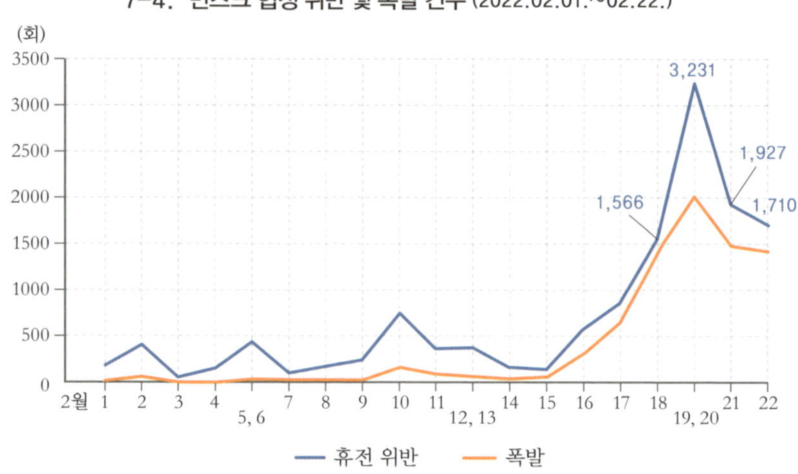


출처: OSCE

후 한국으로 피난 온 우크라이나인이다.

> "인터뷰 중 가장 인상 깊었던 대목은 나탈리아는 전쟁의 시작을 러시아가 우크라이나를 전면 침공한 2022년 2월 24일이 아니라 그보다 약 1주일 전인 2월 18일로 인식했다는 것이다. 나탈리아는 2월 18일에 시작된 우크라이나군의 대규모 대포 공격으로 고향을 떠날 수밖에 없었다며, 전쟁은 그날 시작됐다고 말했다. 나는 우크라이나군의 그 대포 공격이 도네츠크에서 지속되던 내전의 일환이 아니었냐고 되물었다. 나탈리아는 그 이전의 내전 전투는 전선에서 벌어져 후방 주민들의 생활에 큰 영향을 주지 않았는데, 2월 18일부터 시작된 대포 공격은 주민들의 생활을 위협해 피난을 갈 수밖에 없었다고 증언했다."[8]

물론 그렇다고 우크라이나가 먼저 전쟁을 시작했다는 뜻은 아니다.

2021년 내내 양국은 서로 질세라 군사적 긴장을 고조시키던 상황이었고, 나탈리아를 위협한 상황 악화도 이례적이긴 하나 어쨌든 내전의 범위를 벗어난 것은 아니었다. 또 긴장 고조의 와중에 대규모 병력을 국경에 먼저 배치한 것은 러시아이고, 2월 24일을 기해 전면 침공을 단행한 것도 러시아다.

푸틴은 그것이 서방과 우크라이나의 도발에 대한 정당한 대응임을 주장했는데, 특히 그는 우크라이나의 주된 책임을 (나토 가입 시도와 더불어) '민스크 협정의 불이행'에서 찾았다. 이는 협정의 가장 중요한 조항인 '돈바스 두 공화국에 대한 자치 지위 부여'를 말한다. 푸틴 주장의 핵심은 '돈바스의 두 공화국이 끊임없이 러시아에 합병을 요청했음에도 민스크 협정 준수를 권고하며 8년이나 기다렸지만, 키이우 정부는 약속한 자치 지위를 부여하지 않았고, 그 결과 돈바스 동포의 안전이 심각하게 위협당했으며, 더 이상은 못 참는다'는 것이다.

실제로 푸틴이 전쟁 결심 후 제일 먼저 한 것이 8년 동안 미뤄온 돈바스 두 공화국의 분리독립을 인정한 것이다. 2014년 이래 두 공화국의 끈질긴 요청에도 8년간 푸틴이 합병은커녕 독립도 인정하지 않았다는 점은 앞 장에서 이미 자세히 서술한 바 있다. 침공 3일 전인 2022년 2월 21일 푸틴은 두 공화국의 독립을 인정하고, 다음날인 2월 22일 민스크 협정을 폐기했고, 24일 침공했다. 협정 폐기를 선언하며 푸틴은 다음과 같이 말했다.

"지난 몇 년 동안 키이우 당국의 시도로 모든 것이 무산되었습니다. 따라서 민스크 협정은 어제 우리가 돈바스의 인민공화국들을 승인하기 훨씬 전에 죽었습니다. 우리 때문도, 이들 공화국 대표 때문도 아닌 키이우 정권에 의해서 말입니다.

키이우와 우크라이나 지도부는 이 협정을 지키지 않겠다고 이미 공개적으로 선언하기 시작했고, 그런 상황으로 인해 어제의 사건, 다시 말해 공화국들의 승인이 결정된 겁니다. 그들은 지키지 않을 작정인 겁니다. 자, 여기서 더 무슨 말을 할 수 있겠습니까? 고위 관리들도 이미 이를 공개적으로 밝혔습니다.

그런데 무엇을 더 기다려야 하나요? 그 땅에 사는 400만 가까운 사람들에 대한 그런 학대, 그런 제노사이드가 계속되기를 기다려야 할까요? 그걸 그냥 지켜보고 있을 수는 없습니다. 그곳에서 무슨 일이 일어나고 있는지 직접 보십시오. 대체 그걸 어떻게 계속 참을 수 있겠습니까? 충분합니다."[9]

그런데 앞의 통계에서 확인했듯이, 적어도 민스크 협정 이후 돈바스에서 '제노사이드'라 할 만한 일은 벌어지지 않았다. 따라서 푸틴의 전쟁 목표에 돈바스 동포 보호가 포함될 수 있다 해도, 이 사안이 전쟁을 촉발한 직접적 계기는 될 수 없다. 즉 장기간의 내전으로 파괴된 일상, 정치적 혼란과 차별, 피폐한 경제·사회적 상황, 만연한 불안과 공포 등 돈바스 러시아계 주민의 삶의 정상화가 시급한 과제였던 점은 맞다. 하지만 푸틴이 언급한 제노사이드, 다시 말해 전쟁의 '트리거'가 될 만한 대형 사고는 적어도 당시 최소 7년간 발생한 적이 없다.

그렇지만 키이우 정부가 그 7년간 민스크 협정을 지키지 않은 것, 지키지 않겠다고 공개적으로 선언한 것은 사실이다. 민스크 협정을 둘러싼 러우 양측 간 갈등의 핵심은 '(돈바스 자치를 위한) 지방 선거를 먼저 할 것인가, (키이우 정부에) 돈바스 통제권 이양을 먼저 할 것인가'였다. 7년 내내 러시아와 반군은 전자를, 우크라이나는 후자를 요구하며 맞섰다.

## 약속을 어긴 것은 누구인가

그렇다면 어느 쪽 주장이 약속에 합당한가. 사실 순서는 민스크-2 협정문에 이미 적시되어 있다. 협정 9조에 따르면 "우크라이나 정부가 (분쟁 지역 전체에 걸친) 국경 통제권을 완전히 회복하는 것은 지방 선거 '후' 1일 차로부터 시작해 (2015년 말 완료될) 포괄적인 정치적 해결 '후' 끝내는 것"으로 되어있다. 즉, '선先 지방 선거, 후後 통제권 이양'이 협정문에 명시된 순서다.[10]

하지만 협정 당사자였던 포로셴코 대통령은 지방 선거, 이를 위한 돈바스 특별 지위에 관한 법률 제정, 분권화decentralization를 위한 헌법 개정 등의 약속을 결국 이행하지 않았다. 2014년 10월 돈바스 특별 지위에 관한 법률이 의회를 통과하기는 했다. 하지만 2015년 3월 포로셴코는 '우크라이나 법'에 따른 지방 선거 실시 전까지는 '해당법이 발효될 수 없음'을 선언했고, 2016년 9월 의회 연설에서는 지방 선거 등 모든 것에 앞서 '러시아군 철수, 반군의 무장 해제, 국경 통제권 회복'이 '먼저' 이뤄져야 함을 주장했으며, 2017년 10월에는 〈도네츠크와 루한스크 지역의 임시 점령지에서 우크라이나 국가 주권을 보장하기 위한 국가 정책의 특이성에 관한 법〉을 도입해 위의 요구를 법제화했다.[11]

줄여서 〈우크라이나 국가 주권 보장법〉이라 불린 이 법은 돈바스 사태를 '내전'이 아니라 '러시아의 침략'으로, 따라서 그 대응도 '대테러작전'이 아니라 '군사 작전'으로 새로 규정했다. 이는 민스크 협정과 정면으로 충돌하는 것으로, 이 경우 국경 통제권 회복은 영토 주권과 동일시되기에 타협의 대상이 될 수 없게 된다. 2018년 1월 최고 의회를 통과해 2월 발효된 이 법이 일명 〈돈바스 재통합법〉으로 불린 이유다. 이 법은 러시아의 점령 날짜를 2014년 2월 20일로 명기했는데, 이는 재통합의 대상에 크림반도도 포함된다는 뜻이다.

문제는 ① '공식적으로' 돈바스 땅에 러시아군이 존재하지 않기에 철수할 러시아군이 없으며, ② 반군은 민스크 협정에 사인한 협상 파트너이기에 반군에 무장 해제를 요구하려면 우크라이나군도 그리해야 하며, ③ 키이우 정부가 이렇게 약속을 지키지 않는데 반군이 알아서 통제권을 넘길 리 없다는 것이다.

물론 러시아가 공식적으로 인정한 바 없지만, 러시아가 돈바스 반군의 든든한 뒷배였음은 세상이 다 아는 사실이다. 단적인 예로, 내전의 시작을 알린 슬로우얀스크 청사 점령을 지휘한 이고르 기르킨Igor Girkin은 러시아인이었다. 스트렐코프Strelkov라는 가명으로 더 잘 알려진 그는 러시아 연방보안국 출신으로 나중에 도네츠크인민공화국의 국방장관까지 지냈다. 스트렐코프의 개입과 러시아 정부 간 직접적 연관성은 확인된 바 없지만, 그가 주도한 슬로우얀스크 청사 점거가 내전 발발의 주요 계기였던 것은 사실이다.

또 내전의 향방을 가른 가장 치열했던 두 개의 전투, 즉 2014년 8월 일로바이스크 전투와 2015년 2월 데발체베 전투에서 반군이 거둔 압도적 승리는 러시아의 군사적 도움 없이는 불가능했다. 2015년 3월 러시아 반체제신문 〈노바야 가제타Novaya Gazeta〉는 데발체베 전투에 탱크병으로 참여한 러시아 군인의 인터뷰를 공개하기도 했다.[12]

2개의 민스크 협정도 바로 위 두 전투에서 우크라이나가 참패한 직후 각각 맺어진 것으로, 내용이 우크라이나에 불리한 것은 사실상 패전조약의 성격을 갖기 때문이다. 그 결과 민스크 협정에서 러시아의 지위는 당사자가 아닌 중개자로 규정되어 러시아에 어떤 책임이나 의무도 부과되지 않았다. 러시아는 정규군 투입이 명백한 경우에조차 이를 부인했고, 바그너 그룹 같은 용병이나 자원 민병대를 들어 직접 연루의 책임을 피하고자 했다. 또 러시아가 반군을 지원한 건 맞지만, 직접적인 군사 개입은 내전 초기(위의 두 전투)에 매우 제한적으로 이뤄진 것이 사실이다. 미 랜드연구소의 새뮤얼 차랍Samuel Charap 등 서방 전문가도 유사한 주장을 했다. 아래가 그것이다.

> "결정적으로 돈바스에서 우크라이나가 주로 싸운 것은 러시아군이 아니었다. 러시아가 분리주의 세력을 무장시키고 훈련시키고 이끈 것은 맞다. 그러나 키이우의 평가에 따르더라도 반군 대다수는 러시아 정규군이 아닌 지역주민으로 구성되어 있었다. 실제로 러시아군이 직접적으로 전투에 개입한 것은 단 두 차례(2014년 8~9월과 2015년 1~2월)뿐이었고, 전투력도 제한적이었다. 두 차례 모두 우크라이나의 참패로 끝났지만 말이다."[13]

이런 상황에서 우크라이나가 요구한 러시아군·무기·용병 철수가 관철되려면, 우크라이나 편에 선 서방 측의 군사 지원이나 용병도 철수해야 했다. 불가능한 일이다.

결론적으로 민스크 협정 위반 문제는 ① 협정 자체로 따지면 우크라이나에 책임이 있고, ② 더 근본적인 차원에서는 일종의 대리전쟁proxy war, 더 정확히는 '내전과 국제전의 경계'에 존재했던 돈바스 분쟁의 본질에 기인한다. 포로셴코의 뒤를 이어 등장한 젤렌스키 역시 이런 한계를 넘어설 수 없었다. 따라서 우크라이나가 결국 민스크 협정 자체를 거부하게 된 것은 어쩌면 당연한 수순이다. 푸틴의 주장처럼 어느 순간부터 키이우 정권의 핵심인사들이 협정 불이행을 공개적으로 선언하기 시작했다.

2020년 9월 우크라이나 대통령 비서실장 안드리 예르막Andriy Yermak은 "'선先 지방 선거, 후後 통제권 이양'에 합의해준 과거의 '위대한 외교관들'은 왜 우크라이나 사회에 사과조차 하지 않는가"라고 질타했다.[14]

그 '위대한 외교관', 즉 민스크 협상 당시 우크라이나 외무장관이었던 파블로 클림킨Pavlo Klimkin은 '당시 그 조항에 단호히 반대했고, 돈바스의 특별 지위도 불가능하다고 생각했지만, 우크라이나군을 키우고 우리의 입지를 강화하기 위해 시간이 필요했다'고 해명했다. 그의 결론은 '민스크 협정은 협정이 아니며 어떤 지위도 갖지 못한다'는 것이었다. 지킬 필요가 없다는 말이다.[15]

그야말로 전쟁 직전인 2022년 1월 31일 우크라이나 국가안보국방위원회 서기 올렉시 다닐로프Oleksiy Danilov는 '민스크 협정의 이행은 우크라이나의 파멸을 뜻한다'며 체결된 협정의 실행 불가를 선언했다. 같은 날, 오렌지 혁명의 주역이자 전前 총리였던 야당 국회의원 율리아 티모셴코도 '민스크 협정의 이행은 우크라이나 독립과 주권의 상실을 의미한다'는 내용의 성명을 발표했다.[16]

우크라이나 고위관료들의 이러한 '선언의 연쇄'는 민스크 협정 3인방, 즉 포로셴코, 메르켈, 올랑드의 '고백의 연쇄'로 완성되었다. 세 사람 모두 입을 모아 '당시 협정의 유일한 목적은 우크라이나가 강해질 시간을 벌기 위한 것이었음'을 인정한 것이다.[17] 다음이 협정 당사자 포로셴코의 해당 발언이다.

> "우리는 우리가 원하던 것을 이뤘습니다. … 우리의 첫 번째 임무는 위협을 피하거나, 최소한 전쟁을 지연시키는 것이었습니다. 경제 성장을 회복하고 군대의 힘을 키울 수 있도록 8년 동안 진력하는 것. 이것이 첫 번째 임무였고 그것은 달성되었습니다. 손자병법에서 말했듯이, 가장 중요한 것은, 전쟁에서 이긴다는 것은 군사적 승리가 아니라 전쟁을 피하는 기술을 말합니다. 사실 전쟁이 8년째이긴 하지만 전면전은 아니라는 점에서 민스크 협정이 임무를 완수했다고 믿습니다. … 제가 대통령인 동안은 전면전으로 치닫

는 것은 피했다는 점을 강조하고 싶군요."[18]

## 강해진 군대, 버려진 국민

2022년 결국 전면전이 터졌으니 포로셴코의 말 그대로 전쟁은 지연된 것일 뿐이다. 물론 시간을 벌었고, 그 기간 서방과 나토의 전폭적 지원으로 우크라이나 군대는 정말로 강해졌다. 하지만 군을 기르는 동안 돈바스 주민은 버려졌고, 키이우 정부는 시간을 버는 대신 민심을 잃었다. 민스크 협정의 핵심은 정치, 외교, 군사적 타결에만 있지 않았다. 돈바스의 반군 점령지를 우크라이나로 재통합하는 것, 이를 위해 필요한 화해와 신뢰 구축 조치도 협정의 필수 요소 중 하나였다. 협정 5조가 '양측 분쟁 가담자에 대한 기소 및 처벌을 금지하는 면책과 사면'을, 7조가 '돈바스 주민에 대한 인도주의적 지원과 공급'을, 8조가 '돈바스와 키이우의 경제적 관계 회복'을 약속한 것은 이 때문이다.

하지만 협정 5조가 약속한 사면법은 2014년 9월 우크라이나 의회 통과 후 대통령의 서명이 이뤄지지 않아 아무 효력도 발휘하지 못했고, 그 사이 키이우 정부는 반군은 물론 다수의 돈바스 주민을 상대로 형사고소를 진행했다. 그 결과 특히 반군 지도자들은 피선거권이 박탈되어 지방 선거에 나설 수 없었다. 그들이 우크라이나 법이 아닌 자체 지방 선거를 고집한 이유다.[19]

키이우 정부는 2014년 11월부터 돈바스 반군 점령지의 모든 은행 서비스, 연금 지급을 포함한 제반 사회 복지 서비스를 중단하고, 철도와 휴대전화 전산망을 제한하고, 수도와 전기를 주기적으로 끊었다. 민스크 협정 체결 후에도 키이우 정부는 이러한 경제·금융 봉쇄, 이동 제한을 풀지 않았을 뿐 아니라, 2017년 3월에는 돈바스 두 공화국과의 무역을 완전히 중단했다. 협정 7, 8항의 완전한 위반이다.[20]

러시아어 사용문제도 해결되지 않았다. 유로마이단 사태가 크림합병과 돈바스 내전으로 비화되는 과정에서 트리거 역할을 한 것이 언어문제였다는 점은 앞서 밝힌 바 있다. 2014년 2월 수립된 친서방 임시정부가 러시아계 주민이 다수인 곳에서 러시아어 공용어 지위를 보장한 예전 언어법(《2012 언어법》)을 폐기하려 하자 크림과 동남부에서 불만이 폭발했고, 결국 그것이 합병과 내전으로 이어진 것이다. 당연히 이 문제는 민스크 협정에서도 가장 중요한 의제였고, 돈바스 반군이 요구한 자치권 목록의 1순위가 언어적 자결권, 즉 '러시아어 사용 권리'였다.

이 약속도 지켜지지 않았다. 2014년 2월 의회를 통과한 〈2012년 언어법〉 폐기안은 대통령 권한대행이 서명을 거부하며 유야무야됐다. 동부의 거센 저항에 키이우 정부가 한발 물러선 것이다. 하지만 내전 발생 후인 2014년 10월부터 〈2012년 언어법〉의 합헌성 검토가 시작돼 2018년 2월 대법원의 위헌 판결이 내려졌다. 그 결과 해당 언어법이 폐기되며 러시아어는 기존의 지위를 상실했고, 2019년 우크라이나어의 국어 지위를 강화한 새로운 언어법이 채택되었다.[21]

한마디로 정치, 경제, 사회, 복지, 언어에 이르기까지 전방위로 이어진 봉쇄와 고립으로, 민스크 협정 체결 후에도 돈바스의 반군 점령지 주민의 삶은 엉망진창이었다. 민스크의 모든 약속이 지연되며 일상의 회복도 기약 없이 유예되었고, 돈바스의 '우크라이나' 국민 400만여 명이 이런 상태로 8년을 산 것이다. 돈바스의 정부 통제지역도 불안정하기는 마찬가지였다. 러시아는 이 틈을 파고들어 2019년부터 돈바스 점령지 주민에 대한 러시아 여권 취득 간소화 조치를 시행했다. 그 결과 이미 전쟁 전 797,000명의 돈바스 주민이 러시아 시민권을 얻었다.[22]

2019년 우크라이나 대선에서 정치 신인 젤렌스키가 동남부 주민의 압도적 지지를 받은 것은 이러한 상황과 무관치 않다. 그는 돈바스 문제의 평화적 해결을 최우선 공약으로 내세웠고, 취임사 대부분을 거기 할애해 그 해법이 무엇보다 '돈바스 주민의 마음을 되찾는 것', '그들이 우크라이나 국민임을 깨닫게 해주는 데 있음'을 역설했다. 다음이 그 취임사다.

"역사는 불공평합니다. 이 전쟁을 시작한 건 우리가 아닙니다. 하지만 전쟁을 끝내야 하는 건 우리입니다. 그리고 우리는 대화할 준비가 되어있습니다. 이 대화의 완벽한 첫걸음은 모든 우크라이나 포로들을 되찾는 것이 될 것입니다.

우리의 다음 과제는 잃어버린 영토를 되찾는 것입니다. 솔직히 말해서 이 표현이 완전히 정확한 것 같지는 않은데, 항상 우리 것이었던 걸 되찾는 것은 불가능하기 때문입니다. 크림과 돈바스 모두 우리 우크라이나 땅이었지만, 우리가 그곳에서 잃은 가장 중요한 것은 바로 사람들입니다.

오늘 우리는 그들의 마음을 되찾아야 합니다. 그것이야말로 우리가 잃은 것입니다. 지난 몇 년 동안 당국은 그들이 우크라이나인임을 느끼고, 그들이 이방인이 아니라 우리 국민이며 우크라이나인이라는 것을 깨닫게 할 아무 조치도 취하지 않았습니다. 설령 그들이 10개의 다른 여권을 받더라도 아무것도 바뀌지 않을 겁니다. 우크라이나인이라는 것은 여권에 그어진 선이 아닙니다. 우크라이나인이라는 것은 여기(마음)에 새겨져 있기 때문입니다."[23]

실제로 젤렌스키는 취임 후 바로 돈바스 분쟁의 평화적 해결을 위해 민스크 프로세스 재개에 착수했다. 예를 들어 2019년 10월 그는 러우 양측 간 교착상태를 타개하기 위해 독일이 제안한 〈슈타인마이어 공식 Steinmeier formula〉에 서명하고, 같은 해 12월에는 국가 권력 분권화 관련 법안을 의회에 제출하기도 했다. 슈타인마이어 안은 지방 선거를 먼저 실시하되 OSCE가 철저히 감독하고, 선거의 공정성이 확인되면 돈바스는 자치 지위를, 키이우는 국경 통제권을 갖는다는 절충안이었다.[24]

하지만 슈타인마이어 안의 승인은 국내적으로 큰 반발을 불러일으켰고, "항복 반대" 시위가 대도시 곳곳에서 열렸다. 시위의 핵심은 극우였지만, 일반 시민의 호응도 적지 않았다. 실제 당시 실시된 각종 여론조사를 보면, 우크라이나 국민의 75%가 젤렌스키의 '평화 이니셔티브'를 지지하고, 69%가 분쟁 해결을 위한 '타협'의 필요성을 원칙적으로 인정했다. 하지만 구체적 사안으로 들어가면 그렇지 않았다. 당장 슈타인마이어 안에 대해 국민의 2/3가 불만족을 표시했고 다른 사안들도 마찬가지였다.[25] 표 〈7-5〉, 즉 민스크 협정의 핵심 의제에 대한 2019년 10월 여론조사가 이를 잘 보여준다.[26] (크림과 돈바스는 여론조사 대상에서 제외됨.)

주요 사안 모두에 국민의 50~60%가 반대한 것이다. 결국 2020년 가을 지방 선거를 앞두고 젤렌스키의 돈바스 정책은 강경 모드로 전환

**7-5. 민스크 협정 관련 우크라이나 여론** (2019.10.)

| 안건 | 찬성 (%) | 반대 (%) |
|---|---|---|
| 돈바스 두 분리공화국에 자치 지위 부여 | 26.3 | **56.2** |
| 러시아어에 제2국어 지위 부여 | 29.5 | **56.0** |
| 적대 행위 가담자 모두에 대한 사면 | 18.4 | **59.3** |
| 우크라이나 중립화 (나토 불가입) | 24.7 | **54.4** |
| 돈바스 두 분리공화국과 무역, 경제, 금융 접촉 재개 | 35.9 | **46.8** |

출처: Razumkov Center

된다. 2019년 12월 파리에서 열릴 (민스크 협정 관련) 4자 회담 직전 그는 〈타임〉과의 인터뷰에서 '군 철수와 무장 해제, 통제권 이양이 먼저 이뤄지지 않으면 지방 선거를 하지 않겠다'고 말했다. 그는 파리에서 만난 푸틴에게도 같은 주장을 하며 민스크 협정의 개정을 요구했다. 파리에서의 그 만남은 푸틴과 젤렌스키 최초의, 그리고 (2025년 기준) 마지막 만남이 되었다. 마침내 2020년 10월 BBC와의 인터뷰에서 젤렌스키는 '돈바스 두 공화국이 자치 지위를 얻는 일은 없을 것'이라 선언했다.[27]

비슷한 시기 젤렌스키는 돈바스뿐 아니라 크림반도 회복을 위한 시도를 선제적으로 해나갔다. 예를 들어 2020년 3월에는 기존 정부 부처를 '임시 점령지 재통합부'로 개편했고, 2021년 3월에는 '크림의 점령 해제와 재통합'을 위한 행정명령에 서명했으며, 2021년 8월에는 "Crimea is Ukraine"이라는 슬로건 아래 '크림 플랫폼'이라는 국제기구를 출범시켰다.[28]

젤렌스키의 이런 변화는 반러 또는 친나토 노선 강화와 궤를 같이하는 것이기도 했다. 이미 2017년 포로셴코 정부는 기존의 비동맹 노선을 폐기하고 나토 가입을 국가의 최우선 목표로 법제화하는 헌법 개정에 착수했고, 2019년 2월 해당 안이 의회를 통과했다. 이 기조를 이어받아 젤렌스키 역시 2020년 9월, 나토 가입을 핵심목표로 삼은 〈우크라이나 신국가안보전략〉을 발표했다. 2021년 2월 그는 우크라이나 정계 내 친러파를 대표하는 거물 정치인 빅토르 메드베드축Viktor Medvedchuk의 자산을 동결하고, 그가 소유한 친러시아 TV 채널 3곳을 폐쇄했으며, 5월에는 반역죄로 그를 기소했다.

〈타임〉의 러시아 전문 특파원 사이먼 슈스터Simon Shuster는 2021년 내내 지속된 러시아의 국경 무력시위의 출발점이 바로 이 메드베드축 사태였다고 주장한다. 실제로 메드베드축의 자산 동결, TV 채널 폐쇄가 단행된 것이 2021년 2월 19일, 우크라이나 국경에 러시아군 병력 3,000명이 처음 집결한 것이 그 이틀 후인 2월 21일이었고, 이를 시작으로 그해 연말 그 수는 10만에 달했다.[29]

하지만 화해 모드에서 강경노선으로 선회한 젤렌스키의 돈바스 정책은 친러 국민에게도, 친서방 국민에게도 어필하지 못했다. 2019년 9월 80%였던 지지율은 2022년 2월 37%까지 추락했다. 어느 쪽이 젤렌스키의 진심인지 어느 쪽도 믿지 못하게 된 것이다. 그가 그렇게 강조한 돈바스 주민의 마음을 얻지 못한 것은 물론이다.

그래프 〈7-6〉과 〈7-7〉은 2020년 9~10월 〈워싱턴 포스트〉가 러우 양국의 대표 조사기관(레바다센터와 키이우국제사회학연구소)과 합동으로 실시한 여론조사 결과를 보여준다. 대상은 돈바스 주민으로, (키이우) 정부 통제지역과 (친러) 반군 통제지역 주민 각 1,000명이었다.[30]

그래프 〈7-6〉에 따르면, "돈바스 분쟁은 누구의 잘못인가"라는 질문에 반군 점령지 주민 다수(64%)가 우크라이나 정부(42%)나 서방(22%)에 책임을 돌렸다. 반면 정부 통제지역 주민은 '양국 정부 모두 잘못이다'가 32%로 가장 높았고, 우크라이나 정부(13%)와 서방(10%)을 탓하는 비율을 합하면, 러시아 정부를 탓하는 비율(19%)과 거의 같았다. 즉, 반군 지역주민이 확실히 러시아 편이라면, 정부 통제지역 주민은 우크라이나 정부 편이 아니었던 것이다.

그래프 〈7-7〉은 '반군 점령지의 미래'에 대한 질문 결과다. 정부 통제지역 주민의 경우 압도적 다수(76%)가 (자치든 아니든) '반군 점령지가 우크라이나에 남아야 한다'고 생각했다. 하지만 정작 반군 점령지 주민 대다수(58%)는 '러시아가 되어야 한다'고 생각하며, '우크라이나에 남아야 한다'는 비율은 12%에 불과했다. 이 기사의 부제가 "분리된 영토의 많은 사람은 러시아에서 미래를 봅니다"인 것은 이 때문이며, 이것이 민스크

7-6. 돈바스 주민 여론조사 1 (2020)

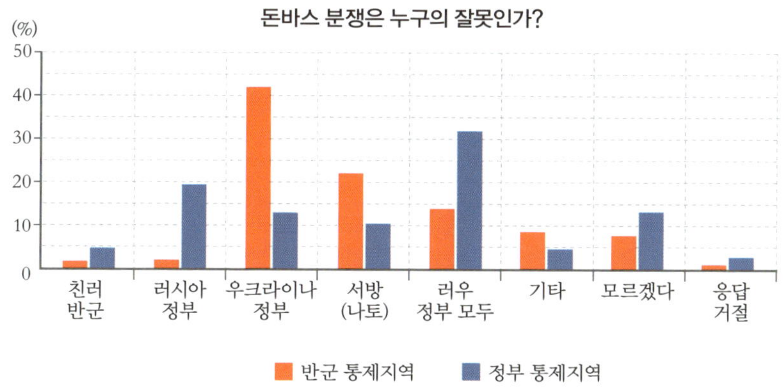


출처: The Washinton Post

7-7. 돈바스 주민 여론조사 2 (2020)

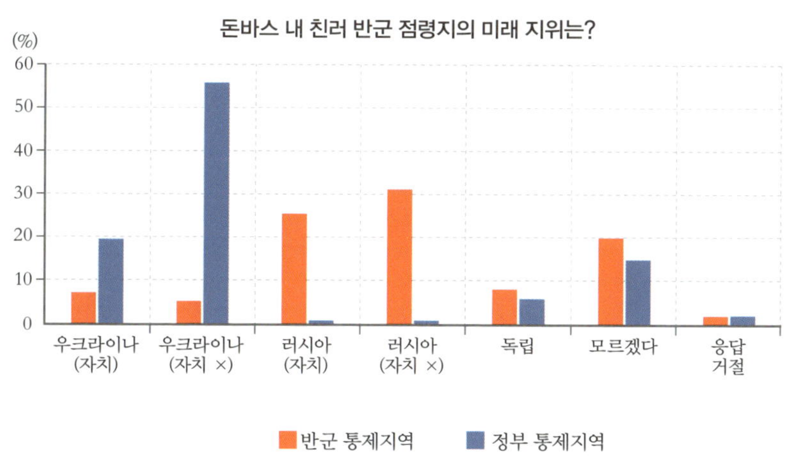


출처: The Washinton Post

협정을 둘러싼 그 무수한 논란 뒤 가려진 엄연한 현실이다.

전쟁 직전 위기가 극도로 고조되던 2022년 1월 말 젤렌스키는 '크림반도와 돈바스 회복을 위해 2021년 도입한 법률(일명 〈이행기 정의법〉)이 민스크 협정에 위배된다'며 이를 자진 철회했지만, 이미 때는 늦었다. 전쟁이 시작된 것이다.[31]

## 미주

1 이하, 돈바스 내전은 다음 참조. “История конфликта в Донбассе,” *ТАСС*, 7 апреля 2024; “Основные эпизоды войны в Донбассе за восемь лет,” *РИА Новости*, 2022.04.14.; “War in Donbas,” Wikipedia.

2 “Евгений Пригожин признал, что в 2014 году создал ЧВК Вагнера,” *Медуза*, 26 сентября 2022.

3 “Conflict-related civilian casualties in Ukraine,” *UN OHCHR*, Jan. 27, 2022, p. 3.

4 “Был ли геноцид: статистика гибели жителей Донбасса в 2014-2021 годах,” *Системный Блокъ*, 2022.04.18.

5 “2021 Trends and observations from the Special Monitoring Mission to Ukraine,” *OSCE*, Feb. 4, 2022.

6 OSCE 특별감시단 2월 일일 보고서에 기반해 필자 작성. 아래 주소에서 날짜별로 검색 가능. “Daily and spot reports from the Special Monitoring Mission to Ukraine,” *OSCE*. https://www.osce.org/ukraine-smm/reports

7 “OSCE Special Monitoring Mission to Ukraine (SMM) Daily Report 39/2022 issued on 19 February 2022,” *OSCE*, p. 2; “OSCE Special Monitoring Mission to Ukraine (SMM) Daily Report 40/2022 issued on 21 February 2022,” *OSCE*, p. 3.

8 정의길, “우크라이나 난민 나탈리아 서가 말하는 전쟁의 시작,” 메디아 벤저민, 니컬러스 데이비스 지음, 이준태 옮김, 『당신은 우크라이나 전쟁을 모른다』, 서울: 오월의봄, 2023. pp. 7-8.

9 “Владимир Путин ответил на вопросы журналистов,” *Президент России*, 22 февраля 2022.

10 “Package of Measures for the Implementation of the Minsk Agreements,” *OSCE*, Feb. 12, 2015.

11 Sabine Fischer, “The Donbas Conflict: Opposing Interests and Narratives, Difficult Peace Process,” *SWP Research Paper*, 2019/RP 05, 2019.04.17.; Petro Poroshenko, “On Internal and External Situation of Ukraine in 2016: Annual address of President to Verkhovna Rada,” *president.gov.ua*, Sep. 6, 2016; Nicolai N. Petro, *The Tragedy of Ukraine*, Berlin/Boston: De Gruyter, 2023, pp. 226-227.

12 “Мы все знали, на что идем и что может быть: Интервью с российским танкистом, который вместе со своим батальоном был командирован сражаться за Дебальцево,” *Новая газета*, 4 марта 2015.

13 Samuel Charap, Scott Boston, “The West’s Weapons Won’t Make Any Difference to Ukraine,” *Foreign Policy*, Jan. 21, 2022.

14 Андрій Єрмак, Facebook, 2020.09.30. https://www.facebook.com/andrij.ermak.896325/posts/3257709324282927?ref=embed_post

15 Олександр Лащенко, “Клімкін: Шкодую, що Україна не розірвала

дипвідносини з Росією," *Радио Свобода*, 03 жовтня 2020.

16 "«Минск» невыполним. Украина отказывается от соглашений по Донбассу," *Украина.ру*, 2022.02.01; "Киев хотят заставить исполнить Минск-2, заявила Тимошенко," *РИА Новости*, 31 янв. 2022.

17 Sergey Mikhailov, "Ah, it is easy to deceive me: What were the Minsk agreements for the West, Russia and Ukraine?" *Russia.Post*. Feb. 15, 2023.

18 "Порошенко про Мінські домовленості: ми отримали вісім років, щоб створити ЗСУ і відновити економіку," *Європейська солідарність*, 2022.06.15.

19 Nikolai Silaev, "To Continue Using Other Means," *Russia in Global Affairs*, 23(1) 2025.

20 Petro, *The Tragedy of Ukraine*, p. 226; "Как складывалась ситуация вокруг Донецкой и Луганской народных республик после 2014 года," *ТАСС*, 21 февраля 2022.

21 Kristin Henrard, "Ukraine Options Paper: Minority and Language Rights," *Cambridge Initiative on Peace Settlements*, 18 April 2023.

22 "С 2019 года более 797 тысяч жителей Донбасса получили гражданство России," *РИА Новости*, 6 апреля 2022.

23 Volodymyr Zelenskyy, "Volodymyr Zelenskyy's Inaugural Address," president.gov.ua, May 20, 2019.

24 "Війна та мир в обіцянках Зеленського: як змінювалася риторика президента щодо Донбасу," *Слово і Діло*, 27 липня 2021.

25 "Public Opinion: November 2019," *Ilko Democratic Initiatives Foundation*, November 27, 2019; Maria Zolkina, "What are Ukrainians willing to compromise for peace?" *Atlantic Council*, Oct. 30, 2019; "Ставлення українців до вирішення питання окупованих територій," *Rating Group*, 2019.10.02.

26 "Громадська думка про ситуацію на Донбасі та шляхи відновлення суверенітету України над окупованими територіями," *Разумков Центр*, 11 жовтня 2019.

27 Simon Shuster, "I Don't Trust Anyone at All: Ukrainian President Volodymyr Zelensky Speaks Out on Trump, Putin and a Divided Europe," *Time*, Dec. 2, 2019; "Війна та мир в обіцянках Зеленського: як змінювалася риторика президента щодо Донбасу," *Слово і Діло*, 27 липня 2021.

28 "Zelensky enacts strategy for de-occupation and reintegration of Crimea," *Ukrinform*, 2021.03.24; *Crimea Platform* Homepage.

29 Simon Shuster, "The Untold Story of the Ukraine Crisis," *Time*, Feb. 2, 2022.

30 "A new survey of the Ukraine-Russia conflict finds deeply divided views in the contested Donbas region," *The Washinton Post*, Feb. 12, 2021.

31 "Закон про перехідний період відкликали з Ради на доопрацювання," *Ukrinform*, 2022.01.25.

08 

# 네오나치, 어디까지 사실인가

## 우크라이나 파시즘의 기원

푸틴이 이번 전쟁의 3대 목표로 내세운 '우크라이나 중립화, 비무장화, 탈나치화' 중 사람들을 가장 어리둥절하게 만든 것이 바로 탈나치화 denazification 주장이다. 2차대전이 끝난 지 이미 오래, 더구나 젤렌스키 대통령이 유대인인데 웬 '나치 타령'이냐는 것이다.

푸틴이 탈나치화라는 개념을 전면에 내세운 것은 이번 전쟁이 처음이지만, 그의 '나치 타령'은 제법 역사가 길다. 이미 2014년 유로마이단과 돈바스 내전 때부터 그는 두 사건을 우크라이나 극우 민족주의, 또는 네오나치와 밀접히 관련지었다. 우크라이나가 유로마이단을 '존엄 혁명 Revolution of Dignity'으로 명명하는 것과 달리, 푸틴은 이를 극단적 민족주의자들이 주도한 폭력적이고 반헌법적인 '쿠데타'로 규정해왔다. 또 이후 개시된 돈바스 내전 8년 동안 많은 러시아계 또는 친러 주민이 이들 나치

신봉자의 무차별적이고 반인륜적인 폭력의 희생양이 되었고, 그 배후에 미국과 서방이 있다고 주장해왔다. 한마디로 독립 후 우크라이나는 나치즘에 오염된 국가라는 것이다. 아래는 2022년 2월 침공 당일 푸틴이 한 연설 중 일부다.

"나는 이 점을 더욱 강조할 필요가 있다고 생각합니다. 주요 나토 회원국들은 자신의 목적을 달성하기 위해 우크라이나의 극우 민족주의자와 네오나치들을 물심양면 지원하고 있으며, 이들은 크림과 세바스토폴 주민이 러시아와의 통일을 자유로이 선택한 것을 결코 용서하지 않을 것입니다.

당연히 그들은, 돈바스에서 그랬던 것처럼, 사람들을 죽이기 위해 크림으로 가서 전쟁을 벌일 겁니다. 마치 대조국전쟁(2차대전) 당시 히틀러의 공범이었던 우크라이나 민족주의자 패거리들이 무방비 상태의 사람들을 처벌해 죽였던 것처럼 말입니다. …

이와 관련해…나는 특수군사작전을 수행하기로 결정했습니다. 그 목표는 8년 동안 키예프 정권의 학대와 제노사이드에 직면해온 사람들을 보호하는 것입니다. 이를 위해 우리는 우크라이나의 비무장화와 탈나치화를 추진하고, 러시아 연방 시민을 포함해 민간인들에게 수많은 유혈 범죄를 저지른 자들을 심판대에 세우기 위해 노력할 것입니다."[1]

물론 이에 대한 반론도 만만치 않다. 푸틴의 나치 주장은 ① 침공을 정당화하려는 핑계에 불과하고, ② 홀로코스트의 비극을 왜곡한 심각한 역사 수정주의이며, ③ 특히 유로마이단 혁명을 네오나치와 관련지은 것은 우크라이나 국민에 대한 모독이고, ④ 우크라이나에 극우 정치

세력이 존재한다 해도 이는 어느 나라에나 존재하는 일탈적 현상으로, ⑤ 지지율도 매우 낮아 대표성도 대중성도 없다는 것이 요지에 해당한다. 침공 직후 티모시 스나이더, 예브게니 핀켈Evgeny Finkel 등 나치즘과 홀로코스트 전문 역사가들이 푸틴의 주장을 반박하는 공동성명을 발표하기도 했다.[2]

이렇듯 우크라이나 극우 민족주의와 관련해서는 정반대의 주장 속에 논란만 무성한 상황이다. 본격적인 논의에 앞서 이 문제가 최근에 국한된 것이 아니라 우크라이나 근대사에 뿌리를 둔 현상이라는 사실에서 출발해보고자 한다.

7개국에 둘러싸인 우크라이나는 역사적으로 러시아는 물론, 폴란드, 리투아니아, 오스만튀르크, 오스트리아 등 많은 나라의 지배를 받았다. 그 결과 19세기 말부터 20세기 초 우크라이나 내 민족의식이 고취되고 독립운동이 본격화되면서 다양한 민족주의 분파가 형성되었는데, 이때 유럽 파시즘을 우크라이나의 맥락과 결합한 우크라이나 파시즘이 탄생한다.[3]

폴란드나 러시아(소련)의 지배로부터 자유로운 '우크라이나인만의 우크라이나'를 열망했던 이 전위 세력은 인종주의, 반유대주의, 반소주의가 결합된 극단적 민족주의를 신봉했다. 1920년대 결성된 우크라이나 최초의 극우 파시즘 조직인 '우크라이나 무장단Ukrainska Viiskova Orhanizatsiia(UVO)'을 필두로, 이를 계승한 '우크라이나 민족주의자단Orhanizatsiia Ukrainskykh Natsionalistiv(OUN)'과 그 무장조직 '우크라이나 봉기군Ukrainska Povstanska Armiia(UPA)'이 대표적이다. UVO에 사상적 기초를 제공한 드미트로 돈초프Dmytro Dontsov는 '우크라이나 파시즘의 아버지'로, OUN의 최고 지도자 스테판 반데라Stepan Bandera는 '우크라이나 나치즘의 아이콘'으로 불리는데, 특히 후자의 상징성이 크다. 'OUN-UPA'는 우크라이나 극우 민족주의를 대표하는 기호로, '반데라주의자banderite'는 그 신봉자들을 통칭하는 용어로 널리 쓰인다.

'우크라이나 인종의 우월성'을 확신한 반데라와 추종자들은 '폭력에 의한 민족혁명'을 꿈꿨다. 1929년 OUN이 채택한 〈우크라이나 민족주의자의 십계명The Decalogue of a Ukrainian Nationalist〉은 "대의가 요구한다면 아무리 큰 범죄라도 주저 없이 저질러라"(7조), "민족의 적은 증오와 기만으로 대하라"(8조), "외국인을 노예로 만들더라도 우크라이나 국가의 힘, 명예, 부, 영토를 확대하기 위해 노력하라"(10조) 등으로 구성되었다. 폭력 추종, 증오 정치, 강자 독재와 약자 멸시, 민족이나 국가 같은 집단에 투신하는 전체주의 등 파시즘에 전형적인 사고와 규범이 이들을 강하게 규율했다.[4]

독소전쟁 시기 이들은 히틀러의 침략을 소련에서 해방될 기회로 여겨 나치에 대한 부역을 마다하지 않았고, 우크라이나에서 자행된 나치의 유대인 홀로코스트에 적극 협조했다. 1941년 9월 29~30일 키이우 인근 바비야르 계곡에서 일어난 학살Babi Yar massacre이 대표적이다. 단 이틀 동안 무려 33,771명의 유대인을 총살한 대학살극은 OUN 조직원의 조력 없이는 불가능했다.[5] 물론 비독일 토착 파시스트의 나치 부역은 당시 유럽 전반에 보편적인 현상이었지만, 우크라이나 극우는 그 자발성과 잔혹성에 있어 타의 추종을 불허했다.

**"우크라이나의 경우는 나치에 대한 협력의 규모와 홀로코스트에 대한 자발적 참여 및 열광의 정도가 제2차 세계대전 당시 독일의 지배 아래 있던 그 어떤 피점령국가보다도 광범위하였으며, 또한 (특히 나치 점령 초기에는) 민중들의 자발적인 참여를 이끌어낸 열광적인 사회 현상이었다는 점, 더구나 나치 독일에 대한 지지가… 전쟁 말기까지도 중단 없이 계속되었다는 점에**

서 대단히 특수한 사례였다고 할 수 있다."[6]

OUN-UPA의 만행은 단지 협조 차원에 그치지 않았다. 독소전쟁 초기 서부 우크라이나를 휩쓴 유대인 포그롬(pogrom, 지역 주민들에 의한 유대인 학살)을 주도한 것도 OUN이었고, 1943~1945년 사이 최소 8만에서 최대 15만 명으로 추정되는 폴란드인과 (폴란드에 우호적인) 우크라이나인, 유대인 등이 살해된 '볼히니아 대학살Volhynia massacre'도 나치와 무관하게 UPA가 단독으로 저지른 인종청소에 해당한다.[7] 2016년 개봉한 폴란드 영화 〈볼히니아〉(미국 개봉명 〈Hatred〉)는 당시 일어난 학살을 생생하게 묘사하고 있는데, 그 폭력의 수위와 잔혹함은 차마 입에 담기 어려울 정도다.

이처럼 유럽에서도 악명 높았던 우크라이나 극우 파시즘은 2차대전 후 소련 체제가 공고화되면서 (적어도 우크라이나 본토에서는) 수면 아래로 가라앉았지만, 소련 해체와 동시에 봉인 해제되었다. 특히 이 극우 전통이 독립 후 우크라이나의 고질적 병폐가 된 지역 갈등과 상호작용하면서, '서부(갈리치아) 민족주의 vs 동부(돈바스) 슬라브주의'의 대결 속에 우크라이나 민족주의의 과격화, 극단화가 다시 시작된 것이다.

우크라이나 극우 민족주의의 현대적 부활 과정에서 결정적 계기로 작용한 것이 바로 2004년 오렌지 혁명과 2014년 유로마이단 사태다. 특히 유로마이단의 전全 과정, 즉 대규모 시위를 통한 친러 정권의 전복과 친서방 정권의 수립, 이후 친러 반군과의 8년에 걸친 내전은, 과거 2차대전을 배경으로 우크라이나 극우가 반소 투쟁의 선봉에 섰던 것처럼, 우크라이나 극우 민족주의가 새로 만개할 최적의 환경이 되었다. "2014년 이래 미국이 지원하고 키이우가 통치한 우크라이나에서 네오 파시스트 세력이 수행한 역할보다 더 중요한 현실은 거의 없다." 미국의 저명 정치

학자 스티븐 코헨Stephen Cohen의 평가다.[8]

푸틴이 '탈나치화'라는 구호 아래 문제시한 대상도 과거의 반데라가 아니라 '부활한 반데라들', 즉 반데라를 영웅시하며 그의 사상을 추종하는 '현재의 반데라주의자들'이다. 물론 어느 나라나 극단적 우파가 존재하기 마련이지만, 우크라이나는 다른 나라보다 유난했던 극우 전통에 더해, 그 현대적 부활을 주도한 주체가 다름 아닌 '국가'였다는 점에 큰 차이가 있다.

## 기억 정치와 극우의 부활

오렌지 혁명의 결과 집권에 성공한 친서방 유셴코 정부(2005~2010)는 '반데라 영웅 만들기'에 발 벗고 나섰다. 일종의 우크라이나식 '역사 바로 세우기 운동'이었던 셈이다. 본질은 우크라이나 역사에서 러시아의 흔적을 지우고 그 공백에 새로운 국가 영웅을 세우는 것이었는데, 그 영웅의 자리에 과거의 극우 전사들이 소환된 것이다.[9]

2006년 5월 이러한 기억 정치memory politics를 진두지휘할 국가기억연구소Ukrainian Institute of National Remembrance가 문을 열었고, 2007년 10월 반데라와 OUN의 근거지였던 리비우에 대형 반데라 기념비가 세워졌으며, 우크라이나 도시 곳곳에 반데라 이름을 딴 거리가 생겨났고, 2009년 정부는 '반데라 탄생 100주년 기념 우표'를 공식 발행했다. 국가가 주도한 이 과정은 2010년 1월, 퇴임 직전인 유셴코가 반데라에게 '우크라이나의 영웅' 메달을 수여하면서 절정에 달한다. 당시 폴란드와 러시아는 물론, 유럽 의회, 유대인 국제조직 등이 크게 반발해 항의하는 소동이 벌어졌고, 결국 2011년 친러 야누코비치 대통령이 취임 직후 상을 취소했다.

유로마이단 사태 후 등장한 친서방 포로셴코 정부(2014~2019)의 기억 정치와 역사 재서술은 오렌지 혁명 때와는 비교할 수 없는 범위와 속도로 전개되었다. 이는 대대적인 탈공산화decommunization, 더 정확하게는 탈러시아화derussification 캠페인과 함께 이루어졌다. 유셴코 정부 시기 이미 시작된 이 과정은 포로셴코의 관련 법 제정으로 제도화되었는데, 2015년 5월 발효된 〈탈공산화법〉이 그것이다. '기억법'으로 더 잘 알려져 있으며, 2008년 유셴코도 입법을 시도했다가 실패한 바 있다.

4개의 법안으로 구성된 이 법은 공산주의 상징 사용 금지, 소련 정권의 범죄성에 대한 공개적 부정 금지 등 유셴코 정부 때의 '러시아 지우기'를 이어받은 것이다. 대표적으로 소련 기념비, 소련식 지명, 소련 용어 사용이 금지되었다. 예를 들어 키이우 도심의 '모스크바 대로'가 '반데라 대로'로 개명되고, 제2차 세계대전을 뜻하는 소련 용어인 '대조국전쟁'의 공적 사용이 금지되는 식이다. 또 4개 법안 중 하나인 〈20세기 우크라이나 독립투사들의 법적 지위와 추모에 관하여〉는 과거 독립투사들을 우크라이나의 새로운 영웅으로 예우하는 법이었다.

문제는 ① 그 독립투사 목록에 OUN-UPA가 포함되었다는 점, ② 그로 인해 그 가담자들이 참전용사의 지위를 보장받아 사회복지 혜택을 누리게 되었다는 점, ③ 더 나아가 그들의 역할을 공개적으로 부정하거나 비판하면 '기억 모독'으로 형사 처벌까지 가능해졌다는 점이다. 이 법의 발의자는 두 명이었는데, 하나는 위에 언급한 국가기억연구소 소장이자 친나치 역사학자로 유명한 볼로디미르 뱌트로비치Volodymyr Viatrovych였고, 다른 하나는 (반데라와 더불어) 학살의 주범이었던 UPA 사령관 로만 슈헤비치Roman Shukhevych의 아들 유리 슈헤비치Yuriy Shukhevych였다.

당연히 유셴코 때와 마찬가지로 포로셴코의 기억법은 국제적으로 큰 논란을 불러일으켰다. 럿거스대 동유럽사 교수인 요헨 헬베크Jochen Hellbeck는 '우크라이나가 기억상실을 국법으로 만들었다'고 한탄했고, 폴란드 정부가 격렬하게 항의했으며, 미국 홀로코스트 기념관은 깊은 우려를 표명했다.[10]

사실 포로셴코 정부의 기억법은 국제 여론은 물론 국내 정서에도 부합하지 않는 것이었다. 물론 우크라이나 국민 다수가 '우리 역사 바로 세우기', '러시아 지우기'라는 기억법의 취지에는 공감했지만, 극우 민족주의, 그중에서도 특히 반데라에 대해서는 입장이 크게 갈렸다. 반데라를 민족 영웅이자 독립투사로 온전히 받아들이기에는 나치 전범이자 학살자로서 그의 악행의 규모가 너무 컸다. 당시는 물론이고 2022년 전쟁 직전까지도, 즉 유로마이단 사태와 크림합병, 돈바스 내전을 모두 경험한 후인 2021년까지도 반데라에 대한 우크라이나 국민 여론은 양면적이었다. 2021년 5월 우크라이나의 민주주의이니셔티브재단Democratic Initiatives Foundation은 반데라에 대한 우크라이나 국민의 생각과 지역별 차이를 보여주는 여론조사 결과를 발표했다. 〈8-1〉이 그것이다.[11]

반데라에 대한 긍정 여론과 부정 여론이 '31% vs 32%'로 팽팽히 맞서고 있음을 알 수 있다. 동시에 지역별 차이가 매우 크다는 점도 확인된다. 긍정 여론을 예로 들면, 친서구 성향이 강한 서부에서는 70%, 친러 성향이 강한 동부와 남부에서는 각 11%로 평가가 확연히 달랐다.

물론 기억법과 관련 정부 정책이 미디어 홍보, 청소년 역사교육 등에 적용되면서 반데라와 OUN-UPA에 대한 긍정적 여론이 크게 늘어난 것은 사실이다. 위 2021년 반데라에 대한 긍정 여론 31%도 2012년 22%에 비해서는 훨씬 증가한 것이다.[12] (개인이 아니라 단체인) OUN-UPA 경우는 더욱 그렇다. 그래프 〈8-2〉가 선명히 보여주듯이, 우크라이나 독립을 위한 OUN-UPA의 기여를 '인정할 수 있다'는 긍정 평가와 '인정할

8-1. 스테판 반데라에 대한 여론(좌) 및 지역별 차이(우)

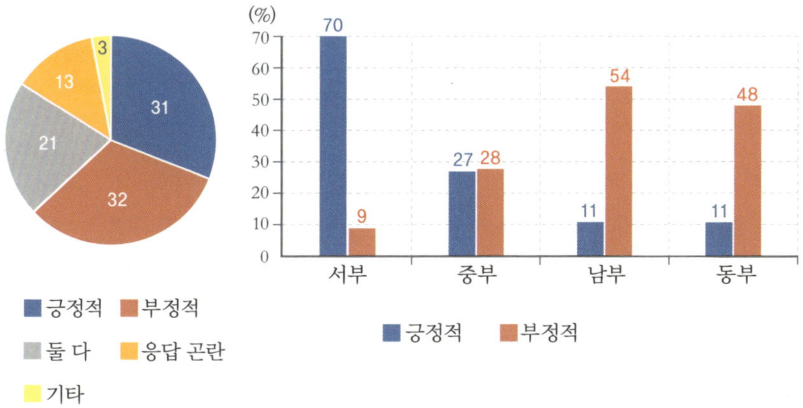


출처: Democratic Initiatives foundation

8-2. OUN-UPA에 대한 우크라이나 여론 변화 (2010~2017)

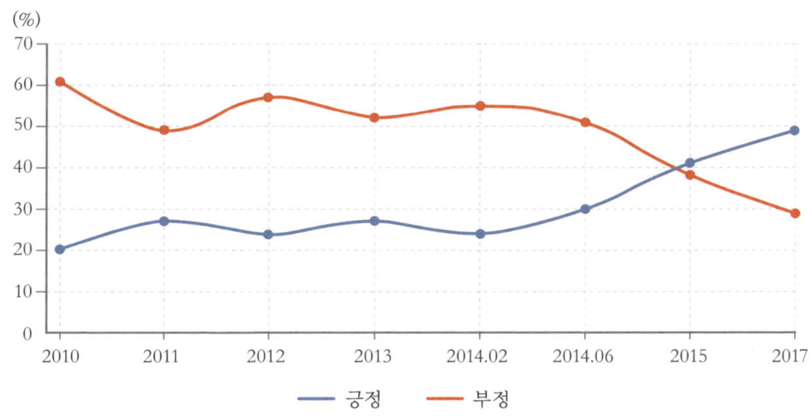


출처: Rating Group, BBC

수 없다'는 부정 평가는 기억법이 제정된 2015년을 기점으로 완전히 역전돼, 2010년 '부정' 60%가 2017년 '긍정' 50%로 뒤바뀐다.[13]

## 유로마이단의 네오나치들

이런 환경은 극우 민족주의의 부활을 위한 최적의 조건이 되었고, 2014년 유로마이단 사태는 이들이 중요한 정치세력으로 부상하는 결정적 계기가 되었다. 극우 정당의 부활은 우크라이나 독립 직전인 1980년대 말부터 이미 시작돼 다양한 조직과 형태로 외화되었지만, 영향력은 미미했다. 예를 들어 독립 후부터 유로마이단 이전(1991~2013)까지 치러진 모든 국회의원 선거에서 극우 정당의 득표율은 평균 3%를 간신히 넘는 수준이었다. 2012년 10.4%를 기록한 적이 있지만, 이때도 이념보다는 포퓰리즘적 경제 공약 때문이었고, 단 한 번으로 그쳤다. 대통령 선거의 경우도 1991년(4.5%)을 제외하고는 0~1%대에 불과했다.[14]

낮은 득표율은 최근까지도 유지되는 특성이지만, 그들의 정치적 영향력이나 상징성은 유로마이단을 전후로 현격하게 달라졌다. 비밀은 무엇일까. 불행하게도 폭력과 증오를 원동력으로 삼는 극우 이념과 조직의 생리가 그러한 약진을 가능하게 했고, 이는 '유혈' 혁명이었던 유로마이단의 본질과 깊이 관련된다.

본격적인 설명에 앞서 '유로마이단'이 무슨 뜻인지부터 살펴보자. 유로마이단Euromaidan의 '유로'는 유럽, '마이단'은 광장을 뜻한다. 2014년 '유럽'을 지향하는 시위가 벌어진 곳이 키이우 중심가에 위치한 독립광장Maidan Nezalezhnosti이었기에, 둘을 결합한 '유로마이단'으로 당시 사태를 부르게 된 것이다. 따라서 유로마이단은 맥락에 따라 사건이 일어난 공간을 지칭하기도 하고, 사건 자체를 통칭하기도 한다.

유로마이단은 2013년 11월 21일 당시 친러 성향의 야누코비치 대통령이 'EU 가입 절차 잠정 중단'을 선언한 데서 비롯되었다. 발표가 있은 바로 그날 저녁부터 키이우 독립광장에서 "유럽적 우크라이나를 위하여

For European Ukraine!", "야누코비치 퇴진"을 외치는 시위가 시작되었다. 12월부터 여러 야당과 시민단체 대표들로 구성된 '통일 마이단'이 조직되어 반정부 시위를 이끌게 되는데, 그 3인방은 당시 제1야당 대표 아르세니 야체뉴크Arseniy Yatsenyuk, 또 다른 야당 대표 비탈리 클리치코Vitalii Klychko, 그리고 아래 자세히 설명하게 될 극우 민족주의 정당 대표 올레흐 탸흐니복Oleh Tyahnybok이었다.[15]

유로마이단은 초기만 해도 시민 중심의 평화시위였다. 이 평화의 현장이 2014년 1월 이후 총격이 난무하는 전장으로 변한 데는 정부의 강경 진압과 경찰 특수부대 투입도 중요한 원인이었지만, 저항세력의 한 축을 이룬 극우 파시스트 세력의 도발 역시 결정적 계기로 작용했다. 이 극우 세력을 대표하는 조직으로 '스보보다Svoboda(freedom)'당과 '프라비 섹토르Pravyi sektor(Right Sector)'를 꼽을 수 있다.

스보보다는 우크라이나에서 가장 유명한 극우 정당으로, 위에 설명한 것처럼 당수 탸흐니복은 당시 시위대를 지휘한 집단지도부 3인방 중 하나였다. 프라비 섹토르는 '우크라이나 애국자Patriot Ukrainy', '트라이던트Tryzub', '우크라이나 국민자위대Ukrainska Narodna Samooborona(UNSO)', '우크라이나 사회국민의회Ukrainska Sotsialno-Natsionalna Asambleia', '화이트 해머Bilyi Molot' 등 다양한 극우단체가 결합한 무장조직으로, 마이단 수호를 자처하며 폭력 시위를 주도해나갔다.

사실상 이들 모두 반데라의 후손이라 말할 수 있다. 스보보다의 전신은 독립 직후인 1991년 10월 창립된 '우크라이나 사회국가당Sotsialno-Natsionalna partiia Ukrainy(SNPU)'이었다. 히틀러의 '국가사회당'을 뒤집은 명칭에서 짐작할 수 있듯이 노골적으로 우크라이나 파시즘, 즉 반데라주의를 표방하고 나치 상징을 당 엠블럼으로 사용했다. 2004년 스보보다로 개명하고 나치 상징을 폐기하며 극우 색을 지우려 했지만, 본질은 변하지 않았다. 스보보다 당은 휘하에 준군사조직을 거느렸는데, 프라비 섹토르에 참여한 '우크라이나 애국자'나 'C14'가 그것이다. 이는 '정당-군사조직'의 이중구조로 이뤄진 OUN-UPA 모델을 따른 것으로, 프라비 섹토르는 UPA의 상징이었던 적흑기를 사용한다.

마찬가지로 프라비 섹토르에 참여한 '트라이던트'는 '우크라이나 민족주의자 의회Kongres Ukrainskykh Natsionalistiv(KUN)'의 준군사조직이고, '우크라이나 국민자위대'는 '우크라이나 국민의회Ukrainska Natsionalna Asambleia(UNA) '의 무장조직이었다. KUN은 반데라 사후 OUN을 이끈 야로슬라브 스테츠코Yaroslav Stetsko의 미망인이 1992년 만든 조직이고, 1991년 창립된 UNA는 UPA 사령관이었던 로만 슈헤치비의 아들 유리 슈헤비치가 리더였다. 기억법을 발의한 그 사람이다. 트라이던트의 공식 명칭 자체가 '스테판 반데라 전全 우크라이나 조직 트라이던트'였다.

정리하면, ① 마이단 시위대를 이끈 극우조직 모두 반데라와 OUN-UPA의 직접적 계승자들이었고, ② 이들 다수가 무장조직을 갖춘 것은 대의 실현을 위해 폭력 사용이 필수적이라고 여겼기 때문이며, ③ 그와 같은 극우 준군사조직들의 총집결체가 바로 마이단 시위대의 무장조직 프라비 섹토르였던 것이다. 사진 〈8-3〉는 당시 시위대 본부로 쓰인 키이우 시의회 건물 모습인데, 왼쪽 정문에 대형 반데라 초상이 걸려있다. 반데라의 영향력이 얼마나 크고 공공연했는지 보여준다.

프라비 섹토르의 리더는 드미트로 야로시Dmytro Yarosh였고, (프라비 섹토르가 주축이 된) 마이단 자위대 또는 거리 민병대의 사령관은 안드리 파루비Andriy Parubiy가 맡았는데, 야로시는 트라이던트의 창립 멤버, 파루비는 스보보다의 전신인 SNPU의 창립 멤버였다. (파루비는 2025년 8월 30일 리비우에서 암살당했다.) 이처럼 우크라이나 극우는 합종연횡을 반복하며 서로 그물처럼 얽혀 있다.

8-3. 유로마이단 시위대 본부의 반데라 초상화 (2014.01.14.)

출처: Wikimedia Commons © spoilt.exile

8-4. 우크라이나 극우 횃불 행진 (2021.01.01.)

출처: NV Ukraine

오렌지 혁명 직후인 2006년부터 반데라의 생일인 1월 1일마다 우크라이나 극우가 총집결한 횃불 행진이 전국 주요 도시에서 열린다. 사진 〈8-4〉는 2021년 1월 1일 키이우에서 열린 행진 모습이다.[16] 대열 전면의 플래카드 왼편에 반데라 사진이, 오른편에는 "우리의 종교, 민족주의! 우리의 선지자, 스테판 반데라!"라는 문구가 보인다. 대열 중앙 뒤편으로 UPA의 적흑기와 아조우 정당인 국민군단Natsionalnyi Korpus의 깃발도 보인다.

## 저격수들은 누구인가

프라비 섹토르와 마이단 자위대는 평화시위를 극한의 폭력으로 변질시킨 주범 중 하나였다. 그들은 경찰의 강경 진압에 적극 대응한 정도가 아니라, 무력 충돌을 도발해 갈등을 증폭시키고, 위협으로 타협을 무력화했다. 야누코비치 정권이 전복된 결정적 계기가 된 2월 18~20일의 참사가 대표적이다. 유로마이단 사태로 총 107명의 사망자가 발생했는데, 흔히 '천상의 100인Heavenly Hundred'이라 불리는 이들 대다수가 이 3일 동안 사망했다. 진압 경찰과 시위대 간 벌어진 교전 때문이었다. 특히 2월 20일 시위대와 경찰 모두에서 가장 큰 인명 피해가 발생했는데, 교전은 주변 건물에 은신한 저격수들의 총격으로 촉발되었다.

처음엔 마이단 측의 주장에 따라 이 저격이 정부 측 진압 경찰이나 러시아 특수부대의 소행으로 여겨졌다. 하지만 이후 다양한 분석의 결과, ① 교전을 불러온 최초의 저격이 마이단 자위대로부터 시작되었고, ② 놀랍게도 이 저격수들은 경찰만이 아니라 (자기편인) 시위대에도 총격을 가했으며, ③ 이들의 총격이 경찰이 철수한 후에도 이어졌다는 사실이 밝혀졌다. 분석 중 가장 널리 회자된 것은 캐나다 오타와대 교수 이반 카차노우스키Ivan Katchanovski의 심층 보고서다. 참고로 그는 볼린 출신의 우크라이나인이다.[17]

카차노우스키는 현장 동영상과 오디오 판독, 수사 및 재판 기록, 목격자 인터뷰, 사용된 탄환과 무기 분석, 부검 자료와 의사 소견 등을 총망라해 위와 같은 결론을 내렸다. 가장 중요한 증거로는 ① 당일 부상을 입은 시위대 대다수가 진압 경찰 쪽이 아니라 '마이단 자위대가 장악한 건물(우크라이나 호텔)로부터 총격을 받았다'고 증언하고 있으며, ② 다수의 사망자 몸에 박힌 탄환이 진압 경찰이 사용한 것과 일치하지 않는다는 사실이었다. 그 외 다른 증거들을 종합해 그가 내린 결론은 아래와 같다.

"우크라이나와 서방의 정부 및 언론, 심지어 우크라이나 극우를 연구하는 많은 학자조차 유로마이단 기간 발생한 폭력적인 정부 전복, 시위대와 경찰에 대한 학살, 기타 중대한 폭력 사건들에 극우 세력이 관여한 사실을 무시하거나 축소하거나 부인해왔다.

분석 결과는 프라비 섹토르와 스보보다가 빅토르 야누코비치 정부를 겨냥한 폭력적 전복에, 특히 2014년 2월 18~20일 마이단에서 발생한 시위대와 경찰에 대한 학살에 결정적 역할을 했음을 보여준다. 정부 전복을 목표로 한 이러한 대량 학살은 그들의 비자유주의적 민족혁명 이념과 일치한다. …

유로마이단 폭력 사태, 특히 야누코비치 정부 전복으로 이어진 마이단 학살에 가담한 점과 폭력을 주로 사용한 점 때문에 극우 세력은 우크라이나 내에서 권력과 영향력을 급격히 확대했으며, 새로 선출된 볼로디미르 젤렌스키 대통령을 포함한 우크라이나 정부를 전복할 수 있는 능력을 확보했다."[18]

참사 발생 하루 뒤인 2월 21일, 유럽과 러시아의 중재로 야누코비치 대통령과 시위대 대표들 사이 협상이 이뤄졌고, 양측은 대통령 권한 축소, 연내 조기 대선 실시 등을 골자로 한 협상안에 서명했다. 하지만 약속 하루 만인 22일 대통령 해임안이 의회를 통과했고, 항의하던 야누코비치는 하르키우로 야반도주했으며, 23일 시위대의 주도로 임시정부가 수립된다.

협상안이 이행되지 않은 이유도, 야누코비치가 도망친 것도 극우 세력 때문이었다. 프라비 섹토르는 협상단 대표들을 강하게 비난하며 타협을 거부했고, 마이단 자위대는 공개적으로 야누코비치의 생명을 위협하며 즉각 퇴진을 요구했다. 당시만 해도 100여 명의 목숨을 앗아간 참사가 진압 경찰의 소행으로 받아들여졌기에 극우의 강경 노선은 시위대의 환호를 받았다. 이후 속전속결로 진행된 야누코비치 탄핵안은 정족수를 채우지 못한 채 통과되었고, 대통령 권한 축소를 위한 헌법 개정은 8분 만에 이뤄졌다. 카차노우스키가 반복적으로 '불법적' 전복이라 주장한 이유, 스티븐 코헨이 '유로마이단은 민주적이지도 않았고, 혁명도 아니었다'고 주장한 이유가 여기 있으며, 러시아의 '위헌적 쿠데타' 주장도 이에 근거한다.[19]

물론 유로마이단 전체를 쿠데타로 볼 수 없고, 당시 시위에 참여한 대다수 시민의 자발성과 진정성을 의심할 수는 없다. 하지만 ① 그 실상이 넷플릭스 다큐멘터리 〈불타는 겨울: 자유를 위한 우크라이나의 싸움 Winter on Fire: Ukraine's Fight for Freedom〉 속 장면들처럼 마냥 정의롭고 민주적인 것은 아니었으며, ② 사태의 향방을 결정한 것은 다수의 시민이 아니라 위 다큐가 누락한 소수, 즉 극우 세력이었다는 점, ③ 나아가 마이단에 군집한 이 다수 시민조차 우크라이나 전체로는 국민 절반만을 대표했다는 점에 유념할 필요가 있다. 2014년 3월 실시된 여론조사에 따르면 유로마이단에 대한 우크라이나 국민의 찬반 비율은 57:38로, 전국적으로는 지지 여론이 20%포인트 더 높았다. 하지만 동남부의 경우 '반대'가 65.5%였고, 이 중 49%는 '결사반대'였다.[20]

마이단 시위가 과열되던 시기, 우크라이나 출신 사회학자 볼로디미르 이슈첸코Volodymyr Ishchenko는 〈가디언〉에 아래와 같은 칼럼을 발표했다.

> "1월 19일 전면적인 거리 폭력이 시작되기 전, 서방 언론은 순진하게도 운동의 '유럽적 가치'를 축하하고 있었다. 외국인을 혐오하고 동성애를 혐오하는 민족주의 스보보다 당이 훨씬 더 극단적인 집단들과 함께 유로마이단으로 알려진 시위에 거의 처음부터 관여했는데도 말이다. 그들은 극우 슬로건을 사용하고, 경찰과 싸우고, 행정 건물 점거를 주도하고, 기념물을 철거했다. 시위 캠프에서 도둑질을 했다고 사람들을 고문하고 린치를 가하고 공개적으로 모욕을 준 사건이나, 근처 노숙자와 술 취한 사람들을 구타한 사건 어느 것도 국제 언론에 나오지 않았다. …
>
> '평화롭고' '민주적인' 시위가 어떻게 심한 폭력으로 발전했는지에 대한 설명이 있어야 했다. 경찰과의 싸움을 누가 먼저 시작했는지에 대해서는 논쟁의 여지가 있을 수 있지만, 조직화된 극우 집단 없이도 폭력이 그런 규모로 커졌을까에 대해서는 의심의 여지가 거의 없다.
>
> 극우는 마이단에서 수적으로 우세하지 않다. 하지만 정치에서 가장 결정적인 요인이 수적인 힘일 필요는 없다. 진짜 문제는 정확히 누가 비정치적 대중을 이끌 것인가다. 이제 네오파시스트들은 운동의 정당한 일부로 정상화되었고, 권위주의와 야만적 경찰에 맞서는 대중 투쟁의 영웅이 되었다.

야당이 의회에서 승리한다면 스보보다는 새 정부의 일원이 되어, 그들의 폭력적인 무장 세력을 최대한 은폐하고, 국가 정책에 직접적인 영향력을 행사할 가능성이 매우 높다. 예전에 주변부에 존재했던 무장조직 프라비 섹토르의 네오파시스트들이 이제 우크라이나 법 집행 기관과의 협상에 참여하고 있다. 그들은 분명 운동의 보다 과격한 분파의 지도자 중 하나가 될 것이고, 야당이 요구하는 협소한 권력 재편에 만족하지 않을 것이다. …

우크라이나 시위가 우크라이나가 필요로 하는 근본적인 사회경제적 개혁 중 어느 하나로라도 이어지려면 마이단 운동은 극우와 단호히 결별해야 한다. 이를 경시하는 대신, 네오파시스트들과의 전략적 협력을 정당화하고 정상화하는 대신, 진보적 지식인들은 운동의 '다양성'에 대해 깨끗이 밝히고 불편한 진실과 위험한 추세에 대해 용기 내어 말하는 사람들을 공격하는 대신 극우를 공격해야 한다."[21]

칼럼이 2월 20일 참사 전에 쓰였다는 점에서 예언적이기까지 하다. 이슈첸코의 예측대로 주변부에 머물던 극우 세력은 유로마이단 이후 정치적 주류로 확실히 자리잡았다. 야누코비치 실각 후 새로 꾸려진 임시정부 내각의 1/4을 스보보다 출신이 차지했고, 극우 전체로 따지면 더 많았다. 마이단 자위대 사령관 파루비가 우크라이나 군대와 안보를 좌지우지하는 국가안보국방위원회 서기에 임명되었고, 프라비 섹토르의 리더 야로시는 부서기에 추천되었으나 본인이 고사했다. 그 외 부총리 올렉산드르 시치Oleksandr Sych, 내무부 장관 아르센 아바코프Arsen Avakov, 농림부 장관 이호르 슈바이카Ihor Shvaika, 자원부 장관 안드리 모흐닉Andriy Mokhnyk 모두 스보보다 출신이었다. 2014년 10월에는 아조우 부사령관 바딤 트로얀Vadym Troyan이 키이우 경찰서장으로, 괴벨스를 추종하는 유리 미할치신Yuriy Mykhalchyshyn이 우크라이나 보안국의 선전 및 홍보 담당자로 임명됐다.[22]

이들의 활동은 임시정부에 국한되지 않았다. 유로마이단 직후 프라비 섹토르는 정당으로 변신했고, 2014년 10월 총선에서 야로시와 파루비 모두 국회의원이 되었다. 이후 파루비는 포로셴코 정부에서 3년간 국회의장까지 지냈으며, 야로시는 2021년 우크라이나 총사령관 잘루즈니의 고문으로 위촉되었다. 내무장관 아바코프는 젤렌스키 정부에서도 내무장관을 지냈다.

앞서 밝힌 것처럼 우크라이나 극우의 선거 득표율은 낮았지만, 정부 정책을 결정하는 힘 있는 자리에 극우의 대표주자들이 광범위하게 장기간 포진하고 있는 것이 사실이다. 즉 "민족혁명주의자들은 우크라이나 국민을 대표하지는 않지만, 정부에서는 과대 대표되고 있는 것"이 현실이다.[23] 푸틴이 일부 극우 세력이 아니라 우크라이나 정부 자체를 네오나치로 비난한 것은 이 때문이다. 앞 장에서 밝힌 것처럼, 2014년 5월 2일 친러 시위대 42명이 사망한 오데사 참사의 주범도 프라비 섹토르였다. 당시 이들은 참사를 '민족사의 찬란한 페이지'로 축하했다. 이에 푸틴은 '사람을 산 채로 태워죽인 네오나치들'이라며 격분했는데, 그 네오나치들의 리더가 참사가 있은 지 반년도 안돼 우크라이나 국회의원이 된 것이다.

실제로 유로마이단 이후 극우는 우크라이나 정부 정책, 특히 대러 정책에 강력한 영향력을 행사했다. 민스크 협정이 제대로 지켜지지 않은 데도 극우 탓이 컸다. 협정 체결 초기 포로셴코는 돈바스 특별 지위와 관련한 헌법 개정을 추진한 적이 있다. 1차 표결이 예정된 2015년 8월 31일 우크라이나 의회 앞은 말 그대로 전쟁터가 되었다. 극우 세력이 집결해 도로를 봉쇄하고 수류탄을 던지며 폭력 시위를 벌였고, 그 결과 진압 군경 3명이 사망하고 125명이 부상을 입었다. 스보보다와 프라비 섹토르 조직원들이 주축이 된 시위였고, 이를 진두지휘한 것은 스보보다 당수 탸흐니복이었다.[24] 이후 포로셴코가 민스크 협정에 어떤 태도를 보였는지는 앞 장에서 이미 상세히 설명한 바 있다.

젤렌스키도 극우의 위협에서 자유롭지 못했고, 지금도 그렇다. 민스크 협정 이행과 돈바스 내전의 평화적 해결을 약속한 젤렌스키가 대통령에 당선되고 일주일 후, 프라비 섹토르의 리더 야로시는 한 언론 인터뷰에서 다음과 같이 말했다.

> "우리는 그(젤렌스키)가 한 가지 진실만은 이해하기를 요구합니다. 우크라이나 국민이 굴욕을 당해서는 안 된다는 것입니다. 700년간 식민지 노예 생활을 한 우크라이나 국민은 어떻게 국가를 건설해야 하는지 아직은 완전히 배우지 못했을지 모릅니다. 하지만 우리는 봉기를 일으키는 법과 우크라이나인들의 땀과 피에 기생하려는 '독수리'들을 모조리 쏴 죽이는 법은 아주 잘 배웠습니다. 젤렌스키는 취임 연설에서 득표율, 인기, 지위를 잃을 각오가 돼 있다고 말했습니다. 아니, 그는 목숨을 잃을 겁니다. 만일 그가 우크라이나, 그리고 혁명과 전쟁에서 목숨을 잃은 사람들을 배신한다면, 그는 흐레샤티크(키이우 중심가) 어딘가 나무에 매달릴 것입니다. 그가 이 사실을 이해하는 것이 매우 중요합니다."[25]

'극우 세력이 젤렌스키를 포함해 우크라이나 정부를 전복할 능력을 획득했다'는 카차노우스키의 단언이 과장이 아닌 셈이다.

## 아조우: 최후의 십자군 전쟁

유로마이단 후 극우의 달라진 정치적 위상과 곧이어 시작된 내전이 어우러져 탄생한 괴물이 바로 아조우다. 아조우에 비하면 유로마이단이나 오데사에서 극우가 저지른 폭력은 어린애 장난 또는 몸풀기에 불과했다. 아조우의 활동 무대가 실제 전장戰場이었기 때문이다.[26]

아조우는 돈바스 내전 초기인 2014년 5월 친러 분리주의 척결을 목적으로 구성된 민병대로, 스보보다 당의 전신인 '우크라이나 사회국가당'의 초창기 청년 준군사조직이었던 '우크라이나 애국자'와 '우크라이나 사회국민의회'를 중심으로 결성되었다. 둘 다 유로마이단 당시 프라비 섹토르의 핵심 멤버였다. 아조우를 지원한 정치인은 당시 내무장관 아르센 아바코프였고, 재정적 후원자는 우크라이나 대표 올리가르히 이호르 콜로모이스키Ihor Kolomoyskyi였는데, 콜로모이스키는 나중에 젤렌스키의 후견인이 되었다. (참고로 올리가르히oligarch란 러시아나 우크라이나처럼 과거 사회주의 국가가 자본주의로 체제 전환하고 국유 자산이 민영화되는 과정에서 권력과 결탁해 막대한 부를 획득한 신흥재벌집단을 말한다.)

아조우는 결성 6개월 만인 2014년 11월 우크라이나 국가방위군Natsionalna Hvardiia Ukrainy(National Guard of Ukraine)에 편성돼 연대로 승격됐다. 극우 민병대가 우크라이나 정규군이 된 것이다. 아조우는 2014년 6월 돈바스 반군에게서 마리우폴을 탈환한 것으로 유명하며, 2022년 전쟁에도 참여했다. 2022년 5월 마리우폴에서 러시아군에 맞서 결사 항전한 이들이 바로 아조우이고, '고기 분쇄기'라 불릴 정도로 처절했던 바흐무트 전투에서 프리고진의 바그너 용병과 싸운 주력부대도 아조우다.

이렇게 내전과 전쟁 모두에서 아조우가 우크라이나군의 필살기가 된 것은 나름의 명분에 투철하고 사기가 높았기 때문인데, 그 기반이 된 것

## 8-5. 우크라이나 극우 4인방

안드리 빌레츠키 (1979 生)
출처: Wikimedia Commons
ⓒ Jbuket

드미트로 야로시 (1971 生)
출처: Wikimedia Commons
ⓒ Right Sektor

안드리 파루비 (1971~2025)
출처: Wikimedia Commons
ⓒ ВАДИМ ЧУПРИНА

올레흐 탸흐니복 (1968 生)
출처: Wikimedia Commons
ⓒ ВО Свобода

이 바로 극우 이념이다. 싸울 이유가 확실했던 것이다. 아조우를 만든 것은 '우크라이나 애국자'의 리더 안드리 빌레츠키Andriy Biletsky로, 야로시, 파루비, 탸흐니복과 함께 우크라이나 극우를 대표하는 4인방 중 하나다. 그는 2014년 10월까지 아조우 사령관으로 일했고, 이후 야로시, 파루비처럼 국회의원에 당선돼 정치인으로 활동했으며, 2022년 전쟁 발발 후에는 우크라이나 지상군 장교로 제3돌격여단 사령관을 맡아 위에 언급한 전투를 지휘했다.

아래는 빌레츠키가 2007년 발표한 〈우크라이나 인종적 사회민족주의Ukrainskyi rasovyi sotsial-natsionalizm〉 선언으로, 훗날 아조우가 공유할 이념을 예고한다.

> "'우크라이나 애국자'는 우크라이나 사회민족주의 이념을 표방하는 군사조직이다. … 사회민족주의는 다른 우익 운동과 명확히 구분되는 몇 가지 근본 원칙에 기반한다. 일종의 삼원 구조를 이루는 이것은 사회성, 인종, 강대국을 말한다.
>
> 1. 사회성: 사회성 원칙에 따라 우리는 민주주의와 자유주의를 완전히 거부한다. … 대중의 '민주적 투표'가 아니라… 국가를 대표하는 최고 인물의 자연 선택, 즉 타고난 리더의 지도가 중요하다. 그런 권력 체계가 용납될 수 없다고 생각한다면, 매춘부와 학자가 동등한 투표권을 갖는 현대의 권력 체계는 용납 가능한지 생각해보라. …
> 2. 인종: 혈통이라는 기초, 인종이라는 기초에 기반하지 않는다면 우리의 모든 민족주의는 모래 위의 성처럼 아무것도 아니다. … 우크라이나인은 (가장 위대하고 가장 뛰어난 자질을 가진) 유럽 백인 인종의 일원이며… 우리 민족의 역사적 사명은… 전 세계 백인을 그들의 생존을 위한 최후의

십자군 전쟁에서 이끌고 또 이끄는 것이다. 유대인이 이끄는 인간 이하의 집단에 맞서는 캠페인 말이다.

3. 강대국: 우리는 '독립 우크라이나'라는 슬로건을 '위대한 우크라이나'라는 슬로건으로 대체하는 중이다. 우크라이나인은 오랜 제국의 역사를 가진 민족이다. 우크라이나인은 건국 이래 적어도 두 개의 초강대국을 가졌다. … 현재 세대의 과제는 세 번째 제국, 더 위대한 우크라이나를 만드는 것이다. …

이에 사회민족주의는 현대 사회에서 잊힌 과거 모든 우크라이나 아리아인의 가치가 새겨진 방패를 치켜든다. 우리는 이에 기반하며 다른 선택은 없다!"[27]

반데라의 현대적 계승자가 분명하다. 아조우는 나치즘을 공공연하게 표방하며 검은 태양, 늑대 갈고리 같은 나치 상징을 공식 휘장으로 대놓고 사용했고, 대원들은 하켄크로이츠(卐) 문신을 몸에 새기고, 히틀러의 『나의 투쟁』을 성경으로 삼았다. 그들은 '모스칼리-지디Moskali-zhydy'라는 표현을 즐겨 사용했는데, 각각 러시아인과 유대인을 경멸적으로 일컫는 말이다. 아조우의 인식 속에 러시아인과 유대인은 '우월한 우크라이나 인종의 위대한 제국 건설'을 방해하는 주적이자 비인간의 범주로 함께 묶인다. 따라서 아조우에게 친러 분리주의 반군이나 돈바스 주민 같은 '인간 이하의 집단'에 대한 폭력은 일종의 성전聖戰, 즉 '최후의 십자군 전쟁'에 다름 아니다.

그 결과 돈바스 내전 기간 이들은 수없이 많은 전쟁범죄, 민간인에 대한 고문, 성폭력, 학살을 저질렀고, 이는 국제적인 이슈로 비화했다. 유엔, 앰네스티, 휴먼라이츠워치 등은 아조우와 아이다르Aidar 대대, 프라비 섹토르, C14 등 우크라이나 극우 준군사조직 및 민병대의 전쟁범죄를 고발하는 각종 보고서를 발표했다.[28] 미국 의회도 2015, 2018, 2019년, 아조우에 대한 미국의 지원과 훈련을 금지하는 법안을 연이어 채택했다. 유사한 법안 발의가 반복된 것은 하원을 통과한 결정이 최종 단계에서 늘 뒤집혔기 때문이다.[29]

아조우가 2015년 7월 전선에서 철수해 2019년 2월 다시 복귀할 때까지 3년여의 공백기를 가진 데는 이러한 국제적 비난 여론이 크게 작용했다. 돈바스 민간인 사상자 수가 2016년 이후 극적으로 감소한 것은 2015년 2월 민스크 협정이 체결된 때문도 있지만, 아조우의 철수와도 무관치 않다. 후방으로 물러난 3년간 아조우는 마리우폴 인근 기지에서 신병모집과 훈련에 전념하며 전 세계 극우의 글로벌 허브로 떠올랐다.[30] 돈바스 내전으로 얻은 세계적 명성, 페이스북과 유튜브를 활용한 쿨한 홍보 방식이 세계의 극우를 매혹했고, 간헐적인 돈바스 전투 참여는 어디서도 경험할 수 없는 실전 경험을 제공했다. 다음은 〈타임〉의 2021년 1월 관련 기사다.

> 아조우는 민병대 그 이상이다. 그것은 자체 정당, 두 개의 출판사, 어린이를 위한 여름 캠프, 경찰과 함께 우크라이나 도시들 거리 곳곳을 순찰하는… 자경단을 가지고 있다. 미국과 유럽의 이념적 동료들과 달리, 아조우는 최소 2개의 훈련 기지와 드론, 장갑차, 대포에 이르기까지 방대한 무기고를 갖춘 군사 부서를 보유하고 있다.
>
> '코사크 하우스'라 알려진 아조우의 대표 신병모집센터는 키이우 중심가에 있는데, 우크라이나 국방부가 빌려준 4층짜리 벽돌 건물이다. 안뜰에는 영화관과 권투 클럽이 있다. 꼭대기 층에는 강의실과 도서관이 있고, 그곳에

는 에즈라 파운드와 마틴 하이데거처럼 독일 파시즘을 지지한 작가들, 프리드리히 니체와 에른스트 융거처럼 나치 선전에 활용된 저자들의 책이 가득하다. 1층에는 '밀리터리 존'이라는 상점이 있어서 하켄크로이츠 문양을 활용한 옷이나 키링, 기타 네오나치 상품을 판다.

"아조우는 국가 안의 작은 국가라고 할 수 있습니다." 아조우 운동의 국제홍보 담당자인 올레나 세메냐카는 말했다. … 아조우의 임무는 서방 세계를 아우르는 극우단체 연합을 형성하는 것, 궁극적으로는 유럽 전체에서 권력을 장악하는 것이라고 그녀는 말했다.

우크라이나 밖에서 아조우는 캘리포니아에서 유럽을 가로질러 뉴질랜드로 뻗어 나가는 극단주의 단체 네트워크의 센터 역할을 하고… 전투 체험을 열망하는 젊은이들을 자석처럼 끌어들인다. 아조우를 연구해온 안보 컨설턴트이자 FBI 요원이었던 알리 수판은 지난 6년간 50개국에서 17,000명 이상의 외국인 전사가 우크라이나에 온 것으로 추정하고 있다.

아조우의 가장 가까운 미국 동맹 중에는 극우 갱단 RAM이 있다. … 그 리더인 로버트 런도는 RAM에 대한 자신의 아이디어가 우크라이나의 극우 현장에서 왔다고 말했다. "아조우는 언제나 나의 모든 영감의 원천입니다." 그는 2017년 9월 우익 팟캐스트에서 아조우를 '미래'라고 불렀다. "거기 그들은 정말 문화를 가지고 있어요. … 그들만의 클럽이 있고요. 그들만의 바가 있습니다. 그들만의 드레스 코드가 있고요."[31]

## 아조우 vs 푸틴: 적대적 공생관계

앞서 인용들이 잘 보여주듯이, 유엔 등 각종 국제기구와 서방의 유력 언론은 다양한 감시 보고서, 르포, 특집기사 등을 통해 아조우와 우크라이나 극우의 위험성에 대해 끊임없이 경고했다. 적어도 2022년 전쟁이 일어나기 전까지는 말이다.

2023년 6월 레프 골린킨Lev Golinkin의 흥미로운 칼럼이 〈더 네이션The Nation〉에 게재되었다. 골린킨은 소련 해체 당시 아동 난민으로 미국에 정착한 유대계 우크라이나인으로, 그때의 경험을 담은 『배낭, 곰 한 마리, 그리고 보드카 여덟 상자A Backpack, a Bear, and Eight Crates of Vodka』라는 책으로 유명하다. 우크라이나 극우에 대한 그의 오랜 천착은 '유대계 우크라이나인'이라는 정체성과 무관하지 않을 것이다. 칼럼에서 골린킨은 전쟁 후 아조우에 대한 서방 언론의 급격한 태도 변화를 지적하고 있다.[32]

그에 따르면, 2020년 11월만 해도 아조우를 '네오나치 극단주의 조직'으로 규정했던 〈가디언〉은 2023년 2월 '아조우의 전사들이 이전의 모호한 정치 노선을 버리고, 빠르게 우크라이나의 영웅이 되었다'고 칭송했다. 2019년 아조우를 플랫폼에서 퇴출했던 페이스북은 전쟁 직후 '우크라이나 방어와 관련된다면'이라는 전제 아래 금지를 풀었고, 2023년 1월 페이스북의 모회사 메타는 아조우를 위험조직 목록에서 아예 삭제해버렸다.

아조우에 대한 태도가 이렇게 변한 이유에 대해 서방 언론은 '아조우가 변했기 때문'이라고 말한다. 우크라이나 정규군에 흡수된 후의 아조우는 더 이상 극우가 아니라는 것이다. 하지만 아조우가 정규군이 된 것은 이미 2014년 11월이었고, 그 이후로도 적어도 전쟁 전까지만 해도 서방 언론은 아조우 비판 기사를 끊임없이 쏟아냈다. 골린킨의 지적처럼,

정규군이 된 후에도 '그들은 여전했다'는 말이고, 변한 건 아조우가 아니라 서방 언론이란 뜻이다.

아조우를 테러리스트 단체로 지정하려는 일부 미국 의원들의 시도가 번번이 실패했다는 점에서 알 수 있듯이, 미국이 우크라이나 극우 세력을 묵인하거나 방조한 혐의, 더 나아가 유로마이단 사태에 대한 미국 개입설 등은 더 이상 새롭지도 않은 주제다. 존 미어샤이머, 스티븐 코헨, 제프리 삭스Jeffrey Sachs 같은 미국 학계의 거장들도 비슷한 주장을 거듭해왔다. 미어샤이머는 "미국이 얼마나 개입했는지 아직 완전히 밝혀지지는 않았지만, 미국이 쿠데타를 지원했다는 사실은 명백하다"고 말했고, 코헨은 "미국과 네오나치의 공모"라는 기고문에서 "오바마는 부통령 바이든과 함께 마이단 쿠데타에 깊이 연루되었다"고 주장했으며, 제프리 삭스는 "우크라이나 전쟁은 네오콘이 펼친 30년 프로젝트의 절정"이자 "가장 최근의 재앙"이라고 썼다.[33] 이런 이유로 이들 모두 유로마이단을 혁명이 아닌 쿠데타로 분류한다.

미국 네오콘이 민주주의 전파를 명분으로 CIA, 전미全美민주주의기금NED, 미국국제개발처USAID 등을 앞세워 중동이나 동유럽에서 해온 '작업의 역사'를 고려하면 놀랄 일은 아니다. 우크라이나에서는 (제프리 삭스가 '탁월한 네오콘 공작원'이라 부른) 빅토리아 눌랜드Victoria Nuland의 활약이 두드러졌다.[34] 아들 부시 정권에서 나토 주재 미국 대사를, 오바마 정부에서 유럽 및 유라시아 담당 국무부 차관보를, 바이든 정부에서는 국무부 정무차관을 지낸 그녀는 '네오콘 명가名家'라 불리는 케이건 가문의 며느리다. 1세대 네오콘 이론가인 도널드 케이건Donald Kagan, 그 아들이자 브루킹스 연구소의 이데올로그인 로버트 케이건Robert Kagan, 전쟁연구소를 세운 킴벌리 케이건Kimberly Kagan이 그들인데, 눌랜드는 로버트 케이건의 부인이다.

유로마이단 당시 미 국무부 차관보였던 눌랜드는 한 연설에서 '미국이 우크라이나의 미래를 위해 1991년 이래로 50억 불이 넘는 돈을 지원했다'고 밝히는가 하면, 미 상원의원 존 매케인John McCain과 함께 마이단 시위대를 직접 만나 음식을 나눠주며 격려하기도 했다. 특히 '눌랜드 녹취 파일' 사건은 미국의 개입을 보여주는 직접적 증거로, 또 (미국의 우크라이나 정책에 비협조적인) 유럽을 향해 눌랜드가 뱉은 욕설("Fuck the EU")로 당시 큰 화제가 되었다.

사건은 유로마이단이 한창 진행 중이던 2014년 2월 초, 눌랜드와 우크라이나 주재 미국 대사 제프리 파이엇Geoffrey Pyatt이 나눈 통화 녹취가 유출된 것을 말한다. 통화 중에 눌랜드는 우크라이나 정권 교체의 필요성, 새 내각 구성까지 거론했고, 눌랜드가 총리감으로 지목한 야체뉴크는 이후 정말로 총리가 되었다. BBC의 조나단 마커스Jonathan Marcus는 두 사람의 통화 내용을 상세히 분석한 후 다음과 같이 결론내렸다.[35]

> "미국은 위기의 모든 당사자와 협력해 평화적인 해결책을 모색하고 있다고 밝히며, "우크라이나의 미래를 결정하는 것은 결국 그 국민"이라고 강조했다. 그러나 이 녹취록은 미국이 어떤 결과가 도출되어야 하는지에 대해 아주 명확한 생각을 가지고 있고, 이 목표들을 달성하기 위해 노력하고 있음을 보여준다. 러시아 대변인은 미국이 우크라이나 문제에 개입하고 있다고 주장해왔다. 냉소적인 사람들은 '모스크바보다 더 하기야 하겠냐'고 말할지 모르지만, 워싱턴은 분명 이 게임에서 자신만의 계획을 가지고 있다."[36]

푸틴도 친러 정권 전복을 위한 키이우와 미국의 공모, 아조우와 서방의 공생관계를 자주 비난해왔다. 위 BBC 기자가 '모스크바만 하겠냐'고 냉소한 것처럼, 사실 푸틴이 할 말은 아니다. 미국에 '눌랜드 통화 유출'

이 있다면, 러시아에는 '글라지예프 통화 유출' 사건이 있었다. 2016년 8월 우크라이나 검찰총장 유리 루첸코Yuriy Lutsenko가 공개한 '글라지예프 테이프'가 그것이다.

테이프는 당시 푸틴의 고문이었던 세르게이 글라지예프Sergey Glazyev가 2014년 2월 말에서 3월 초 러시아와 우크라이나 활동가들과 한 전화 통화를 녹음한 것이다. 내용을 들어보면 러시아가 당시 크림과 동남부의 소요 사태를 관리하고, 때론 조장하고, 재정적으로 지원했음을 알 수 있다. 통화 상대 중에는 당시 막 크림 총리로 임명된 악쇼노프도 있었다.[37] 미국이 세계를 영향력 아래 두기 위해 유로마이단에 개입한 것처럼, 러시아도 소련 시절 세력권 유지를 위해 우크라이나 동남부를 관리하고 있었던 것이다. 아마도 푸틴은 '미국은 생판 남의 일에 끼어든 것이고, 러시아는 형제 일에 개입한 것'이라 주장하겠지만 말이다.

극우와 관련해서도 마찬가지다. 아조우에 빌레츠키가 있다면, 돈바스 반군에는 이고리 스트렐코프가 있었다. 스트렐코프도 극단적 러시아 민족주의자로, 국제기구의 각종 보고서에 묘사된 돈바스 반군의 전쟁범죄도 만만치 않다. 어찌 보면 러시아가 우크라이나보다 한 수 위다. 러시아 네오나치인 바그너와 우크라이나 네오나치인 아조우가 격돌한 바흐무트, 아우디이우카 전투에서 승자는 늘 러시아였다. 또 조건이 달라지면 이들 백인 우월주의자들이 의기투합하는 건 시간문제다.

따라서 오히려 직시해야 할 것은 아조우와 푸틴 사이의 '적대적 공생관계'다. 푸틴이 전쟁의 슬로건으로 '탈나치화'를 들고나온 순간 아조우의 많은 것이 용서되었고, 그들의 악행은 사실이 아니라 러시아의 프로파간다가 되어버렸다. 동시에 아조우는 푸틴의 침공에 정당성을 제공하고, 전쟁을 정의로운 심판이라 주장할 근거가 되어주었다.

문제는 전쟁이 우크라이나 국민의 태도도 바꿔놓았다는 점이다. 앞서 밝힌 것처럼 우크라이나 극우는 정부에서는 과다 대표되었지만, 국민을 대표하지는 못했다. 2019년 미국 하원의원 40명이 아조우를 외국 테러단체로 지정해 미국의 지원을 원천봉쇄할 것을 요구했을 때, 아조우의 뒷배였던 우크라이나 내무장관 아바코프는 물론이고, 젤렌스키가 속한 여당 의원들도 거세게 항의했다.[38]

대중은 달랐다. 단적인 예로 아조우가 창당한 정당인 국민군단은 2019년 국회의원 선거에서 고작 2.15%의 득표율로 의회 진출에 실패했다. 스보보다, 프라비 섹토르와 함께 극우 연합전선을 폈는데도 그랬다. 이 해만이 아니라 낮은 득표율은 독립 후 거의 모든 시기, 모든 우크라이나 극우 정치세력에 공통된 특징이다. 우크라이나 국민은, 나토 가입 문제에서도 그랬듯이, 정치인들보다 훨씬 더 신중하고 현명하게 극단적 민족주의에 대처해온 것이다.

전쟁 후 상황은 완전히 달라졌다. 계엄으로 선거는 없었지만, 극우 인식의 리트머스라 할 반데라와 OUN-UPA에 대한 우크라이나 국민의 평가가 극적으로 달라졌다. 그래프 〈8-6〉이 이를 잘 보여준다.[39]

홀로도모르를 제노사이드로 인식하는 우크라이나 국민 비율이 전쟁을 기점으로 60%에서 92%로 증가했다. 홀로도모르는 워낙 국민적 트라우마기에 그럴 수 있지만, 2차대전은 다르다. 전쟁 전만 해도 우크리아나 국민의 압도적 다수(80%)가 2차대전을 개인적으로도 중요한 승리의 날로 기념했다. 전쟁 발발 후 그 비율은 34%로 급감했다.

무엇보다 OUN-UPA를 '우크라이나 독립투사'로 긍정하는 비율이 2018년 47%에서 2022년 81%로, 반데라 지지는 2016년 36%에서 2022년 74%로 급증했다. 지역별 차이도 사라졌다. 2023년 1월 키이우국제사회학연구소 조사에 따르면, 반데라에 대한 긍정 평가는 1년 사이 더 증가해 83%를 기록했는데, 이 중 서부는 92%, 중부 85%, 남부 78%, 동

8-6. 우크라이나 국민의 민족 감정 변화 (2012~2022)

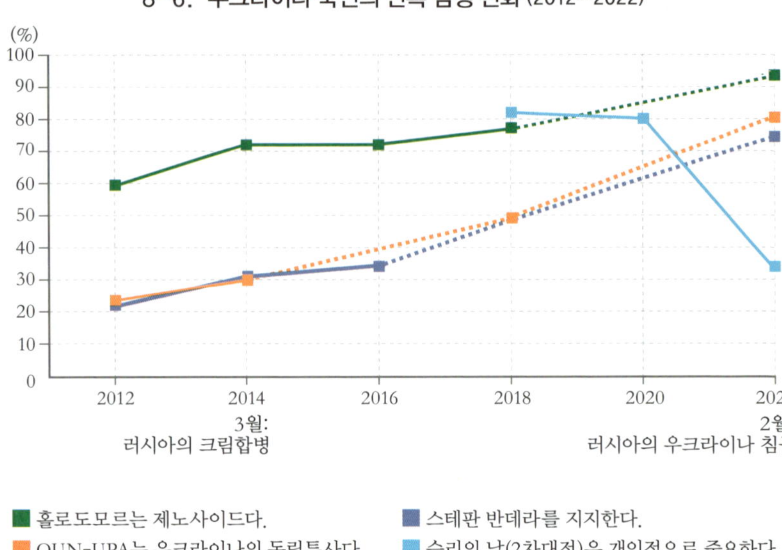


출처: Rating Group, The New Line Institute for Strategy and Policy

부 72%였다.[40] 2021년만 해도 반데라의 인기는 주로 서부에 한정되었고, 동남부의 긍정 여론은 11%에 불과했다. 푸틴의 전쟁은 정말 많은 것을 바꿔놓았다.

## 미주

1 Владимир Путин, “Обращение Президента Российской Федерации,” 24 февраля 2022.

2 James Marson, “In Russia, ‘Nazi’ is the Harshest Insult for Any Foe, and Now Ukraine,” *The Wall Street Journal*, Feb. 26, 2022; Anton Troianovski, “Why Vladimir Putin Invokes Nazis to Justify His Invasion of Ukraine,“ *The New York Times*, March 17, 2022; Izabella Tabarovsky, Eugene Finkel, “Statement on Ukraine by scholars of genocide, Nazism and World War II,” *Jewish News Syndicate*, Feb. 28, 2022.

3 이하, 20세기 전반기 우크라이나 극우 민족주의에 대해서는 구자정,『우크라이나 문제의 기원을 찾아서』, 서울: 박영사, 2023, pp. 145-216 참조.

4 “The Decalogue of a Ukrainian Nationalist,” Wikipedia.

5 “Babi Yar Massacre,” *United States Holocaust Memorial Museum*.

6 구자정,『우크라이나 문제의 기원을 찾아서』, pp. 154-155.

7 Ibid, pp. 203, 212.

8 Stephen F. Cohen, “America’s Collusion With Neo-Nazis: Neo-fascists play an important official or tolerated role in US-backed Ukraine,” *The Nation*, May 2, 2018.

9 이하, 기억 정치 관련은 다음 참조. Georgiy Kasianov, “Nationalist Memory Narratives and the Politics of History in Ukraine since the 1990s,” *Nationalities Papers*, March 27, 2023; Juliëtte Dekker, “Stepan Bandera Monument: The politics of memory,” *Heritage & Memory*; Clifford J. Levy, “‘Hero of Ukraine’ Prize to Wartime Partisan Leader Is Revoked,” *The New York Times*, Jan. 12, 2011.

10 Lily Hyde, “Ukraine to Rewrite Soviet History with Controversial ‘Decommunisation’ Laws,” *The Guardian*, April 20, 2015; David R. Marples, “Open Letter from Scholars and Experts on Ukraine Re. the So-Called “Anti-Communist Law”,” *Krytyka,* March 2015; Jochen Hellbeck, “Ukraine Makes Amnesia the Law of the Land,” *The New Republic*, May 22, 2015.

11 Виктория Довгань, “Украинцы разделились в отношении к личности Бандеры: опрос,” *OBOZ-UA*, 7 мая 2021.

12 “За 10 лет позитивное отношение украинцев к Петлюре увеличилось вдвое, к Бандере-более чем в три раза-опрос,” *Страна*, 5 мая 2022.

13 Виталий Червоненко, “От ненависти до поддержки: почему изменилось отношение к УПА?” *BBC Украина*, 14 октября 2017.

14 이하, 독립 후 우크라이나 극우에 대해서는 다음 참조. Kasianov, “Nationalist Memory Narratives and the Politics of History in Ukraine since the 1990s”; Melanie Mierzejewski-Voznyak, “The Radical Right in Post-Soviet Ukraine,”

Jens Rydgren ed., *The Oxford Handbook of the Radical Right*, London: Oxford University Press, 2018; Ivan Katchanovski, "The Far Right in Ukraine During the 'Euromaidan' and the War in Donbas," *SSRN e-Library*, Sep. 2, 2016; Vyacheslav Likhachev, "Far-right Extremism as a Threat to Ukrainian Democracy," *Freedom House,* 2018.

15 "Эволюция Евромайдана," *Радио Свобода*, 19 ноября 2014; "История политического кризиса 2013-2014 годов на Украине," *ТАСС*, 22 февраля 2024.

16 "«Бандера прийде: порядок наведе». Як у Києві пройшла традиційна смолоскипна хода," *НВ*, 1 січня 2021.

17 Katchanovski, "The Far Right in Ukraine During the 'Euromaidan' and the War in Donbas"; Ivan Katchanovski, "The Far Right, the Euromaidan, and the Maidan Massacre in Ukraine," *Journal of Labor and Society*, March 2020.

18 Katchanovski, "The Far Right, the Euromaidan, and the Maidan Massacre in Ukraine," pp. 19-20.

19 Gordon Hahn, "The Ukrainian Revolution's Neo-Fascist Problem," *Fair Observer*, Sep. 23, 2014; Cohen, "America's Collusion With Neo-Nazis"; Алексей Поплавский, "«Поменяли конституцию за 8 минут»: как сторонники «майдана» взяли власть," *Газета.ru*, 10 июня 2021.

20 "Public Opinion Survey Residents of Ukraine," *International Republican Institute*, March 14-26, 2014.

21 Volodymyr Ishchenko, "Ukrainian protesters must make a decisive break with the far right," *The Guardian*, Feb. 7, 2014.

22 Andrew Foxal, Oren Kessler, "Yes, There Are Bad Guys in the Ukrainian Government," *Foreign Policy*, March 18, 2014; "Analysis: U.S. Cozies Up to Kiev Government Including Far Right," *NBC News*, March 30, 2014; Volodymyr Ishchenko, "Ukraine has ignored the far right for too long: it must wake up to the danger," *The Guardian*, Nov. 13, 2014.

23 Jonathan Brunson, "Russia Isn't the Only Threat to Ukrainian Democracy: The Impact of Far-Right Nationalist Revolutionaries," *War on the Rocks*, April 20, 2019.

24 Hugo Spaulding, "Far-Right Riot at Ukraine's Parliament," *Institute for the Study of War*, Sep. 1, 2015.

25 Лілія Рагуцька, "Ярош: якщо Зеленський зрадить Україну: втратить не посаду, а життя," *OBOZ.UA*, 27 травня, 2019.

26 이하, 아조우는 다음 참조. "Azov Brigade," Wikipedia; Volodymyr Ishchenko, "The Unique Extra-Parliamentary Power of Ukrainian Radical Nationalists is a Threat to the Political Regime and Minorities," *The Foreign Policy Centre*, July 18, 2018; Lev Golinkin, "The Reality of Neo-Nazis in Ukraine is Far From Kremlin Propaganda," *The Hill*, Sep. 11, 2017; Gordon Hahn, "The Ukrainian Revolution's Neo-Fascist Problem."

27 Андрій Білецький, "Український расовий соціал-націоналізм," *Патріот України*, 2007.

28 Amnesty International, Human Rights Watch, "You Don't Exist": Arbitrary Detentions, Enforced Disappearances, and Torture in Eastern Ukraine," *Amnesty International*, July 2016; Amnesty International, Human Rights Watch, "Abuses and War Crimes by the Aidar Volunteer Battalion in the North Luhansk Region," *Amnesty International*, Sep. 8, 2014; UN OHCHR, "Report on the human rights situation in Ukraine 16 February to 15 May 2016," *Refworld*, May 2016.

29 Leonid Bershidsky, "Ukraine's Neo Nazis Won't Get US Money," *Bloomberg*, June 12, 2015; Rebecca Kheel, "Congress bans arms to Ukraine militia linked to neo-Nazis," *The Hill*, March 27, 2018; M. Colborne, "U.S. Congress Accidentally Boosted Ukraine's Far-Right," *Foreign Policy*, Nov. 1, 2019.

30 Illia Ponomarenko, "After more than 3 years in bases, Azov Regiment returns to front," *Kyiv Post*, Feb. 1, 2019.

31 Simon Shuster, Billy Perrigo, "Like, Share, Recruit: How a White-Supremacist Militia Uses Facebook to Radicalize and Train New Members," *Time*, Jan. 7, 2021.

32 Lev Golinkin, "The Western Media Is Whitewashing the Azov Battalion," *The Nation*, June 26, 2023.

33 Mearsheimer, "Why the Ukraine Crisis Is the West's Fault," p. 80; Cohen, "America's Collusion With Neo-Nazis."; Jeffrey Sachs, "Ukraine Is the Latest Neocon Disaster," *Jeffreysachs.org*, June 27, 2022.

34 Sachs, ibid.

35 Mearsheimer, "Why the Ukraine Crisis Is the West's Fault," pp. 80-81; "Fuck the EU!" (original File): Victoria Nuland phoning with Geoffrey Pyatt," *FreiBILDfuerAlle*, Youtube, Feb. 11, 2014; Jonathan Marcus, "Ukraine crisis: Transcript of leaked Nuland-Pyatt call," *BBC*, Feb. 7, 2014.

36 Jonathan Marcus, "Ukraine crisis: Transcript of leaked Nuland-Pyatt call," *BBC*, Feb. 7, 2014.

37 "Audio evidence of of Putin's Adviser Glazyev involvement in war in Ukraine," *Ua Position*, Youtube, Aug. 30, 2016; Andreas Umland, "The Glazyev Tapes: Getting to the root of the conflict in Ukraine," *European Council on Foreign Relations*, Nov. 1, 2016.

38 Colborne, "U.S. Congress Accidentally Boosted Ukraine's Far-Right."

39 Robert Kremzner, "How Ukraine's History Impacts its War with Russia," *New Lines Institute*, July 18, 2024.

40 "Історична пам'ять: результати соціологічного опитування дорослих жителів України," *Київський міжнародний інститут соціології*, Jan. 2023. p. 15.

09 

# 북한군 참전, 진실은? 그리고 우리 언론은?

북한군 문제는 우크라이나 전쟁을 우리 문제로 확 끌어온 가장 직접적인 고리인 동시에, 한국 언론의 전쟁 보도, 더 나아가 전쟁 저널리즘의 문제를 적나라하게 보여주기에 상세히 짚어보기로 한다.

필자는 그간 여러 방송에서 북한군 이슈를 해설해왔는데, 그 주장을 정리하면 ① 러시아와 북한의 수상한 태도로 미루어 러시아 내 북한군의 존재는 사실로 보이나, ② 여러 정황으로 보아 전투병보다는 공병이나 노무병일 것으로 추정되며, ③ 그러나 러시아도, 전쟁도 합리적 추론을 넘어서는 부분이 있으니 확언할 수는 없고, ④ 만일 전투병이라면 더더욱이나 한국은 절대 개입하면 안 된다가 될 것이다.

전투병이 아닐 것이라 판단한 이유는 당시 러시아가 전선에서 확실히 승기를 잡은 상태였고, 무기나 병력 면에서 압도적으로 우세했기 때문이다. 예를 들어 2024년 러시아의 연간 탄약 생산량은 약 300만 발로, 미국과 유럽을 모두 합쳐 서방이 일 년에 우크라이나에 제공할 수 있는 탄약량 전체(120만 발)의 거의 3배에 달했다. 또 북한군 문제가 불거지기 한 달 전인 2024년 9월 기준, 러시아와 우크라이나의 병력 비율은 10:1로 병력도 러시아가 훨씬 우세했다.[1]

물론 그렇다고 러시아에 병력과 무기가 남아도는 것은 아니었고, 병력이든 무기든 전쟁 중에는 다다익선이기 마련이다. 하지만 북한군 문제가 불거지자마자 세계가 발칵 뒤집힌 데서 알 수 있듯이, 취할 이득보다 역풍이 만만치 않은 상태에서 러시아가 무리할 이유가 없다고 생각했다. 필자가 전투병보다는 공병이나 노무병 같은 후방 인력일 것이라 판단한 이유다. 그럼에도 전투병일 가능성을 완전히 배제하지는 않았다.

북한군의 참전, 즉 전투 참여가 시작된 시점과 관련해서는 ① 미국 내에서도 국무부와 국방부 간 의견이 갈리며, ② 더구나 관련 보도의 최초 출처가 주로 우크라이나군 정보국이고, 전쟁 중 정보기관의 임무에는 가짜뉴스 전파도 포함되기에 조심할 필요가 있다고 주장했다.[2] 그렇다면 실제는 어땠을까. 당시 상황을 차례대로 짚어보자.

## 북한군 사태의 전망

우크라이나 전쟁 개시 후 러중 밀착만큼이나 세간의 이목을 끈 것이 북러 밀착이었다. 속도나 밀도 모두 러중 관계에 뒤지지 않았다. 단적으로 전쟁이 일어난 지 3년도 안 돼 북러 정상회담이 2번이나 열렸다. 각각 2023년 9월 13일, 2024년 6월 19일이었다. 첫 번째는 김정은이 러시아로 갔고, 두 번째는 푸틴이 평양을 방문했는데 24년 만이었다. 2000년 7월 푸틴이 대통령이 되자마자 평양을 방문한 적이 있고, 소련을 포함해 러시아 정상이 북한에 간 것은 그때가 처음이었다.

첫 번째 정상회담 후부터 북한의 대리 무기 지원설이 본격적으로 터져 나왔고, 두 번째 정상회담 후에는 병력 지원설이 파다하게 퍼졌다. 결과적으로 둘 다 사실로 드러났다.

먼저 무기 지원의 경우, 대부분 추정에 근거하기에 정확한 규모는 알 수 없고, 조사기관별로 차이도 크다. 일례로 2025년 4월 오픈소스센터 Open Source Centre는 북한-러시아 간 선박 이동에 대한 위성사진 분석, 배와 컨테이너, 탄약 크기의 3차원 재구성 등을 통해, 2023년 9월부터 2025년 3월까지 북한이 러시아에 제공한 탄약량을 총 420~580만 발 사이로 추정했다. 한편 2025년 7월 우크라이나 대외정보국은 그 규모를 650만 발로, 한국 국방정보본부는 1,200만 발로 발표했다.[3] 이처럼 기관에 따라 두 배 가까이 차이가 나지만, 지원 자체는 사실이며 최소 추정치를 취해도 결코 작은 규모가 아니다.

다음으로 2024년 6월 두 번째 정상회담 후 병력 지원설이 본격적으로 제기된 데는 당시 양측이 맺은 〈북러 포괄적인 전략적 동반자 관계에 관한 조약〉, 그중에서도 상호 군사원조를 규정한 4조 때문이 컸다. 아래가 그것이다.

> "쌍방 중 어느 일방이 개별적인 국가 또는 여러 국가들로부터 무력침공을 받아 전쟁상태에 처하게 되는 경우 타방은 유엔 헌장 제51조와 조선민주주의인민공화국과 러시아 연방의 법에 준하여 지체없이 자기가 보유하고 있는 모든 수단으로 군사적 및 기타 원조를 제공한다."[4]

30년 전까지만 해도 북한과 러시아는 동맹국이었다. 1961년 7월 6일 흐루쇼프와 김일성은 〈조소 우호, 협조 및 호상 원조에 관한 조약〉을 맺었는데 아래가 그 1조다.

"체약 일방이 어떠한 국가 또는 국가 련합으로부터 무력 침공을 당함으로써 전쟁상태에 처하게 되는 경우에 체약 상대방은 지체없이 자기가 보유하고 있는 온갖 수단으로써 군사적 및 기타 원조를 제공한다."[5]

'유엔 헌장과 양국 법에 준한다'는 조건이 추가된 것을 제외하면, 2024년 조약 4조는 (자동군사개입을 허락한) 1961년 동맹 조약 1조와 똑같다. 1961년 조약은 자본주의로 체제 전환한 러시아의 요구로 1996년 폐기되었고, 2000년 2월 양국은 경제 교류와 협력에 초점을 맞춘 〈조러 친선·선린 및 협조에 관한 조약〉을 새로 맺었다. '위기 시 즉각 접촉한다' 외 자동개입조항은 물론 군사원조 조항도 없었다. 이 2000년의 조약을 이제 2024년의 조약이 대체하게 된 것이다.

회담 직후부터 북러 군사협력을 경계하는 목소리가 사방에서 터져 나왔지만, 북한군의 러시아 파병설이 본격적으로 제기된 것은 그로부터 4개월 후 젤렌스키에 의해서다. 2024년 10월 13일 젤렌스키는 '북한이 러시아에 무기뿐 아니라 병력도 지원하고 있다'는 주장을 공식 제기했고, 10월 17일 우크라이나군 정보국장 키릴로 부다노우Kyrylo Budanov가 이를 보다 구체적인 정보로 확인해주었다. 그는 '북한군 11,000명이 이미 훈련을 마쳤고, 2,600명이 쿠르스크로 이동해 11월 1일부터 우크라이나군과 싸울 것'이라고 말했다.[6]

바로 다음 날인 10월 18일 한국 대통령실과 국정원이 북한군의 파병을 사실로 확인해주었다. 국정원은 위성사진 3장을 공개해 '10월 8일부터 13일까지 러시아 해군 수송함을 통해 북한 특수부대 1,500명이 청진과 함흥항 등에서 러시아 블라디보스토크로 이송된 것이 포착되며, 투입된 북한군은 러시아 극동 여러 지역의 러시아 군부대에 분산돼 적응훈련을 마치는 대로 전선에 투입될 것으로 보인다'고 발표했다. 이에 한국

정부는 '가용한 모든 수단을 동원해 강력 대응할 것'을 천명했다. 상황에 따라 그간 금기시해온 살상무기 지원이나 파병도 가능하다는 뜻이다.[7] 이후 북한군 관련 각종 동영상, 사진, 증언 등을 담은 보도가 국내외 언론을 통해 쏟아져 나오기 시작했다.

세계가 발칵 뒤집혔는데도 당사자인 러시아와 북한은 긍정도 부정도 아닌 애매한 태도로 일관했다. 항변을 하긴 했지만, 파병 사실을 적극적으로 부인하기보다는 '북러 사이의 문제다', '국제법 위반도 아니다'라거나, 외무부는 '국방부에 물어보라', 러시아는 '평양에 물어보라'는 식으로 즉답을 피했다.[8] 결정적인 건 푸틴의 발언이었다. 2024년 10월 24일 카잔에서 열린 브릭스 정상회의에서, 위성사진을 근거로 북한군 문제를 추궁하는 미국 기자에게 푸틴은 다음과 같이 답했다.

> "사진은 중요한 것이지요. 사진이 있다는 건 무언가를 반영한다는 것을 뜻합니다. …
>
> 북한과의 관계에 대해 말씀드리자면, 아시다시피 아마 오늘일 텐데, 전략적 파트너십에 대한 우리 조약이 막 비준되었습니다. 거기 4조 말인데요, 북한 지도부가 우리가 한 약속에 진지할 거라는 사실을 한 번도 의심해본 적 없습니다. 하지만 무엇을 어떻게 할지는 이미 우리 사이의 문제고, 이 조항의 틀 내에서 이루어질 겁니다. 우선은 이 조약 4조의 이행에 필요한 협상을 해야 할 테고, 우리는 북한 친구들과 접촉하고 있으며, 그 과정이 어떻게 전개될지는 한번 지켜봅시다."[9]

분명 뭔가 있기는 있다는 말이다. 이처럼 러시아와 북한은 매우 수상하고, 우크라이나와 한국 정부는 한목소리로 규탄에 열을 올리고, 다수 언론이 북한군 파병과 참전의 증거를 앞다퉈 쏟아내는데, 이상하게도 미국은 상당 기간 유보적 입장을 취했다. 미국이 러시아 내 북한군의 존재를 처음 인정한 것은 최초의 문제 제기로부터 열흘이나 지난 2024년 10월 23일이었다. 이때도 파병은 인정했지만, 그 목적에 대해서는 여전히 신중했다.

예를 들어 백악관 국가안보소통보좌관 존 커비John Kirby는 '미국 정부는 북한군이 러시아에 있다는 증거를 가지고 있으며, 참전 가능성을 우려한다'고 밝혔지만, 동시에 '북한군이 전투에 참여할지는 아직 정확히 알 수 없다'고 반복적으로 말했고, 국방장관 로이드 오스틴Lloyd Austin도 '북한군이 무엇을 할지는 아직 명확하지 않다'는 전제를 달았다.[10]

미국이 파병을 넘어 참전, 즉 북한군의 전투 참여를 처음 인정한 것은 그로부터 또 3주가 지난 2024년 11월 12일이었다. 이날 미 국무부 대변인 베단트 파텔Vedant Patel이 기자 브리핑에서 "1만 명이 넘는 북한 군인들이 러시아 동부로 파견되었고, 그들 대부분이 멀리 서쪽의 쿠르스크주로 이동해 러시아군과 함께 전투 작전에 참여하기 시작했다"고 처음 인정했다. 다음날 국무장관 앤터니 블링컨Antony Blinken은 나토 사무총장 마르크 뤼터Mark Rutte와 대화 중 "이제 북한군이 전선에 투입되어 이제 말 그대로 전투에 참여하고 있다"고 재차 확인해주었다.[11]

바이든이 3차대전으로 확전을 우려해 전쟁 3년 내내 젤렌스키가 그렇게 간청해도 외면했던 '장거리 미사일의 러시아 본토 타격'을 허락해준 것이 바로 이때다. 11월 12일 미 국무부가 북한군의 전투 참가를 공식 확인한 후 바이든은 이에 대한 대응으로 11월 17일, 그간의 금기를 깨고 장거리 미사일 에이태큼스ATACMS의 러시아 본토 타격을 허락했다.[12] 북한군 참전이 미국 전쟁 전략의 획기적 전환을 초래한 셈이다.

그 이틀 후인 11월 19일, 젤렌스키는 에이태큼스 6기를 러시아 브랸스크 무기저장소로 발사했고, 이에 대응해 푸틴은 (핵 보유국만이 아니라) 비핵국가와 그 조력국에도 핵무기 사용이 가능하도록 핵 교리를 수정했다. 장거리 미사일에 의한 우크라이나 최초의 러 본토 타격과, 핵 사용 문턱을 확 낮춘 푸틴의 핵 교리 개정안 승인이 동시에 이뤄진 11월 19일은 전쟁이 일어난 지 꼭 1,000일이 되는 날이었다.

다음 날인 11월 20일 우크라이나는 러시아 쿠르스크를 향해 다시 스톰 섀도를 발사했고, 11월 21일 러시아는 신형 극초음속 중거리탄도미사일 오레시닉Oreshnik을 꺼내 들었다. 오레시닉은 우크라이나 드니프로의 군수공장으로 발사되었다. 핵탄두 탑재가 가능한 오레시닉의 실전 데뷔는 러시아의 핵무기 사용 가능성을 시사한 것이다. 오레시닉의 사정거리는 에이태큼스나 스톰 섀도의 10배 이상이기에, 러시아 서쪽 기지에서 발사하면 유럽 전체가, 극동에서 발사하면 미국과 캐나다까지 사정권에 놓인다. 이처럼 한 치의 물러섬 없는 강 대 강 대치가 숨돌릴 틈 없이 전개되며 전쟁은 한 치 앞을 내다볼 수 없을 정도로 격화되었고, 3차대전이 더 이상 과장이 아닌 상황이 되어버렸다.

당시는 트럼프가 이미 당선된 상태였고, 바이든은 퇴임을 고작 두 달 남긴 상황이었다. 그럼에도 바이든이 내린 이 특단의 조치는 전황을 조금도 바꾸어놓지 못했을 뿐 아니라, 우크라이나에 유리한 게임체인저가 아니라 핵전쟁으로의 체인저 역할만 할 뻔했다. 트럼프의 장남 도널드 트럼프 주니어는 '아버지가 평화를 만들고 사람들의 목숨을 구할 기회를 갖기 전에 3차대전을 일으키기로 작정한 것 같다'고 바이든의 결정을 질타했다. 트럼프 역시 '나에게 물어보지도 않고 어리석고 나쁜 결정을 했다'며 그를 비난했다.[13]

## 북한군은 언제부터 전투에 참여했나

바이든이 내린 특단의 조치의 가장 큰 문제점은 북한군의 참전을 근거로 그가 그런 결정을 한 시점까지 정작 주무부처인 미 국방부는 그것이 사실인지 아닌지 확인하지 못한 상태였다는 점이다. 즉, 이미 11월 12일 북한군의 전투 참여를 기정사실화한 미 국무부와 달리, 당시 국방부는 북한군의 전투 참여를 계속해서 부인하고 있었다. 국방부가 이를 최초로 인정한 것은 바이든의 결정으로부터 한 달이나 지난 '2024년 12월 16일'에서였다. 미국 정부 내 이러한 불협화음, 즉 미 국무부와 국방부 간 불일치는 기록을 통해 객관적으로 확인된다. 아래는 2024년 12월 2일 국무부 대변인 매튜 밀러Matthew Miller의 북한군 관련 브리핑 내용이다.

> 밀러: "우리는 이미 북한과 러시아가 우크라이나 전쟁을 악화시키는 것을 목격했습니다. 북한군 병력을 쿠르스크에 투입해서 우크라이나군에 대한 직접적인 전투 작전에 참여하게 했으니 말입니다. 이는 러시아 정부에 의한 중대한 전쟁 확대였고, 북한도 이에 가담했습니다. 우리는 북한이 러시아에 장비와 물자를 공급하고, 현지에 병력을 파견해 분쟁을 지원하는 것을 목격했으며, 이러한 행위에 대해 매우 우려하고 있습니다. 우리가 최근 몇 주 동안 우크라이나의 국가 방위를 강화하기 위한 조치를 취한 것은 이 때문이며, 앞으로도 계속 그렇게 할 것입니다."[14]

다음은 같은 날 국방부 대변인 팻 라이더Pat Ryder의 기자 브리핑 중 관련 내용이다.

> 질문: "어제 우크라이나 대통령은 북한 군인이 전투 작전 중 사망했다고 말

했습니다. 북한 군인들이 최전선에서 전투에 참여했는지 확인해줄 수 있습니까?"

라이더: "이에 대해 몇 가지 말씀드리겠습니다. 지금까지 북한군이 최전선에서 공격 전투 작전에 적극적으로 참여한 것은 확인된 바 없습니다. 다만, 많은 경우 북한군이 러시아 부대에 편입되었다는 사실은 알고 있으며, 우크라이나의 러시아 시설 공습으로 북한 군인들이 사망했다는 보고가 있다는 것은 알고 있습니다. 여러분께 제공할 수치를 가지고 있지는 않지만, 대략 지금까지 북한군이 공격 전투 작전에 참여한 것은 확인된 바 없다고 말씀드릴 수는 있습니다. 특정 시점이 되면 그럴 가능성이 매우 높을 것이라 생각하지만 말입니다."[15]

미 국무부는 '북한군의 전투 참여를 확인했고, 그 명백한 전쟁 확대의 책임을 물어 (에이태큼스 사용 허가 등의) 여러 조치를 취했다'고 말하는데, 국방부는 '확인된 바 없다'는 것이다. 12월 9일 브리핑에서도 국방부는 북한군의 전투 참여를 부인했고, 12월 16일이 돼서야 비로소 '사실임을 확인했다'고 알려주었다. 아래가 12월 16일의 확인 내용이다.

질문: "러시아 내 북한군이 우크라이나 전선에 참여하기 시작했고, 최전선에서 사상자가 발생했다는 보고가 있습니다. 러시아에 북한군 군대가 있는지 업데이트 가능할까요?"

라이더: "네, 북한군이 러시아군과 함께 쿠르스크에서 전투에 참여했다고 확실히 말씀드릴 수 있습니다. 죽은 사람도 있고, 다친 사람도 있고, 사상자가 발생했다는 징후도 있습니다. 여러분께 제공할 구체적인 수치는 갖

고 있지 못합니다만, 계속 모니터할 대상인 건 분명합니다. 그리고 지금까지 말씀드렸듯이, 해당 병력은 우크라이나군의 합법적인 군사적 목표입니다. 현재 그들이 전투 작전에 활발히 참여하고 있다는 점을 고려하면 말입니다."

질문: "그들은(북한군은) 언제부터 러시아군과 함께 전투를 시작했나요?"

라이더: "아마 일주일 좀 더 전쯤이었을 겁니다."[16]

국방부가 북한군의 전투 참여가 사실임을 최초로 확인해준 12월 16일, 백악관 보좌관 존 커비도 "**지난 며칠 동안** 우리는 북한군 병사들이 전장의 제2선에서 최전선으로 이동해 전투 작전에 적극적으로 참여하는 모습을 보았다"고 말했다.[17]

정리하면 북한군의 파병은 10월이 맞지만, 전투 참여는 12월 초순부터 시작된 것이다. 이는 2025년 4월 러시아와 북한이 마침내 파병과 참전을 공식 인정한 후 밝혀진 사실들에도 부합한다. 북한군 참전은 2025년 4월 26일 러시아가 쿠르스크를 완전 탈환하고, 총참모장 발레리 게라시모프Valery Gerasimov가 푸틴에게 이를 보고하며 북한군의 공로를 칭찬하는 와중에 자연스럽게 밝혀졌다. 같은 날 러시아 외무부는 '쿠르스크 해방에 기여한 북한'에 대한 감사를 공식적으로 표명했다. 4월 28일 북한도 조선 노동당 중앙군사위원회 입장문을 통해 이에 화답했고, 같은 날 푸틴은 '절대 잊지 않을 것'이라며 별도의 감사 성명을 냈다.[18]

이 과정에서 ① 파병 제안을 먼저 한 것은 북한이고, ② 전투 참여는 2024년 6월 체결된 북러 조약의 비준서가 교환되어 조약이 발효된 '12월

4일 이후'라는 사실이 밝혀졌다. 아래 인용한 북한의 입장문과 러시아 외무부 성명이 이를 각각 보여준다. ①에 대해서는 이미 2024년 말 〈뉴욕타임스〉가 보도한 바 있고, 2025년 한국 언론도 '북한이 러시아에 파병을 결정한 것은 북러 조약 체결 두 달 후인 2024년 8월이었다'고 전한 바 있다.[19] ②의 경우는 미 국방부 대변인 라이더의 12월 16일 발언, 즉 "'일주일 좀 더 전쯤about a little over a week ago' 북한군의 전투 참여가 시작됐다"와도 시기적으로 일치하고, '북한군 문제는 조약 이행의 틀 내에서 이뤄질 것'이라던 푸틴의 카잔 발언(2024.10.)에도 부합한다.

> "김정은 동지께서는 조성된 전황이 조선민주주의인민공화국과 로씨야 련방 사이에 체결된 포괄적인 전략적동반자관계에 관한 조약의 제4조 발동에 해당된다는 분석과 판단에 근거하여 우리 무력의 참전을 결정하고 로씨야 측에 통보하시었다." (북한 노동당 중앙군사위원회, 2025.04.28.)

> "러시아와 조선 인민의 용감한 형제애의 영광스러운 연대기에 새로운 장이 열렸습니다. … 조선 인민군 병사들은 2024년 12월 4일 발효된 러시아와 조선민주주의인민공화국 간 포괄적 전략적 동반자 관계 조약의 규정에 따라 쿠르스크 지역에서 우리 장병들과 함께 같은 참호에서 어깨를 나란히 하고 피를 흘렸으며, 적의 침략으로부터 러시아 영토를 해방하는 데 크게 기여했습니다." (러 외무부, 2025.04.26.)[20]

북한군의 전투 참여가 12월 초에 시작되었음을 뒷받침해주는 또 다른 근거는 바로 그 무렵 러시아 내에서도 종군기자나 군사 블로거를 중심으로 북한군에 대한 목격담이 쏟아져나왔다는 점이다. 시작은 러시아 종군기자 블라디미르 로마노프Vladimir Romanov가 2024년 12월 12일 자신의 텔레그램에 올린 포스팅이었다. 여기서 그는 '12월 6일 쿠르스크 수자 지역의 플레호보에서 벌어진 전투에서 북한 특수부대가 우크라이나군을 제압했고, 우크라이나 측에 300명의 사망자가 발생했다'고 주장했다. 이후 보리스 로진Boris Rozhin, 유리 코툐녹Yury Kotyonok 등 다른 종군 기자나 군사 전문가의 유사한 포스팅이 이어졌고, 러시아 언론도 이를 보도하기 시작했다.[21]

이 모든 것을 종합하면, '2024년 10월 러시아 극동으로 이송된 북한군은 러시아 서부로 이동해 준비와 훈련을 하며 대기하다 북러 조약이 발효된 '12월 4일 이후부터' 쿠르스크 전투에 투입된 것'으로 결론 내릴 수 있다. 다시 말해 젤렌스키가 2024년 10월 13일 처음 문제를 제기한 때부터 12월 4일 전까지 약 두 달간은 북한군이 전투에 참여하지 않은 것이다. 이제 두 가지 문제가 남았다. 그럼 바이든은 왜 그랬을까. 또 한국 언론은 왜 그랬을까.

## 바이든은 왜 그랬을까

바이든이 내린 특단의 조치는 긴가민가하던 많은 사람이 북한군의 전투 참여를 사실로 받아들인 중요한 계기 중 하나였다. 설마 미국 대통령이 정확히 확인도 안 하고 그런 중대한 결정을 내릴 리는 없지 않겠느냐는 것이다. 하지만 앞서 기록으로 확인했듯이, 바이든이 장거리 미사일의 러시아 본토 타격을 허가한 시점까지 그가 결정의 이유로 내세운 북한군의 전투 참여는 없었다. 다른 곳도 아닌 미 국방부가 이를 부인했다. 다시 말해, 3차대전으로의 확전을 우려해 바이든 스스로도 3년이나 삼갔던 극단의 조치가 '사실'에 대한 정확한 확인 없이 내려졌다는 것만이 유일한 '사실'로 남았다. 결국 북한군 문제는 바이든의 치명적이고 때늦은 결정을 정당화할 구실에 불과했다는 결론을 피할 수 없으며, 당시 바이든은 사실에 기반한 결정이 아니라 정치적 판단을 한 것이다.

상술한 것처럼 바이든의 결정은 후과後果는 컸지만, 효과는 없었다. 당시 우크라이나는 병력, 무기, 보급, 사기 등 모든 면에서 최악인 상황이었고, 대략 50여 기로 추정되는 에이태큼스로 이를 뒤집을 수는 없었다. 더구나 러시아 땅이 워낙 넓은지라 에이태큼스의 사정권 역시 접경지대를 크게 벗어나지 못했고, 러시아는 이미 전투기 등 주요 무기나 군사 장비를 사정권 밖으로 이동시킨 상태였다. 당연히 약간의 지연 외 전황의 반전은 일어나지 않았고, 러시아는 핵을 꺼내 들었으며, 결국 쿠르스크도 넘어갔다.

그런데도 바이든은 왜 그런 결정을 내린 것일까. 그가 정말 두려워한 것은 ① 북한군 개입이 몰고 올 (아직 확인되지도 않은) 파국적 결과가 아니라, 자신의 주요 외교정책이 (더구나 트럼프에 의해) 완전한 실패로 판명나는 것이었고, ② 이를 막기 위해 갈등을 고조, 복합화함으로써 전선의 총체적 붕괴를 어떻게든 완화, 지연시킬 필요가 있었고, ③ 이에 임기를 고작 두 달 남기고 극단의 조치를 취한 것으로 판단할 수 있다. 그의 목적은 (쿠르스크에서의) 임박한 패배를 최대한 (자신의 임기 후로) 유예하는 것이었고, 적어도 그 목적은 달성했다. 하지만 2025년 2월 백악관 외교참사 당시 젤렌스키의 말처럼, 아름다운 바다 건너 미국은 안전했지만, 피해는 고스란히 우크라이나 국민에게 돌아갔다.

## 한국 언론의 풍경

마지막으로 우리 언론 문제가 남았다. 파병설이 처음 제기된 순간부터 국내 미디어와 SNS에는 온갖 추측과 의혹, 이를 주장하는 헤아릴 수 없이 많은 뉴스와 동영상, 포스팅이 넘쳐났다. 실제 북한군의 전투 참여가 시작된 것은 12월 초인데도, 한국 언론에는 이미 10월 중순부터 '북한군 최초 포로' 동영상부터 '북한군 유일 생존자' 인터뷰에 '북한군 500명 몰살' 기사까지 온갖 자극적인 뉴스가 쏟아졌다. 대부분 진위를 확인할 수 없는 데다 한눈에 봐도 엉성하고 앞뒤가 맞지 않았다.

더구나 한국 언론이나 SNS에서 북한군 참전의 직접 증거로 제시된 자료 대부분은 우크라이나 정보기관이 최초 출처였다. 대표적으로 ① 우크라이나 국방부 산하 국방정보국Holovne Upravlinnia Rozvidky(HUR), ② 우크라이나 문화부 산하 전략소통정보보안센터Tsentr Stratehichnykh Komunikatsii ta Informatsiinoi Bezpeky, ③ 정보전 담당 특수부대인 정보심리작전센터Tsentry Informatsiino-Psykholohichnykh Operatsii(TsIPsO)를 들 수 있다. ②가 SPRAVDI(우크라이나어로 '정말로', '진실로'라는 뜻이다)라는 이름의 자기 계정을 내걸고 공개적으로 활동한다면, 비밀특수부대인 TsIPsO는 SNS상의 다른 매개 채널을 통해 은밀하게 정보를 확산시킨다.[22]

북한군과 관련해 국내에 가장 널리 알려진 보도로 ① 연해주 한 훈련소에서 북한군이 보급품을 배급받는 동영상, ② (군복 사이즈 등) 북한군 대상 설문조사지, ③ 최초의 북한군 포로 동영상, ④ 유일한 북한군 생존자 인터뷰를 들 수 있는데, 4개 모두 원출처가 우크라이나의 위 기관들이다. ①과 ②는 SPRAVDI의 공식 텔레그램에, ③과 ④는 TsIPsO의 매개 채널로 추정되는 텔래그램 Exilenova+에 최초 포스팅된 것을 한국 언론이 직접, 또는 서방 기사를 받아 보도한 것이다.[23]

하이브리드전戰을 본질로 삼는 현대전에서 정보전은 물리적 전투만큼이나 중요하며, 이를 담당하는 기관에 정보의 진위 여부는 전혀 중요하지 않다. 오히려 그럴듯한 가짜뉴스의 제작 및 유포, 이를 통한 여론 조성과 심리전의 성공이야말로 이들의 주요 임무가 된다. 위 우크라이나 기관들도 마찬가지다. 하지만 같은 이유로 제3자인 한국은 우크라이나발 정보에 각별한 주의를 기울일 필요가 있으며, 북한군 문제라면 특히 그렇다.

젤렌스키가 북한군 문제를 제기한 정황을 고려하면 더욱 조심할 필요가 있었다. 당시 젤렌스키는 쿠르스크 작전 실패, 불리한 전황, 차가워진 국제 여론, 러시아에 우호적인 트럼프의 당선 가능성, 심각한 경제 상황과 국내 여론 악화 등 그야말로 총체적 난국에 처해 있었다. 이를 돌파하기 위해 젤렌스키는 2024년 9월, 이른바 '승리 계획'을 들고 뉴욕에서 열린 유엔총회에 참석했다. 거기서 그는 서방의 확실한 지원 의사, 특히 우크라이나의 나토 가입 초대 및 장거리 미사일의 러시아 본토 타격 허가를 받아내고자 했다. 하지만 미국을 포함한 서방 대다수는 그의 구상에 대해 '승리계획이 아닌 위시리스트에 불과하다,' '승리가 무엇인지부터 규정해야 한다' 등등 냉소적 반응으로 일관했다.[24]

젤렌스키의 남은 희망은 2024년 10월 12일 독일 람슈타인 공군기지에서 열릴 '우크라이나 방위연락그룹Ukraine Defense Contact Group' 회의였다. 전쟁 후 시작된 이 회의는 모든 나토 회원국과 다수의 파트너 국가가 모여 우크라이나 군사 지원방안을 논의하는 매우 중요한 국제행사다. 하지만 미국 내 허리케인 상륙으로 바이든이 불참하면서 회담은 무기한 연기되었다. 젤렌스키가 북한군 파병설을 꺼내 든 것은 회의가 무산된 바로 다음 날인 10월 13일이었다.

사면초가에 몰린 젤렌스키 입장에서 북한군 파병은 세계의 관심과 지원 확대, 특히 그토록 바라던 한국의 무기 지원을 얻어낼 수 있는 절호의 기회로 여겨졌을 수 있다. 따라서 그에겐 정확한 사실 확인보다 판을 키워 국제적인 여론을 일으키는 것이 더 중요했을 것이고, 이를 위해 앞서 거론한 3대 정보기관이 총력전에 나선 셈이다. 하지만 북한군 이슈가 가진 폭발성, 남북관계나 동북아 정세, 국익에 미칠 심각한 파장을 고려해야 할 한국으로서는 젤렌스키의 주장이나 우크라이나발 정보, 이와 관련한 외신 보도에 최대한의 경계와 신중한 확인, 전략적 대응이 필수적이었다. 특히 엄격한 정보 검증은 언론의 중요한 책무이기도 하며, 전쟁 정보는 특히 그렇다.

한국 언론은 그러지 않았다. 바야흐로 탈진실의 시대, 개인 블로거나 유튜버 등 1인 미디어는 열외로 하자. 한국의 주요 언론 모두 예외 없이, 한눈에도 조악하고 선정적인 우크라이나발 정보를 아무 검증 없이 앞다퉈 확대 재생산했다. 북한군이 전투에 투입되기도 전인 10~11월에도 한국 언론에는 사실상 참전을 기정사실화하는 보도가 범람했다. 그 결과 아직 전투에 투입도 안 됐는데 북한군 40명, 500명이 전멸했고, 교전한 적도 없는데 우크라이나군이 빼앗은 인공기가 쿠르스크 벌판에 펄럭였으며, 여기에 '북한군 인터넷 음란물 중독설', '개고기 통조림' 같은 가십성 기사들까지 가세했다.[25]

기사 대부분 '외신에 따르면'으로 시작해 '진위 여부는 아직 확인된 바 없다'로 마무리됐는데, 이런 관례적인 문구가 검증 책임을 면하게 해줄 수 없을뿐더러, 자극적인 기사 제목과 내용이 불러일으킨 인상, 이미 각인된 이미지를 상쇄하기에는 턱없이 부족했다.

예를 들어 북한군과의 첫 교전설이 등장한 10월 30일 이후 한국 주요 언론 거의 모두 '최초의 교전설'과 (1명을 제외한) '전원 사망설'에 가세했다. 이때는 미 국방부는 말할 것도 없고, 미 국무부도 전투 참여를 인정하지 않던 시점이다. 그중 다음의 기사 제목, 즉 "북한군 첫 교전서 1명 빼고 전원 사망설까지…野, 이래도 참관단 파견 막을텐가"는 이런 '묻지 마' 보도의 위험성을 단적으로 보여준다. 이미 첫 교전이 있었고 전원 사망설까지 나온 마당에 '야당은 이래도 정부의 대응에 반대할 셈인가' 추궁하고 있는 것이다. 기사도 적시했듯이 아직 '설'에 불과한데, 더구나 '진실이 최초의 희생자'가 되는 전쟁 중인데, 게다가 북한 문제인데, 파병이든 참관이든 그토록 엄중해야 할 정치적 판단을 '설'에 기대어 강요하고 있는 셈이다. 기사가 북한군 생존자의 처참하기 이를 데 없는 사진을 함께 실은 것도 '묻지 마' 기사의 이런 '정치적' 효과를 극대화하기 위함이다. 그 설조차 사실이 아니고, 처참한 사진도 가짜였는데 말이다.[26]

## 유일한 북한군 생존자?

북한군 생존자 인터뷰 보도는 가장 파장이 컸던 동시에 가장 대표적인 가짜뉴스에 해당한다. 한국 언론의 우크라이나발, 서방발 가짜뉴스 퍼나르기는 일일이 거론하기 힘들 정도로 많고, 구체적으로 지적하기에 민망할 정도로 엉성하기에 이 사례로 입증을 대신하고자 한다.

북한군 생존자 인터뷰는 10월 31일부터 국내 언론에 보도되기 시작했다. 인터뷰에서 북한군은 '러시아가 훈련도 안 시켜주고 무기도 주지 않은 채 자신을 포함해 북한군들을 전투에 몰아넣었고, 그 결과 40명의 부대원 전원이 몰살했으며, 전우의 시체 아래 몸을 숨긴 자신만 유일하게 살아남았다'고 증언했다. 퉁퉁 부은 얼굴, 피와 고름이 엉긴 붕대로 머리를 칭칭 감은 처참한 모습이 거의 모든 언론에 도배되며 충격과 분노를 불러일으켰다.[27]

하지만 인터뷰가 보도되기 하루 전인 10월 30일, 젤렌스키는 KBS와 단독 인터뷰에서 다음과 같이 말했다: "(북한군과 우크라이나군이 이미 교전을 벌여 사망자가 나왔다는) 이 같은 정보는 사실이 아니며… 현재까지 북한 병력은 전투에 참여하지 않았고, 전투에 참여할 준비를 하고 있다."[28]

그렇게 처절했던 증언이 사실이 아니었던 것이다. 북한군 생존자 인터뷰 동영상의 원출처를 확인해보면 이유를 짐작할 수 있다. 동영상은, 다른 많은 가짜뉴스처럼, 앞서 밝혔듯이 우크라이나 비밀정보부대 TsIPsO의 매개 채널로 추정되는 텔레그램 Exilenova+에 10월 31일 최초 게시된 것이다.

당시 필자는 '설사 북한군이 전투병일지라도, 무기지원과 파병을 포함해 한국은 절대 개입해서는 안 된다'고 주장했다. 그 이유는, ① 바이든과 서방이 에이태큼스와 스톰 섀도 등 '초강력' 무기들의 사용 제한을 줄줄이 풀어준 마당에, 또 그런 조치에 미래 권력인 트럼프가 불편한 심기를 감추지 않는 상황에서 한국이 '소소한' 무기를 보탤 이유가 없고, ② 우리가 무기나 병력을 지원한다 해서 러시아에 압도적으로 우세한 전황을 바꿀 수도 없으며, ③ 오히려 극심한 인구 감소로 국가 소멸 위기에 놓인 우크라이나의 피해를 더 키우고 연장하는 결과를 초래할 뿐이고, ④ 우크라이나에 도움도 안 되는데 한러 관계는 완전히 파탄날 것이고, ⑤ 그 결과 북러 밀착은 더욱 가속화할 것이며, ⑥ 북한이 (마지막 단계만 남은) 핵 무력 완성을 위해 러시아의 첨단 기술에 목을 매는 상황을 감안하면 너무 위험하다고 판단했기 때문이다.

혹자는 한국전쟁 시기 우리가 받은 도움을 거론하며 이번엔 우리가 도와야 한다고 주장하기도 했다. 3차대전이 더 이상 상상이 아닌 현재, 가장 유력한 4대 후보지로 ① 우크라이나, ② 중동, ③ 대만, ④ 한반도가 꼽힌다. 북한군 파병에 대응해 한국이 우크라이나 전쟁에 군사적으로 개입할 경우, 4개의 전선 중 2개가 교차하게 된다. 그렇게 고마운 세계에 3차대전으로 보은할 셈인가. 따라서 한국의 개입으로 분쟁을 확대, 고도화하는 대신 가능한 한 빨리 평화 협상이 이뤄지도록 도움으로써 더 이상의 북러 밀착을 막고, 북한군의 실전 경험과 전쟁 학습 기회를 축소, 차단하는 것이 한국의 국익에 훨씬 더 유익하며, 우크라이나 국민에게도 마찬가지다.

필자는 전쟁 후 러시아의 침공을 규탄하는 동시에 또 다른 트랙으로 한러 관계를 신중히 관리했다면, 북러 밀착을 아예 막지는 못했을지라도 그 속도와 밀도를 한국이 조절할 수 있었을 것이라 생각한다. 별도의 챕터에서 자세히 다룰 것이지만, 러시아 정부는 한국이 필요하고 러시아 국민은 한국을 원하기 때문이다. 한국 언론의 무책임한 받아쓰기와 퍼나르기는 마땅히 필요했던 이 신중함에 배치됐을 뿐 아니라, 이를 봉쇄하는 데 조력했다.

## 〈한겨레〉의 '자칭 진보' 비판

사실 북한군 보도는 우크라이나 전쟁 관련 한국 언론의 문제점을 보여주는 하나의 사례에 불과하다. 문제는 더 근본적이다. 전쟁 발발 후 우리 언론은 '우크라이나가 이기고 있다', '푸틴 정권은 붕괴 직전이다' 등 북한군 보도와 그리 다를 바 없는 '묻지 마' 기사를 쏟아냈다. 이 점에선 보수와 진보 언론 사이 별 차이도 없었고, '사실관계를 따져 묻는 사람들'을 더 적극적으로 비판하고 공격한 것은 오히려 진보 쪽이었다.

가장 대표적인 것이 〈한겨레〉의 전쟁 3주년 특집기사다. "자칭 '진보'

의 강자 선망", "한국의 '진보'는 왜 우크라이나를 때리나" 등 제목부터 도발적이다. 전자는 이재훈 〈한겨레21〉 편집장, 후자는 〈한겨레〉의 칼럼니스트인 박노자 교수가 썼다. 요지는 '어떻게 진보가, 더구나 여러 번 침략당하고 식민의 고통까지 겪은 한국의 진보가 침략국 러시아를 지지하고 피해자 우크라이나를 조롱할 수 있느냐'였다. 〈한겨레〉는 이들을 '자칭' 진보로 냉소하며 대표선수들의 실명과 얼굴까지 작정하고 공개했다.[29]

이쯤 되면 팩트 체크는 기본이어야 한다. 그런데 놀랍게도 그렇지 않았고, 틀린 사실이 한두 개도 아니었다. 대표적인 사례 몇 가지만 짚어본다. 앞서 이미 다룬 주제인 경우 여기서도 짧게나마 요약해보고자 한다.

먼저 특집기사가 문제시한 방송에서 '자칭 진보'들이 때린 것은 우크라이나가 아니라 젤렌스키였다. 젤렌스키는 우크라이나가 아니다. 더구나 침략당한 나라라도 대통령은 전쟁을 막기 위해 또는 자국민의 희생을 최소화하기 위해 노력할 의무가 있다. 젤렌스키는 그렇게 하지 않았거나 못했다. 그를 둘러싼 아름답지 못한 소문들은 논외로 하자. 지금 우크라이나는 전쟁이 문제가 아니라 국가가, 국민이 소멸할 위기에 놓였다. 독립 직후 5,200만이던 인구가 반 토막이 났고, GDP 생산가능인구는 천만 남짓에 불과하다. 우크라이나 국민의 70%가 어떻게든 빨리 전쟁을 끝내고 싶어 하는 이유다. 우크라이나가 이 지경인데도 전쟁을 고집하는 젤렌스키를 비판하면 우크라이나를 조롱하는 것이 되고, 침략국을 지지하는 것이 되는가.

이재훈은 '러시아가 민스크 협정을 하나도 지키지 않았다'고 썼다. 이것 역시 사실이 아니다. 민스크 협정의 핵심은 '돈바스가 우크라이나 영토로 남는 대신 우크라이나 정부는 돈바스에 자치권을 부여한다'였고, 이를 지키지 않은 것은 키이우 정부다. '민스크 협정의 유일한 목적은 우크라이나에 시간을 벌어주는 것이었다'는 메르켈의 고백이 서방 언론에 대서특필되기도 했다. 이 정도 팩트는 전쟁에 조금이라도 관심이 있는 사람이라면 기본에 해당하며, 유명 언론의 전쟁 특집 편집장이 이걸 모를 리 없거나, 몰라서는 안 된다.

박노자는 '일부 진보가 나토 동진을 전쟁 발발의 이유로 주장해 러시아의 침략 책임을 상대화시켰다'고 말했다. 대체 그걸 빼고 이 전쟁을 어떻게 설명할 수 있단 말인가. 그럼 전쟁은 왜 일어났는가. 푸틴의 영토욕심, 소련 부활 야심 때문에? 그렇다면 전쟁 전 돈바스 반군 지도자들이 그렇게 간청해도 푸틴이 8년이나 합병은커녕 독립도 인정해주지 않은 것은 어떻게 설명할 것인가. 전쟁 직후 4대 점령지 중 자포리자와 헤르손을 알아서 포기한 이스탄불 협상은? 무엇보다 필자도 나토 문제가 전쟁의 근본 원인이라 생각하지만, 그래서 푸틴이 잘했다고 생각하지는 않는다. 그런 사람도 있고, 더 많을 수도 있는데, 나토 때문이라고 하면 '자칭 진보'로 조롱받아야 하나. 더구나 이 전쟁은 이미 누가 잘하고 못하고의 영역을 넘어선 지 오래다.

〈한겨레〉는 '자칭 진보'가 이러는 이유를 ① 한국이 이미 강자가 된 현재, 이기면 되고 돈 벌면 그만이라는 '강자 선망' 심리, ② 우크라이나 편에 섰던 윤석열에 반反하는 진영 논리, ③ 운동권 출신에 뿌리 깊은 반미反美주의에서 찾는다. 기사에 직접 거론되지는 않았지만, 사실 〈한겨레〉가 가장 중요하게 생각하는 이유는 ③으로 보인다. 〈한겨레〉의 또 다른 구성원도, 박노자도 여러 칼럼과 포스팅에서 이를 주장했다.

예를 들어 〈한겨레〉의 길윤형 논설위원은 한 칼럼에서 "미국은 성장한 한국이 일본 등과 함께 자유주의적 국제질서를 수호하는 데 한몫해주길 바라고 있지만, '진보 86'은 여전히 반미와 무임승차 정서에 머물고 있다. 한반도에 불똥이 튈까만을 걱정하며 젤렌스키 대통령의 애절한 도움 요청에 성의 없고 냉담한 반응을 보인다"고 비판했다. 그는 이 '반미

감정과 무임승차 기질'을 “현재 대한민국의 주류를 구성하는 이른바 '진보 86'들에게서 공통적으로 관찰되는 독특한 정서”로 규정했다.[30]

박노자도 한 칼럼에서 “"반미"를 최고의, 지상의 가치로 인식해온 국내 일부의 좌파적 민족주의자들은, 러시아 정권과 자본의 미국과의 경쟁과 대립을, 마치 무슨 '민족 해방 운동'쯤으로 오인하기 시작했습니다. 이렇게 해서 러시아에 대한 세 번째 환상, 즉 푸틴의 '반미'에 대한 환상이 일어나게 됩니다. 이 환상들은 2022년 2월 이후…우크라이나 침공의 시기에 그야말로 꽃을 피게 됩니다”라고 주장했다.[31]

너무 원색적이고 주관적이고 올드한 논리다. 박노자는 스탈린주의까지 소환했다. 본의 아니게 〈한겨레〉가 비판할 만한 주장을 주로 해온 필자를 예로 들어보면, ① 운동권도 아니었고 반미주의자는 더구나 아니며, ② 사람들이 굶주리는데도 사회주의를 동경하는 사람을 도무지 이해할 수 없던 사람이고, ③ 윤석열이 아닌 문재인 정부 때부터 '전쟁은 나토 때문'이라고 주장해왔다. 무엇보다 '적의 적은 친구' 식의 이런 단순 논리는 전쟁을 오로지 '선악'의 구도로 보는 쪽에 어울리는 것이지 '사실'의 관점에서 따져 묻는 사람에게는 적합하지 않다. '이미 강자가 됐다'면서 '강자를 선망한다'는 게 말이 되는지도 모르겠고, 무엇보다 그렇다면 진짜 강자는 누구인가. 러시아가 더 센가, 우크라이나를 앞세운 미국, 또는 서방이 더 센가. 국익을 주장하면 '이기면 그만, 돈 벌면 그만인 사람'이 되는 논리는 또 어떻게 가능한가.

〈한겨레〉에 권하고 싶다. 정말 우크라이나를 위한다면 사실에서 출발하라. 진보지만, 러시아도 중국도 북한도 비판할 줄 아는 엄정함은 사실을 무시하거나 사실에 무지한 태도로는 얻어지지 않는다. 현재 가장 중요한 객관적 사실은 이러하다. 심각한 인구 위기로 이미 오래전부터 우크라이나는 '전쟁이 비극이면 국가는 파국'인 상황이다. 그런데도 젤렌스키를 때리면, 그런 우크라이나의 처참한 상황을 알리면, 이 비극의 진짜 인과因果를 따져 물으면 친러가 되고 침략 옹호자가 되는가. 〈한겨레〉가 정말 원하는 것은 무엇인가. 누구처럼 정의를 위해 '최후의 우크라이나인'까지 사라지는 것인가. 그때 정의는, 반전 평화는 누구를 위한 것인가. 필요한 것은 사실을 억압하는 손쉬운 정의가 아니라, '사실' 위에 '정의'를 세우려는 고된 노력이다.

## 미주

1 “Exclusive: Russia producing three times more artillery shells than US and Europe for Ukraine,” *CNN*, March 11, 2024; “Outgunned and outnumbered, Ukraine’s military is struggling with low morale and desertion,” *CNN*, Sep. 8, 2024.

2 이문영, “북한이 파병한 진짜 이유,” <삼프로TV>, You Tube, 2024.10.26.; “우크라 비밀 협약, 미국의 무서움,“ <삼프로TV>, You Tube, 2025.05.10.

3 “Brothers in Arms: Estimating North Korean Munitions Deliveries to Russia,” *Open Source Centre*, April 15, 2025; 권영희, “북한, 러시아에 포탄 650만 발, 발사대 등 600문 제공,” YTN, 2025.07.29.

4 “[북러 회담] 북러 ‘포괄적인 전략적 동반자 관계에 관한 조약’ 전문,” <연합뉴스>, 2024.06.20.

5 “쏘베트 사회주의 공화국 연맹과 조선 민주주의 인민 공화국 간의 우호, 협조 및 호상 원조에 관한 조약,” *United Nations Treaty Series*, No. 6045, p. 147.

6 Anastasia Protz, “Ukraine’s spy chief says 11,000 North Korean soldiers to fight against Ukraine by 1 November,” *Ukrainska Pravda*, Oct. 18, 2024.

7 국정원, “보도자료: 북한 특수부대 러-우크라 전쟁 참전 확인,” 2024.10.18.

8 “МИД: взаимодействие с КНДР в военной сфере не нарушает международное право,” *РИА Новости*, 23 октября 2024; Павел Иванов, “Захарова посоветовала уточнить в Пхеньяне дислокацию военных КНДР,” *Газета.ru*, 23 октября 2024.

9 Владимир Путин, “Пресс-конференция по итогам XVI саммита БРИКС,” *Президент России*, 24 октября 2024.

10 “North Korean troops are in Russia, would be ‘legitimate targets’ in Ukraine,” *The Washington Post*, Oct. 23, 2024.

11 “North Korean soldiers joining Russia in combat, US State Dept says,” *Reuters*, Nov. 13, 2024; “Secretary Antony J. Blinken And NATO Secretary General Mark Rutte After Their Meeting,” *2021-2025.state.gov*, Nov. 13, 2024.

12 “Biden Allows Ukraine to Strike Russia With Long-Range U.S. Missiles,” *The New York Times*, Nov. 17, 2024.

13 Lauren Irwin, ”Trump Jr.: Biden administration trying to cause ‘World War 3’ by helping Ukraine,” *The Hill*, Nov. 18, 2024; “Donald Trump Press Conference with Soft Bank CEO,“ *REV*, 2024.12.16.; “Pentagon Has Quietly Blocked Ukraine’s Long-Range Missile Strikes on Russia,” *The Wall Street Journal*, Aug. 23, 2025.

14 Matthew Miller, “Department Press Briefing,” *2021-2025.state.gov*, Dec. 2, 2024.

15 “Pentagon Press Secretary Maj. Gen. Pat Ryder Holds an Off-Camera, On-The-

Record Press Briefing," *US Department of War*. Dec. 2, 2024.

16 "Pentagon Press Secretary Maj. Gen. Pat Ryder Holds an Off-Camera, On-the-Record Press Briefing," *US Department of War*, Dec. 16, 2024.

17 "On-the-Record Press Gaggle by White House National Security Communications Advisor John Kirby," *bidenwhitehouse.gov*, Dec. 16, 2024.

18 "Герасимов доложил о полном освобождении Курской области. И поблагодарил бойцов КНДР," *Газета.ru,* 26 апреля 2025; Владимир Путин, "Заявление Президента Российской Федерации," *Президент России*, 28 апреля 2025.

19 Julian Barnes, Michael Schwirtz, "Sending Troops to Help Russia Was North Korea's Idea: U.S. Officials Say," *The New York Times*, Dec. 23, 2024; 박수윤, "북, '2024년 8월' 러 파병 결정 확인…북러조약 직후," <연합뉴스>, 2025.08.30.

20 이재호, "거칠 것 없는 푸틴·김정은, 북한군 전쟁 참전 공식화하며 "관계 강화" 한목소리," <프레시안>, 2025.04.28; "Комментарий официального представителя МИД России М.В.Захаровой в связи с освобождением Курской области," *МИД РФ*, 2025.04.26.

21 Романов Лайт, Telegram, 2024.12.12. https://t.me/romanov_92/45708; Colonelcassad, Telegram, 2024.12.13.; Военкор Котенок, Telegram, 2024.12.14.; "Появилось видео со штурмом Плехово после сообщений об участии спецназа КНДР," *Газета.ru*, 13 декабря 2024; "В Госдуме объяснили участие спецназа КНДР в бою под Курском," *RTVI*, 2024.12.13.

22 Defence Intelligence of Ukraine, Homepage (gur.gov.ua); Centre for Strategic Communication and Information Security, Homepage (spravdi.gov.ua); "«Антироссийский форпост»: зачем в Киеве открыли Центр информационной безопасности," *RT*, 2 апреля 2021,; "Инфодиверсанты. Как действовал Центр инфо-психологических операций ВСУ," *РИА* Новости, 2022.05.13; Д. В. Бессонов, "Методы информационно-психологического влияния, применяемые украинскими подразделениями информационно-психологических операций против участников СВО, их родственников и других граждан," *Tadviser*, август 2023.

23 ① Telegram. http://t.me/spravdi/42230 (2024.10.19.)
② Telegram. http://t.me/spravdi/42271 (2024.10.20.)
③ Telegram. http://t.me/exilenova_plus/2819 (2024.10.18.)
④ Telegram. http://t.me/exilenova_plus/3080 (2024.10.31.)

24 "Ukraine's Allies Play Down Hopes for Zelenskiy's 'Victory Plan' Breakthrough," *Bloomberg*, Sep. 24, 2024; Mark Galeotti, "Ukraine has a victory plan: but what does victory mean?" *The Times*, Sep. 22, 2024.

25 "[단독] 정부 "북한군 40명 우크라서 사망"…우크라도 교전 확인," <서울신문>, 2024.11.05; "스톰섀도 공격으로 북한군 500명 사망, 우크라 매체 주장," <동아일보>, 2024.11.24; "인공기 빼앗은 우크라군…북한군 첫 교전서 1명 빼고 모두

전사," <동아닷컴>, 2024.10.30; "파병 온 북한군, 인터넷 자유로운 러시아서 음란물에 중독," <뉴시스>, 2024.11.07; "북한군, 개고기 통조림 전투식량…'폄하 각본' 인지전?" <서울신문>, 2024.11.02.

26 "북한군 첫 교전서 1명 빼고 전원 사망설까지…野, 이래도 참관단 파견 막을 텐가", <세계일보>, 2024.11.01.

27 "'유일생존' 북한군 추정 인물 등장… "시체 밑에 숨어 살았다"," <서울신문>, 2024.10.31.

28 "[단독] 젤렌스키 대통령 인터뷰: 북, 파병 대가로 '드론' 등 군사기술 얻을 것… 며칠 내 교전 예상," KBS, 2024.10.31.

29 이재훈, "자칭 '진보'의 강자 선망," <한겨레21> 1555호, 2025.03.13; 박노자, "한국의 '진보'는 왜 우크라이나를 때리나," <한겨레21> 1555호, 2025.03.14.

30 길윤형, "반미감정과 무임승차," <한겨레>, 2022.04.20.

31 박노자, "러시아, 혹은 한국인들의 환상과 환멸의 역사," <다른세상을향한연대>, 2023.03.05.

10 

# 막을 수 있는,
# 멈출 수 있는 전쟁이었다?

## 막을 수 있었던 전쟁

지금까지의 이야기는 전쟁의 기원에 대한 것이었다. 말하자면 '침공을 정당화할 수는 없지만, 이유 없는 전쟁은 아니었다'는 서두의 주장을 입증하는 과정이었다. 이는 막을 수 있는, 또는 멈출 수 있는 전쟁이었다는 뜻이기도 하다. 나토 팽창이 우크라이나 앞에 멈춰 섰다면, 돈바스 자치를 약속한 민스크 협정이 지켜졌다면, 전쟁 한 달 후 이스탄불 협상이 타결되었다면. 여기에 한 가지를 더 추가할 수 있다. 전쟁 직전 바이든이 푸틴의 외교적 제안에 응했다면.

2021년 12월 15일 푸틴은 미국과 나토에 러시아의 안전보장과 관련한 협상 초안을 발송했다. 각각 〈러시아연방과 미국 간 안전보장에 관한 조약〉, 〈러시아연방과 나토 회원국 간 안전보장을 위한 조치에 관한 협정〉이란 제목의 두 문서는 이틀 뒤 러시아 외무부 홈페이지에 공개되었다. 2022년 1월 26일 미국과 나토가 이에 대한 답변을 보냈고, 2월 17일 러시아는 이에 대한 재답변서를 다시 한번 발송했다. 전쟁 일주일 전이었고, 일종의 최후통첩이었다.[1]

러시아가 두 문건과 재답변서를 통해 서방에 요구한 것은 ① 안보 불가분성의 준수, ② 우크라이나를 포함해 나토 추가 확대 금지, ③ 소련이었으나 나토는 아닌 국가에 군사기지 건설 등 금지, ④ 1997년의 〈나토-러시아 창립법〉 이전 수준으로 나토 군 자산 복귀, ⑤ 민스크 협정 준수로 정리할 수 있다. 일종의 패키지 제안이었지만, 푸틴이 원했던 핵심은 '나토의 추가 확대 금지', 다시 말해 '우크라이나의 나토 불가입' 약속을 '구속력 있는 문서'로 받고자 한 것이다. 푸틴은 1인치 약속을 잊지 않았다. 협상안 발송 일주일 전인 2021년 12월 7일 바이든과 가진 화상 회의에서도 푸틴은 같은 것을 요구했다.[2]

서방은 (군비나 핵 통제 등) 러시아의 부가적인 요구들에 대해서는 얼마든지 대화하겠다는 입장이었지만, 우크라이나의 나토 가입에 대해서는 단호했다. 러시아에 보낸 답변서에서 미국과 서방은 나토의 '문호 개방 정책open door policy'이 포기될 수 없음을 다시 한번 분명히 했다. 예상 가능했던 반응이며, 아마 푸틴도 서방이 제안에 응할 거라 크게 기대하지는 않았을 것이다. 더 멀리 갈 것 없이 2021년 나토와 우크라이나, 미국과 우크라이나가 얼마나 긴밀하게 군사적으로 협력했는지 떠올리면 충분히 짐작 가능하다. 대략만 열거해도 아래와 같다.

2021년 3월부터 6월까지 우크라이나는 미국과 나토 회원국 간 다국적 육해공 합동 훈련인 '디펜더 유럽 2021Defender Europe 2021'에 참여했는데, 그간 서방과 해온 합동 훈련 중 최대 규모였다. 6월 브뤼셀에서 열린 정상회의에서 나토는 '우크라이나와 조지아는 나토 회원국이 될 것'이라는 부쿠레슈티 선언을 재확인했으며, 7월에는 흑해에서 미-우크라이나 간 대규모 해상훈련 '씨 브리즈Sea Breeze'가 있었고, 8월에는 미-우크라이나 국방부 간 전략적 파트너십 협정인 〈미-우크라이나 전략 방위 프레임워크U.S.-Ukraine Strategic Defense Framework〉가 체결되었으며, 9월에는 우크라이나군이 주도하고 미국과 나토 회원국이 참여하는 합동 군사훈련 '래피드 트라이던트Rapid Trident'가 열렸고, 11월에는 미-우크라이나 전략적 파트너십에 관한 새로운 헌장이 채택되었다.[3] 결정적으로 2021년 12월 16일, 나토 사무총장 스톨텐베르그는 젤렌스키와 나란히 기자회견에 나서 다음과 같이 선언했다. 푸틴이 최후통첩을 보낸 바로 다음 날이었다.

"나토는 문호 개방 정책을 취합니다. … 저는 실제로 2008년 부쿠레슈티에서 열린 나토 정상회의에 참석했는데, 당시 모든 동맹국이 우크라이나가 나토 회원국이 될 것에 합의했습니다. 우리는 그 결정과 우크라이나가 나토 회원국이 될 가능성과 관련해 부쿠레슈티 정상회의 이후 내려진 결정들을 지지합니다. …

우리는 지난 몇 년 동안 두 개의 새로운 회원국을 추가하며 동맹을 확대했습니다. 러시아의 항의에도 불구하고 말입니다. 또 우리는 나토 가입에 더 다가서려는 우크라이나의 노력을 지원하고 있습니다. 우리는 개혁, 부패 척결, 역량 강화, 우크라이나 안보 및 국방 기관의 현대화를 돕고 있습니다. 나토와 나토 동맹국들은 훈련과 조언도 제공합니다. 우리는 합동 훈련을 하고 있고 나토 동맹국들은 장비도 제공합니다. 그렇게 우리는 우크라이나를 지원합니다. 우리는 우크라이나의 국방력과 군대를 강화하고 있습니다. 나토 동맹국들과 나토가 우크라이나에 제공하는 실질적인 협력과 지원이 이것입니다. 그렇게 우리는 우크라이나와 연대합니다. 우리는 나토 회원국이 되기 위한 그들의 노력을 계속 지원할 겁니다. …

우리는 러시아와 대화할 수 있고 대화할 준비가 되어 있다는 매우 분명한 메시지를 보냅니다. … 그러나 우크라이나와 같은 모든 주권 국가가 자신의 길을 선택할 권리를 가진다는 점, 우크라이나가 동맹에 가입할 시기를 결정하는 것은 우크라이나와 30개 동맹국이라는 원칙에 대해서는 결코 타협하지 않을 것입니다."[4]

문제는 미국과 나토는 우크라이나를 나토에 가입시킬 생각이 없었다는 점이다. 당시도 그랬고, 지금도 그렇다. 바이든도 구두로나 사석에서는 우크라이나의 나토 가입이 어렵다는 점을 거리낌 없이 여러 번 말했고, 전쟁이 일어난 후 우크라이나에 결사항전을 요구하면서도 나토 가입 요구는 절대 들어주지 않았다. 앞선 장에서도 밝혔듯이, 나토 확대 지지자와 반대자 모두 한목소리로 '부쿠레슈티 선언이 우크라이나에 재앙이 되었다'고 주장한 것은 이 때문이다. 선언 이후 우크라이나는 나토 가입에는 '사실상' 차단되고, 러시아의 불만에는 '최대한' 노출된 최악의 상황에 놓였다. 대신 서방은 우크라이나 군대를 강하게 키워주었다. 자기 대신 러시아를 망가뜨릴 수 있을 정도로만 말이다. 하지만 우크라이나가 아무리 강해진들 둘이 맞붙을 경우 러시아가 망가지면 우크라이나는 무너진다.

이와 관련해 2022년 1월, 미 랜드연구소의 선임 정치학자 새뮤얼 차랍은 〈파이낸셜 타임스〉에 다음과 같은 내용의 칼럼을 발표했다.

"회담 후 러시아 측 수석 협상가인 세르게이 랴브코프는 우크라이나가 "절대, 절대, 절대로 나토 회원국이 되지 않는 것"이 필수적이라고 말했다. 웬

디 셔먼 미 국무부 차관은 “언제나 나토 동맹의 중심이었던 오픈 도어 정책을 누군가 쾅 하고 닫아버리는 것을 허용하지 않을 것”이라고 반박했다. 이 차이는 화해할 수 없는 것처럼 보인다.

그러나 나토는 우크라이나에 가입 초대를 하지 않았고, 동맹국들도 그렇게 할 의사가 없다. 이 위기를 해소할 수만 있다면 동맹은 추상적인 원칙을 두고 모스크바와 계속 다투기보다는 실질적인 정책을 제시해야 한다.

부쿠레슈티 이후 두 구소련 공화국이 회원국이 ‘될 것’이라는 주장은 나토의 도그마로 굳어졌는데, 이는 러시아가 계속해서 이를 강력하게 거부하고 있기 때문이 컸다. 지도자들은 모든 정상회의에서 이를 재차 강조하고 있다. 그러나 현실은 나토가 우크라이나나 조지아에 가입은커녕 MAP(회원 가입 행동 자격)를 부여할 계획도 없다는 것이다.

러시아의 이래라 저래라를 나토는 받아들일 수 없고, 받아들여서도 안 된다. 하지만 모스크바가 선동적인 레토릭을 늘어놓는다고 해서, 나토가 우크라이나에 가입을 제안할 준비가 돼 있지 않다는 사실을 외면해서는 안 된다. 그렇게 해서 전쟁을 피할 수 있다면, 나토 관리라면 누구나 밀실에서는 말하는 것, 즉 ‘우크라이나의 나토 가입은 고려 대상이 아니라는 것’을 공개적으로 말할 방법을 찾는 것은 어떤가?

일각에서는 이런 조치가 국가의 ‘자유로운 안보 조치 선택권’이라는 원칙을 위반한다고 반대한다. 그러나 설사 러시아가 우크라이나 국경에 대규모 병력을 집결시키지 않았다 해도, 나토가 키이우에 선택권을 줄 생각도 없으면서 그 원칙을 고집하는 것은 정직하지 않은 처사다. 현재의 긴장 상황에서 계속 그렇게 행동하는 것은 우크라이나에 아무 도움이 되지 않을 뿐만 아니라 상황을 악화시킬 수 있다.

'동맹은 현재로서는 우크라이나에 가입을 제공할 의사가 없다'는 성명은 러시아군이 국경에서 실질적으로 감축되는 대가로만 이뤄져야 한다. 나토가 어차피 할 생각이 없는 일을 할 계획이 없다고 선언하는 것은 패배를 인정하는 것이 전혀 아니다. 이러한 현실을 인정하는 것이 우크라이나를 파괴하고 유럽을 불안정하게 만들 수 있는 분쟁을 피하게 해준다면, 이는 지불할 만한 작은 대가처럼 보인다."[5]

러시아와 미국 사이 마지막 서한이 오가던 무렵은 푸틴이 우크라이나 국경에 대규모 병력을 집결시키고 무력시위를 벌이던 때면서, 바이든이 언론 앞에서 구체적인 날짜까지 거론하며 러시아의 침공을 연일 경고하던 때와 일치한다. 바이든의 그런 이례적 행보는 이런 배경에서 이뤄진 것이다. 결국 푸틴이 제안한 외교적 타결은 이뤄지지 않았고, 그의 침공 직전 연설은 이 마지막 노력에 대한 언급으로 마무리된다. 즉, 1997년 러시아-나토 간 약속된 '최초의' 정신으로 돌아가자는 '최후의' 호소마저 무시당한 상황에 "러시아는 자국 안보를 위해 책임 있는 조치를 취할 전적인 권리를 갖는다"는 것이다.[6]

물론 전쟁에 대한 전적인 권리란 누구에게도 없고, 침공은 어떤 이유로도 정당화될 수 없다. 다만 돌이켜보면 당시 러시아의 제안은 지금보다 훨씬 나았다. ① 민스크 협정 준수, 즉 '돈바스 공화국에 자치권 부여'는 영토 20%를 뺏기게 된 지금에 비하면 그야말로 아무것도 아니며, ② '1997년 이전으로 나토 군 자산 복귀'도 일종의 '바기닝 칩bargaining chip'으로 얼마든지 타협이 가능한 사안이었고, ③ 앞서 밝혔듯이 어차피 미국은 우크라이나를 나토에 가입시킬 생각도 없었으며, ④ 무엇보다 그 많은 사람이 죽지 않을 수 있었다. 초지일관 러시아의 요구는 '나토는 우리 형제인 우크라이나에서 손을 떼라'였다. 이제 와 다 부질없는 이야기지만, 당시 바이든이 연일 전쟁을 예고하며 세계를 두려움에 떨게 하는 대신 푸틴과 마주 앉았다면 어땠을까 하는 아쉬움은 여전히 남는다.

## 멈출 수 있었던 전쟁

### 1) 이스탄불 협상과 러시아군의 자진 철수

서방이 '러시아는 전쟁을 끝낼 생각이 전혀 없다'고 비난할 때면, 푸틴은 '한 달 만에 끝날 수 있었다', '기회를 걷어찬 건 우크라이나고, 뒤에서 조종한 건 서방이다'라고 응수하곤 한다. 침략자가 할 말인지는 모르겠지만, 어쨌든 (1장에서 다뤘던) 이스탄불 평화협상을 말하는 것이다. 전쟁 직후인 2022년 3월 초부터 당시 이스라엘 총리 나프탈리 베네트Naftali Bennett, 튀르키예의 레제프 에르도안Recep Erdoğan 대통령, 독일 전 총리 게르하르트 슈뢰더Gerhard Schröder 등의 중재로 활발히 진행된 평화협상은 3월 29일 러우 대표단 간 이스탄불 회담과 그 결과물인 〈이스탄불 코뮈니케〉로 구체화되었다. 하지만 4월 9일 보리스 존슨이 키이우로 날아와 '계속 싸우라keep fighting'고 외친 후, 막바지를 향하던 협상이 완전히 멈춰서고, 푸틴 데스크까지 올라간 협상안이 휴지 조각이 되었다는 점은 이미 상세히 밝힌 바 있다.

2022년 5월 5일 〈우크라인스카 프라우다Ukrainska Pravda〉는 특집기사를 통해 보리스 존슨의 방문에 대해 자세히 알렸다. 당시 존슨이 젤렌스키에 전한 메시지는 ① 전범 푸틴은 협상이 아닌 압박의 대상이고, ② 우크라이나는 협정에 서명할 의향이 있는지 몰라도 서방은 그렇지 않으며, ③ 러시아가 생각만큼 강하지 않으니 싸워볼 만하다는 것이었다. 당시 우크라이나 협상단 대표였던 다비드 아라하미아도 '강요가 아닌 조언'이었다는 단서 아래 존슨의 요구가 사실임을 인정했다.[7]

협상이 결렬될 무렵 러시아는 평화조약의 타결을 위해 점령지역에서 자진 철수까지 한 상황이었다. 푸틴에 따르면 유럽의 몇몇 지도자들이 '관자놀이에 총이 겨눠진 채 키이우가 사인할 수는 없지 않느냐'며 '수도 키이우 인근에서는 병력을 빼라'고 요청했다고 한다. 실제로 이스탄불 협상 전날인 3월 28일 푸틴이 철수 명령을 내렸고, 4월 6일경 키이우 인근과 체르니히우, 수미 등 북동부에서 러시아군의 철수가 완료되었다.[8]

10-1. 러시아군 철수 지역 (2022.04.06.)

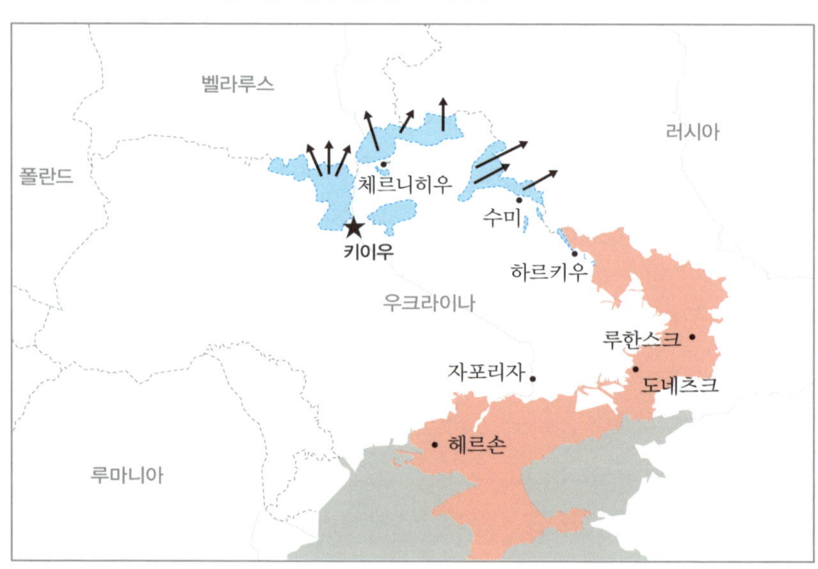


출처: ISW

전쟁연구소의 2022년 4월 6일 전황도 〈10-1〉은 러시아군의 철수 지역을 보여주는데, 검은 화살표가 표시된 하늘색 부분이다.[9] 러시아는 철수를 신뢰 구축을 위한 '선의의 제스처'라 표현했고, 우크라이나는 '전투 패배로 인한 불가피한 후퇴'라 주장했다. 물론 러시아군 철수는 초반 전쟁 수행 실패와 (동남부로) 전선 축소의 필요 등을 복합적으로 고려한 결정이었을 것이지만, 어쨌든 CNN 추산에 따르면 당시 러시아군이 자진 철수한 지역은 초기 점령지의 40%에 달했다.[10] 푸틴이 "우리가 군대를 철수하자 키예프 당국은 모든 것을 역사의 쓰레기통에 던져버렸다"고 울분을 토한 것은 이런 맥락이다.[11]

## 2) 협상 결렬은 부차 학살 때문이었나

서방과 우크라이나는 이스탄불 협상 결렬의 원인으로 '부차 학살'을 자주 거론해왔다. 2022년 3월 30일 점령지 부차에서 러시아군 철수가 완료된 후, 다수의 민간인 시신이 발견되었다는 주장과 사진, 동영상이 4월 1일부터 소셜미디어를 중심으로 퍼져나갔고, 이후 전 세계 언론에 대대적으로 보도되기 시작했다. 4월 4일 부차를 직접 방문한 젤렌스키는 이를 제노사이드로 규정하고, "잔학행위의 규모를 알게 된 후 러시아와의 협상이 더 힘들어졌다"고 토로했다. 바이든은 '푸틴을 재판정에 세워야 할 전범'으로 규정했고, 보리스 존슨은 '전범에게는 협상이 아니라 압박이 필요하다'며 목소리를 높였다.[12] 당연히 협상 분위기는 싹 가셨고, 세계는 한목소리로 러시아를 성토했다.

러시아는 이를 우크라이나의 자작극, 또는 우크라이나 정보기관의 '(친러) 부역자 청소'의 결과라고 주장했다. 러시아가 유력한 증거로 내민 것 중 하나가 부차 시장市長 아나톨리 페도루크Anatoliy Fedoruk의 동영상이다. 앞서 밝힌 것처럼, 학살 사진이나 영상이 돌기 시작한 것은 4월 1일부터였고, 당시 시장인 그는 최소 320구의 시신이 발견되었다고 말했다. 그런데 3월 30일 러시아군의 부차 철수가 완료되고, 3월 31일 시장 페도루크가 '점령자로부터 해방'을 축하하며 자신의 SNS에 올린 동영상에는 학살에 대한 어떤 언급도 없었다. 동영상 속 그는 마냥 밝고 기쁜 모습이었다. '320구의 시신이 거리 곳곳에 널려 있는데 그걸 4월 1일에야 발견할 수 있느냐, 아니면 그걸 보고도 시장이 그럴 수 있느냐'는 것이 러시아 측 주장이다.[13]

부차 학살이 음모라고 말하려는 것이 아니다. 오히려 '(러시아군이) 부차에서만 그랬겠느냐'가 필자의 요지에 가깝다. 백번을 양보해 부차는 아니라면, 다른 곳에서는 안 그랬겠는가. 가혹한 이야기지만 민간인이 희생되지 않는 전쟁은 없으며, 한국전쟁을 포함해 20세기 전쟁 대부분 군인보다 민간인 피해가 훨씬 더 컸고, 그렇기에 전쟁은 무슨 일이 있어도 나기 전에 막아야 하는 것이다. 따라서 오히려 주목할 점은 전쟁이 나면 늘 있는 그것이 왜 하필 그 시점에 그렇게까지 화제가 되었는지다. 러시아군의 전쟁범죄가 부차 학살만큼 그렇게까지 크게 국제적 이슈로 부상한 적은 없다. 그 이전에도 이후에도 그들의 전쟁범죄는 계속됐을 텐데 말이다.

유럽의회 의원이자 유엔 정치·평화구축부 사무총장보를 지낸 미하엘 폰 데어 슐렌부르크에 따르면, 서방이 이스탄불 평화협상을 지지하지 않기로 결정한 것은 '2022년 3월 24일' 브뤼셀에서 열린 나토 특별 정상회의에서였다고 한다.[14] 즉, 부차 학살 문제가 불거지기 전이다. 전쟁 발발 일주일 만인 3월 초부터 젤렌스키의 요청에 따라 베네트, 슈뢰더 등의 중재 아래 러시아와 우크라이나 간 평화협상이 빠르게 진행되고 있었고, 3월 29일로 예정된 이스탄불 회담은 사실상 그 마무리에 해당했다.

이 과정을 예의주시하던 나토는 이스탄불 회담 직전인 3월 24일 브뤼셀에서 특별회의를 열어 평화협상 반대를 결정한 것이다.[15]

더구나 당시 젤렌스키의 입장은 서방과 달랐다. 그는 나토가 '협상 반대' 입장을 표명한 3월 24일 이후에도, 심지어 부차 학살이 드러난 4월 1일 이후에도 '선택의 여지가 없다'며 협상을 지속할 뜻을 표했고, 실제로 양국 협상단 간 접촉과 조율은 부차 이후로도 계속되었다.[16]

모든 것이 변한 건 4월 9일 보리스 존슨이 키이우에 나타나 "우크라이나는 서명할 준비가 되었는지 몰라도 '우리'는 아니다"라고 말한 이후다. 대신 전폭적인 지원이 약속되었다. 당시 푸틴은 '우크라이나가 4월 11일 갑자기 입장을 바꿔 협상을 다시 교착상태로 되돌려놨다'고 주장했고, 실제로 이후 양국 대표단 간 온라인 회의가 연기되고, 푸틴-젤렌스키 간 정상회담도 없던 일이 되었다. 존슨이 다녀간 지 6일 만에 협상은 완전히 중단되었고, 이후 키이우 정부도 협상 불발의 이유로 부차 학살을 내세우기 시작했다.[17]

당연히 영국만의 뜻은 아니었다. 2025년 1월 7일 마라라고에서 열린 기자회견에서 트럼프는 '바이든 행정부가 우크라이나의 나토 가입을 고집하는 바람에 거의 합의에 이르렀던 이스탄불 협상이 성사되지 않았다'고 성토한 바 있다.[18]

이스탄불 협상의 중개자 역할을 했던 베네트와 슈뢰더 역시 협상 결렬에 비판적인 견해를 남겼다. 양자는 〈베를리너 차이퉁Berliner Zeitung〉과의 인터뷰에서 그 과정을 소상히 밝혔다. 베네트는 '당시 휴전이 눈앞에 있었지만, 영국과 미국이 전쟁 지속을 원했다'고 말했고, 슈뢰더는 '평화협상이 결렬된 이유는 미국이 방해했기 때문'이라고 주장했다. 이스탄불 협상을 주관했던 튀르키예 외무장관 메블뤼트 차우쇼을루Mevlüt Çavuşoğlu 역시 한 인터뷰에서 '이스탄불에서 회담을 마친 후 전쟁이 이렇게 오래 갈 것이라 생각하지 못했고, 나토 내에는 러시아를 약화시키기 위해 전쟁이 계속되기를 바라는 사람들이 있으며, 그들은 우크라이나의 상황에는 별 관심이 없다'고 말했다.[19]

서방에도 젤렌스키에게도 명분이 필요한 상황이긴 했다. 더구나 푸틴이 군대까지 뺐으니 말이다. 다음은 이 모든 과정에 대한 〈르몽드 디플로마티크〉 편집장의 평가다.

> "부차 이후에도 협상이 계속됐음에도, 평화가 손에 잡힐 듯한 순간 우크라이나 측이 끝내 협상 테이블을 떠난 이유는 무엇인가? 지난 2년간의 증거들은 미국과 영국에 책임이 있음을 가리킨다. 그들은 모스크바의 패배를 지나치게 확신하며, 협상단이 만들어낸 보호 메커니즘을 단호히 거부했다. 지난 11월 우크라이나 협상단 대표 다비드 아라하미아는 "이스탄불에서 돌아오자 보리스 존슨이 키이우에 와서 '그들과는 어떤 사인도 하지 말고 그냥 싸우자'고 했다"고 말했다. 존슨은 이 주장을 부인했지만, 〈월스트리트 저널〉의 조사 결과 사실로 확인됐다. 반면 프랑스 언론은 이를 애써 무시했다."[20]

프랑스 언론뿐이었겠는가.

### 3) 가혹한 최선

혹자는 서방의 개입이 없었어도, 부차 학살이 없었어도 어차피 이스탄불 협상은 성사될 수 없었고, 성사되어서도 안 됐다고 말한다. 당시 협상 조건이 우크라이나가 받아들이기에 너무 가혹하고 불의했기 때문이다. 사실 민스크 협정이 그랬던 것처럼, 영토 27%를 점령한 러시아의 압도적 우위 속에 진행된 협상은 우크라이나에 매우 불리할 수밖에 없었다. 1장에서 밝혔듯이, 당시 러시아는 영토 문제에 대해서는 상대적으로 유연했지만, 안보 문제, 특히 비무장화와 관련해서는 매우 완강했다.

예를 들어 러시아는 협정문 외 2쪽의 부록을 달아 우크라이나군의 병력 규모부터 탱크, 장갑차, 전투기, 대공 미사일 등 무기와 장비 하나하나를 열거하며 그 최대 수량과 사정거리까지 제한했다. 주권국으로서 받아들이기 힘든 요구다. 또 당시 조약 5조에 따르면, 우크라이나가 무장 공격을 받았을 때 보증국들이 집단 방어를 제공하기 위해서는 보증국 '전체'의 동의가 필요했는데, 이 보증국 목록에 '러시아'도 포함되었다.[21] 러시아가 비토권을 행사하면 그만인 셈이다.

러우 대표단 양측이 첨예하게 충돌한 이 두 사안은 결국 양국 정상 간 만남에서 해결하는 것으로 유예되었고, 실제 당시 협상문에는 양측의 요구사항이 각각 이탤릭체와 볼드체로 구별돼 나란히 적혀있다. 물론 푸틴이 최근까지도 '전쟁의 근본 원인 제거'를 외치며 '안보와 관련해서는 이스탄불 협상이 기본이 되어야 한다'고 주장하는 점으로 미루어, 설사 당시 정상이 만났더라도 두 사안에 대해 큰 폭의 타협이 이뤄지기는 힘들었을 것이다.

문제는 시간이 흐를수록 우크라이나의 선택권은 더 좁아지고, 선택의 내용은 더 나빠지고 있다는 점이다. 더럽고 불의한 최악이 시간이 흐르면 차악이, 더 시간이 흐르면 최선이 되고 마는 것이 현재 우크라이나가 처한 현실이다. 2015년의 민스크 협정도 당시는 항복이나 다름없는 불의한 타협으로 여겨졌지만, 2022년의 이스탄불 협상보다는 훨씬 나았다. 또 최소한 자포리자와 헤르손은 구할 수 있었던 이스탄불 협상이 4개 점령지 모두를 뺏기게 된 2025년의 조건보다는 훨씬 나은 것이 되어버렸다. 무엇보다 그렇게 시간이 흐르는 동안 더 많은 사람이 목숨을 잃었고, 우크라이나는 국가와 국민이 소멸할 위기에 처했는데, 아무리 비난해도 러시아는 꿈쩍도 하지 않는다. 어찌해야 할 것인가. 그때 멈추지 못했다면 지금이라도 누군가는 멈춰야 하지 않겠는가.

## 미주

1 “Договор между РФ и США о гарантиях безопасности,” *МИД РФ*, 17 дек. 2021; “Соглашение о мерах обеспечения безопасности РФ и государств-членов Организации Североатлантического договора,” *МИД РФ*, 17 дек. 2021; “Два ответа с приветом,” *Коммерсантъ*, 2022.02.02.; “Реакция России на ответ США по гарантиям безопасности. Полный текст,” *ТАСС*, 17 февраля 2022.

2 “МИД раскрыл требования России к США по гарантиям безопасности,” *РБК*, 17 дек. 2021.

3 “Ukraine: purpose of upcoming Defender Europe 2021 exercise is to practice for war with Russia,” *Uawire*, April 4, 2021; “Brussels Summit Communiqué,” *NATO*, June 14, 2021; Robyn Dixon, “The U.S.-Ukraine Sea Breeze naval exercises,” *The Washington Post*, July 2, 2021; “Fact Sheet: U.S.-Ukraine Strategic Defense Framework,” *National Secutiry Archive*, Aug. 31, 2021; “Ukraine holds military drills with U.S. forces, NATO allies,” *Reuters*, Sep. 20, 2021; “U.S.-Ukraine Charter on Strategic Partnership,” *2021-2025.state.gov*, Nov. 10, 2021.

4 “Joint press point by NATO Secretary General Jens Stoltenberg with the President of Ukraine, Volodymyr Zelenskyy,” *NATO*, Dec. 16, 2021.

5 Samuel Charap, “Nato honesty on Ukraine could avert conflict with Russia,” *Financial Times*, Jan. 12, 2022.

6 Путин, “Обращение Президента Российской Федерации,” 21 фев. 2022.

7 Roman Romaniuk, “From Zelenskyy’s surrender to Putin’s surrender: how the negotiations with Russia are going,” *Ukrainska Pravda*, May 5, 2022; Olena Roshchina, “Head of Ukraine’s Leading Party Claims Russia Proposed Peace in Exchange for Neutrality,” *Ukrainska Pravda,* Nov. 24, 2023.

8 “Путин раскрыл детали отвода войск из-под Киева в 2022 году,” *РБК*, 28 января 2025; “Russia has completed withdrawal from around Kyiv,” *Reuters*, April 7, 2022.

9 “Assessed Control of Terrain in Ukraine and Main Russian Maneuver Axes,” *ISW*, April 6, 2022.

10 “The turning points in Russia’s invasion of Ukraine,” *CNN*, Sep. 30, 2022.

11 Любовь Лежнева, Алена Нефедова, “После того как мы отвели войска, киевские власти выбросили всё на свалку истории,” *Известия*, 17 июня 2023.

12 Marko Djurica, “Zelenskiy says Russian ‘war crimes’ in Ukraine make negotiations harder,” *Reuters*, April 5, 2022; Hugo Bachega, “Peace talks still on despite ‘genocide’, Zelensky says,” *BBC*, April 5, 2022; Roman Romaniuk, “From Zelenskyy’s “surrender” to Putin’s surrender: how the negotiations with Russia

are going," *Ukrainska Pravda*, May 5, 2022.

13 "Правда о том, что произошло в Буче, откроется очень скоро," *Коммерсантъ*, 2022.04.05; "Мэр Бучи заявил об освобождении города от оккупантов," *Украинская правда*, 1 апреля 2022.

14 Michael von der Schulenburg, "How The Chance Was Lost For A Peace Settlement Of The Ukraine War," *Michael von der Schulenburg*, Nov. 14, 2023.

15 Ibid.

16 "Ukraine's Zelenskiy Says 'No Other Choice' Than To Talk To Russia, As Bucha Anger Rises," *Radio Free Europe*, April 5, 2022.

17 Iryna Balachuk, Roman Romaniuk, "Possibility of talks between Zelenskyy and Putin came to a halt after Johnson's visit," *Ukrainska Pravda*, May 5, 2022.; "Киев отошел от договоренностей и вернулся в тупик, заявил Путин," *РИА Новости*, 12 апреля 2022; Yaroslav Trofimov, "Did Ukraine Miss an Early Chance to Negotiate Peace With Russia?" *The Wall Street Journal*, Jan. 5, 2024; Roman Romaniuk, "From Zelenskyy's "surrender" to Putin's surrender: how the negotiations with Russia are going," *Ukrainska Pravda*, May 5, 2022.

18 Trump, "Donald Trump full speech at Mar-a-Lago ahead of inauguration."

19 Fabian Scheidler, "Naftali Bennett wanted peace between Ukraine and Russia: Who blocked?" *Berliner Zeitung*, Feb. 6, 2023; Tomasz Kurianowicz, Moritz Eichhorn, "Interview with Gerhard Schröder: How the peace negotiations between Ukraine and Russia failed," *Berliner Zeitung*, Oct. 21, 2023; "Turkish FM says some NATO states want Ukrainian war to continue," *Hürriyet Daily News*, April 21, 2022.

20 Benoît Bréville, "Ukraine: what might have been," *Le Monde Diplomatique*, June 1, 2024.

21 "Ukraine-Russia Peace Is as Elusive as Ever. But in 2022 They Were Talking," *The New York Times*, June 15, 2024.

11 

# 전쟁은 어떻게 진행되었나

어쨌든 전쟁은 시작되었고, 벌써 4년이 되어간다. 이 장에서는 전쟁의 진행 과정을 주요 사건을 중심으로 연차별로 정리해보고자 한다. 단, 포괄적 서술이 필요한 항목의 경우 연차 구분 없이 최근(2025년 12월)까지의 상황을 포함해 정리하기로 한다.

## 전쟁 1년 차 (2022. 2. 24.~2023. 2. 23.)

전쟁 초반 가장 인상적이었던 것은 '우크라이나의 선전善戰과 러시아의 고투苦鬪'다. 전쟁이 시작될 때만 해도 세계 2위 군사 대국 러시아가 며칠 만에 우크라이나군을 완전히 제압할 것이라 다들 예상했다. 하지만 러시아는 전쟁 첫날 키이우 인근 호스토멜 공항에서 벌인 전격전의 패배로 초기 수도 장악에 실패했고, 제공권도 장악하지 못했으며, 병참과 보급,

지휘체계에 커다란 문제를 노출했다.

이 모두는 러시아 지도부의 전략적 오판의 결과다. 푸틴이 전쟁을 '특수군사작전'으로 규정한 데서 알 수 있듯이, 러시아는 '군부가 주도하는 재래식 전면전보다는 러시아 보안국FSB과 특수부대가 주도하는 한시적 작전'을 계획한 것으로 보인다. 침공 당일 러시아는 우크라이나의 북쪽(벨라루스 국경⇒키이우), 동쪽(돈바스⇒하르키우), 남쪽(크림반도⇒헤르손) 3면에서 대대적인 공격을 개시했다. 키이우를 겨냥한 북부에서 특수부대의 전격전과 주력부대의 협공을 통해 수도와 정권을 빠르게 무력화하는 한편, (친러 주민이 많은) 동남부에서의 진격이 이러한 초기 기선제압을 지원하는 방식을 계획한 것으로 보인다. 한마디로 '동시다발 & 속전속결' 전략이었던 셈이다.[1]

하지만 2014년 이후 서방과 나토가 물심양면 키워준 우크라이나군은 과거와 달랐고, 우크라이나 국민도 침공에 결연했으며, 젤렌스키는 도망가지 않았다. 그 결과 첫 단추인 공항 전격전부터 실패하며 스텝이 꼬였고, 장기화된 전면전이 불가피했지만, 그에 대해서는 준비가 되어 있지 않았다. 러시아가 처음 투입한 병력은 19만 명이었는데, 속전속결에는 적당할지 몰라도 동남북 3개 전선에 넓게 퍼진 전면전에는 턱없이 모자란 수치다. 당시 우크라이나 정규군은 20~25만 수준이었고, 침공과 동시에 개시된 총동원령으로 그 수는 곧 70만까지 늘어났다.

따라서 ① 전쟁 초반 이스탄불 평화협상에 러시아가 적극적으로 임한 것, ② 비슷한 시기 전쟁 계획을 대폭 수정해 동남부로 전선을 축소, 집중한 것, ③ 민심 동요를 우려해 푸틴이 가능한 한 피해온 동원령을 2022년 9월 마침내 선포한 것 모두 이러한 전쟁 초반의 패착의 결과, 또는 이를 만회하려는 시도로 볼 수 있다. 우크라이나의 눈부신 선전은 가을까지 이어져 2022년 9월 하르키우를, 11월에는 헤르손 북부를 탈환

11-1. 러시아 점령지 변화 (2022~2025)

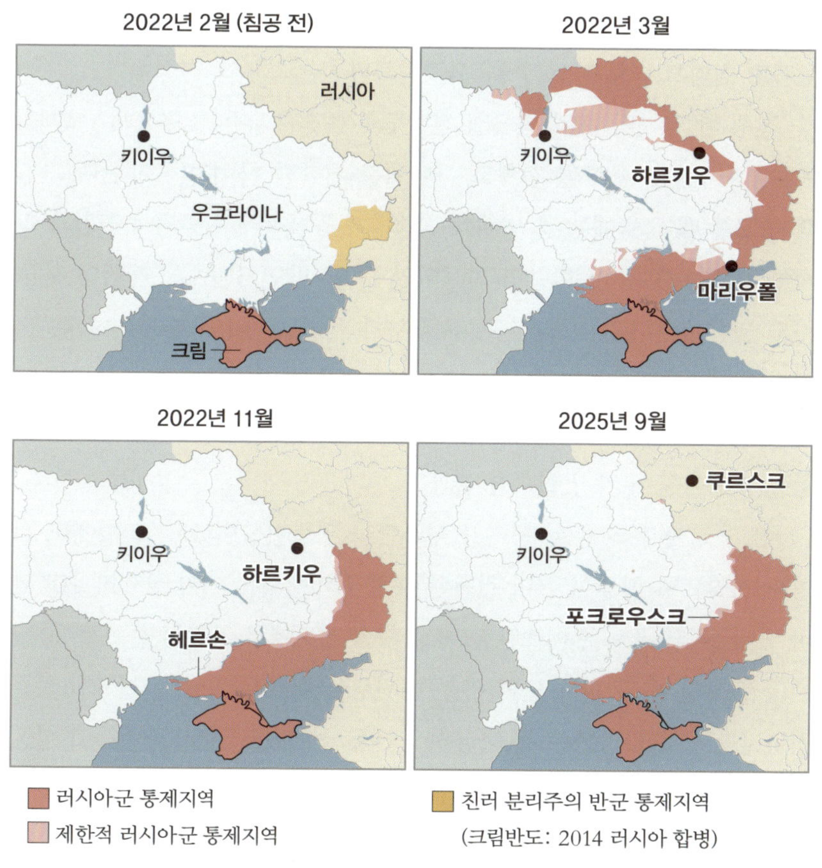


출처: ISW, BBC

해 러시아 초기 점령지의 13%를 수복했다.

하지만 우크라이나의 선전은 딱 거기까지였고, 당시도 예상보다 잘 싸운 것이지 이기고 있는 것은 아니었다. 고전하긴 했지만, 러시아는 침공 5일 만에 우크라이나 영토 119,000$km^2$ (전체 면적의 19.8%)를 점령했고, 한 달 후 점령지는 163,000$km^2$ (27%)로 늘어났다.[2] 이는 전쟁 4년 차인 2025년의 20%보다 넓은 면적이다. 즉, 러시아가 생각보다 못 싸운 것이지 지고 있던 건 아니었다. 지도 〈11-1〉은 침공 직전부터 2025년 9월까지 점령지 변화를 나타낸 BBC 자료다.[3]

전쟁 한 달째인 2022년 3월 전황도와 (우크라이나의 성공적 반격이 마침표를 찍은) 2022년 11월 전황도 사이에는 커다란 차이가 존재한다. 3월과 비교할 때 11월에는 ① 러시아 점령지가 동남부에 집중되어 크림과 러시아 본토를 잇는 긴 회랑이 완성되었고, ② 반면 3월에 존재했던 북동부의 넓은 점령지는 사라졌다. 북동부가 우크라이나에 다시 수복된 것이다. 이중 하르키우는 우크라이나가 반격을 통해 탈환한 것이지만, 이를 제외한 북동부의 대부분, 즉 수도 키이우 인근과 체르니히우, 수미 등은 러시아군이 자진 철수한 결과다.

이 자진 철수의 주된 동기가 이스탄불 평화협상이었고, 그럼에도 서방의 개입으로 협상이 끝내 결렬된 사정에 대해서는 이미 상세히 설명한 바 있다. 이후 푸틴은 이스탄불 협상 때의 태도에서 완전히 돌아서 2022년 9월 21일 30만 명 규모의 부분 동원령을 내리고, 9월 30일 4개 신규 점령지를 모두 합병하는 등 적극적 공세를 이어갔다. 우크라이나의 성공 신화는 11월 헤르손 탈환을 마지막으로 막을 내렸고, 러시아가 우크라이나 영토의 17%를 점령한 상태로 전쟁 1년 차가 마무리되었다.

### 전쟁 2년 차 (2023. 2. 24.~2024. 2. 23.)

전쟁 2년 차의 전황은 1년 차와 여러모로 대조된다. 전쟁 발발 직후 우크라이나가 예상외의 선전으로 세상을 놀라게 했지만, 신화는 오래 가지 못했다. 특히 2023년 6월 4일 개시된 우크라이나의 대반격은 서방의 전폭적 지원과 오랜 준비에도 불구하고 아무 성과를 내지 못했다. 이를 기점으로 러시아와 우크라이나의 희비가 명확히 갈렸다. 전선 자체의 극적인 변화는 없었다. 2022년 가을 러시아가 우크라이나 영토의 17%를 점령한 후, 2023년 5월 바흐무트, 2024년 2월 아우디우카를 함락한 것을 제외하면 전선은 사실상 고착되었고, 이후 전쟁은 영토가 아닌 '병력과 무기'를 겨냥한 '소모전'의 형태로 진행되었다.

전선의 교착을 배경으로 이 시기 전쟁의 향방을 가를 중요한 변화가 발생했다. ① 러우 군사력의 변화, ② 양국의 국내적 안정성 및 여론 변화, ③ 서방의 전쟁 피로도 확산, 이스라엘-하마스 전쟁(가자 전쟁), 트럼프의 재부상 등 국제정세의 변화가 그것이다. 이 삼차원의 변화는 서로 밀접하게 연동된 형태로, 그러나 양국에 극명하게 대비되는 양상으로 전개되었다. 이를 항목별로 짚어보자.

### 1) 군사력 격차 심화

2년 차 이후 전쟁을 특징짓는 소모전은 푸틴이 전쟁의 3대 목표 중 하나로 내세운 '우크라이나 비무장화demilitarization'와 밀접히 관련된다. 이는 '우크라이나 군사 능력의 초토화 또는 불능화'를 의미하는데, (영토가 아닌) 병력과 화력을 주로 겨냥한 소모전은 이 목표에 정확히 부합한다. 2023년 11월, 당시 우크라이나 총사령관이었던 발레리 잘루즈니Valerii Zaluzhny는 "이동과 속도 중심의 '기동전'에서 정적인 소모전 위주의 '진지전'으로 변화한 현재의 전쟁이 우크라이나군은 물론 국가 자체를 위협할 수 있다"고 말했다.[4]

장기화된 소모전으로 우크라이나는 심각한 병력 손실을 입었다. 소모전의 핵심지표인 '사상자 교체율casualty exchange rate', 즉 '군인 사상자를 신병으로 얼마나 빠르게 교체할 수 있는가'에 있어 우크라이나는 인구 4배, GDP 10배인 러시아와 상대가 되지 않았다. 미어샤이머가 '러시아에 절대적으로 유리한 현재의 파멸적 상황 앞에 우크라이나의 승리는 거의 불가능하다'라 단언한 이유, 잘루즈니가 서방의 지원을 호소하면서도 '깊고 아름다운 돌파구는 없을 것'이라 비관한 이유가 여기 있다.[5]

러시아의 상황은 전혀 달랐다. 전쟁이 아닌 특수군사작전을 주장하며 19만 명의 최소 병력으로 전쟁을 개시한 러시아는 초반 병력 열세에 시달렸다. 하지만 이후 러시아는 정규군 외 100만 명이 훌쩍 넘는 추가 병력을 모았다. 먼저 2022년 9월 실시한 부분 동원령으로 30만 명을 소집했다. 하지만 러시아 남성의 국외 탈출 러시 등 심각한 부작용을 경험한 후 2023년 1월부터 '자원계약병제'로 빠르게 전환해, 2023년 한 해 동안 486,000명, 2024년 427,000명, 2025년 상반기에만 약 21만 명이 국방부와 계약을 맺었다. 러시아 정부 발표이므로 어느 정도 과장을 감안한다 해도 적지 않은 숫자다.[6]

이처럼 하루 평균 1,200명이 몰려든 이유는 모스크바 평균 임금의 2배에 달하는 월급과 계약 보너스signing bonus, 거액의 부상 및 사망 보상금, 의료서비스 및 주택 보조금 제공, 연금 포인트 적립 등 파격적인 경제적 인센티브를 약속했기 때문이다. 형편이 넉넉지 못한 소도시나 지방 출신이 주로 지원했는데, 전쟁터에 1년 복무하고 돌아오면 고향에 아파트 한 채를 마련할 수 있을 정도의 금액이다. 2024년 모스크바 계약병 모집 포스터인 〈11-2〉가 이를 잘 보여준다.[7]

2년 차 기준, 러시아군의 탄약 소모량은 월 30만 발, 생산량은 월 25만 발로 추정되었다. 소모량이 생산량보다 많긴 하지만, 문제가 될 정도는 아니다. 2023년 9월 북러 조약 체결 후로는 북한 무기도 여기에 더해졌다. 무엇보다 전쟁은 상대와 하는 것이며 우크라이나의 상황은 훨씬

11-2. 2024년 모스크바 계약병 모집 포스터

출처: МО РФ, Северинформ

1년 계약 시 최소 520만 루블(≒9,500만 원)의 수입이 보장된다고 적혀있다.
(계약 보너스 230만 루블+최소 월급 21만 루블(연 252만 루블)+시 보조금 등)

더 심각했다. 2024년 기준 미국과 유럽을 합쳐 서방 전체가 우크라이나에 지원 가능한 탄약의 연간 최대치는 120만 발, 러시아의 연간 생산량은 300만 발로 러시아가 약 3배 많았다.[8]

국방비도 사정은 마찬가지다. 그래프 〈11-3〉은 러시아와 우크라이나 국방비(2010~2024)를 비교한 것이다.[9] 전쟁 발발 후 양국 국방비가 비약적으로 증가한 것은 같지만, 절대적 규모는 비교 불가 수준이다. 2024년 러시아 국방비는 우크라이나의 2배를 훌쩍 넘어섰고, 2025년 러우 양국 각각 1,450억 불, 537억 불로 격차는 3배로 늘어났다. 이처럼 병력, 무기, 군비, 사기 등 군사력을 구성하는 모든 요소에서 우크라이나

11-3. 러시아 vs 우크라이나 국방비 (2010~2024)

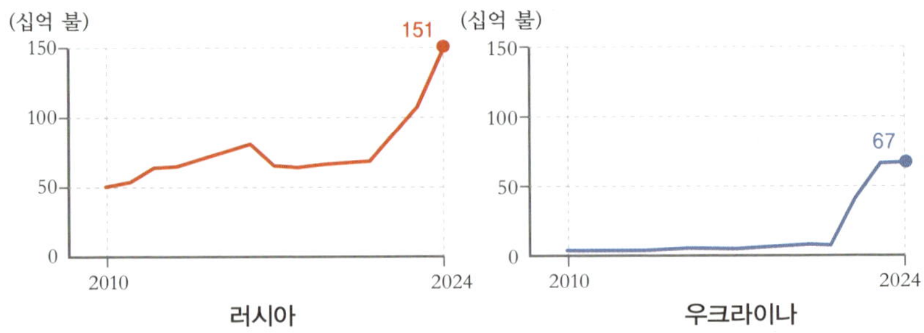


출처: Stockholm International Peace Research Institute, Council on Foreign Relations

의 열세가 확인되며 이러한 상황은 시간이 흐를수록 더 악화되고 있다.

## 2) 국내적 안정성 변화

### (1) 러시아

전선에서 승기를 잡은 푸틴은 각종 행사에서 승리에 대한 확신, '전쟁 실패와 제재 실패, 달러 패권의 침식'으로 이어진 서방의 패착, 집단적 서방collective West의 총공세에도 건재한 러시아의 저력을 과시했다. 국민도 푸틴과 전쟁에 대해 압도적 지지를 표명했다. 2024년 3월 실시된 대통령 선거에서 푸틴의 득표율은 87.3%, 2025년 11월 전쟁 지지율은 74%였다. 그래프 〈11-4〉에서 확인할 수 있듯이, 80%에 육박하는 지지율이 전쟁이 시작된 이래 큰 변화 없이 유지되고 있다.

하지만 〈11-5〉를 보면, 그래도 '계속 싸우자'는 국민보다는 '그만 끝내자'는 국민이 항상 더 많았고, 격차는 갈수록 벌어지고 있다. 흥미로운 점은 2025년 9월 '계속 싸우자'(29%)보다 '이제 그만 끝내자'(62%)는 국민이 2배나 많았지만, '우크라이나에 땅을 돌려주고 전쟁을 끝낼까?'에는

11-4. 러시아 국민의 전쟁 지지율 (2022~2025)

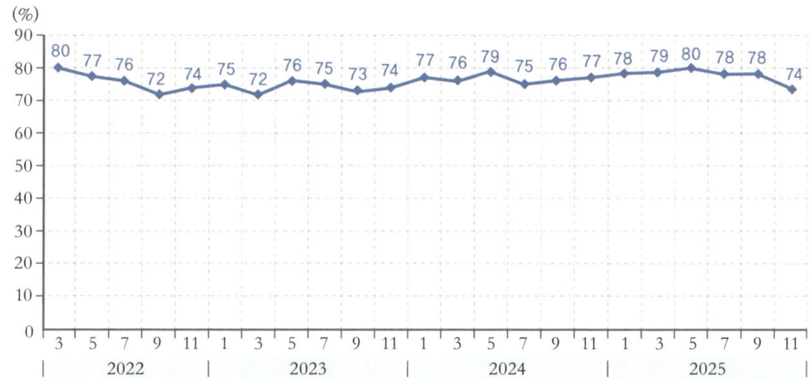


출처: Levada Center

11-5. 전쟁 종식 관련 러시아 여론 (2022~2025)

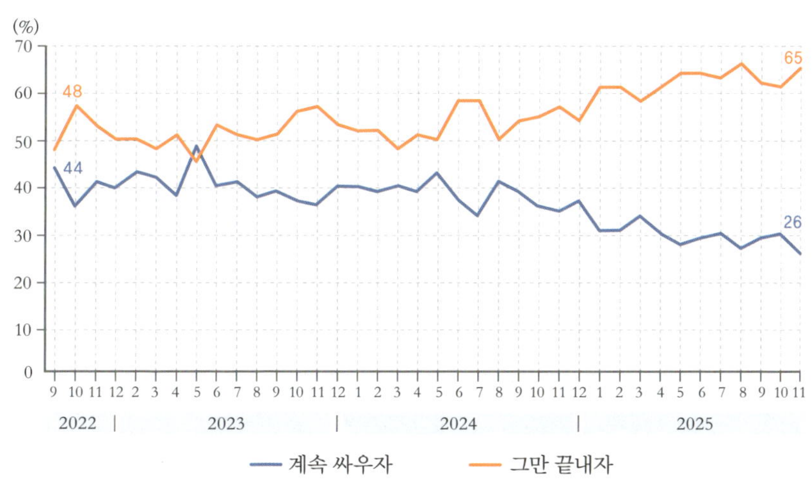


출처: Levada Center

또 그만큼(58%)이 반대 의사를 표명했다.[10]

대중적 지지의 비결은 역시 경제였다. 전쟁 첫해에도 러시아의 성장 감소는 2%대에 그쳤고, 세계은행이 발표한 2022년 구매력평가PPP 기준

11-6. 러시아 vs G7 (GDP 성장률)

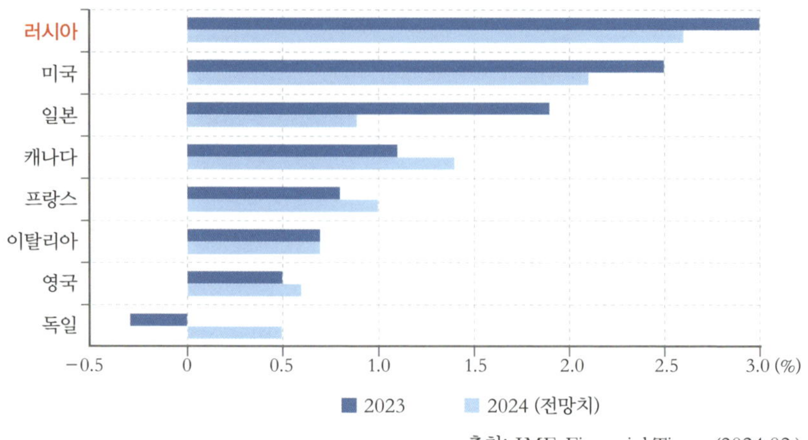


출처: IMF, Financial Times (2024.02.)

GDP 순위에서 제재를 받은 러시아가 제재를 가한 독일을 제치고 유럽 1위, 세계 5위를 차지했다.[11] 그래프 〈11-6〉이 보여주듯이 2023년 러시아의 실질 경제성장률은 3%, 2024년 전망치는 2.6%였다.[12] 양자 모두 2023년 마이너스 성장을 한 독일은 물론, G7의 어느 나라보다 높은 수치다. 2024년 실제 성장률은 전망치보다 높은 3.6%였다.

이처럼 제재를 가한 서방보다 제재를 받은 러시아가 승승장구하는 '제재의 역설', '제재의 부메랑'의 비밀은 글로벌 사우스에서 찾을 수 있다. 2022년 3월 유엔에서 채택된 러시아 침공 규탄 결의안에 찬성한 나라는 141개국이었지만, 제재참여국은 46개에 불과했고 대부분 나토 회원국이었다. 반면 세계인구의 85%를 포괄하는 글로벌 사우스의 경우, 동남아, 중동, 남미, 라틴, 아프리카 중 어느 나라도 제재에 참여하지 않았을 뿐만 아니라, 오히려 브릭스, 상하이협력기구Shanghai Cooperation Organization(SCO) 등을 주축으로 어느 때보다 활발하게 러시아와 교류하고 있다.

일례로 글로벌 사우스의 맹주인 중국, 브라질, 터키, 인도와 러시아 간 교역량은 전쟁 발발 6개월 후 각 64%, 106%, 198%, 310%로 폭증했다. 전쟁 전 러시아 석유 수출의 55%가 EU로 향했다면, 전쟁 후에는 중국과 인도가 이를 대체했으며, 양국의 러시아 자원 수입비율은 시간이 갈수록 증가하는 추세다. 러시아의 주 수입원인 에너지 수출 전선에 특별한 이상 신호가 발견되지 않은 것은 이 때문이다. 러시아는 수출입 품목 규제는 근외 인접국이나 우호국을 통한 우회 수출입, 병행 수출입으로, 유가 상한제에는 '그림자 선단shadow fleet' 같은 편법이나 탈법적 대응을 통해, 서구 금융망 퇴출에는 자국 통화 결제 시스템으로, 서방 기업 철수에는 국산화를 통한 대체 공급망 구축으로 대응하며 제재 레짐에 성공적으로 안착했다.[13]

이에 기반해 푸틴 정부는 군사비 등 전시 정부 재정지출을 획기적으로 늘려 소비 수요를 진작시키며 성장을 주도했다. 군수산업 활성화 및 국산화에 따른 국내 산업생산 증가, 최저임금 인상, 실질임금 증가, 역대 최저 수준의 실업률 등 역대급 호황으로 러시아 국민은 전쟁의 부정적 여파를 체감하지 못했다. 특히 군인, 제조업 노동자, 건설 및 운수 종사자 등 주로 서민층이 경제 활황의 수혜자가 되었고, 푸틴과 전쟁 지지율이 안정적으로 유지된 비결이 이것이다.

물론 이러한 푸틴식 '군사 케인스주의military Keynesianism'가 오래 지속될 리 없고, 러시아 정부도 이를 잘 알고 있으며, 이미 조짐이 나타나고 있다. 러시아 중앙은행의 인위적 통제에도 고물가, 고금리 상황이 장기간 이어지고 있고, 2025년 상반기 러시아의 GDP 성장률은 1.3%로 전년 동기 4.7%보다 크게 낮아졌다.[14] 아직까지는 러시아 정부의 수비 범위 내 있는 듯하지만, 전쟁의 향방을 가늠할 주요 변수로 지켜볼 만하다.

### (2) 우크라이나

군사력과 마찬가지로 우크라이나 국내 상황도 2년 차를 거치며 갈수록 악화되었다. 먼저 확고했던 젤렌스키 리더십의 균열이 도처에서 발견되었다. 특히 2023년 대반격 실패 후, 총사령관 잘루즈니를 필두로 전임 대통령 포로셴코, 키이우 시장 비탈리 클리치코, 전임 대통령 군사고문 올렉시 아레스토비치 등이 젤렌스키의 전쟁 수행능력, 독재와 실정, 부패 척결 실패와 측근 비리 등을 공개적으로 저격하고 나섰다. 대통령 고문에서 반체제 인사로 변신해 미국으로 망명한 아레스토비치는 '영토 양보를 통한 조기 종전'을 공약으로 내걸고 대선 출마를 선언하기도 했다.[15]

대통령 선거도 주요 정쟁 요소 중 하나다. 우크라이나의 〈계엄령의 법적 체계에 대한 법률〉 제19조에 따르면 계엄령 하에서는 대선과 총선이 금지된다. 젤렌스키의 임기는 2024년 5월로 끝났지만, 계속 계엄령을 연장하며 지위를 유지하고 있고 이는 여론에도 부합한다. 우크라이나 국민의 약 60%가 '전쟁 중 대선 실시'에 반대하기 때문이다.[16] 하지만 우크라이나의 야당 정치인이나 때로 서방, 특히 푸틴은 젤렌스키의 정통성에 심각한 이의를 제기하고 있다.

정치 엘리트의 분열만큼이나 민심의 이반도 두드러진다. 젤렌스키의 지지율 변화가 이를 잘 보여준다. 〈11-7〉은 키이우국제사회학연구소가 추적한 젤렌스키의 지지율 변화를 나타낸 그래프다.[17]

취임 직후 80%였던 젤렌스키의 지지율은 전쟁 직전 37%까지 추락했다가 전쟁 발발과 동시에 다시 90%로 치솟았다. 하지만 2023년 대반격 작전 실패 등 패착이 거듭되며 이후 지지율은 하향곡선을 그리며 52%까지 떨어졌다. 2025년 3월 지지율이 다시 69%로 반등한 것은 직전 2월 백악관에서 트럼프와 격돌한 사건 때문이며, 2025년 하반기 다시 하락세가 유지되고 있다. 반면 2023년 12월 잘루즈니의 신뢰도는 92%, 총

11-7. 젤렌스키 지지율 변화 (2019~2025)

출처: KIIS

사령관에서 퇴임한 2024년 2월에는 94%로 젤렌스키를 큰 폭으로 넘어섰다.[18]

경제 위기도 심각하다. 전쟁 첫해 우크라이나 GDP의 28.8%가 감소했다. 2023년 플러스 성장(5.5%)으로 돌아서긴 했지만, GDP의 1/3을 날려버린 전쟁의 충격을 극복하기엔 역부족이었고, 그나마 2024년 2.9%, 2025년 상반기 0.9%로 성장률이 해마다 큰 폭으로 하락하고 있다. 2022년 10월 26.6%까지 치솟은 인플레이션은 2025년 8월 13.2%로, 2022년 5월 30.7%를 기록한 실업률은 2025년 9월 11.4%로 줄어들긴 했지만, 다른 나라와 비교할 때 여전히 매우 높다. 특히 빈곤의 척도가 되는 식량 불안food insecurity 상태가 심각한데, 2025년 상반기 기준 인구의 21.3%가 식량 위기 상황에 처해 있다.[19]

우크라이나의 고질적 병폐인 부패 문제는 서방의 전쟁 지원 물자가 쏟아져 들어오며 더욱 악화되었다. 2023년 1월 각종 부패 스캔들로 차관급 4명이 해임되었다. 국방부 차관은 최전선 부대 급식비 착복, 에너지부 차관은 발전기 구매 관련 뇌물 수수, 대통령실 부국장은 인도주의 구호 차량 유용, 검찰 부총장은 전쟁 중 성인 남성 출국 금지령을 어기고 스페인에서 휴가를 보낸 혐의였다. 특히 서방의 자금이 집중된 국방부에서 연일 부패 사건이 터져 결국 2023년 7월 전쟁 중에 국방부 장관이 사퇴했으며, 8월에는 전국의 모병 책임자 24명 전원이 경질되었다. 뇌물을 받고 징집을 면해준 혐의였다.[20]

2024년 9월 반부패조사국Natsionalne Antykoruptsiine Biuro Ukrainy(NABU)의 2인자인 기조 우글라바Gizo Uglava가 내부고발자에 압력을 가한 혐의로 해고되었다. 내부고발자가 폭로한 대형 부패 사건에는 대통령실 관계자 다수가 연루된 것으로 알려졌다. NABU는 유로마이단 이후 국가 개혁을 위해 설립된 기관으로, 반부패특별검찰청Spetsializovana Antykoruptsiina Prokuratura(SAPO), 반부패고등법원Vyshchyi Antykoruptsiinyi Sud과 함께 부패 척결을 상징하는 핵심기관이다. 그 기관의 2인자가 대통령실의 부패 혐의를 은폐하는 데 일조하다 해고된 것이다. 2025년 7월 키이우에서는 전쟁 후 최대 규모의 반정부 시위가 벌어졌는데, NABU와 SAPO가 검찰총장(즉, 정부)의 지휘를 받게 하는 법안에 젤렌스키가 서명했기 때문이었다. 이는 반부패기관의 독립성을 현저히 훼손하는 악법이었고, 서방의 비판과 시민들의 저항에 직면한 젤렌스키는 결국 이를 철회했다.[21]

2025년 11월, 이 모두를 압도하는 초대형 부패 스캔들이 또 터졌다. 일명 '황금 변기 스캔들'로 불린 이 사건은 우크라이나 국영 원자력기업인 에네르고아톰Energoatom의 이권을 둘러싼 권력형 비리로, 뇌물 수수, 횡령, 돈세탁 등 부패 규모가 무려 1억 불에 달했다. 특히 주범인 티무르 민디치Timur Mindich는 젤렌스키가 코미디언이던 시절 함께 연예 제작사를 운영했던 절친이자 최근까지 대통령의 최측근으로 국정에 깊이 관여해온 인물이다. 이 사건의 별명도 NABU가 민디치 자택을 압수 수색하는 과정에서 도금한 변기가 발견되며 붙여진 것이다.

이 사건에 전임 총리, 현 법무부 장관과 에너지부 장관을 포함해 최소 8명의 고위급 인사와 대통령 측근이 연루된 것으로 드러났으며, 이들 모두 기소되었다. 이후 두 현직 장관이 사임하고, 급기야 대통령실 비서실장이자 종전협상단 대표였던 예르막까지 물러났으나, 그 후임으로 협상단 대표를 새로 맡은 (전임 국방부 장관) 루스템 우메로우Rustem Umerov 역시 사건에 연루된 것으로 알려졌다. 정작 주범인 민디치는 압수수색 직전 외국으로 탈출했다. 젤렌스키는 직접 연루를 부인하고 있지만, 바로 얼마 전인 2025년 7월 그가 NABU를 대통령 통제 아래 두려다 실패했다는 사실을 기억할 필요가 있다.

이미 오래전부터 거듭된 러시아의 에너지 인프라 공습으로 많은 국민이 전기도, 난방도 끊겨 고생하고 있는 상황이었다. 당연히 국민의 분노는 하늘을 찔렀고, 젤렌스키의 리더십 위기는 더욱 가속화되고 있다. 2025년 12월 〈키이우 인디펜던트〉 보도에 따르면, 다음 대통령 선거에서 젤렌스키에 투표하겠다는 사람은 20%에 불과하고, 많은 여론조사는 젤렌스키와 잘루즈니가 맞붙을 경우 젤렌스키가 더블 스코어로 패배하는 결과를 보여준다.[22]

이런 상황에서 누가 전쟁터에 가려 하겠는가. 전쟁 초기 세계를 감동시킨 애국적 열기는 완전히 사라지고, 병역기피가 심각한 사회문제로 부상했다. 극심한 병력 부족으로 총동원 체제의 강압성이 증폭되면서, 훈련도 제대로 못 받고 전선에 투입된 병사들의 '개죽음'에 대한 소문들로 사회가 흉흉해졌다. 남성들은 허위진단서, 불법 출국 등 온갖 수단을 동원해 징집을 회피하고, 건당 5천~1만 불의 뇌물이 기존의 부패 네트워크를 타고 흐른다. 버스 정류장에서, 식당에서, 마트에서 속수무책으로 끌려간 남성들은 군대에서 필사적으로 도망치고 있다. 전쟁 개시부터

2025년 7월까지 우크라이나 탈영병 수는 25만 명에 이른다. 우크라이나 정부 발표임을 감안하면 실제는 이보다 훨씬 많을 것이다. 우크라이나 야당 국회의원 안나 스코로호드Anna Skorokhod는 그 수가 이미 40만을 넘어섰다고 주장했다.[23] 이는 독일 정규군의 2배에 달하는 수치다.

극우 민족주의 확산, 이와 밀접히 연동된 사회분열 역시 심각한 위협으로 도사리고 있다. 반데라에 대한 호감도가 전쟁 전 31%에서 전쟁 후 83%로 폭등했다는 점은 앞서 밝힌 바 있다. '나치 전범' 반데라가 '전국구 영웅'으로 거듭난 현상은 전쟁 전 극소수 정치세력에 한정되었던 극우 파시즘의 사회적 확산을 진단하기에 충분한 시그널이다.

전쟁에 필연적으로 동반되는 트라우마, 증오와 원한은 파시즘에 더없이 좋은 양분이다. 현재 우크라이나 국민은 ① 전장의 국민, ② 후방의 국민, ③ 집을 떠난 국민, ④ 점령지 국민으로 나뉜다. ③은 국내 실향민과 국외 피난민으로 나뉘고, 후자는 다시 유럽 피난민과 러시아 피난민으로 나뉜다. ④의 그룹 역시 2014년 점령지(크림반도와 돈바스 분리공화국)와 이번 전쟁 후 신규 점령지 국민으로 나뉜다.[24] 이토록 복잡한 분류만으로도 사회통합이 얼마나 절실한 문제일지 짐작할 수 있다. 현재 나뉘고 갈린 국민 사이 공감과 이해보다 비난과 증오가 앞서는 분위기고, 집중 타깃은 당연히 러시아계 주민이다.

2023년 실시된 우크라이나 사회조사에 따르면, 국민의 약 40%가 '러시아인을 더 이상 우크라이나 국민으로 인정해서는 안 된다'고 생각한다. 90%의 국민이 점령지 주민을 '상황의 피해자'라 생각하지만, 사안에 따라 판단은 매우 달라진다. 즉 점령 정부(러시아)에게 월급을 받은 공무원, 세금을 내고 돈을 번 사업가, 러시아 커리큘럼에 따라 러시아어로 아이들을 가르친 교사에 대해서는 '전쟁이 끝난 후 형사 책임을 물어야 한다'고 생각하는 국민 비율이 70~50%에 이른다. 전쟁이 길어질수록

분열은 더 극심해지고 사회통합의 꿈은 더 요원해질 것이다.[25]

이 모든 문제를 압도하는 것이 바로 우크라이나가 직면한 (우크라이나) 인구학적 위기다. 현재 우크라이나에는 "전쟁이 비극tragedy이라면, 인구학적 위기는 파국catastrophe이다"라는 말이 떠돈다.[26] 〈11-8〉은 독립 후부터 2023년까지 우크라이나 인구변화를 나타낸 그래프로, 우크라이나를 대표하는 인구사회학자인 엘라 리바노바Ella Libanova가 작성한 것이다.[27]

파란색은 1991년 국경 기준, 즉 러시아에 땅을 하나도 안 뺏긴 상태일 때 인구를 말하고, 붉은색은 전쟁 직전 국경 기준, 즉 2014년 뺏긴 크림과 돈바스 일부를 제외했을 때의 인구를 말한다. 파란색 기준으로 2023년 우크라이나 내의 인구는 3,760만, 붉은색 기준으로는 3,260만 명이다. 전쟁 발발 후 두 경우 모두 인구가 급락한 것은 500~800만 명 사이로 추정되는 국외 피난민 수를 제외했기 때문이다. 전쟁이 길어질수

11-8. 우크라이나 인구 변화 (1991~2023)

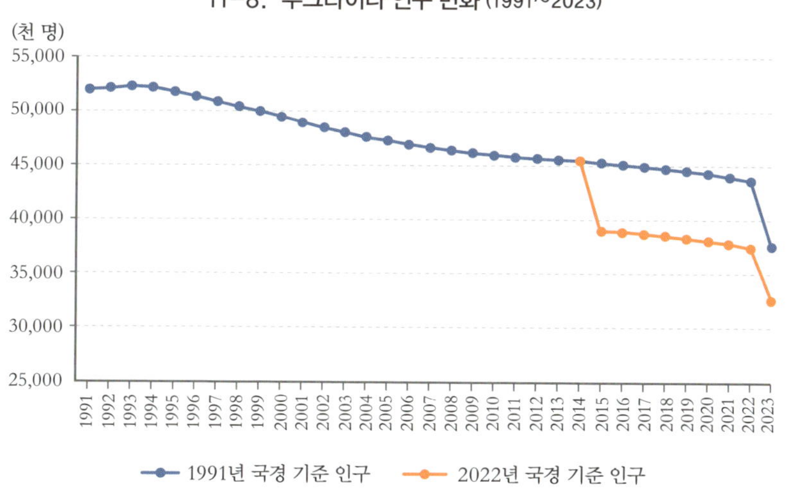


출처: Libanova, Wilson Center

록 대부분 유럽에 정착한 이들의 귀국 의사도 사라지고 있다. 전쟁 전에도 우크라이나는 잘사는 EU 국가로의 이민 비율이 매우 높은 나라였다. 대다수 미성년 자녀를 동반한 피난민 가족이 폐허가 된 우크라이나로 돌아올 확률은 유럽 정착 기간이 길어질수록 줄어들 수밖에 없다.

1991년 국경 복귀가 사실상 불가능한 현재, 후자(붉은색)의 3,260만 명이 보다 현실을 반영한다. 문제는 이 3,260만은 전쟁으로 새로 뺏긴 지역, 즉 돈바스 나머지와 자포리자, 헤르손 인구를 제외하지 않은 수치라는 점이다. 영토 회복이 요원한 상황에서 대략 400~500만 명으로 추정되는 이 신규 점령지 인구까지 제외하면, 2023년 우크라이나 내 실제 인구는 2,700~2,800만 명인 셈이다. 독립 후 5,200만이던 인구가 30여 년 만에 그야말로 반 토막이 난 것이다. 우크라이나는 지금 전쟁 승리가 문제가 아니라, 국가가 국민이 살아남느냐는 더 절박한 위기에 봉착해 있다.

이처럼 사회 어디를 들여다봐도 전쟁을 지속할 이유 하나, 동력 하나 찾을 수 없는 것이 최근 우크라이나의 현실이다. 그런데도 젤렌스키는 국민 여론을 들어 타협 불가, 협상 불가를 고집하고 있다. 절대다수의 국민이 '영토를 모두 되찾기 전까지는 절대로 전쟁을 끝낼 수 없다'고 생각한다는 것이다. 그래프 〈11-9〉는 갤럽이 2025년 8월 발표한 우크라이나 여론조사 결과다.[28]

전쟁 초반 우크라이나 국민의 73%가 '이길 때까지 싸워야 한다'고 생각했다면, 2025년 이 비율은 완전히 뒤집혔다. 국민 69%가 '타협을 해서라도 가능한 한 빨리 전쟁을 끝내야 한다'고 생각한다. 변하지 않은 것은 젤렌스키뿐이다.

11-9. 전쟁 종식 관련 우크라이나 여론 변화 (2022~2025)

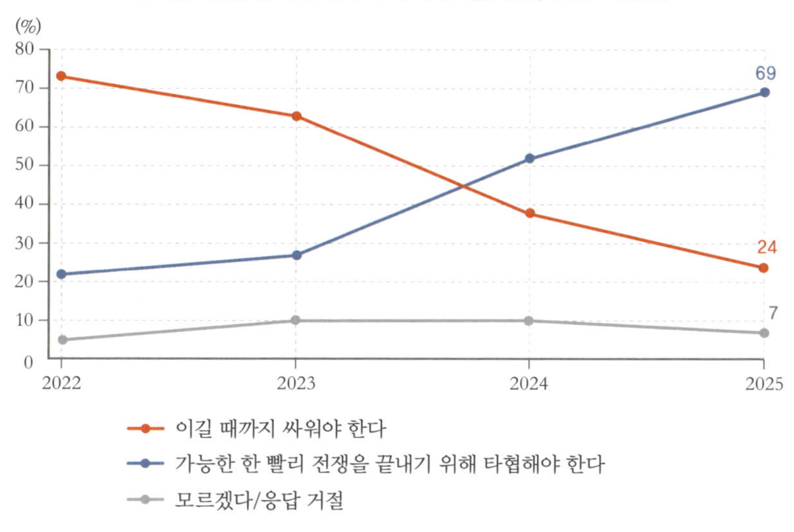


출처: Gallup

### 3) 국제정세 변화와 가자 전쟁

전쟁 장기화, 대반격 실패, 제재의 부메랑 효과로 (특히 유럽에) 가시화된 경제 위기는 우크라이나를 향한 초기의 열광과 전폭적 지지를 전쟁 피로, 승리에 대한 회의, 지원 무용론으로 바꾸어놓았다. 2023년 10월 7일 발발한 가자 전쟁으로 변화는 정점에 달했다. 세계의 관심과 자원이 우크라이나에서 팔레스타인으로 빠르게 이동하고, 두 전쟁이 선명히 비교되며 미국에 대한 반감이 글로벌 사우스와 중동을 중심으로 확산되었다.

바이든은 우크라이나 전쟁을 '가치의 전쟁'으로 규정하고, 러시아의 반인륜적, 반인도적 전쟁범죄에 맞서 세계의 단결을 호소해왔다. 이는 특히 글로벌 사우스를 향했다. 중국, 인도, 브라질, 튀르키예, 사우디아라비아 등 글로벌 사우스를 대표하는 대다수 국가가 제재 동참은커녕 그

빈틈을 활용해 전쟁 전보다 더 활발하게 러시아와 교류하고 있다는 점은 이미 밝힌 바 있다. 이는 경제협력 차원을 넘어선다. 전쟁과 러시아에 대한 이들의 인식, 평가, 해법은 서방과 확연히 다르다.

일례로 유럽외교협회European Council on Foreign Relations의 2023년 설문조사에 따르면, 중국인의 65%, 튀르키인의 65%가 '미국이 우크라이나를 도와주는 진짜 이유'로 '우크라이나 수호'가 아닌 '서구 지배 유지와 미국 안보 보호'를 꼽았다. 또 미국인의 71%, 유럽인의 66%가 러시아를 '적이나 경쟁자'로 여기는 반면, 중국인의 79%, 인도인의 80%, 튀르키예인의 69%가 러시아를 '우방이나 파트너'로 여긴다.[29]

그렇다고 이들이 러시아 편인 것도 아니다. 모디 총리의 말처럼 '인도는 인도 편'일 뿐, 이들은 사안과 의제에 따라 미국과 러시아, 미국과 중국 사이를 유연하게 오간다. 글로벌 사우스의 이러한 다자동맹 전략은 미국발 냉전 서사를 교란하고, 진영화를 저지하며, 글로벌 지정학의 다극화를 견인한다. 이때 이들의 준거는 가치가 아닌 국익이다.

이에 바이든은 규칙 기반 질서, 또는 민주주의, 인권, 생명 같은 가치의 전략적 중요성을 강조하며, 우크라이나 및 서방과의 반러 연대가 그러한 가치와의 연대임을 거듭 강조해왔다. 문제는 미국이 러시아에 적용한 가치의 잣대가 이스라엘에는 적용되지 않았다는 점, 그리고 그러한 이중잣대가 가자 전쟁을 통해 적나라하게 드러났다는 점이다.

물론 우크라이나 전쟁과 가자 전쟁, 러시아와 이스라엘이 완전히 동일시될 수는 없다. 먼저 침공한 러시아와 달리 이스라엘은 침략당한 입장이다. 하지만 가자 전쟁이 하마스의 공격으로 시작되었음에도 이스라엘의 응전에 반대하는 유엔 결의안이 회원국들의 압도적 찬성으로 채택되었다. 침략자 러시아에 대한 규탄 결의안이 압도적 찬성으로 통과된 것과 똑같은 상황이다. '하마스의 공격이 진공 상태에서 시작된 것이 아니라'는 유엔 사무총장 안토니우 구테흐스António Guterres의 말이 환기하는바, 이는 ① 이스라엘-팔레스타인 분쟁의 복잡한 역사적 맥락, ② 양측 피해 규모의 반복된 비대칭성, ③ 이스라엘의 보복 공격이 야기할 대량 참사에 대한 우려 때문이었다.

이러한 우려가 단지 기우가 아님은 우크라이나 전쟁과 가자 전쟁의 민간인 사상자 비교를 통해서도 간단히 확인된다. 그래프 〈11-10〉을 살펴보자.[30] 가자 전쟁 개시 후 '6개월간' 팔레스타인 민간인 사망자는 총 33,091명, 이 중 어린이는 13,000명으로 전체의 40%에 달했다. 우크라이나 전쟁의 경우, 전쟁 '2년간' 우크라이나 민간인 사망자 수는 총 10,582명, 이 중 어린이는 587명이다. 인구밀도나 전장의 특성을 감안한다 해도, 6개월간의 전쟁 희생자가 2년간의 전쟁 희생자의 3배에 달하고, 어린이 희생자는 무려 20배가 넘는다는 사실은 이스라엘 공격의 무차별성, 역사적으로 반복돼온 이-팔 피해 규모의 비대칭성을 선명하게 보여준다. 두 전쟁 사이 이 비율은 2025년까지도 크게 변하지 않았다.

11-10. 우크라이나 전쟁 vs 가자 전쟁 (민간인 사망자 수)

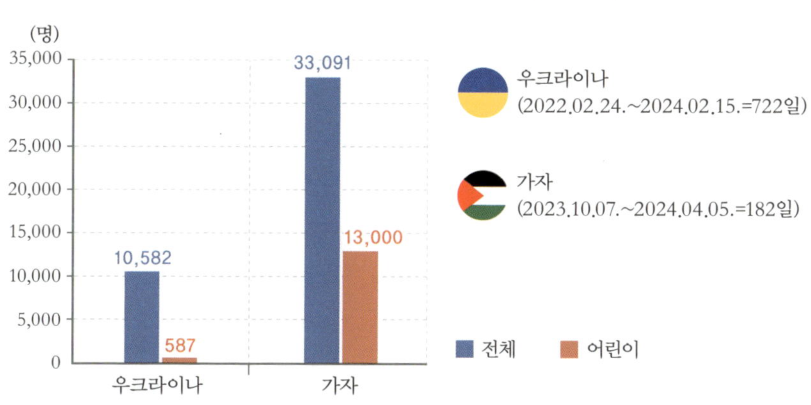


출처: UN OHCHR (Ukraine) / Palestinian Ministry of Health, Aljazeera (Gaza)

상황이 이런데도 '가치의 편'을 주장해온 미국은 이스라엘 편에 섰다. 전쟁 발발 직후는 물론이고, 가자가 '거대한 어린이 무덤'이 되고 있음이 명확해진 시점에조차 바이든은 "미국은 영원히 이스라엘 편에 서서 전례 없는 지원에 나설 것"임을 밝혔다.[31] 물론 갈수록 거세지는 국제사회의 비난, 대선을 코앞에 두고 들끓는 비판여론으로 인해 미국도 수위 조절에 나서기는 했다. 하지만 미국이 이스라엘 편이라는 것, 그중에서도 바이든은 특히 그렇다는 것은 국제정치의 상식에 속한다. 그는 가자의 인도주의적 위기를 말하면서도 이스라엘에 끊임없이 무기를 제공했다. 또, 미국은 유엔 안전보장이사회의 가자 지구 즉각 휴전 촉구 결의안에 2023년 10월 18일과 12월 8일, 2024년 2월 20일, 3회 연속 거부권을 행사해 모두 부결시켰고, 2024년 4월 18일 팔레스타인 유엔 가입 결의안에도 반대표를 던졌다.[32]

미국의 이러한 이중잣대와 위선에 세계, 특히 글로벌 사우스와 중동은 크게 분노했다. 국제앰네스티는 "이스라엘이 국제인권법을 계속 무시하는데도, 이스라엘의 최고 동맹국인 미국 및 영국, 독일을 포함한 다른 나라들은 우크라이나에서 러시아가 행한 전쟁범죄를 규탄하면서도 가자지구에 대한 이스라엘과 미국 당국의 행동은 기꺼이 지지하는 '기괴한 이중 잣대'를 보였다"고 비판했다.[33] 그 결과 "많은 개발도상국에게 이스라엘-팔레스타인 문제는 서방이 국제 규범이나 규칙을 보편적 방식이 아닌 지정학적 이해에 따라 선택적으로 적용한다는 증거"이며, "이런 모순을 인식하게 된 글로벌 사우스에서는… 우크라이나에 지지세력을 모아주려는 유럽과 미국의 '규칙 기반 질서' 주장이 크게 훼손될 것"이라는 비판이 현실성을 얻었다.[34]

이 모든 변화는 러시아에 유리한 것이다. 우크라이나를 향한 관심과 지원의 분산, 중동 위기로 인한 유가 급등도 그렇지만, 특히 미국이 독점해온 도덕적 권위의 훼손, '가치의 패권'의 침식이야말로 푸틴에게 가장 반가운 일일 것이다. 이처럼 러시아가 군사력, 사회경제적 안정성, 국제적 기회 요인 등 전세戰勢 구성의 모든 요소에서 우위을 점한 채 전선에서 승기를 굳힌 상태가 2024년 상반기까지 계속되었다.

## 전쟁 3년 차 (2024. 2. 24.~2025. 2. 23.)

2024년 하반기, 소모전 형태로 장기 지속된 교착국면에 파열을 내는 중대 사건이 연이어 발생했다. 2024년 8월 우크라이나의 러시아 쿠르스크 기습 점령, 10월 북한군 파병, 11월 트럼프의 미국 대통령 당선이 그것이다. 앞의 두 사건이 일종의 돌발 변수였다면, 미 대선은 전쟁의 향방을 결정할 사건으로 진즉부터 예정된 상수였다. 각각의 사건은 무수한 추측과 의혹, 상반된 전망을 동반하며 전 세계 미디어를 뜨겁게 달궜다. 이 중 북한군 파병은 별도의 장에서 다뤘고, 트럼프 집권은 다음 장에서 다룰 2025년 전황 및 전쟁 전망과 직결되기에 여기서는 쿠르스크 점령에 대해서만 간략히 정리하고자 한다.

2024년 8월 6일 우크라이나는 러시아 쿠르스크주를 기습 공격해 러시아 본토 점령에 성공했다. 패색이 완연했던 우크라이나군의 기습은 '전세를 뒤엎을 회심의 일격' 또는 '패배를 앞당길 최악의 자충수'라는 상반된 예측 속에 초미의 관심사로 떠올랐다. 젤렌스키가 의도한 목표는 ① 주 전선인 돈바스에서 쿠르스크로 러시아 병력 분산, ② 러시아 여론 분열과 우크라이나 국민의 사기 진작, ③ 서방의 지원 무용론 불식, ④ 유효 협상카드 확보 등으로 볼 수 있다. 결과적으로 효과는 없고 후과만 컸다고 평가할 수 있다. 의도한 목표 중 어느 것도 실현되지 못했고,

2025년 4월 26일 러시아가 쿠르스크를 완전 탈환했기 때문이다.

먼저 젤렌스키의 의도와 달리 러시아 병력의 분산 배치는 일어나지 않았다. 러시아는 돈바스가 아닌 상대적으로 여유로운 자포리자와 헤르손 전선에서 병력을 이동시켰다. 오히려 병력과 무기에 있어 현저한 열세인데도 최정예 부대와 최첨단 무기를 쿠르스크에 투입한 우크라이나가 주 전선인 돈바스에서 현저히 밀리기 시작했다.

쿠르스크 공격이 초래한 도네츠크 전선 붕괴는 러시아 점령지 증가로 이어졌다. 쿠르스크 작전 직후부터, 즉 우크라이나의 최정예 부대와 최첨단 무기가 돈바스에서 쿠르스크로 이동한 후부터, 돈바스에서 러시아군의 진격 속도가 크게 빨라졌다. BBC 보도에 따르면, 2024년 러시아가 추가로 점령한 우크라이나 영토는 총 2,700km²로, 2023년 점령면적(465km²)의 6배에 달한다.[35] 당연히 우크라이나 국민의 환호는 잠깐에 그쳤고, 러시아 여론은 더 결집되었으며, 서방의 피로도도 여전했다.

쿠르스크 기습작전 4개월째에 접어든 2024년 11월 우크라이나는 초기 점령지의 절반을 빼앗겼고, 전쟁 종식을 장담한 트럼프가 당선된 후 임박한 협상에서 유리한 고지를 차지하기 위해 러시아는 쿠르스크의 완전 탈환을, 우크라이나는 점령 유지를 위해 사투를 벌였다. 북한군 파병 문제가 불거진 것, 그 장소로 쿠르스크가 지목된 것은 바로 이러한 정황 때문이다. 2025년 4월 러시아는 마침내 쿠르스크를 완전히 탈환하고, 9개월에 걸친 작전 중 발생한 우크라이나 측의 사상자 규모가 76,650명이라고 발표했다.[36] 러시아 국방부 발표이기에 어느 정도의 과장을 감안해야겠지만, 무모한 작전의 결과 우크라이나가 상당한 수의 최정예군인을 잃은 것은 사실이다.

결과적으로 쿠르스크 기습 점령과 북한군 참전 모두 러시아 측에 유리한 기회 요소가 되었고, 우크라이나의 열세가 지속되는 가운데 전선에서의 소모전은 더욱 격화되었다. 3년 차가 끝나갈 무렵 부활한 트럼프가 몰고 온 대격변은 우크라이나 전쟁에 가장 집약적으로 투사되며 전쟁의 많은 것을 바꿔 놓았다. 전쟁 4년 차의 특성은 트럼프가 일으킨 이 변화와 직결되기에 이와 관련된 다음 장에서 상세히 살펴보기로 한다.

1 "Russian Invasion of Ukraine: How Putin lost in 10 days," *Imperial War Museum*, 2023.03.15.; Seth G. Jones, "Russia's Ill-Fated Invasion of Ukraine: Lessons in Modern Warfare," *CSIS*, June 1, 2022; "О «войне на истощение» между Россией и Украиной говорят давно. Но только сейчас она начинается по-настоящему," *Медуза*, 4 января 2023.

2 "The turning points in Russia's invasion of Ukraine," *CNN*, Sep. 30, 2022.

3 "Ukraine in maps: Tracking the war with Russia," *BBC*, Sep. 24, 2025.

4 Valerii Zaluzhny, "The commander-in-chief of Ukraine's armed forces on how to win the war," *Economist*, Nov. 1, 2023.

5 "J. Mearsheimer: Ukraine War is a Long-term Danger," *The Greyzone*, 30 July 2023; Valerii Zaluzhny, "Ukraine's Commander-in-chief on the Breakthrough He Needs to Beat Russia," *Economist*, Nov. 1, 2023.

6 "Белоусов раскрыл число заключивших за год контракт с армией," *РБК*, 16 дек. 2024; "Медведев раскрыл число контрактников, вступивших в армию с начала года," *РБК*, 2 июля 2025.

7 "От 5,2 миллионов рублей за первый год службы получат добровольцы, заключившие контракт с Минобороны РФ при поддержке Правительства Москвы," *Северинформ*, 2024.09.20.

8 "Russia producing three times more artillery shells than US and Europe for Ukraine," *CNN*, March 10, 2024; "NATO Admits It Is Running Out of Ammunition," *Newsweek*, Oct. 4, 2023.

9 Molly Carlough, Benjamin Harris, "Comparing the Size and Capabilities of the Russian and Ukrainian Militaries," *Council on Foreign Relations*, June 3, 2025.

10 그래프 <11-4>와 <11-5>는 레바다센터의 월별 보고서에 기반해 필자가 작성한 것으로, 월별 보고서는 홈페이지에서(www.levada.ru)에서 검색 가능하다. "Конфликт с Украиной: внимание, поддержка, отношение к переговорам и возможным сценариям завершения конфликта в сентябре 2025 года," *Левада-центр*, 2025.10.07.

11 "Gross domestic product 2022, PPP," *World Bank*, 2023.12.21.

12 "The Surprising Resilience of the Russian Economy," *Financial Times*, Feb. 3, 2024.

13 박지원, 『우크라이나 사태 이후 러시아의 대외경제 현황 및 대안정책 분석』, 서울: 코트라, 2023; "How Russia Pays for War," *The New York Times*, Oct. 30, 2022; "The Surprising Resilience of the Russian Economy," *Financial Times*, Feb. 3, 2024.

14 Jan Toporowski, "The War in Ukraine and the Revival of Military Keynesianism," *Institute for New Economic Thinking*, Jan. 9, 2023; "Russia GDP Annual

Growth Rate," *Trading Economics.*

15 Руслан Бортник, "Коли і за яких умов в Україні відбудуться вибори: відповіді на запитання від Руслана Бортника," *Український інститут політики*, 19 жовтня 2023; "Я не хочу, чтобы из Украины делали путинскую Россию," *Медуза*, 3 ноября 2023.

16 "Dynamics of trust in President V. Zelenskyy in 2019-2025 and attitude towards holding elections," *Kyiv International Institute of Sociology*, 2025.09.19.

17 "Dynamics of trust in President V. Zelenskyy in 2019-2025 and attitude towards holding elections," *KIIS*, 2025.09.19. 그래프는 필자 작성.

18 "Directions of Affairs in the Country and Trust in Political, Military and Public Figures," *KIIS*, 2024.02.15.

19 Maksym Samoiliuk, "Ukraine War Economy Tracker," *Centre for Economic Strategy*, Sep. 23, 2025.

20 Анна Куделюк, "Як українці уникають мобілізації: начальник ТЦК розповів про найпопулярніші способи," *Знай.UA*, 3 травня 2023; Marc Santora, "Ukraine Fires Top Military Enlistment Officers After Bribery Scandal," *The New York Times*, Aug. 11, 2023.

21 Oleg Sukhov, "Top Ukrainian anti-corruption official fired over pressure on whistle blower," *Kyiv Independent*, Sep. 3, 2024; Ivana Kottasová, "Ukraine sees first major anti-government protests since start of war, as Zelensky moves to weaken anti-corruption agencies," *CNN*, July 23, 2025.

22 Kateryna Denisova, "Only 20% of Ukrainians would vote for Zelensky following corruption scandal, poll shows," *Kyiv Independent*, Dec. 9, 2025; "Результаты соцопросов: рейтинги политиков. Выборы Президента Украины," *Ukraine Elections.*

23 J. Wilson, "Bribes and hiding at home: the Ukrainian men trying to avoid conscription," *The Guardian*, Aug. 15, 2023; "За время полномасштабного вторжения открыли более 250 тысяч дел о СОЧ и дезертирстве," *Украинская правда*, 26 августа 2025; Nitin J Ticku, "Ukraine's Military In Turmoil: 576 Soldiers Desert Daily, 10X More Than Russian Army; What's Going Wrong?" *Eurasian Times*, Aug. 28, 2025.

24 Игорь Яковенко, "Украина воюющая: социологический портрет," YouTube, 2023.09.14. 대담자인 키이우국제사회학연구소 소장 볼로디미르 파니오토(Volodymyr Paniotto)의 발언임.

25 "How to achieve lasting peace," *Kyiv International Institute of Sociology*, 2023.05.26.

26 Oleksii Kushch, "Good Land Does Not Lie Fallow? Is Depopulation a Threat for Ukraine?" *ZN.UA*, Sep. 8, 2025.

27 Ella Libanova, "Ukraine's Demography in the Second Year of the Full-Fledged War," *WIlson Center*, June 27, 2023.

28 Benedict Vigers, "Ukrainian Support for War Effort Collapses," *Gallup*, Aug. 7, 2025.
29 Timothy Ash, Ivan Krastev, Mark Leonard, "United West, divided from the rest: Global public opinion one year into Russia's war on Ukraine," *European Council on Foreign Relations*, Feb. 22, 2023.
30 다음 자료에 기반해 그래프는 필자 작성. "Number of civilian casualties in Ukraine during Russia's invasion verified by OHCHR from February 24, 2022 to February 15, 2024," *Statista*, 2024.02.23.; "Israel-Gaza war in maps and charts," *Aljazeera*, 2024.04.05.
31 Joe Biden, "Remarks by President Biden on the October 7th Terrorist Attacks and the Resilience of the State of Israel and its People," *The Whitehouse*, Oct. 18, 2023.
32 "U.S. Vetoes Resolution to Upgrade Palestine's U.N. Membership," *Time*, April 19, 2024.
33 "Post-1948 order 'at risk of decimation' amid war in Gaza, Ukraine," *Aljazeera*, April 24, 2024.
34 Oliver Stuenkel, "Why the Global South Is Accusing America of Hypocrisy: Many countries perceive a double standard in the West's contrasting responses to Gaza and Ukraine," *Foreign Policy*, Nov. 2, 2023.
35 Constant Méheut, Josh Holder, "Russia's Swift March Forward in Ukraine's East," *The New York Times*, Oct. 31, 2024; "Ukraine front could 'collapse' as Russia gains accelerate, experts warn," *BBC*, Nov. 20, 2024.
36 "В Минобороны оценили потери ВСУ в Курской области за время боевых действий," *РИА Новости*, 26 апреля 2025.

12 

# 트럼프는 정말 전쟁을 끝낼 수 있을까

## 트럼프 2.0: 정직한 야만의 시대

2025년 3월 11일 〈뉴욕타임스〉는 "힘, 돈, 영토: 트럼프는 50일 동안 세계를 어떻게 흔들어놓았나"라는 분석 기사를 발표했다. 미국이 전후 80년 동안 공들인 시스템을 트럼프가 취임 50일 만에 완전히 무력화하고, 미국이 세계에 힘을 투사하는 방식을 극적으로 변화시켜 기존 국제 질서를 뒤엎어버렸다는 것이다.[1] 기사가 생생하게 전달한 트럼프 2.0의 충격과 파장은 우크라이나 전쟁에서 가장 집약적으로 드러났다.

많은 사람이 일찍부터 2024년 미 대선이 전쟁의 향방을 가를 주요 변수가 되리라 예상했다. 트럼프는 '당선되면 24시간 내 전쟁을 끝내겠다'고 호언장담하며 전쟁 종식에 대한 강한 의지를 드러냈다. 또 러시아와 관계 정상화의 필요성을 거듭 강조하고, 전쟁 책임을 바이든과 우크라이나에 돌리는 등 친러시아 행보가 유세 기간 내내 이어졌다. 미국 대통령으로서 매우 이례적인 이 태도는 트럼프의 대표 브랜드인 '미국 우선주의America First'에 기인한다.

바이든이 우크라이나 전쟁을 '민주주의 vs 권위주의', '자유 vs 독재' 같은 '가치'의 전쟁으로 규정한 것과 달리, 트럼프는 '가치'가 아니라 '이익'이, '러시아'가 아니라 '중국'이 목표가 되어야 함을 역설했다. 그에 따르면, 미국의 국익이 걸린 대중對中 전선에 모든 자원을 집중해야 할 때, 바이든이 쓸데없이 전쟁을 부추겨 러시아를 미국의 적으로 만들어 중국 품에 안겨주었고, 결국 '러시아-중국-이란-북한'이라는 무시무시한 연대의 축을 발전시켰다는 것이다.[2] 트럼프는 바이든 정권을 '글로벌리스트-네오콘globalist-neocon'으로 규정하고, 이들이 '러시아나 중국보다 미국의 국익에 더 해롭다'고 주장했다. 다음은 트럼프의 대선 주요공약을 설명한 〈어젠다 47〉의 해당 발언이다.

"현재의 조 바이든 치하에서보다 3차세계대전에 더 가까워진 적은 없습니다. 핵으로 무장한 강대국들 사이의 글로벌한 충돌은 인류 역사상 유례없는 규모의 죽음과 파괴를 의미할 것입니다. 핵 아마겟돈이 올 것입니다. 이 악몽을 피하는 것보다 더 중요한 일은 없습니다. 우리는 피하게 될 겁니다. 하지만 새로운 리더십이 필요합니다. …

더불어 해외에서 자유와 민주주의를 위해 싸우는 척하며… 우리를 끝없는 전쟁으로 끊임없이 끌어들이는 글로벌리스트-네오콘 기성세력을 모조리 해체하는 데 전념해야 합니다. 국무부, 국방 관료조직, 정보기관, 그리고 그 외 모든 것을 철저히 점검하고 개편해 딥 스테이트deep state 세력을 몰아내고 미국을 우선순위에 놓아야 합니다. 미국이 우선순위가 되어야 합니다. …

이 세계주의자들은 해외에서 괴물과 유령을 쫓느라 미국의 모든 힘과 피와 보물을 탕진하고, 자신들이 바로 여기 국내에서 일으키는 혼란으로부터 우리의 관심을 돌리려 합니다. 이 세력들은 러시아와 중국이 꿈도 못 꿨을 더 해로운 짓을 미국에 하고 있습니다. 병들고 타락한 기득권층을 몰아내는 것은 차기 대통령의 기념비적 임무입니다. 그리고 나만 할 수 있습니다. 일을 끝낼 수 있는 사람은 나뿐입니다. 나는 무엇을 해야 하는지 정확히 알고 있습니다."[3]

이처럼 트럼프는 공화당의 네오콘과 민주당의 리버럴을 퉁쳐 한 번에 보내버렸다. 그의 재선 성공은 자유주의적 개입주의의 파산, 세계화의 후퇴, 자국 중심주의의 귀환을 의미한다. 역설적이게도 트럼프의 미국 우선주의는 냉전 종식 후 미국이 독점해온 유일 패권의 자진 반납으로 이어졌는데, 이 질서가 미국에 이익이 되지 않는다고 판단했기 때문이다. 미 국무장관 마르코 루비오Marco Rubio가 첫 상원 연설에서 "전후 세계 질서는 낡아버렸을 뿐만 아니라 현재 미국을 겨냥한 무기로 쓰이고 있다"고 말한 것도 같은 맥락이다.[4] 그의 말을 더 들어보자.

"중국인은 중국에 가장 이익이 되는 일을 하고, 러시아인은 러시아에 가장 이익이 되는 일을 하고, 칠레인은 칠레에 가장 이익이 되는 일을 하고, 미국은 미국에 가장 이익이 되는 일을 하는 방식으로 세계는 항상 작동해왔습니다. … 그런데 그것이 사라졌습니다.

나는 냉전이 끝나면서 그것이 사라졌다고 생각합니다. 우리가 세계 유일의 강대국이 되었고, 많은 경우 모든 문제를 해결하려 애쓰는 일종의 글로벌 정부의 책임을 맡았기 때문입니다. 세계에 끔찍한 일들이 벌어지고 있습니다. 정말 그렇습니다. 우리 국익에 직접적인 영향을 미치는 끔찍한 일들도 있는데, 우리는 또 그것들을 우선순위에 놓아야 합니다. 이러니 세계에 오로지 하나의 강대국만 있는 것은 정상이 아닌 겁니다. 정상이 아니었어요, 비정상이었죠. 그것은 냉전 종식의 산물이었고, 결국에는 다극세계, 지구의 여러 지역에 여러 강대국이 존재하는 상태로 돌아가게 될 것이었어요. 지금 우리는 중국, 또 어느 정도는 러시아와 함께 그런 상황에 직면해 있고, 이란. 북한 같은 불량 국가도 처리해야 합니다."[5]

다시 말해 멀리는 2차대전 후, 가깝게는 탈냉전 이래 미국이 자임해온 경찰국가의 짐을 벗어 던지고, 앞으로는 국익을 우선하는 국가의 본질에 충실할 것이며, 그런 강대국이 복수로 존재하는 다극세계로의 복귀야말로 정상으로의 회복이고, 미국과 함께 이 다극 질서를 이끌어갈 주요 행위자는 (더 이상 유럽이 아니라) 중국과 러시아라는 것이다.

## 다극화와 강대국 정치

그야말로 혁명적인 변화다. 미국이 주도한 '규칙 기반 자유주의 국제질서'에 도전해온 수정주의 세력, 즉 중국과 러시아가 그간 줄기차게 미국에 주장해온 것이 바로 '이 다극(성)을 국제관계의 현실로 인정하라'는 것이었다. 이를 미국이 받아들인 것이다. 다음은 러시아 외교의 원칙, 목표, 임무, 우선순위를 밝힌 〈2023년 러시아 외교정책 개념〉 중 일부다.

"7. 인류는 혁명적 변화의 시대를 경험하고 있다. 보다 정의로운 다극세계가 형성되고 있다. 불평등한 세계 발전 모델은 돌이킬 수 없는 과거로 사라지고 있다. … 비서구 강대국들과 지역 리더 국가들의 주권이 강화되고, 경쟁 기회가 늘어나고 있으며… 이는 국제관계의 민주화에 기여한다.

8. 현재 일어나는 변화가 대체로 이로운 것인데도, 세계 지배와 신식민주의적 논리로 사고하는 데 익숙한 여러 나라는 이를 거부하고 있다. 그들은 다극세계의 현실을 인정하지 않고, 이에 기반한 세계 질서의 조건과 원칙에도 동의하지 않는다.

13. 러시아는 스스로를 서방의 적이라 여기지 않으며, 서방으로부터 고립될 생각도 없고, 서방에 대해 적대적인 의도도 갖고 있지 않으며, 서구 공동체에 속한 나라들이 향후 자신들의 대결 정책과 패권적 야망의 무익함을 깨닫고, 다극세계의 복잡한 현실을 고려해 주권 평등과 상호 이익 존중의 원칙에 따라 러시아와의 실용적 협력으로 복귀하기를 희망한다. 이러한 기반 위에서 러시아 연방은 대화와 협력에 나설 준비가 되어 있다."[6]

러시아가 다극화를 주요 외교전략으로 내세운 것은 이미 1990년대로, '프리마코프 독트린'이 그것이다. 1996년 러 외무장관으로 취임한 프라마코프는 나토 확대와 미국 일방주의에 반대하며, 미국 유일 패권과 단극 질서에 맞서기 위한 전략으로 러시아, 중국, 인도 등이 협력하는 다극화를 제안했다. 현실주의적 실용주의로 분류되는 프리마코프 외교의 핵심은 미국의 패권에 혼자 맞서려 하지 말고, 미국을 포함한 복수의 강대국 간 다극화 시스템으로 이를 돌파하라는 것이었다. 나토의 세르비아 폭격 소식을 듣고 워싱턴으로 가던 비행기를 돌린 '프리마코프 턴Primakov turn'은 탈냉전 초기 미러 협력 뒤 도래할 균열을 상징하는 장면이 되었고, '프리마코프 독트린Primakov Doctrine'은 푸틴이 집권 초기의 친서방 정책과 결별 후 취한 외교정책의 근간이 되었다.[7] 당시에는 다극화가 목표이자 전략이었다면, 이제는 현실이 되어가는 중이다. 현 라브로프 외무장관은 선배 프리마코프의 혜안에 여러 차례 존경을 표한 바 있다.

다극에 대한 강조는 중국도 마찬가지다. 예를 들어 중국의 왕이王毅 외교부장은 2024년 3월 기자 간담회에서 "다극성과 경제 세계화가 인류 사회 발전의 지배적 추세"라고 강조하며 다음과 같이 말했다.

> "평등한 다극세계는 모든 국가에 동등한 권리, 동등한 기회, 동등한 규칙을 의미합니다. 특정 또는 소수의 강대국이 국제 문제를 독점해서는 안 됩니다. 국가는 힘에 따라 분류되어서는 안 됩니다. 주먹이 더 큰 사람이 최종 결정권을 가져서는 안 됩니다. 그리고 특정 국가들만 테이블에 앉고, 다른 국가들은 메뉴에만 오를 수 있는 상황은 결코 용납될 수 없습니다. 모든 국가가 규모와 힘에 상관없이 의사결정에 참여하고 권리를 누리고 다극세계를 향한 과정에서 동등한 역할을 할 수 있게 보장되어야 합니다."[8]

트럼프 행정부가 다극을 정상이자 현실로 인정함으로써 30년 만에 미국이 러중과 세계 인식을 공유하게 됐다. 물론 차이는 있다. 그간 러중이 '정의正義'의 차원에서 다극을 주장해왔다면 트럼프의 미국은 '이익'의 관점에서 이에 동의했고, 러중이 (적어도 수사적 차원에서는) '모든 구성원에 고루 평등한 다극'을 내세운다면 미국은 '강대국들의 다극'을 염두에 둔다. 역설적이게도 이제 러중이 가치를, 미국이 힘을 주장하고, 중국이 세계화와 자유무역을, 미국이 고립주의와 보호무역을 고집하는 형국이다. 이처럼 다극(성)에 대한 세 강대국의 각기 다른 이해는 그 자체 별도의 연구주제지만, 러중이라고 특별히 정의로울 리 없고, '모두의 평등'에 대한 양국의 강조는 미국의 압도적 패권을 상대화하기 위한 수사적 전략으로 보는 것이 타당할 것이다.

어쨌든 트럼프의 등장으로 세계는 ① 단극에서 다극으로, ② 자유주의 국제관계에서 강대국 정치로, ③ '규칙 기반 질서'에서 '힘에 기반한 질서'로 이동했다. 트럼프 2.0이 얄타 2.0의 도래와 동일시된 이유다. 강대국 간 세력권 인정으로 강대국 간 공존이 가능해진 시대 말이다. 하지만 '규칙이 힘이 되는 세계'에서 '힘이 규칙이 되는 위계'로의 이동은 강대국이 아닌 대다수 국가에 각자도생의 시대가 열렸음을 뜻한다.

물론 트럼프 이전에도 국제정치는 결국 힘에 좌우되었다. 하지만 그 힘이, 특히 서방에서, 자유, 민주주의, 인권 등 최소한의 명분 아래 행사되던 과거와 달리, '정치적 올바름이 미국을 망쳤다'고 줄기차게 외쳐온 트럼프는 그 가면을 거침없이 벗어던졌다. 우아한 위선의 시대의 종말, 정직한 야만의 시대의 도래란 이를 일컫는다.

2025년 12월 5일 백악관이 발표한 (미국) 〈국가안보전략〉(2025)은 트럼프의 미국이 견지할 원칙과 방향성을 그야말로 '날것의 언어'로 제시하고 있다. 문서는 서반구Western Hemisphere를 미국의 배타적 세력권으로 선포하며 "더 크고, 더 부유하고, 더 강한 나라들이 막대한 영향력을 갖는 것은 국제관계에 있어 불변의 진리다", "국가들이 각자의 이익을 최우선시할 때 세계는 가장 잘 돌아간다," "다양성, 평등, 포용성의 문화를 근절하겠다"고 선언했다.[9]

따라서 2기 취임 후 트럼프가 노골적으로 러시아 편에 선 것은 어찌 보면 당연하다. 전쟁이든 국력이든 우크라이나가 아닌 러시아가 승자이고 강자이기 때문이다. 위 〈국가안보전략〉 문서에서도 우크라이나 전쟁 종식을 미국의 핵심 이익으로 규정했지만, 러시아에 대해서는 '전략적 안정성의 재확립'이 필요하다고 말했을 뿐 한마디의 비판도 하지 않았다. 반면 유럽에 대해서는 '그 주요 리더들의 전쟁에 대한 비현실적 기대'를 질타하고, '나토 확대를 개념과 현실 모두에서 끝장내겠다'고 천명했다.[10]

취임 후 우크라이나에 대한 트럼프의 일성一聲 역시 '미국이 그동안 우크라이나에 지원한 돈을 갚으라'는 것이었다. 그 과정에서 불거진 것이 역사상 유례없는 외교 참사였고, 그 결과 맺어진 것이 광물협정이다. 2025년 2월 28일 젤렌스키는 트럼프, 밴스와 설전을 벌이다 백악관에서 쫓겨났고, 4월 30일 미래의 자원을 미국에 위탁하는 굴욕적인 광물협정에 사인했다.

미 국방장관 피트 헤그세스Pete Hegseth는 취임 후 첫 해외 순방부터 우크라이나에 대한 '4불가론'을 전쟁 종식의 조건으로 내걸었다. ① 나토 가입 불가, ② (2014년 기준) 영토 회복 불가, ③ 우크라이나에 미군 파견 불가, ④ 무제한 지원 불가가 그것이다. 마침내 2025년 2월 24일, 전쟁 3주년을 맞아 유엔이 제출한 러시아 침공 규탄 결의안에 미국이 반대표를 던졌다. 대신 미국은 '침공'을 '분쟁'으로, '우크라이나 주권 수호'를 '평화 보장'으로 완화한 자체 결의안을 내놓았고, 러시아와 중국이 이에 찬성했다.[11] 강고했던 '미국-유럽-우크라이나 vs 러시아' 전선이 깨지고, '미국-러시아 vs 유럽-우크라이나'라는 미증유의 연대가 출현한 순간이다.

이런 배경 속에서 바이든 시절이라면 상상도 못 할 양보가 우크라이나에 강요되는 가운데 미러 관계 정상화가 추진되었다. 노벨평화상에 대한 집착을 제외하면, 트럼프에게 전쟁 종식만큼 중요한 것이 미러 협력이고, '빠른 해결'에 대한 그의 강박은 전쟁이 끝나야 그것이 가능하기 때문으로 볼 수 있다. 2025년 2월 18일 사우디아라비아 리야드에서 열린 역사적인 미러 고위급 회담의 주요 의제도 전쟁보다는 미러 경제협력이었고, 우크라이나와 유럽을 패싱한 것은 이 때문이다. 양국 고위급 3

인방에 외무장관과 안보보좌관 외, 미국 측은 부동산업자 스티브 위트코프가, 러시아 측은 투자전문가 키릴 드미트리예프Kirill Dmitriev가 포함된 것도 이와 무관치 않다. 스탠퍼드대학 경제학과를 우등 졸업하고, 하버드대학에서 MBA를 마치고, 맥킨지, 골드만삭스 등에서 일한 드미트리예프는 러시아를 대표하는 경제 엘리트로, 현재 러시아직접투자펀드Russian Direct Investment Fund의 대표를 맡고 있다. 그렇다면 트럼프가 러시아를 통해 얻고자 하는 것은 무엇인가.

## 트럼프가 러시아에 원하는 것

### 1) 대중 견제와 역키신저 전략

첫 번째는 대중 견제를 위한 협력이다. 이른바 '역키신저 전략'이라 불리며, 실제 트럼프는 닉슨 행정부 당시 미중 관계 정상화를 주도한 키신저에 큰 영향을 받았다. 냉전 시절 미국이 소련 견제를 위해 중국에 손을 내밀었다면, 이제는 중국 견제를 위해 러시아와 손잡을 필요가 있다는 것이다. 나토 창립 당시의 개념을 적용해 트럼프의 정책 전환을 3마디로 설명할 수 있다. 나토 초대 사무총장을 지닌 헤이스팅스 이즈메이Hastings Ismay는 나토의 목적을 '미국 in, 소련 out, 독일 down'으로 표현했다. '미국이 유럽에 개입해 소련을 몰아내는 한편 (1,2차대전을 일으킨) 독일을 관리하자'는 발상이다.[12] 지금은 독일 없는 나토를 상상하기 어렵지만, 1949년 창립 당시는 달랐고, 실제 독일의 나토 가입은 1955년에야 이뤄졌다. 이 개념을 트럼프 외교전략에 적용하면 '러시아 in, 유럽 out, 중국 down'이 될 것이다. 이제 미국은 '유럽이 아니라 러시아와 손잡고 중국을 견제하겠다'는 것이다.

## 2) 북극 협력

두 번째는 북극항로를 포함한 북극권 개발이다. 지도 〈12-1〉은 북극항로를 표시한 것이다. 유럽과 아시아를 잇는 기존 해상항로 대신 북극항

12-1. 북극항로

기존항로 (약 22,000km, 약 40일 소요)
북동항로 (약 15,000km, 약 30일 소요)
북서항로

로를 거칠 경우, 거리는 30~40%, 운항일수는 10일 정도 단축된다. 또 수에즈 운하나 호르무즈 해협을 통과하는 현재 경로가 소말리아 해적, 예멘 후티 반군, 이란-이스라엘 분쟁 등 지정학적 리스크에 취약하다면, 북극에는 그런 위험 요소가 별로 없다. 이런 이점에 더해 지구 온난화로 쇄빙선 없이 운항 가능한 일수가 늘어나면서 북극항로는 '국제 해운물류의 새로운 미래'로 각광받고 있다.

북극에서 1,800km나 떨어진 중국은 자신을 '근近북극 국가'로 규정하고, 일대일로와 밀접히 연계된 '극지 실크로드Polar Silk Road'를 표방하며 이 전쟁 중 더욱 긴밀해진 러중 관계를 활용해 진작부터 여기 뛰어들었다. 2025년 출발한 이재명 정부도 북극항로를 대한민국의 미래를 책임질 핵심 공약에 포함해 부산과 일대를 북극항로의 거점지대로 만들기 위한 청사진을 제시한 바 있다.

이런 상황에서 명실상부 북극 국가를 대표하는 러시아와의 협력은 선택이 아닌 필수에 해당한다. 〈12-2〉 그래프가 보여주듯이, 북극해 연안의 53%, 북극항로의 90%에 연접한 러시아는 이미 소련 시절부터 북극항로를 적극적으로 개발, 이용해왔다. 소련 해체 후 긴 침체기를 겪었

**12-2. 러시아의 북극항로 물동량 변화** (1933~2023)

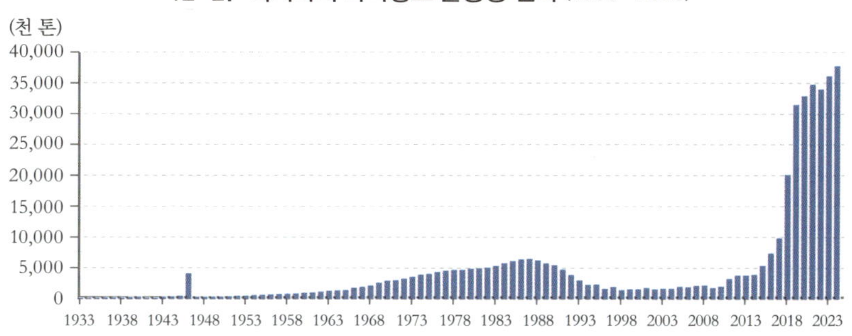


출처: Юлия Китаева, "Ретроспективный анализ развития северного морского пути," *Системный анализ и логистика*, № 1(44), 2025, p. 12.

지만, 2010년대 후반부터 다시 비약적인 물동량 증가를 기록하며 북극의 미래를 견인해왔다.

〈2035년까지 북극에 대한 러시아 연방 국가 정책의 기초〉(2020), 〈러시아 연방 해양 독트린〉(2022) 등의 행정명령이나 전략문서가 보여주듯이, 러시아는 북극을 국가 미래전략의 최우선순위에 두고 장기적인 계획과 지속적인 투자를 통해 북극을 둘러싼 패권 경쟁에 체계적으로 대비해왔다. 2024년 기준 러시아는 북극권에 32개의 상시유인군사시설 continuously attended military sites, 12개의 군용비행장, 무르만스크, 아르한겔스크, 딕손, 사베타, 두딘카 등 10개 이상의 허브 항을 갖고 있다. 또 핵추진 쇄빙선을 포함한 세계 최대 쇄빙선단을 보유하고 있으며, 2024년 러시아 수출의 11%. GDP의 7.5%가 북극권에서 창출됐다.[13]

트럼프는 1기 시절부터 북극항로를 포함한 북극 지정학과 그 전략적, 경제적 이익에 큰 관심을 보였다. 이전 정권과 구별되는 그의 대표적인 북극 정책은 ① (북극 해빙을 막는) 파리협정 등 기후협약 탈퇴, ② 각종 행정명령을 통한 북극 자원 채굴 촉진, ③ 북극 내 미 군사·물류 역량 확대 (신규 쇄빙선 40척 구매 결정 등), ④ 북극권 내 지역 명칭의 상징적 변경 (알래스카 최고봉 이름을 '디날리'에서 '매킨리'로 재변경), ⑤ 그린란드 인수 표명 등으로 정리될 수 있다.[14]

이 중 트럼프의 특이성을 가장 잘 보여주는 것이 그린란드다. '국가 안보를 위해 그린란드가 절실히 필요하다'는 그의 주장은 북극에서 날로 증가하는 러중의 영향력을 염두에 둔 발언일 것이다. 하지만 트럼프는 '미국의 51번째 주가 되라'는 발언, '그린란드를 얻기 위해서라면 무력 사용도 배제하지 않겠다'는 발언으로 북극권의 동맹국인 캐나다와 덴마크를 적으로 돌리는 대신, 대러 협력의 상위 목록에 북극을 올려두었다. 북극에서 러시아가 구축한 독점적 지위를 활용코자 하는 현실적 계산의 결과

이자, 멀리 있는 적보다 가까운 이웃에 더 가혹한 세력권 정치의 전형적인 특성으로 볼 수 있다.

### 3) 자원 협력

미러 협력의 또 다른 유력 분야는 자원과 에너지다. 트럼프의 머리 속에서 러시아와 그린란드가 다시 만나는 지점이기도 하다. 이는 특히 미국의 대중對中 아킬레스건인 희토류와 관련된다. 2025년 미 지질조사국 발표에 따르면, 희토류 매장량 세계 1위는 당연히 압도적으로 중국이고, 5위가 러시아, 7위는 미국, 8위가 그린란드다.[15] 미국이 각종 환경 규제로 희토류 개발이 녹록지 않은 상황에서 러시아와 그린란드가 대안이 될 수 있는 것이다.

'자원의 저주'가 거론될 정도로 자원 부국인 러시아는 전쟁으로 더 부자가 될 듯하다. 우크라이나 점령지 때문이다. 우크라이나도 자원 부국이고, 특히 반도체, 배터리, 전기자동차, 2차 전지 등 첨단 산업에 필수적인 핵심 광물이나 희토류가 많다. 예를 들어 리튬, 티타늄, 흑연, 우라늄 모두 우크라이나 매장량이 유럽 1위고, 전쟁 전 티타늄 세계 공급의 7%, 핵심 광물 전체로는 5%를 우크라이나가 공급했으며, 매장된 핵심 광물의 잠재 가치를 환산하면 12조 유로에 달한다.[16]

문제는 다수의 핵심 광물이 집중적으로 매장된 곳이 다름 아닌 러시아 점령지라는 점이다. 지도 〈12-3〉이 이를 잘 보여준다.[17] 2025년 우크라이나 지질조사국이 공개한 이 광물 분포도에 따르면, 러시아 점령지인 동남부, 그중에서도 도네츠크와 자포리자에 여러 자원이 중첩돼 있음이 확인된다. 향후 광물 개발의 총 기대수익 12조 유로 중 러시아 점령지 내 광물 가치는 총 63,040억 유로로, 전체의 52.5%에 달한다.

12-3. 우크라이나 광물 지도 (2025)

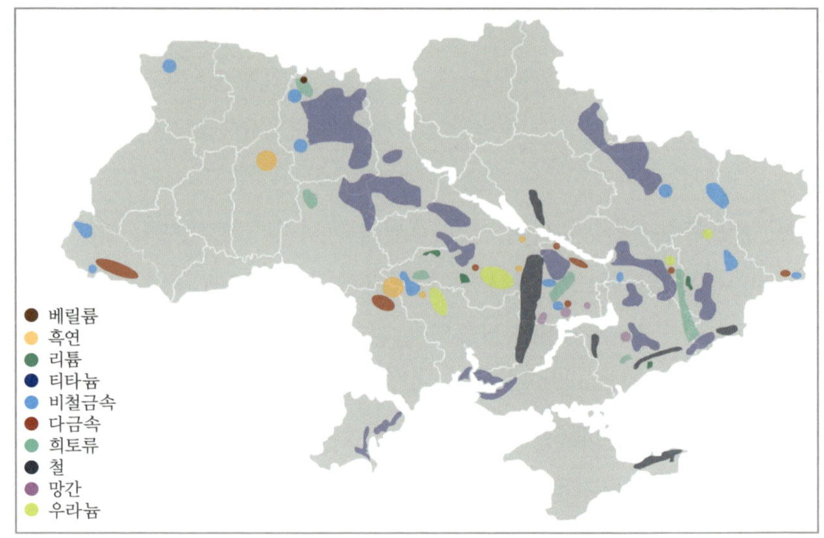


출처: Ukrainian Geological Survey

트럼프가 이를 모를 리 없다. 백악관에서 젤렌스키와 격돌한 후 그는 무기는 물론 정보 지원도 끊었고, 젤렌스키는 백기 투항했다. 2025년 4월 30일 마침내 트럼프는 향후 우크라이나 자원 개발과 수익 배분에서 미국의 최우선권을 보장한 광물협정을 얻어냈다.[18] 이제 러시아와 자원 협력이 가능해지면 사실상 우크라이나의 모든 자원에 대한 통제(접근)권이 확보되는 셈이다. 이와 유사한 시도는 트럼프 정부가 추진 중인 '노르트스트림Nord Stream' 구상에서도 드러난다.

#### 4) 미러 에너지 카르텔

트럼프 취임 직후부터 워싱턴과 모스크바에는 '미러 가스 카르텔'에 대

12-4. 노르트스트림-1 & 2

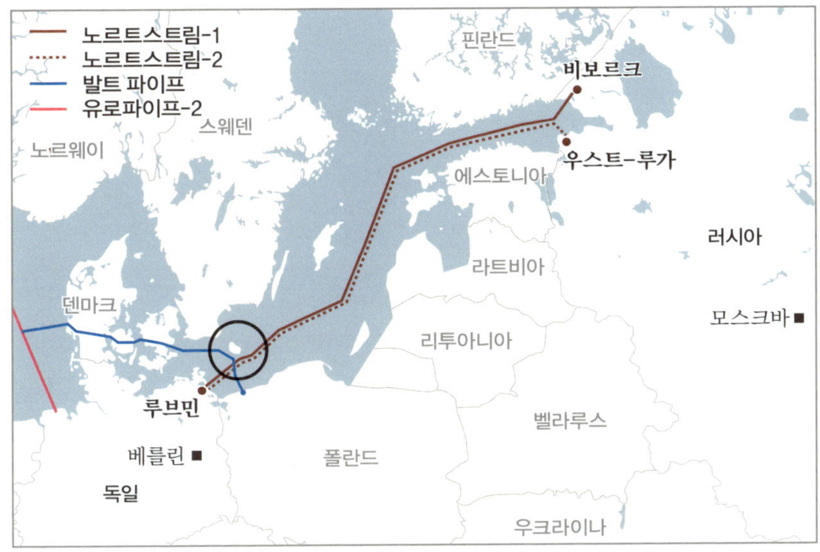


출처: Petroleum Economist, Financial Times

한 소문이 파다했다. 2024년 11월 21일 〈월스트리트저널〉의 단독 기사로부터 출발한 소문의 요지는 미국이 노르트스트림-2를 구매해 재가동하려 한다는 것이었다. 노르트스트림은 러시아와 독일을 잇는 직통 천연가스 파이프라인으로, 노르트스트림-1은 2011년부터 운용되었고, 당시 러시아가 유럽에 공급한 천연가스의 1/3이 이 관을 따라 흘렀다. 그 성공에 힘입어 2021년 9월 완공된 노르트스트림-2는 2022년 2월 전쟁 발발로 한번도 가동해보지 못한 채 방치되다가 같은 해 9월 우크라이나의 사보타주로 일부가 폭파되었다. (지도 〈12-4〉에 원으로 표시된 부분이 폭발 지점이다.) 그 결과 러시아 국영 에너지 기업 가즈프롬 산하의 노르트스트림-2 모회사는 파산 절차에 들어가 경매를 앞둔 상황에 놓였는데, 이를 미국이 사서 라인을 수리해 재가동한다는 구상이다. 2025년 3월 26일

12-5. 유럽 천연가스 시장 점유율 (2021~2024년 상반기)

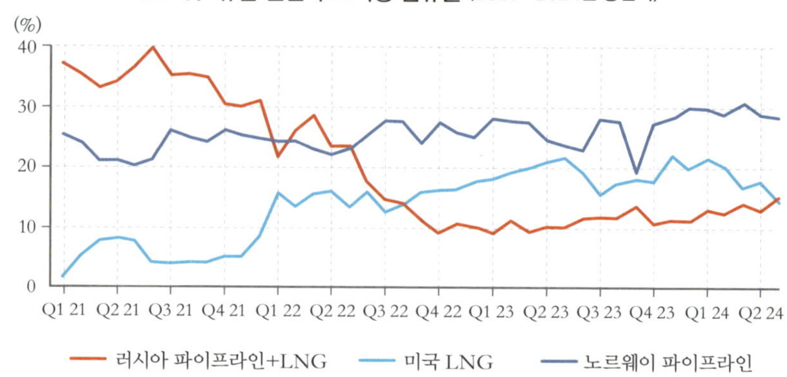


출처: Independent Commodity Intelligence Services, Financial Times

러 외무장관 라브로프가 '미러 양국이 노르트스트림을 살리기 위한 논의를 하고 있다'고 인정함으로써 소문은 사실로 드러났다.[19]

노르트스트림-2 건설이 본격 추진된 것은 2018년, 즉 트럼프 1기 시절이다. 당시 그는 러시아의 에너지 무기화에 일조해 대서양 안보를 위협한다는 이유로 독일을 비난하고, 건설 관련 기업들에 제재를 가하는 등 완강히 반대했다. 그러던 트럼프가 왜 마음을 바꾼 것일까. 전쟁으로 인한 유럽 내 천연가스 시장의 변화 때문이다. 이를 표시한 그래프 〈12-5〉를 살펴보자.[20]

유럽 천연가스 시장에서 러시아와 미국의 점유율이 전쟁을 기점으로 극적으로 반전된 것이 확인된다. 전쟁 전 미미했던 미국 LNG 점유율은 전쟁 발발 후 큰 폭으로 상승해 2023~2024년 20%대를 넘나들었고, 전쟁 전 40%에 달하던 러시아의 점유율은 전쟁 후 급감했다. 결국 2024년 상반기 미국 14%, 러시아 15%로 양국 점유율은 비슷한 지점에서 수렴되었다. 전쟁의 최고 수혜자가 미국 에너지 기업이라는 말이 괜히 나온 것이 아니다.

하지만 멀리서 배에 실려 오는 미국 가스가 값싼 러시아 가스를 완전히 퇴출시킬 수는 없었고, 2023년 말부터 러시아의 시장 점유율이 다시 상승하기 시작했다. 이런 상황에서 제출된 트럼프의 노르트스트림-2 구상은 ① 전쟁으로 확보된 유럽 가스 시장에 대한 미국의 통제력을 노르트스트림-2로 더욱 확대하고, ② 러시아의 자원 무기화를 협력 틀 내에서 효과적으로 저지하는 한편, ③ (세계 천연가스 매장량 1, 2위인) 러시아-이란 간 가스 동맹의 가능성을 러시아-미국 가스 협력으로 사전에 차단할 수 있는 좋은 방법이 될 수 있다. 물론 러시아가 노르트스트림-2에 투자한 경제자본, 상징자본에 대한 만족할 만한 보상이 제공되어야 하고, 유럽의 반발, 미국 의회의 반대 등이 거셀 것이다. 구상에서 실현까지 험로가 예상되지만, 예의 주시할 필요는 있다.[21]

## 알래스카 정상회담이 남긴 것

### 1) 다극화의 풍경

앞에서 살펴본 것처럼, 트럼프에게 러시아는 미국과 함께 다극세계를 이끌어갈 강대국 동료이자 여러 차원의 이익을 기대할 수 있는 탐나는 비즈니스 파트너다. 사업을 시작하려면 전쟁부터 끝내야 한다. 2025년 8월 15일, 2기 출범 후 트럼프가 푸틴과 처음 만난 알래스카 정상회담은 트럼프의 이 다급한 욕망을 잘 보여준다. 8월 6일 위트코프 특사가 모스크바를 방문한 지 일주일 만에 세기의 만남이 전격적으로 성사된 것이다. 무엇보다 알래스카 서밋은 전쟁과 트럼프가 어울려 바꿔놓은 세계, 그 변화의 본질을 적나라하게 보여주는 여러 장면을 만들어냈다.

12-6. **트럼프와 푸틴** (알래스카 앵커리지, 2025.08.15.)

출처: PBS

푸틴에 대한 트럼프의 정중한 태도는 젤렌스키를 거칠게 몰아세우던 모습과 극명하게 대조되며 세계에 충격을 안겼다. 그는 푸틴에게 말 그대로 레드카펫을 깔아주었고, 2023년 전범 혐의로 국제형사재판소의 체포영장이 발부된 푸틴은 외교적으로 완벽하게 부활했다. 트럼프의 극진한 태도는 함께 다극을 이루는 또 다른 강대국에 대한 예우이면서, '강자에 약하고 약자에 강한' 트럼프의 속성을 여실히 드러낸다. 사진 〈12-6〉은 이런 다극화의 풍경을 압축적으로 재현한다.[22]

## 2) 몰락한 유럽의 초상

사진 〈12-7〉은 몰락한 유럽의 현재를 적나라하게 보여준다. 전쟁 후 유럽은 경제적 곤궁, 정치적 분열, 극우의 득세 등 많은 어려움에 봉착했다. '유럽이 예전 같지 않다'는 말은 더 이상 새롭지도 않다. 전쟁 초반, '세계 2위 군사 대국 러시아가 우크라이나 하나를 못 당하나'라던 내러티

12-7. **백악관 오벌 오피스에 모인 트럼프와 유럽 정상들** (2025.08.18.)

출처: Wikimedia Commons, Public Domain

브는 얼마 후 '미국과 유럽이 똘똘 뭉쳐 러시아 하나를 못 이기나'로 바뀌었다. 서방은 우크라이나를 앞세워 러시아에 전략적 패배를 안기려 했지만, 시간이 흐를수록 판세는 불리하게 흘러갔다. 트럼프의 미국은 빠른 종식으로 돌아섰지만, 유럽은 이 패배를 받아들일 마음이 없다. 알래스카 회담이 결정되고 영국, 프랑스, 독일, 이탈리아, 핀란드, 나토, EU 수장들은 열 일을 제쳐두고 젤렌스키와 함께 한달음에 앵커리지로 달려가 온갖 아부와 찬사로 트럼프의 마음을 돌리려 했다. 자국 내에서 각기 정상인 그들이 트럼프를 중심으로 마치 봉건시대 왕과 제후들처럼 앉은 모습은 외교 관례상 있을 수 없는 일이다.

유럽 정상들이 이런 모욕을 기꺼이 감수한 이유는 그만큼 미국의 도움이 절실했기 때문이다. 유럽의 궁색한 처지는 몇 가지 통계로 바로 확인된다.

그래프 〈12-8〉은 전쟁 3년간 우크라이나 최대 지원국 순위를 1위부터 10위까지 표시한 것이다.[23] 미국이 압도적 1위를 차지했다. 미국 혼자

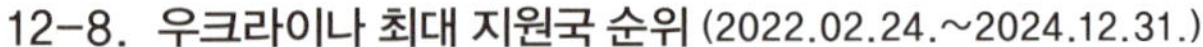

12-8. 우크라이나 최대 지원국 순위 (2022.02.24.~2024.12.31.)

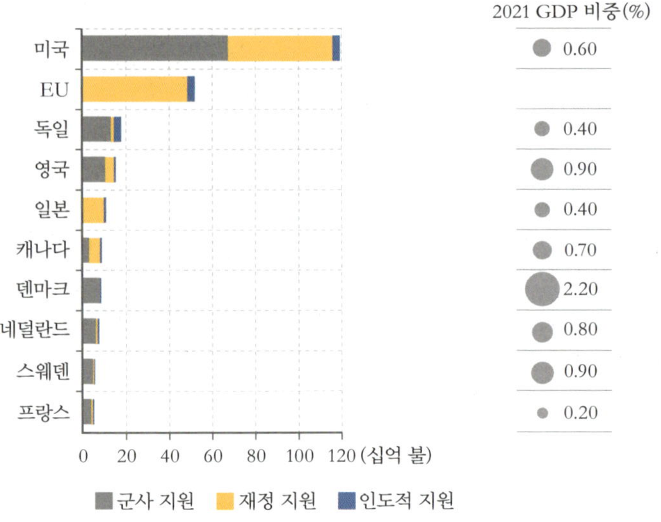


출처: Kiel Institute, Ukraine Support Tracker, Statista

지원한 금액이 총 1,192억 불로, 나머지 9개 나라의 지원금 모두를 합한 금액(1,322억 불)에 가깝다. 일본과 캐나다를 빼면, 7개 유럽 나라의 지원금 모두를 합한 것(1,125억 불)보다 미국 혼자 지원한 액수가 더 많다. 특히 그동안 앞장서 지원을 독려해온 프랑스와 독일의 경우, GDP 대비로도 아쉬운 금액이다.

이러한 사정은 나토와의 관계에서도 마찬가지다. 이미 전쟁 전에도 프랑스와 독일은 '유럽의 안보는 유럽의 힘으로'를 외치며 전략적 자율성을 주장해왔지만, 실제 유럽 안보는 나토에 심각하게 의존한 상태였다. 1기 재임 시 트럼프의 불만도 그것이었다. '정작 나토가 지켜주는 건 유럽인데, 왜 돈은 미국이 다 내느냐'는 것이다. 당시 그는 '나토 탈퇴 불사'를 외치며 유럽회원국에 GDP 2% 수준의 방위비 분담을 압박했다.

나토가 공개한 자료 〈12-9〉가 이를 잘 보여준다.[24] 실제로 2014년

12-9. GDP 2% 충족 나토 동맹국 수 (2014~2025)

출처: NATO

총 28개 나토 회원국 중 2%를 달성한 나라는 단 3개국(미국, 영국, 그리스)뿐이었고, 트럼프가 취임한 2017년에도 마찬가지였다. 그 수는 2023년 (전체 32개 회원국 중) 총 10개에서 2024년 18개로 크게 늘었고, 2025년에는 (군대가 없는 아이슬란드를 제외한) 모든 나토 회원국이 이를 달성한 것으로 추정된다. 2025년 6월 헤이그 나토 정상회의는 2035년까지 분담금 비율을 5%로 늘리는 데 합의했다. 2024년의 변화는 전쟁 때문이고, 2025년은 트럼프 때문이 컸다.

GDP 2% 충족 회원 수가 늘어났어도 미국이 나토 재정의 압도적 비율을 부담하는 상황은 여전하다. 자료 〈12-10〉에서 확인할 수 있듯이, 2014년부터 2023년까지 '미국 vs 나머지 동맹국'의 분담 비율은 평균 7:3으로, 미국 혼자 유럽 전체와 캐나다를 모두 합한 것의 2배가 넘는 돈을 10년 동안이나 지불해왔다.[25] 트럼프의 영향으로 미국의 부담이 줄어든 2025년에도 그 비율은 60%로 여전히 높다.

이런 상황에서 우크라이나의 패배를, 다시 말해 자신들의 패배를 받

**12-10. 나토 방위비 분담** (2014~2025)

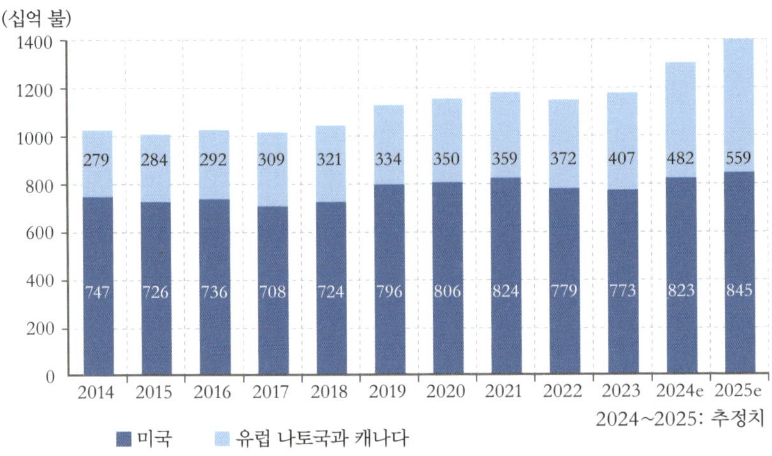


출처: NATO

아들일 수 없는 유럽 정상들이 트럼프에게 달려간 것은 당연하다. 이대로 끝낼 수는 없는 것이다. 하지만 다른 것은 다 제쳐두고라도, 우크라이나가 직면한 인구 소멸의 위기를 같은 유럽인 그들이 모를 리 없다. 그런데도 여전히 그들은 '이렇게는 못 끝낸다'는 입장이다. 이번이 처음도 아니다. 전쟁 한 달 후 이스탄불 협상이 어떻게 무산되었는지 이미 밝힌 바 있다. 우크라이나 상황이 그때와 비교할 수 없이 악화된 현재에도 그들의 태도는 별로 달라진 게 없고, 이를 지켜보노라면 '최후의 우크라이나인까지'라는 잔혹한 구호가 떠오른다.

미국의 노엄 촘스키Noam Chomsky는 전쟁에 대한 서방의 태도를 '우크라이나인이여, 최후의 한 사람까지 싸우라. 단, 우리는 가지 않는다'로 정리했다. 그가 '무기 지원 중단과 즉각 평화협상 개시'를 일관되게 주장해온 이유다. 촘스키가 보기에 전쟁 종식에 이르는 길은 두 가지뿐이다. 두 교전국 중 일방의 치명적 파괴 또는 협상이 그것이다. 파괴될 쪽은 당연히 우크라이나다. 따라서 '침략자 러시아를 파괴하라'는 구호는 '우크라이나를 파괴로부터 보호하라'가 되어야 하며, 촘스키가 전쟁 직후부터 온갖 비난을 무릅쓰고, 나토 가입 포기, 크림반도 포기 등 러시아에 대한 양보와 이를 통한 즉시 협상 개시를 외친 것은 이 때문이다.[26]

독일의 저명 철학자 위르겐 하버마스Jürgen Habermas는 이 전쟁을 '우크라이나의 패배'와 '핵전쟁으로의 확대'라는 두 가지 악 사이에 선택이 강요되는 도덕적 딜레마로 요약했다. 우크라이나가 져서도, 푸틴이 져서도 안 되는 상황이라는 것이다. 이러한 딜레마에 직면해 하버마스가 내린 선택은 최대한의 신중과 조율이었고, 이에 기반해 링 '밖'에서 '이겨라!'를 외쳐온 서방을 신랄하게 비판했다. '스스로 무기를 들지 않고 우크라이나의 승리를 기대하는 것은 경건한 자기기만'이며, '호전적인 전쟁 독려는 관람석에서 할 짓이 아니'라는 것이다. 하물며 이길 수 없는 싸움이라면 더욱 그렇다. 그가 프랑스 철학자 에티엔 발리바르Etienne Balibar의 평화주의 포기 선언과 무기 지원 찬성을 '잘못된 전향'으로 비판한 것도 이 때문이다.[27]

9·11 사태로 개시된 아프간, 이라크 전쟁부터 2015년 파리 테러에 이르기까지 발리바르는 평화주의 원칙에 입각해 '테러와의 전쟁'에 시종일관 반대해왔다. 하지만 우크라이나 전쟁이 터지자 완전히 입장을 바꿔 이를 '정의로운 전쟁'으로 정의하고, 평화주의 포기를 선언하며, 무기 지원에 찬성했다. 반면 하버마스는 '무기는 제공했으나 전투에는 참여하지 않은 자'의 최소한의 윤리, 즉 무기 지원이 초래한 죽음과 파괴에 대한 '책임의 공유'를 외치며 협상을 호소했다. 현재 그 책임은 어떻게든 빨리 전쟁을 끝내려는 노력이어야 한다.

촘스키와 하버마스의 권위를 빌리지 않더라도, '정의 구현'과 '핵전쟁 방지'라는 서로 충돌하는 목표를 모두 얻기 위해 대신 돈과 무기를 대주며 모든 짐을 우크라이나 국민에 지우는 것은 가혹하거나 비겁하다. 직접 참전이 불가능한 상황에서, 더욱이 우크라이나의 위기가 극에 달한 상황에서, '무기는 제공했으나 전투에는 참여하지 않은 자'의 책임과 윤리가 향해야 할 곳은 '우크라이나와 국민을 더 이상의 파괴로부터 보호하는 것'이다. 우크라이나 국민이 결사 항전을 외쳐도 말려야 할 판에, 국민 70%가 어떻게든 빨리 전쟁을 끝내고 싶어 한다. 그런데도 유럽은 아직도 끝낼 준비가 되어있지 않다. 앞서의 사진 〈12-7〉은 유럽의 이러한 도덕적 파산, 즉 전쟁이 초래한 전략적 패배와 경제 위기만큼이나 심각한 유럽의 몰락을 생생하게 보여준다.

## 협상의 경과와 조건들

전쟁 발발 후 4년이 흐르는 동안 러시아는 전선에서 완전히 승기를 잡고, 경제적 안정성을 확보하고, 글로벌 사우스와는 더 끈끈해졌다. 그 결과, 전쟁을 끝내고자 한다면 러시아에 대한 양보는 더욱 불가피해졌고, 양보의 범위는 더 넓어졌으며, 이를 둘러싼 힘겨루기는 더욱 치열해졌다. 2025년 1월 20일 트럼프 취임 후 본격화된 협상 과정이 이를 잘 보여준다.

빠른 해결을 약속한 트럼프 행정부는 출범 직후부터 한편으로는 모스크바와, 다른 한편으로는 우크라이나 및 유럽과 따로 만나 협상 조건을 조율했다. 모스크바와의 소통은 위트코프 특사가, 우크라이나와 유럽은 루비오 국무장관과 켈로그 특사가 주로 맡았다. 마침내 2025년 4월 17일, 미국, 우크라이나, 유럽 대표단이 만난 파리 회담에서 위트코프가 양측의 의견을 조율한 일명 '트럼프 플랜'을 제시했다. 4월 18일 루비오는 만일 러우 양국이 이 제안을 받아들이지 않으면 미국은 빠지겠다고 선언했다. 당사자들이 직접 해결하라는 것이다.

러시아도, 우크라이나와 유럽도 이를 받지 않았다. 러시아는 기존 입장을 고수했고, 우크라이나와 유럽은 트럼프 플랜을 수정한 역제안서를 미국에 전달했다. 이에 루비오와 위트코프는 후속 논의를 위해 4월 23일로 예정된 런던 회담에 불참했고, 이후 러우 양국이 직접 만나기 시작했다. 장소는 3년 전처럼 이스탄불이었다. 2025년 5월 16일, 6월 2일, 7월 23일 세 차례 이뤄진 러우 대표단 간 협상은 포로와 전사자 시신 교환 외 아무 소득도 없었다. 그동안 러시아의 여름 공세가 시작되고 대규모 공습이 이어졌다. 하룻밤 새 수백 발의 드론과 미사일이 우크라이나에 쏟아졌고, 개전 이래 최대 공습 기록은 연일 갱신되었다.

마침내 7월 14일, 트럼프는 '50일 안에 휴전하지 않으면 러시아에 대한 관세는 물론, 러시아 석유를 사는 나라에도 2차 관세 100%를 부과하겠다'고 푸틴에게 경고했고, 7월 28일에는 50일의 기한을 10~12일로 단축했다. 그 데드라인인 8월 8일을 이틀 앞둔 8월 6일, 푸틴의 제안으로 위트코프가 모스크바로 달려갔고, 일주일 후 알래스카 회담이 열린 것이다.

그렇다면 4월 위트코프가 제시한 미국의 제안은 무엇이고, 이에 대한 러우의 반응은 어떠했으며, 8월 알래스카 회동 후 이는 어떻게 달라졌는가. 먼저 4월 미국의 제안, 이에 대한 우크라이나-유럽의 역제안, 러시아의 입장을 주요 항목별로 정리하면 표 〈12-11〉과 같다.[28]

순서부터 엇갈린다. 미국과 우크라이나, 유럽은 한목소리로 '즉시 휴전 후 협상'을 요구했지만, 전쟁에서 이기고 있는 러시아는 그럴 생각이 없다. 섣부른 휴전은 우크라이나가 재충전할 시간만 벌어주기에 협상 결과를 보고 정하겠다는 것이다. 이를 제외하면 사실 '미국-러시아'보다

12-11. 미국 vs 우크라이나-유럽 vs 러시아의 협상 조건 (2025년 4월 기준)

| | 미국 | 우크라이나-유럽 | 러시아 |
|---|---|---|---|
| 순서 | 휴전 ⇒ 협상 | 휴전 ⇒ 협상 | 협상 ⇒ 휴/종전 |
| 가입 | 나토(×), EU(○) | - | 나토(×), EU(○) |
| 안전 보장 | 유럽 중심<br>& (희망하는) 비유럽국 | 미국 포함<br>& 나토 5조 수준 | 외국군 주둔 불가<br>& 우크라이나 비무장화 |
| 영토 | 크림반도 (de jure)<br>& 4개 점령지 (de facto)에<br>대한 러시아 권리 인정 | 휴전 후 논의 시작<br>(현 전선 기준) | 크림반도<br>& 4개 점령지 인정<br>(행정구역 전체) |
| 경제 제재 | 해제 | 단계적 완화 | 해제 |

'미국-우크라이나' 간 차이가 더 크다. 특히 영토 문제가 그렇다. 미국은 크림반도는 법적으로도de jure 러시아의 주권을 인정하고, 4개 점령지에 대해서는 사실상의 권리를de facto 인정할 수 있다고 했다. 전후 안전 보장에서도 유럽이 중심이 되고 '비유럽국은 원하는 나라'로 한정함으로써 미국은 사실상 발을 뺐다. 러시아 요구의 상당 부분을 미국이 수용한 셈이다. 바이든 시절이라면 상상도 못할 일이다.

8월, 알래스카에서 푸틴을 만난 후 트럼프는 '휴전협정'이 아닌 '평화조약'으로 바로 가겠다고 선언함으로써 순서에서도 러시아 편에 섰다. 대신 우크라이나에 대해서는 전후 안전 보장에 미국의 참여(공중 지원)를 약속했다. 러시아도 접촉이 시작된 후 처음으로 양보 의사를 밝혔다. 트럼프가 평화협정으로 바로 가자고 한 이유다. 그럼 러시아는 무엇을 양보했을까.

2025년 8월 기준 러시아 점령지를 나타낸 지도 〈12-12〉를 살펴보자.[29] 러시아가 점령한 4개 주 중에서 루한스크를 제외한 3개는 원래 주 경계선을 기준으로 흰 공백이 남아있다. 러시아가 아직 100% 점령을 못

12-12. 러시아 점령지와 행정 경계 (2025년 8월 기준)

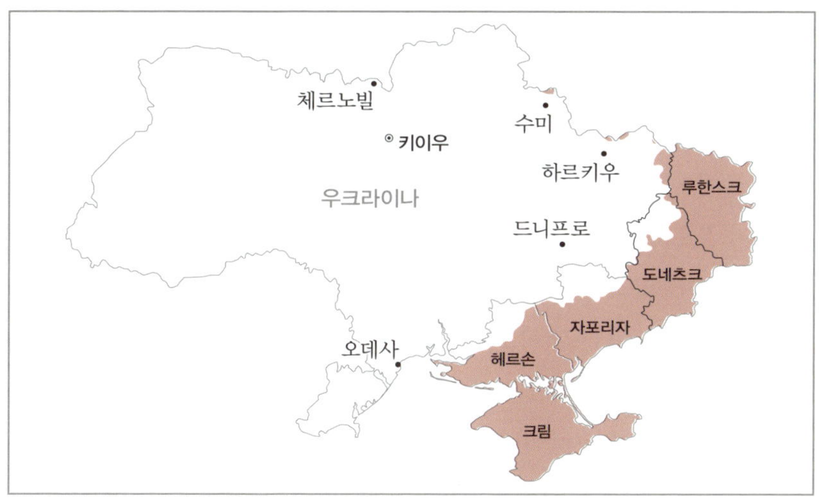


출처: ISW, CNN

한 것이다. 그런데도 그동안 러시아는 전선이 아닌 원래 행정 경계를 기준으로, 미점령지를 포함한 4개 주 전체를 요구해왔다. 러시아가 양보했다는 것이 이 지점인데, 이전과 달리 알래스카에서는 도네츠크만 100% 양도하면 자포리자와 헤르손의 미점령지는 포기하고, 그 외 추가 점령지들(수미와 하르키우 등)은 돌려주겠다는 것이다.

도대체 이것이 양보인지 모르겠지만, 트럼프와 위트코프가 '러시아가 달라졌다'고 한 것이 이것이다. 우크라이나와 유럽은 절대 불가를 선언했고, 이에 더해 전후 안전 보장을 위한 유럽군 배치를 적극 주장했다. 이번엔 러시아가 절대 불가를 선언했고, 협상은 또 멈춰 섰고, 트럼프는 분통을 터뜨렸다.

트럼프 취임 1주년과 전쟁 발발 4주년을 코앞에 둔 2025년 말, 협상이 다시 급물살을 타기 시작했다. 11월 20일 미국은 28개 항으로 이뤄진 평화 계획을 우크라이나에 전달했고, 11월 23일 우크라이나와 유럽이 이를 19개 항으로 축소, 조정한 수정안을 제시하고, 11월 30일 미-우크라이나 대표단이 만나 이를 최종 검토했으나, 12월 2일 푸틴이 이를 거부했다.

미국이 애초 제안한 28개 항은 ① '나토 확대 금지 vs 러시아의 침공 금지' 맞교환, ② 우크라이나의 나토 가입 금지, ③ 크림과 돈바스 전체를 러시아 영토로 인정하되, 돈바스의 미점령지는 비무장지대로 남겨둠, ④ 우크라이나군 병력 제한(60만 명) 등으로 러시아의 요구가 최대한으로 반영돼있다.[30]

대신 미국은 우크라이나에 전례 없는 안전 보장을 약속했다. 〈악시오스Axios〉에 따르면, 별도의 문서로 제공된 이 약속은 '러시아가 우크라이나에 대해 대규모의 의도적이고 지속적인 무력 공격을 가할 경우, 미국과 동맹국들은 이를 대서양 공동체를 위협하는 공격으로 간주해 군사력을 포함해 대응한다'는 내용이다. 거의 나토 5조에 상응하는 이 정도의 안전보장안을 트럼프가 제시한 것은 이번이 처음이다.[31]

한편 우크라이나와 유럽의 수정안은 위의 ①~③은 삭제, ④는 80만으로 상향 조정하는 등 러시아에 일방적으로 유리한 미국의 초안을 상당 부분 변경한 것이다.[32] 트럼프의 사위 재러드 쿠슈너Jared Kushner와 위트코프 특사를 통해 이 수정안을 전달받은 푸틴은 이를 일언지하에 거부했고, 협상은 다시 멈춰 섰고, 트럼프는 그림자 선단 제재를 거론하며 러시아 압박에 들어갔다.

트럼프 취임 후 2월 리야드 회담, 4월 파리 회담, 8월 앵커리지 회담 후 반복돼온 과정이 다시 되풀이되고 있는 셈이다. 즉, ⓐ 러시아 편에선 협상안으로 트럼프가 우크라이나를 압박한다, ⓑ 유럽과 젤렌스키가 힘을 합해 트럼프를 설득해 이를 조정한다, ⓒ 달라진 조건을 러시아가 거부한다, ⓓ 실망한 트럼프가 이번에는 러시아를 압박하다가, ⓔ 푸틴과 접촉 후 원점 복귀한다. … 최근(2025년 12월 기준) ⓐ~ⓓ가 똑같이 반복되고 있다. 트럼프는 정말 전쟁을 끝낼 수 있을까. 그가 앞으로 어떤 행보를 취할지 지켜볼 일이다.

## 트럼프가 전쟁을 끝낼 수 있을까

합리적으로 생각하면 러시아도 우크라이나도 미국의 제안을 받아들이는 게 최선이다. 러시아 경제는 이미 이상 징후를 드러내기 시작했다. 2024년 상반기 4.6%였던 경제성장률은 2025년 동기 1.1%로 내려앉았고, 고물가 고금리가 지속되고 있으며, 2025년 1월 푸틴은 결국 세제 인상을 단행했다. 무엇보다 트럼프가 미국 대통령일 때, 특히 집권 초기 그의 힘이 가장 셀 때 전쟁을 끝내는 게 유리하다. 다음 미국 대통령이 누

12-13. 우크라이나 군사 지원 (2022.02~2025.08.)

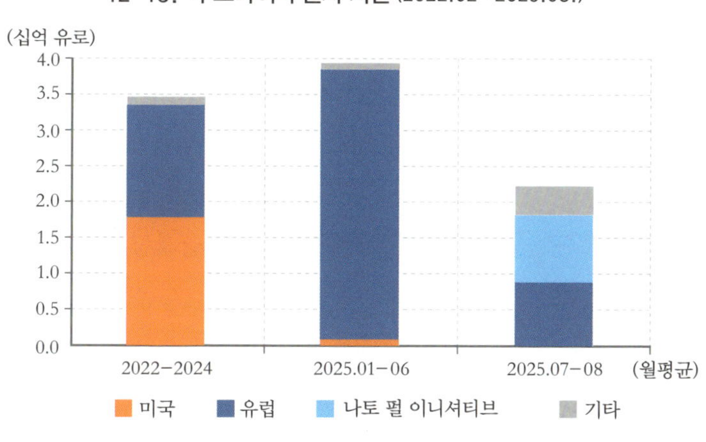


출처: Kiel Institute, Ukraine Support Tracker

가 되더라도 트럼프보다 러시아에 우호적이기는 힘들 것이다.

우크라이나는 말할 것도 없다. 국토의 초토화, 1/5에 달하는 영토 상실, 무기와 병력 고갈, 부패한 통치 시스템, 땅에 떨어진 국민 사기, 극우 민족주의의 확산과 극심한 사회분열, 무엇보다 심각한 인구 위기로 이대로 가면 국가 존립이 위태로울 정도다. 트럼프 이후 상황은 더 악화되었다. 〈12-13〉은 트럼프 취임 전후 우크라이나에 대한 무기 지원금 변화를 나타낸다.[33]

전쟁 3년 동안 유럽 전체를 합한 것보다 많았던 미국의 무기 지원은 트럼프 취임 후 6개월 만에 가파르게 줄어들었고, 2025년 7~8월에는 아예 사라졌다. 러시아가 하루에 수백 발씩 공습을 퍼붓던 7월, 트럼프가 무기 지원 재개를 선언했지만, 지원이 아니라 판매를 허락한 것에 불과하다. 그래프에 하늘색으로 표시된 '나토 펄 이니셔티브NATO PURL(Prioritized Ukraine Requirements List) Initiative'가 그것으로, 유럽과 캐나다 등 나토 동맹국이 우크라이나에 우선 필요한 미국산 무기와 장비를 구매, 전달하는 시스템을 말한다.[34] 유럽이 미국의 몫을 채우려 선전했지만, 펄 이니셔티브가 개시된 후에도 지원액은 기존 대비 46%나 줄어들었다.

설령 더 강력한 군사 지원이 이뤄진다 해도, '총이 있어도 쏠 사람이 없는' 현재의 우크라이나가 이길 가능성은 거의 없고, 국민의 무의미한 희생만 계속될 뿐이다. 10장에서 이미 밝힌 것처럼, 도저히 받아들일 수 없는 최악의 조건이 시간이 흐르면 차악이 되고 급기야 최선이 되어버리는 것이 현재 우크라이나가 처한 현실이다. 민스크 협정을 지켰다면 돈바스도 지킬 수 있었고, 2022년 이스탄불 협상이 성사됐다면 최소한 자포리자와 헤르손은 지킬 수 있었다. 2025년 협상이 공전空轉되는 1년 동안 러시아는 약 5,000km$^2$의 우크라이나 영토를 새로 점령했고, 돈바스

요새 벨트의 핵심거점인 포크롭스크가 러시아 손에 떨어졌고, 도네츠크의 점령지는 70%에서 85%로 늘어났다.[35] 안타깝지만 시간은 우크라이나의 편이 아니다.

### 1) 트럼프 vs 푸틴: 빠른 해결 vs 근본적 해결

하지만 합리적 판단이 작동했다면 이 전쟁은 일어나지도 않았을 것이다. 트럼프와 푸틴 사이 결정적 차이는 트럼프는 '빠른 해결'을, 푸틴은 '근본적 해결'을 원한다는 점이다. 푸틴에게 트럼프의 방식은 분쟁의 '해결'이 아닌 '동결'이고, '종식'이 아닌 '휴식'에 해당한다. 푸틴은 완강하게 '근본 원인의 제거'를 요구하고 있다. 이미 시작한 전쟁, 이대로 봉합했다가 나중에 문제가 터지면 또 전쟁할 것이냐는 말이다. 그렇다면 이때 '근본 원인'이란 무엇인가.

러시아는 이 전쟁을 우크라이나가 아니라 서방과의 전쟁으로 간주한다. '서방이 우크라이나를 군사적 도구로 써서 러시아를 약화시키려 한다'는 것이다. 따라서 러시아에 가장 중요한 전쟁 목표는 '우크라이나가 다시는 그런 무기가 되지 않게 만드는 것'이고, 러시아에 가장 중요한 협상 조건은 '그 가능성을 원천 봉쇄'하는 것이다. 다시 말해 우크라이나가 다시는 러시아에 위협이 되지 않도록 현재의 군사력을 최소화하고, 미래의 군 강화 기회도 아예 차단하겠다는 것이다. 우크라이나의 나토 가입 포기와 비무장화가 러시아의 양보할 수 없는 마지노선인 이유다. 이때 나토 가입 포기가 구체적으로 의미하는 바는 '외국군(나토군)이나 군사기지 배치 불가, 군사훈련 금지' 등이고, 알래스카 회담 이후 러시아가 가장 반발한 지점도 유럽이 (전후) 평화유지군 파병을 주장하고 트럼프가 여기에 공중 지원을 보탠 부분이다.

당연히 우크라이나도 향후 안전보장이 가장 중요하고 절실하다. 러시아에 의해 유린당하는 일은 두 번 다시 없어야 한다. 2022년 3월 작성된 이스탄불 협정문 제목도 〈우크라이나의 영구 중립과 안전 보장에 관한 조약Treaty on Permanent Neutrality and Security Guarantees for Ukraine〉이었다. 즉 나토 가입 포기와 전후 안전 보장을 맞바꾼 것이다. 결국 러우 양국 모두에게 협상의 관건은 향후 안전 보장 문제다.

안보 조항의 민감성은 러시아는 서방을 믿을 수 없고, 우크라이나는 러시아를 믿을 수 없다는 데 있다. 러시아의 경우 멀리로는 미국의 1인치 발언, 가깝게는 민스크 협정의 쓰라린 경험이 있고, 우크라이나에는 부다페스트의 악몽이 존재한다. 1994년 부다페스트에서 우크라이나가 핵을 포기한 대가로 미국, 영국, 러시아는 그 주권과 영토 보전을 약속했다. 하지만 정확히 20년 후 러시아는 크림을 합병했고, 서방은 방관했다. 1인치 약속에 대해서는 구두 발언일 뿐이라고, 부다페스트 약속에 대해서는 MOU에 불과하다고들 했다. 따라서 러시아에는 우크라이나의 나토 불가입에 대한 '문서화된 약속'이, 우크라이나에는 러시아의 위협을 막아줄 '구속력 있는 보장'이 필수적이다.

문제는 양자의 요구가 정면으로 충돌하는, 거의 양립 불가능한 내용이라는 데 있다. 트럼프 1기 당시 미국의 핵 포기 요구와 북한의 안전 보장 요구가 정면으로 충돌한 것과 유사한 상황이다. 따라서 트럼프 2기의 우크라이나 문제가 트럼프 1기 북핵 문제의 경로를 반복할 가능성도 배제할 수 없다. 즉 역사상 최초의 북미회담이라는 극적인 사건이 하노이에서 극적으로 결렬된 후 악화일로를 걸어온 것처럼, 우크라이나 문제 역시 3차대전의 위기 속에 극적으로 개시된 협상이 별무소득인 상황 속에 악화될 수 있다. 적어도 현재까지는 이 경로에서 크게 벗어나지 않았다. 트럼프 이후 협상이 적극적으로 시도되고 역사적인 미러 회담도 열렸지만, 전쟁은 갈수록 격화되고 있다.

## 2) 러시아가 트럼프를 믿지 않는 이유

더구나 러시아는 트럼프를 믿지 않는다. 트럼프 1기 때의 쓰라린 경험 때문이다. 이 역시 북한과 닮았다. 이번 대선처럼 2016년 대선 때도 트럼프는 (크림합병 문제로 최악이었던) '러시아와의 관계 정상화'를 주장하며 친러 행보를 거듭했고, 당시 러시아는 트럼프에 대한 환호와 기대를 숨기지 않았다.

하지만 그렇게 등장한 트럼프의 미국도 러시아에 결코 호의적이지 않았다. 트럼프 1기 행정부가 임기 전반에 걸쳐 러시아에 가한 제재는 총 273건으로, 푸틴과 최악이었던 오바마 2기의 총 370건보다 조금 덜한 정도였다. 또 트럼프는 미국과 러시아가 1987년 맺은 〈중거리핵전력조약Intermediate-Range Nuclear Forces Treaty〉을 탈퇴했고, 노르트스트림-2에 전방위 제재를 가했으며, 무엇보다 우크라이나에 최초로 살상 무기를 수출한 것도 트럼프다. 이번 전쟁에서 눈부신 활약을 한 '러시아 탱크 킬러' 재블린Javelin이 그것이다. 오바마도 허락하지 않은 일이다.[36]

트럼프가 2기 취임 전후 줄곧 러시아 편에 섰음에도 푸틴과 러시아 정계에 신중론과 회의론이 대세를 이룬 것은 이 때문이다. 예측 불가능성이나 비일관성, 즉흥성 같은 트럼프의 개인적 특성도 문제지만, 더 본질적인 것은 미국 정치시스템이다. 설사 트럼프가 러시아에 진심이라 해도, 미국 정계에 뿌리 깊은 루소포비아와 반러 정책의 제도적 관철을 대통령의 개인기로 돌파하긴 어렵다는 것이다.

실제로 트럼프 1기 당시 그의 친러 성향을 깊이 우려한 미 의회는 입법 절차나 제도를 활용해 대통령의 권한 행사를 막았고, 임기를 '러시아

게이트'와 특검으로 시작해 '우크라이나 스캔들'과 탄핵 소동으로 마감한 트럼프는 이 태생적 한계를 극복하지 못했다. "(1기 때) 트럼프를 사방에서 공격해 꼼짝달싹 못하게 했다"는 푸틴의 회상, "트럼프도 세지만, 시스템은 더 세다"는 (러시아 안전보장이사회 부의장) 드미트리 메드베데프 Dmitry Medvedev의 주장, "트럼프는 아직도 손발이 묶여 있다"는 (러시아 대표 정치학자) 세르게이 카라가노프Sergey Karaganov의 평가 모두 이에 근거한다.[37]

물론 1기의 경험으로 단련되고, 상하원 모두를 장악한 데다, 행정부를 충성파로 채운 현재의 트럼프는 훨씬 강력해졌지만, 러시아의 불신은 해소되지 않았다. 협상이 난항에 봉착할 때마다 험악한 말을 쏟아내며 러시아와 우크라이나 사이를 극단적으로 오락가락하는 트럼프의 태도로 러시아의 불신은 확신이 되어가는 중이다. '강약약강'의 전형이자 '막말의 아이콘'인 트럼프가 '평화의 사도'로 급부상한 작금의 역설 자체가 그 험로를 예상케 한다.

### 3) 미어샤이머의 예언

감히 예상해본다면, 이변이 없는 한 러시아는 '근본 원인 제거'라는 명분 아래 완강히 고수해온 '최대주의적 요구'를 포기하지 않을 것이다. 2024년 6월 14일 외무부 지도자 간담회에서 푸틴은 전쟁 종식의 조건을 다음과 같이 정식화했다. 2022년 3월 이스탄불 협상이 결렬된 이래로 러시아의 입장은 크게 보아 이 틀을 벗어난 적이 없다.

> "이 조건들은 매우 간단합니다. 우크라이나군은 도네츠크와 루한스크 인민공화국, 헤르손, 자포리자에서 완전히 철수해야 합니다. 하나 더 명심해

야 할 점은 해당 지역의 행정 경계 내 모든 영토에서 철수해야 한다는 겁니다. …

키이우가 그런 결정을 내릴 준비가 되었다고 선언하고, 해당 지역에서 실제로 병력 철수를 시작하고, 나토 가입 계획의 포기를 공식적으로 통보하는 즉시 우리 측은 지체없이, 문자 그대로 바로 그 순간, 휴전을 명령하고 협상을 시작할 겁니다. 다시 한번 말합니다. 우리는 이를 지체없이 실행할 것입니다. 동시에 당연히 우리는 우크라이나 군대와 병력의 원활하고 안전한 철수를 보장합니다. …

가장 중요한 것은 이것입니다. 우리 제안의 핵심은 일시적인 휴전이나 전투 중단이 아닙니다. 그것은 서방이 원하는 것으로 키이우 정권이 손실을 만회하고 재무장해 새로운 공세를 준비하게 해주려는 겁니다. 다시 한번 강조합니다. 문제는 분쟁의 동결이 아니라 최종적 해결입니다. …

우리의 원칙적인 입장은… 우크라이나의 중립과 비동맹, 비핵 지위 및 비무장화와 탈나치화로 그 모든 기준에 대해서는 2022년 이스탄불 협상 과정에서 이미 전반적인 합의가 이루어졌습니다. 비무장화에 대해서도 당시 모든 것이 명확하게 명시되었습니다."[38]

4대 점령지에서 우크라이나군이 철수하고 나토 가입 포기를 선언하면 즉시 협상을 시작하겠다는 것이다. 하지만 이는 협상 개시의 조건일 뿐, 협상의 종결은 우크라이나의 비무장화와 탈나치화가 더해질 때 가능하다. 적어도 현재까지 러시아는 이 최대주의와 타협할 생각이 없다.

널리 퍼진 오해와 달리 러시아는 우크라이나 전체를 전쟁의 목표로 삼은 적이 없고, 폴란드나 발트 3국 같은 나토 국가는 말할 나위도 없다. 4년을 싸우고도 최소목표였던 돈바스 하나 온전히 점령하지 못했는데, 무슨 우크라이나 전체에 폴란드를 욕심내겠는가. 러시아는 그럴 능력이 없고, 푸틴도 이를 잘 알고 있다. 따라서 '돈바스 다음은 우크라이나, 우크라이나 다음은 유럽' 식의 내러티브는 과장된 또는 의도된 공포에 해당한다.

우크라이나 전체가 목표가 아닌 다음에야, 현재 전황으로 미루어 점령지 확대는 시간문제고, 그런 경우 협상에 더 유리한 조건을 확보할 수 있다. 따라서 현재 푸틴의 외교적 목표는 이러한 군사적 목표 실현에 지장을 초래하지 않는 선에서 트럼프를 관리하는 것일 수 있다. 미어샤이머는 러시아가 근본 목표를 포기할 리 없고, 서방, 특히 유럽과 우크라이나는 이를 받아들일 수 없기에 전쟁의 끝은 결국 외교가 아닌 전장戰場에서 결판날 것이라 전망했다.[39] 그 전장이 현재의 전장일지, 더 확대된 전장일지 알 수 없다. 전쟁도 러시아도 섣부른 예측을 허락지 않지만, 긍정적인 전망보다 암울한 예상이 앞설 수밖에 없는 상황이다. 어떤 경우든 그 끝은 우크라이나에 특히 가혹할 것이다. 전쟁의 시작을 예상하지 못한 것처럼 이 예측도 틀리기를 바랄 뿐이다.

## 미주


1 David E. Sanger, "Power, Money, Territory: How Trump Shook the World in 50 Days," *The New York Times*, March 11, 2025.

2 Keith Kellogg, Fred Fleitz, "America First: Russia & Ukraine," *America First Policy Institute*, April 11, 2024.

3 Trump, "Agenda 47: Preventing World War III," *donaldjtrump.com.* March 16, 2023.

4 Marco Rubio, "Opening Remarks by Secretary of State-designate Marco Rubio Before the Senate Foreign Relations Committee," *US Department of State*, Jan. 15, 2025.

5 Marco Rubio, "Secretary Marco Rubio with Megyn Kelly of The Megyn Kelly Show," *US Department of State*, Jan. 30, 2025.

6 "Указ об утверждении Концепции внешней политики Российской Федерации Владимир Путин подписал Указ «Об утверждении Концепции внешней политики Российской Федерации»," *Президент России*, 31 марта 2023.

7 Eugene Rumer, "The Primakov (Not Gerasimov) Doctrine in Action," *Carnegie Endowment for International Peace*, June 5, 2019.

8 "Wang Yi Elaborates on an Equal and Orderly Multipolar World and a Universally Beneficial and Inclusive Economic Globalization," *Ministry of Foreign Affairs People's Republic of China*, March 7, 2024.

9 "National Security Strategy of the United States of America," *White House*, Nov. 2025, pp. 6, 9-10, 15-19.

10 Ibid, pp. 25-27.

11 Steven Erlanger, "Hegseth Says Return to Ukraine's Pre-2014 Borders Is 'Unrealistic'," *The New York Times*, Feb. 12, 2025; Farnaz Fassihi, "U.S. and European Allies Split Sharply at the U.N. Over Ukraine," *The New York Times,* Feb. 24, 2025.

12 Victor Davis Hanson, "Lord Ismay, NATO, and the Old-New World Order," *National Review*, July 5, 2017.

13 Юлия Китаева, "Ретроспективный анализ развития северного морского пути," *Системный анализ и логистика*, № 1(44), 2025, pp. 3-18; 이성우, "러시아는 북극에서 얼마나 앞서가고 있는가?" *Russia In & Out*, No. 10, 2025; "Russia to Earn $160bn in Taxes From Northern Sea Route by 2035, Arctic Region Accounts for 7.5 Percent of GDP," *High North News*, May 19 2025; Heather Mongilio, "Russia's Arctic Rise," *US Naval Institute News*, Oct. 29, 2024; "Map Shows Locations of NATO and Russian Military Bases in the Arctic," *Newsweek*, Feb. 3, 2025.

14 키엘 페치코, “뒤늦은 미국, 트럼프가 얼마나 따라잡을까?” *Russia In & Out*, No. 12, 2025.
15 “Mineral Commodity Summaries 2025,” *U.S. Geological Survey*, March 3, 2025, p. 145.
16 “What are Ukraine’s rare earth minerals, where are they and what does this deal with Trump involve?” *Independent*, May 2, 2025; “UKRAINE: Mining Investment Opportunities-Critical Raw Materials,” *Ukrainian Geological Survey*, 2025.
17 “UKRAINE: Mining Investment Opportunities-Critical Raw Materials,” p. 5.
18 “The Full Text of the US-Ukraine Minerals Agreement,” *Kyiv Independent*, May 1, 2025.
19 Christopher Matthews, “A Miami Financier Is Quietly Trying to Buy Nord Stream 2 Gas Pipeline,” *The Wall Street Journal*, Nov. 21, 2024; “Russia and US discuss restarting Nord Stream pipelines, Kremlin says,” *Politico*, March 26, 2025; “Putin ally pushes deal to restart Nord Stream 2 with US backing,” *Financial Times*, March 1, 2025. 지도 <12-4>의 출처는 마지막 문헌.
20 “Russia overtook US as gas supplier to Europe in May,” *Financial Times*, June 15 2025.
21 “Gas Temptation: The return of Nord Stream may be just the first step in the gas mega-alliance that Trump is trying to use to entice Putin,” *RE: Russia*, March 13, 2025; 페치코, “뒤늦은 미국, 트럼프가 얼마나 따라잡을까?”
22 “Live updates: Trump meets with Putin in Alaska,” *PBS*, Aug. 15, 2025.
23 “The Countries Sending the Most Aid to Ukraine,” *Statista*, Feb. 14, 2025.
24 “Defence Expenditure of NATO Countries (2014-2025),” *NATO*, Aug. 28, 2025, p. 2.
25 Ibid, p. 5.
26 “Noam Chomsky and Jeremy Scahill on the Russia-Ukraine War, the Media, Propaganda, and Accountability,” *The Intercept*, 14 April 2022; Damien Mc Elroy, “Chomsky’s nuclear war fear: Fight to last Ukrainian or choose Macron’s dialogue path,” *The National*, April 8, 2022.
27 이하, 하버마스와 발리바르의 주장은 다음 참조. Jürgen Habermas, “War and Indignation. The West’s Red Line Dilemma,” *Reset Dialogues*, May 6, 2022; Jürgen Habermas, “A Plea for Negotiations,” *Süddeutsche Zeitung*, Feb. 14, 2023; Mathieu Dejean, “Étienne Balibar: Le pacifisme n’est pas une option,” *Mediapart*, March 7, 2022; Etienne Balibar, “Palestine, Ukraine and other wars of extermination: the local and the global,” *AURDIP*, Dec. 10, 2023.
28 제안과 역제안 전문은 “Ukraine peace deal proposals set out by US at talks in Paris,” *Reuters*, April 25, 2025; “Ukrainian and European peace deal counter-proposals to US at talks in London,” *Reuters*, April 25, 2025 참조. 러시아의 입장은 다음 참조. Путин, “Встреча с руководством МИД России,” *Президент*

*России*, 14 июня 2024.
29 “Maps show the key regions in Ukraine that Putin wants,” *CNN*, Aug. 18, 2025.
30 “The 28-point peace proposal for Ukraine, annotated,” *CNN*, Nov. 22, 2025.
31 Barak Ravid, “Trump peace plan for Ukraine includes NATO-style security guarantee,” *Axios*, Nov. 20, 2025.
32 “Ukraine makes significant changes to US ‘peace plan’, sources say,” *The Guardian*, Nov. 25, 2025.
33 “Ukraine Support Tracker: Military aid falls sharply despite new NATO initiative,” *Kiel Institut*, 2025.10.14.
34 “Trump announces novel plan to send weapons to Ukraine and gives Russia new deadline to make peace,” *CNN*, July 15, 2025.
35 “Russian Offensive Campaign Assessment, December 19, 2025,” *Institute for the Study of War*, Dec. 9, 2025; Jonathan Beale, “Ukrainians in war-ravaged Donbas weigh prospects of peace deal,” *BBC*, Dec. 3, 2025.
36 Kellogg, Fleitz, “America First: Russia & Ukraine.”
37 Путин, “Заседание дискуссионного клуба «Валдай»,” 7 ноября 2024; Светлана Анненская, Альфия Мясумова, “«Наивно ждать потепления». Чем победа Трампа может обернуться для России,” *Газета.ru*. 6 ноября 2024; “Победа Трампа обеспечит начало переговоров по Украине, считает эксперт,” *РИА Новости*. 6 ноября 2024.
38 Путин, “Встреча с руководством МИД России.”
39 “John Mearsheimer: War Will Decide Ukraine’s Fate, Not Diplomacy,” *Times Now World*, You Tube, 2025.07.29.; John Mearsheimer, “Ukraine Sticks To Its Guns,” *John’s Substack*, Aug. 20, 2025.

13 

# 전쟁 이후 한국은?

## 사라진 우리 30년

세계화 이후 나라들 사이 상호의존성이 강화되면서 외국의 전쟁이 마냥 남의 일일 수 없게 된 지 오래다. 우크라이나 전쟁은 더욱 그렇다. 세계질서의 지각변동을 일으킨 이 전쟁의 여파로부터 자유로울 나라는 없지만, 특히 한국에 미친 영향이 상당하다. 북한군 참전 후 전쟁은 '강 건너 불'이 아니라 그야말로 우리 '발등의 불'이 되었고, 안보와 경제 부문에서 특히 그렇다.

경제부터 살펴보자. 노태우 정부의 북방정책이 시작된 이래 이를 대표하는 상대는 단연 러시아였다. 1990년 한소 수교 이후 30년 넘게 한국 기업이 각고의 노력을 기울인 결과, 전쟁 전 러시아 자동차 시장 1위, 핸드폰 시장 1위, TV 시장 9년 연속 1위가 모두 한국 기업이었다. 러시아에는 이미 1990년대 후반부터 한류가 존재했다. '디지털 한류'가 그것이다. 소련이 무너지고 체제전환으로 어지럽던 러시아에서 한국 가전이나 전자제품이 일찍부터 선전한 결과다. 필자가 러시아로 유학을 떠난 것이 1997년이었는데, 모스크바 공항에서 도심으로 가던 차 안에서 도로를 따라 길게 도열한 삼성, LG의 대형 광고판을 보고 반갑고 놀랐던 기억이 난다.

전쟁 후 한국이 대러 제재에 동참하고, 삼성, LG, 현대자동차 등이 철수하면서 시장 점유율의 극적인 변화가 일어났다. 그래프 〈13-1〉은 전쟁 전후 러시아 자동차 시장의 점유율 변화를 나타낸 것이다.[1]

전쟁 직전인 2021년, 현대와 기아를 합친 한국 자동차 점유율이 러시아 브랜드인 라다를 제치고 1위를 차지했다. 3~5위는 폭스바겐, 르노, 토요타 같은 유럽과 일본 차들이었고, 중국 차의 점유율은 5% 남짓에 불과했다. 하지만 전쟁 후 러시아 차가 1위로 올라서고, 중국 브랜드인 체리, GWM, 지리, 창안이 2~5위를 휩쓸었다. 중국 전기 자동차인 리 오토까지 합하면 2024년 중국 자동차의 러시아 점유율은 무려 55.4%에 달한다. 전쟁 전 24.4%로 1등이던 한국 차는 2.2%로 폭삭 주

**13-1. 러시아 자동차 시장 브랜드별 점유율**

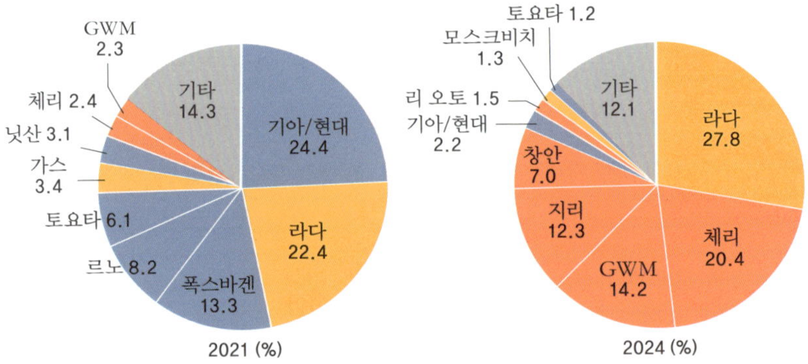

출처: ASM-Holding via ROAD, Rhodium Group

13-2. 러시아 스마트폰 시장 브랜드별 점유율 (2021.12.~2022.12.)

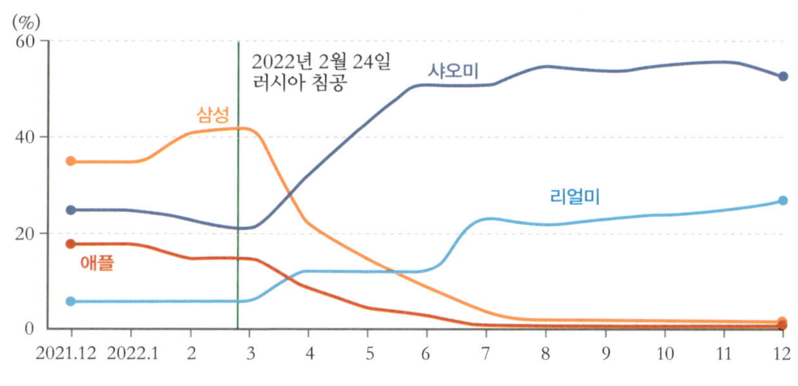


출처: Counterpoint Research, CNN

저앉았다.

스마트폰도 마찬가지다. 자료 〈13-2〉는 전쟁 1년 동안 스마트폰 시장 점유율 변화를 나타낸 것이다.[2]

2021년 12월 러시아 스마트폰 시장 베스트셀러 1위는 삼성(35%), 2위 샤오미(25%), 3위는 애플(18%)이었다. 전쟁이 터지고 1년도 안 돼 애플은 1%, 삼성은 2%로 꼴찌에서 1, 2위로 추락했다. 반면 샤오미의 점유율은 25%에서 53%로, 또 다른 중국 브랜드 리얼미는 6%에서 27%로 껑충 뛰었고, 그 외 군소 브랜드까지 더하면 중국 제품의 시장 점유율은 95%에 달했다. 2023년부터 카자흐스탄 등 인접국을 통한 병행수입이 본격화되면서 갤럭시와 아이폰의 러시아 공급이 재개되었고, 그 결과 2024년 삼성과 애플의 점유율은 각 12%, 10%로 회복되었지만, 예전에 비할 바는 아니다. 반면 샤오미, 테크노, 리얼미, 인피닉스 등 중국 스마트폰의 러시아 시장 점유율은 도합 60%로 중국의 강세가 여전하다.[3]

자동차와 스마트폰 시장의 변화는 전쟁과 (전쟁이 야기한) 러중 밀착이 서로 연동해 만들어낸 치명적 결과를 보여준다. 1992년 2억 불에 불과

13-3. 한러 교역량 (1992~2024)

출처: 한국무역협회

했던 한러 무역 규모는 수교 이후 30년 만에 137배 증가했지만, 전쟁 3년 만에 반 토막이 났다. 그래프 〈13-3〉을 살펴보자.[4]

수교 이후 한러 교역량 변화를 나타낸 위 그래프는 우크라이나 이슈가 늘 변화의 큰 원인이었음을 보여준다. (1998년 러시아 모라토리엄, 2008년 글로벌 금융위기, 2019~2020년 코로나 팬데믹 변수를 제외하면) 2014년 크림합병과 2022년 전쟁 후 한러 교역량이 급감했고, 변동 폭도 가장 컸다. 2014년 258억 불로 역대 최고를 찍었다가 2016년 134억 불로 반 토막이 났고, 2021년 274억 불로 다시 역대 최고를 갱신했다가 2024년 114억 불로 또 반 토막이 난 것이다. 현재 한러 교역 규모는 거의 20년 전 수준으로 후퇴했다.

크림합병 당시 한국은 제재에 동참하지 않았지만, 글로벌한 규모로 이뤄진 대러 제재의 여파를 피해갈 수 없었다. 국제 제재 동참에다 한국만의 독자 제재까지 여러 차례 더한 이번 전쟁은 더 말할 것도 없다. 수교 이래 꾸준히 상승하던 한러 협력을 최고점에서 최저치로 주저앉힌 '정치' 변수는 우크라이나 이슈가 유일하다.

## 러중 밀착의 어두운 그림자

우리와 정반대로 러중 관계는 우크라이나 문제가 불거질 때마다 늘 더 좋아졌다. 대표 사례로 러중 경협, 그중에서도 '러중 에너지 협력의 꽃'이라 불리는 '시베리아의 힘' 프로젝트를 들 수 있다. 시베리아의 힘은 러시아와 중국을 바로 잇는 천연가스 파이프라인을 말하는데, 시베리아의 힘-1의 건설 계약이 양국 간 체결된 것은 크림합병 직후인 2014년 5월이었고, 시베리아의 힘-2는 2022년 전쟁 발발 후 푸틴이 제안해 2025년 양국 간 합의가 이뤄졌다. 러중 천연가스 교역 구조를 혁신적으로 바꿔놓은 이 사업의 구상 자체가 우크라이나 사태와 뒤이은 제재, 유럽 가스 시장의 축소 등으로 촉발된 것이다.

1996년 '전략적 협력 동반자 관계'로 출발한 러중은 전쟁 직전인 2022년 2월 '한계 없는 파트너십'을 선언했고, 전쟁 발발 후부터 2025년 9월까지 공식 정상회담만 9차례 열렸으며, 푸틴과 시진핑은 '역대 최고인 러중 관계가 모든 국가 관계의 모범'임을 번갈아 자랑했다. 이는 특히 경제 분야에 최대로 구현되었다. 〈13-4〉는 최근 10년간 양국의 교역량 변화를 나타낸 그래프다.[5]

러중 교역 규모가 전쟁 3년 만에 2배 가까이 늘어난 것이 확인된다. 일례로 2023년 말 기준 러시아 석유의 약 45.7%, 석탄의 약 48%, 파이프라인 가스의 23%, LNG의 24%가 중국으로 수출되었고, 같은 시기 중국 자동차의 러시아 수출은 594%, 트럭과 트랙터는 700% 급증했다.[6]

**13-4. 러중 교역량** (2015~2024)

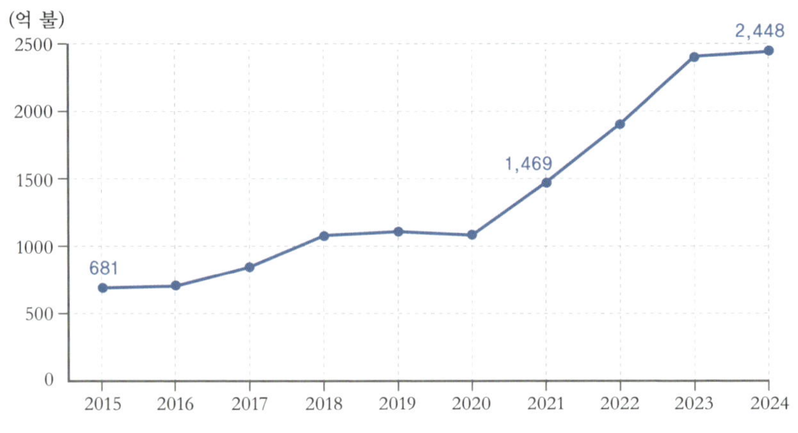


출처: РСМД, РБК

교역량 증가만큼이나 인상적인 것은 탈달러 현상이다. 침공 후 SWIFT 퇴출 등 초강력 제재에 직면한 러시아는 탈달러화 전략으로 이에 대응했다. 그 결과 2023년 러시아 대외무역에서 위안화와 루블화 결제 비중이 달러와 유로를 넘어섰고, 특히 러중 무역의 약 90%가 양국 통화로 결제되었다. 2025년부터는 루블화 결제 비중이 (러중 무역만이 아닌) 러시아 수출입 전체에서 50%를 넘어섰다.[7] 푸틴과 시진핑 모두 글로벌 사우스 내 양자, 다자 협력의 가장 중요한 목표이자 성과로 탈달러화를 들고 있는데, 서방의 강력한 제재를 받는 러시아가 유효한 실험실이 된 셈이다.

전쟁 전과 후 러시아 교역에서 사용되는 통화가 어떻게 달라졌는지를 구체적인 수치로 비교하면 그래프 〈13-5〉와 같다.[8] 전쟁을 기점으로 달러-유로와 루블-위안화의 위상이 완전히 역전되었다. 전쟁 전 달러-유로의 비중이 압도적이었다면, 전쟁 후 수출과 수입 모두에서 루블-위안화 비중이 80%대로 늘어났다.

13-5. 러시아 수출입 결제 통화 비중 (2021 vs 2024)

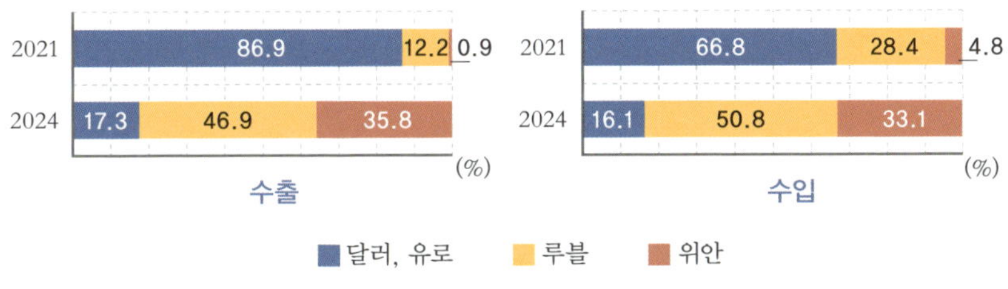


출처: Банк России, РБК

러중 양자 무역은 물론, 러시아 대외무역 전체에서 루블과 위안화 비중이 80%에 이른다는 사실은 탈달러화의 성공 사례일 수 있지만, 동시에 러시아가 주류 달러 시장으로부터 얼마나 고립되어있는지, 그 결과 중국에 얼마나 의존하고 있는지를 상징적으로 보여주는 지표가 된다. 이처럼 러중 밀착의 이면에는 양국 관계의 현저한 비대칭성이, 그 결과 러시아가 안게 된 치명적 약점이 또 하나의 엄연한 현실로 존재한다.

이는 교역 비중과 품목에서도 확인된다. 2024년을 예로 들면, 러시아의 수출 1위, 수입 1위 대상국이 모두 중국이고, 러시아 대외무역 전체에서 중국이 차지한 비중은 33.8%에 달했다. 반면 러시아는 중국의 수출 7위, 수입 6위 상대국으로, 러시아가 중국 대외무역에서 차지하는 비중은 3.97%에 불과하다.[9] 한마디로 러시아에 중국은 대체 불가한 존재지만, 러시아는 중국에 전혀 그렇지 않다. 교역 품목의 비대칭성도 심각하다. 러시아가 중국에 수출하는 품목이 (석유, 가스 등) 자원, 금속, 곡물, 목재 같은 원자재라면, 중국의 러시아 수출품은 스마트폰이나 가전 등 전자제품, 차량, 산업 설비와 장비, 소비재 등 고부가가치 상품들이다.

## 러시아에 한국이 필요한 이유

전쟁 중 북한과 밀착하는 와중에도, 또 윤석열 정부의 노골적인 친서방, 친우크라이나 행보에도 러시아가 한국에 끊임없이 러브콜을 보낸 이유가 여기 있다. 중국에 대한 심각한 경제적 의존성을 완화할 가장 이상적인 대안이 한국이기 때문이다. 윤석열의 '무기 지원 가능' 발언, 북핵 문제 등으로 양국 간 거친 설전이 오가기도 했지만, 러시아는 한러관계 회복과 한국 기업 복귀를 바라며 전쟁 중에도 그러한 의사를 여러 차례 공개적으로 표현해왔다.

예를 들어 2023년 7월 윤석열이 키이우를 방문해 '생즉생 사즉사'를 외치며 노골적으로 우크라이나 편에 섰지만, 두 달 뒤인 9월 12일 러시아 외무부 차관 안드레이 루덴코Andrey Rudenko는 '한국이 원한다면 (북러 정상회담을 위한) 김정은 방러의 세부사항을 한국 정부에 제공할 수 있다'고 제안했다. 2023년 12월 한국에 새로 부임한 러시아 대사 게오르기 지노비예프Georgy Zinoviev의 취임 일성은 '한국은 비우호국 중 가장 우호적인 나라로 한국 기업의 러시아 복귀를 희망한다'는 것이었다.[10]

2023년 4월 미 국방부 기밀문서 유출 사건으로 한국이 '간접적으로' 우크라이나에 무기를 지원한 사실이 전 세계에 알려졌지만, 2024년 6월 푸틴은 '한국이 우크라이나에 무기를 '직접' 지원하지 않은 것을 높이 평가하며, (한러관계 회복은) 한국 정부에 달려 있고, 러시아는 준비가 되어 있다'고 말했다. 실용주의 외교를 표방한 이재명 정부 출범 후 직항 재개 등 한러관계 정상화에 대한 러시아의 기대는 더욱 높아졌다.[11]

현재 러중 관계가 역대 최고인 것은 맞지만, 역사를 들춰보면 양국 관계는 좋을 때보다 나쁠 때가 더 많았다. 냉전 시기 같은 사회주의권임에도 서로를 '수정주의', '교조주의'로 비난하며 각을 세웠고, 영토 분쟁으로 양측 군인 수백 명이 교전 중 사망하기도 했다. 무엇보다 러시아와 4,200km의 국경을 접한 중국은 '한계 없이' 가까워지기엔 너무 위험한 이웃이다. 서로 길게 인접한 중국 헤이룽장성과 러시아 연해주의 인구만 비교해봐도 금방 알 수 있다. 헤이룽장성은 3,000만 명이 넘고 연해주는 200만도 안 되는데, 1860년 베이징 조약 이전 연해주는 중국 땅이었다. 당시와 달리 지금의 중국은 미국을 위협할 정도의 대국이다. 어느 모로 보나 중국에 대한 지나친 의존, 지나치게 비대칭적인 관계는 러시아에 너무 위험하다.

전쟁 전 러시아와 활발히 교류했던 일본도 대안으로 삼기엔 하자가 많다. 러일 전쟁으로 두 제국이 크게 맞붙은 경험이 있고, 2차대전 당시 적국이었던 두 나라는 아직도 평화조약을 맺지 않았으며, 쿠릴 열도를 둘러싼 영토 분쟁도 존재한다.

중국, 일본과 달리 한국은 러시아가 원하는 많은 것을 가졌지만, 전혀 위험하지 않다. 한 번도 제국이었던 적 없는 한국은 러시아에 위협이 된 적도, 될 리도 없다. 충분히 부강하지만, 전혀 약탈적이지 않다. 한국이 가진 첨단 기술과 자본은 자원 중심의 러시아 경제에 적절한 상보성을 지닌다. 근대화에 더해 민주화까지 성공한 한국은 흥미로운 이야기로 넘쳐나며, 이들 서사는 질 좋은 상품에 문화적 후광을 더한다.

일찍부터 터를 잡은 디지털 한류에 이러한 문화 한류가 겹쳐 러시아 내 한류 붐이 일기 시작하고, 한국 내 러시아 관광객과 러시아 극동의 한국 관광객 수가 최고를 찍을 때쯤 코로나가 퍼졌고, 코로나가 잠잠해질 무렵 전쟁이 터졌다. 그렇게 한러관계는 멈춰 섰지만, 앞서 거론한 여러 이유로 전쟁이 끝나면 러시아에 필요한 건 북한보다 한국이다. 러시아 정부가 한국을 원하는 이유다.

**13-6. 러시아 국민이 복귀를 가장 바라는 외국 기업 (2025)**

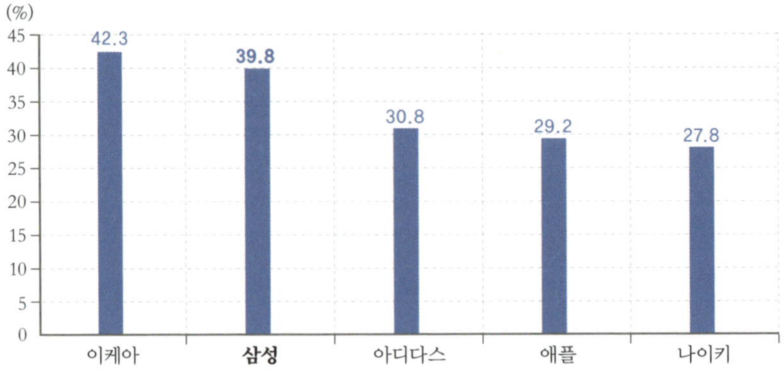

(%)

| 이케아 | **삼성** | 아디다스 | 애플 | 나이키 |
|---|---|---|---|---|
| 42.3 | **39.8** | 30.8 | 29.2 | 27.8 |

출처: Webbankir

정부만이 아니다. 러시아 국민도 한국을 원하고, 한국 기업의 복귀를 바란다. 러시아 내에서 최근 이뤄진 각종 여론조사가 이를 보여준다. 2024년 러시아 내 스마트폰 판매 1위는 샤오미였지만, 소비자 선호도 1위는 여전히 삼성이었다. 갤럭시를 좋아하는 러시아 국민(33.2%)이 샤오미(16.1%)보다 두 배나 많았다. 2025년 3월 러시아 대표 자동차 포털인 〈자룰룜Zarulyom〉은 "한국 차 복귀 기다리며 많은 러시아인 신차 구입 미뤄"라는 제목의 기사를 내보냈다. 2,500명의 러시아 자동차 소유주에게 물은 결과, 21%가 그렇게 답했고, 14%는 이미 한국 차를 가지고 있다고 말했으며, 중국 차를 고수하겠다는 비율은 11%에 불과했다.[12] 그래프 〈13-6〉은 2025년 3월 '복귀가 가장 기다려지는 외국 기업'을 물은 결과다. 그 숱한 외국 브랜드 중에 삼성이 2위를 차지했다.[13]

## 한국이 러시아를 관리해야 하는 이유

### 1) 경제

이처럼 러시아 정부는 한국을 필요로 하고, 러시아 국민은 한국을 원한다. 한국도 러시아가 중요하다. 시장 규모는 미국이나 중국보다 훨씬 작지만, 그래도 전쟁 전 한국의 교역 9위 상대국이었다. 2021년 한러 교역 규모(274억 불)는 유럽 최대 교역국인 독일(331억 불)보다 약간 적고, 아시아에서는 인도(237억 불)와 비슷한 수준이었다.[14]

무엇보다 자동차, 스마트폰, 가전 1위를 모두 한국 제품이 석권한 나라가 러시아 말고 또 어디 있겠는가. 세계에서 한국 브랜드에 대한 충성도가 가장 높은 국민은 아마 러시아 국민일 것이다. 여기까지 오는 데 북방정책이 시작된 이래 30년이 넘는 세월이 걸렸고, 그 시장이 멈춰 선 건 오롯이 이 전쟁 때문이다. 침공을 규탄하는 마음은 같지만, 당사국이 아닌 전쟁에, 더구나 이렇게 논쟁적인 전쟁에 우리의 30년을 지불해야 하는지 아쉬운 마음이 드는 건 어쩔 수 없다.

### 2) 북한 및 안보 문제

#### (1) 북한이 러시아에 필요한 이유

전쟁 후 북러 관계는 거의 유사군사동맹 수준으로 발전했다. 전쟁이 끝나도 러시아는 북한을 홀대하지 않을 것이다. 이유는 ① 반미의 상징인 북한이 미국 패권을 겨냥한 러시아의 다극화 전략에 여전히 유효하고, ② 북한 카드는 미국이나 중국, 무엇보다 한국에 효과적인 외교적 레버리지가 될 수 있으며, ③ 북한의 노동력도 절실하기 때문이다. ③에 대해

13-7. 러시아 내 북한 노동자 수 (2000~2022)

| 2000 | 2001 | 2002 | 2003 | 2004 | 2005 | 2006 | 2007 |
|---|---|---|---|---|---|---|---|
| 8,700 | 9,900 | 12,700 | 13,200 | 14,700 | 20,100 | 27,700 | 32,600 |

| 2008 | 2009 | 2010 | 2011 | 2012 | 2013 | 2014 | 2015 |
|---|---|---|---|---|---|---|---|
| 34,900 | 37,700 | 36,500 | 19,300 | 23,400 | 27,200 | 30,700 | 30,400 |

| 2016 | 2017 | 2018 | 2019 | 2020 | 2021 | 2022 |
|---|---|---|---|---|---|---|
| 29,100 | 24,100 | 8,000 | 0 | 0 | 0 | 0 |

(단위: 명)

출처: Rosstat

잠시 짚어보자.

영토는 지구 육지의 1/9이나 되는데 인구는 1억 4천만 정도인 러시아는 늘 사람이 부족하다. 특히 극동의 경우, 면적은 러시아 전체의 1/3이 넘지만, 인구는 전체의 4%대에 불과하다. 인접한 중국의 동북 3성 인구가 1억에 가까운데, 극동은 다 합쳐도 천만이 안 된다. 이 결핍을 부분적이나마 메꿔온 것이 바로 북한 노동자다.

표 〈13-7〉은 러시아연방통계청Rosstat이 집계한 북한 노동자 수를 연도별로 정리한 것이다.[15] 통계에 따르면 2000년대 러시아에는 대략 2~3만 명의 북한 노동자가 존재했고, 그 절반 이상은 극동에서 일했다. 2019년부터 수치가 0이 된 것은 대북 제재의 결과다. 북핵 위기로 2017년 9월과 12월 유엔이 '북한 노동자 파견(신규 및 갱신) 금지'와 '체류 노동자의 본국 송환'을 결의한 후, 러시아도 2018년부터 북한 노동자 송환을 시작해 2019년 이를 완료했다.

하지만 1946년 북한 노동자가 최초로 러시아에 파견된 후, 러시아 땅에 북한 노동자가 없었던 적은 한국전쟁 시기를 제외하고 거의 없다. 위와 같은 정부 공식 통계의 한계를 고려할 필요가 있다. 예를 들어 위 표의 2019년 이전 수치의 경우, 러시아연방통계청 자료는 '취업이 허가된 내무부 등록 노동자'를 대상으로 하기에 미허가, 미등록, 비공식을 포함한 실제 북한 노동자 수는 이보다 훨씬 많았을 것으로 추정된다.

0으로 기록된 2019년 이후 통계는 더더욱이나 현실과 거리가 멀다. 공식적인 허가가 없었을 뿐, 이 기간에도 노동 비자 대신 단기 관광 비자나 학생비자를 활용한 북한 노동자의 러시아 입국이 극동을 중심으로 꾸준히 이어졌다. 특히 2020년 러시아의 이주법 개정으로 외국인 유학생의 파트타임 취업이 허락된 후, 북한 노동자들 사이에서 학생 비자가 주된 편법으로 널리 활용되고 있다. 러시아어 교육, 노동실습 등의 명분으로 학생 비자로 입국한 후 건설 현장에서 일하는 식이다. 이는 러시아에 이미 만연한 현상으로, 러시아의 대표적 난민 NGO인 시민지원위원회Civic Assistance Committee의 관련 보고서도 존재한다.[16] 참고로 이 NGO의 대표는 노벨평화상 단골 후보인 '러시아 난민의 어머니' 스베틀라나 간누시키나Svetlana Gannushkina다.

전쟁 후 북러 밀착이 본격화되고, 2024년 조약 체결로 양국 간 경제협력이 강조되고, 북한군 파병으로 금기가 완전히 풀리면서 러시아 내 북한 노동자는 이제 더 이상 비밀도 아니다. 2024년 그 규모는 대략 15,000명 내외일 거라 전해진다. 현재 러시아 비즈니스 포털이나 SNS에는 '북한 노동자 채용 방법, 조건, 특성' 등을 상세히 소개한 각종 포스팅이 공공연하게 게시되고 있다.[17] 싸고, 솜씨 좋고, 각 잡힌 북한 노동자는 전쟁으로 인력난이 더욱 심해진 러시아가 쉽게 포기할 수 없는 대안이며, 전쟁이 끝나고 초토화된 점령지 재건이 본격화되면 수요도 공급도 더 늘어날 것이다.

### (2) 러시아가 한국 안보에 필요한 이유

러시아를 관리해야 할 이유는 위와 같은 북러관계, 이와 밀접히 연동된 남북관계와 우리 안보를 고려할 때 더욱 커진다. 2019년 2월, 트럼프를 만나기 위해 열차로 3일을 달려 하노이에 갔다가 빈손으로 돌아온 후 김정은의 분노는 고스란히 한국을 향했다. 남북관계는 최악으로 치달았고, 2023년 마침내 북한은 남북을 같은 민족이 아닌 '교전 중인 적대적 두 국가 관계'로 규정하고 통일 포기를 선언했다. 1991년 남북기본합의서 이래 공유돼온 '통일을 지향하는 과정에서 잠정적으로 형성되는 특수관계'가 완전히 부정된 순간이다.

우크라이나 전쟁 후 북한은 러시아의 충실한 조력자가 되었고, 러시아는 북한의 든든한 후견인이 되었다. 북러 관계는 탈냉전 이후 최고를 구가하고 있으며, 북한에 대한 러시아의 영향력은 그 어느 때보다 크다. 북한 카드의 유효성이 어느 때보다 커졌다는 뜻이기도 하다.

소련 시절에는 북한에, 옐친 시절에는 한국에 확 쏠렸던 한반도 정책을 등거리 외교로 돌려놓은 사람이 바로 푸틴이다. 지나친 한국 경사傾斜와 북한 포기가 러시아 국익에 전혀 도움이 되지 않는다고 판단했기 때문이다. 2000년 푸틴이 대통령이 되자마자 (소련을 포함해) 러시아 지도자 중 최초로 평양을 방문한 것도 이런 맥락에서 해석할 수 있다. 북한으로의 회귀가 아니라 남북 간 균형외교를 선포한 행보였다.

전쟁의 끝을 기약할 수 없는 상황에서 북러 밀착의 끝을 가늠하기 어렵다. 군사조약까지 체결한 관계가 또 어디로 튈지 모를 일이다. 사람과 무기를 제공한 대가로 러시아가 북한에 무엇을 어디까지 줄지도 알 수 없다. 물론 ICBM 최종 완성을 위해 북한이 원하는 핵심 기술을 러시아가 제공할 가능성은 거의 없다. 러시아가 그 같은 첨단 군사기술을 타국에 이전한 사례가 없고, 러시아도 중국도 북한의 핵 무력 완성을 원하지

## 13-8. 러중 합동군사훈련 유형 및 횟수 (2003~2024)

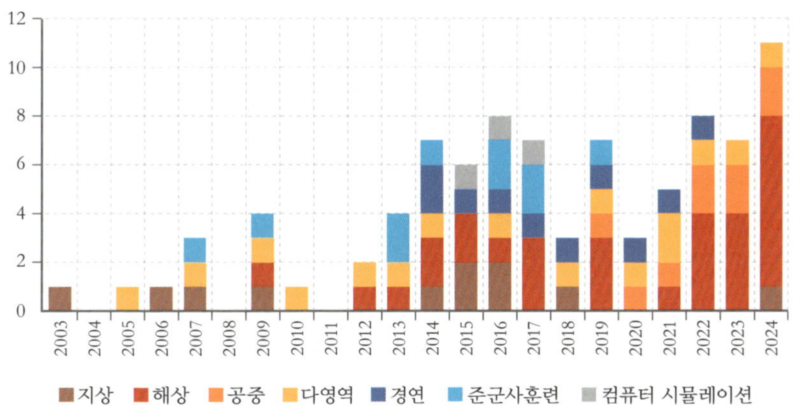


출처: CSIS China Power project database, MERICS, OSW, UI

## 13-9. 러중 합동군사훈련 장소 (2022~2024)

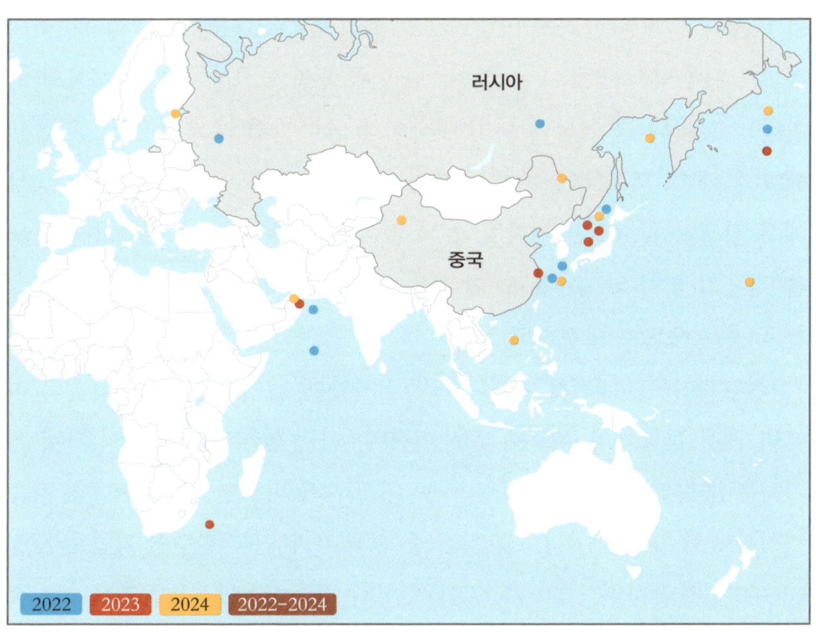


출처: CSIS China Power project database, MERICS, OSW, UI

않기 때문이다. 하지만 제한적 기술 이전이나, 방공시스템 등 군사 장비, 드론이나 전자전 등 현대전의 경험이나 실전 훈련 제공 등은 언제든 가능하다.

북러 협력만이 아니다. 갈수록 강화되는 러중 군사협력도 한국 안보에 위험하기는 마찬가지다. 표 〈13-8〉과 지도 〈13-9〉는 러중 합동군사훈련의 유형과 횟수, 위치를 나타낸 것이다.[18]

전쟁 후 러중 합동군사훈련의 횟수가 크게 늘어났고, 특히 가장 중요한 해상·공중 훈련의 비중이 압도적으로 증가했음을 확인할 수 있다. 2022~2024년 훈련의 약 40%가 한반도 인근에서 집중적으로 이뤄졌다. 충분히 경계해야 할 상황이다.

따라서 규탄할 것은 규탄하고 경고할 것은 경고하되, 또 다른 트랙으로 러시아와의 관계를 관리할 필요가 있다. 한국에 대한 러시아의 필요를 러시아에 대한 한국의 영향력으로 전환해 수교 이래 한러 경제협력의 성과가 단절되는 것을 막는 한편, 그 영향력을 북한에 대한 러시아의 영향력과 교환해 더 이상의 북러 밀착이나 남북관계 악화를 막는 데 활용해야 한다. 시작은 빠를수록 좋다. 전쟁 장기화를 배제할 수 없는 상황에서 전쟁이 끝나기만 기다릴 수는 없다. 러시아 국민이 언제까지 한국을 기다려 줄지 알 수 없고, 한국을 대체한 중국 제품의 품질과 서비스는 무서운 속도로 발전하고 있다.

현재까지도 한국 기업 대다수가 러시아에 남아 있다는 사실을 고려하면 관계 정상화의 필요는 더욱 커진다. 이는 한국만의 사정이 아니다. 키이우경제대학Kyiv School of Economic의 집계에 따르면, 2025년 7월 기준 러시아에서 사업하던 글로벌 기업 중 전쟁 후 완전히 철수한 기업은 12%(503개)에 불과하며, 33% (1,377개)는 철수 또는 축소를 발표했으나 아직 완료하지 않았고, 55% 또는 2,326개의 기업은 여전히 러시아에서 성업

중이다. 대표적으로 펩시, 네슬레, 로레알, 필립 모리스, P&G 등을 들 수 있다. 그 결과 2024년 러시아 내 외국 기업의 총 매출은 2023년보다 증가했고, 순이익은 전쟁 3년 중 최고치를 기록했다. 놀랍게도 기업의 국적별 총매출 1위가 미국이다. 2위는 독일, 3위는 프랑스로, 4위인 중국을 빼면, 1~5위가 모두 서방국가다.[19]

한국도 현대나 삼성처럼 상징성이 큰 기업은 철수했지만, 대다수 기업은 러시아 현지에 남아 있다. 품목별로 희비는 교차하지만, 전쟁 후 오히려 선전 중인 기업이든 고전하는 기업이든, 큰 기업이든 작은 회사든, 윤석열 정권 아래 국가의 어떤 보호도 받지 못한 채 악전고투해온 것만은 똑같다. 반드시 개선되어야 할 사항이다.

트럼프 집권 후 종전에 대한 기대가 높아지며 국내 우크라이나 테마주가 들썩인다는 언론 보도를 자주 접한다. '건국 이래 최대 프로젝트'라는 말까지 등장했다. 하지만 우크라이나는 돈이 없다. 오죽하면 미국의 지원을 땅속 광물을 파서 갚겠다 하겠는가. 우크라이나 재건은 사업과 이윤이 아니라 인도주의적 지원과 지속적인 원조의 대상이 되어야 한다.

수익이 목적이라면 차라리 러시아가 더 나은 선택지가 될 수 있다. 재건이 가장 필요한 곳은 전투로 초토화된 점령지이고, 점령지는 이변이 없는 한 러시아 영토가 될 것이다. 돈바스 등 점령지 재건에 북한 노동자 투입은 이미 기정사실이고, 만일 한국 기업이 여기 참여한다면, 북방정책이 시작된 후 30년 넘게 외쳐왔으나 한번도 성사되지 못한 남북러 경협이 두만강이 아닌 돈바스에서 이뤄질 수도 있다.

북극항로도 마찬가지다. 러시아 없는 북극항로는 어불성설이며, 러시아 코 앞이면서 러시아에 드문 부동항인 나진은 북극항로의 유력 거점 중 하나다. 현재 나진항을 중심으로 북러 협력이 어느 때보다 활발하며, 북극항로의 길목으로 북한의 나진과 한국의 부산이 연결되면 강력한 시너지를 낼 수 있다. 하지만 현재의 한러관계, 남북관계로는 꿈도 꿀 수 없는 일이다. 앞서 거론한 모든 것에 이를 더해 여러모로 새로운 외교가 필요한 시점이다.

## 미주

1 Gregor Sebastian, "Collision Course: The Future of Chinese Carmakers in Russia," *Rhodium Group*, Dec. 12, 2024.
2 Michelle Toh, "Chinese brands have replaced iPhones and Hyundai in Russia's war economy," *CNN*, Feb. 25, 2023.
3 "The smartphone market in Russia grew in money by 6% (to 721 billion rubles), but decreased in pieces by 3%," *Tadviser*, 2025.02.06.
4 그래프는 한국무역협회 국가별 수출입 통계에 기반해 필자 작성. 기관 홈페이지에서 검색 가능.
5 다음 자료에 기반해 필자 작성. Сергей Цыплаков, "Об основных трендах развития торговли России и Китая," *Российский совет по международным делам(РСМД)*, 13 сентября 2024; "Что происходило в торговле России и Китая в 2024 году," *РБК*, 23 января 2025.
6 "Экономические отношения РФ и КНР продемонстрировали «устойчивый иммунитет»," *Деловая Россия*, 16 мая 2024; Alexandra Prokopenko, "What Are the Limits to Russia's "Yuanization"?" *Carnegie Politika*, May 27, 2024.
7 Ibid.
8 다음 자료에 기반해 필자 작성. "Доля рубля в расчетах за экспорт в Европу вновь упала ниже 50%," *РБК*, 19 фев. 2024; "Malignant Growth: The increase in the rouble's share of foreign trade settlements indicates that the Russian financial system is reliably isolated from the global economy," *RE: Russia*, 2025.07.25.
9 Natalia Chabarovskaya, "Going Steady: China and Russia's Economic Ties are Deeper than Washington Thinks," *The Center for European Policy Analysis*, June 16, 2025; "2024年中国贸易伙伴排名TOP100," *Chwang*, 2024.
10 송태화, ""원하면 김정은 방문 정보 주겠다" … 러, 北 밀착 속 韓에 유화 메시지," <국민일보>, 2023.09.13; 김상진, "신임 주한 러시아 대사 '韓, 비우호국 중 가장 우호적인 나라'," <중앙일보>, 2023.12.19.
11 "Путин: РФ ценит, что Южная Корея не поставляет вооружения на Украину," *ТАСС*, 6 июня 2024; "Ближайшим рейсом: Россия и Корея обсуждают восстановление прямого авиасообщения," *Известия*, 27 октября 2025.
12 "Ranking of smartphone brands in Russia in 2024, by customer affinity," *Statista*; "Ждут возвращения «корейцев»: многие россияне откладывают покупку авто," *Зарулем*, 7 марта 2025.
13 다음 자료에 기반해 필자 작성. "Россияне назвали бренд, возвращение которого ждут больше всего," *Газета.ru*, 17 марта 2025.
14 한국무역협회 국가별 수출입 통계 참조.
15 표 <13-7>은 러시아연방통계청이 매년 발간하는 자료집 *Труд и занятость в России* (*Trud i zanyatost' v Rossii, Labor and employment in Russia*)에 기반

해 필자가 작성한 것이며, 다음 주소에서 자료집의 연도별 원문 검색이 가능하다. https://rosstat.gov.ru/folder/210/document/13210#

16 Анастасия Напалкова, “Северокорейские студенты вне российских законов. Зачем они приезжают в Россию?” *Комитет «Гражданское содействие»*, 2020.12.29; Moonyoung Lee, “North Koreans in Russia Between Migrants and Refugees,” *Europe-Asia Studies*, Vol. 76, No. 5, 2024, p. 805.

17 “Как нанять в России рабочих из Северной Кореи в 2025 году: пошаговая инструкция,” *Бизнес.ру*, 7 мая 2025; “Трудовые мигранты из Северной Кореи в России: возможности и риски для работодателей,” *RUQI*, 2025.09.03; “North Koreans tell BBC they are being sent to work ‘like slaves’ in Russia,” *BBC*, Aug. 12, 2025.

18 “China-Russia Dashboard: a special relationship in facts and figures,” *Mercator Institute for China Studies*.

19 B4Ukraine, KSE Institute, Squeezing Putin, “Corporate Complicity: How Global Firms Bankrolled Russia’s War Chest in 2024,” *B4Ukraine*, Aug. 27, 2025. p. 3.

# 참고문헌


고상두. "러시아의 나토와 유럽연합 관계: 갈등과 협력 개념을 중심으로." 『국방연구』 61권 1호. 2018.

고재남. "미·러 군비통제 갈등과 INF 조약." 『러시아 외교정책의 이해: 대립과 통합, 푸틴의 길』. 서울: 역사공간, 2019.

구자정. "16세기 말 17세기 초 자포로지예 카자크 집단을 통해 본 우크라이나 역사의 카자크적 기원과 루스(Rus') 정체성." 『슬라브연구』 33권 4호. 2017.

구자정. 『우크라이나 문제의 기원을 찾아서』. 서울: 박영사, 2023.

구자정. "학살마는 어떻게 "자유의 민주 반공투사"가 되었나?: "뉴욕의 아이히만"? 미콜라 레베드와 냉전 초기 미국의 대(對)소련 우크라이나 공작." 『러시아연구』 제34권 2호. 2024.

국정원. "보도자료: 북한 특수부대 러-우크라 전쟁 참전 확인." 2024.10.18. https://www.nis.go.kr/CM/1_4/view.do?seq=320

권영희. "북한, 러시아에 포탄 650만 발, 발사대 등 600문 제공." YTN. 2025.07.29.

권윤희. "유일 생존 북한군 추정 인물 등장…시체 밑에 숨어 살았다." 〈서울신문〉. 2024.10.31.

길윤형. "반미감정과 무임승차." 〈한겨레〉. 2022.04.20.

김경진. "단독: 젤렌스키 대통령 인터뷰: 북, 파병 대가로 '드론' 등 군사기술 얻을 것…며칠 내 교전 예상." KBS. 2024.10.31.

김상진. "신임 주한 러시아 대사 '韓, 비우호국 중 가장 우호적인 나라'." 〈중앙일보〉.

2023.12.19.
"[단독] 젤렌스키 대통령 인터뷰: 북, 파병 대가로 '드론' 등 군사기술 얻을 것... 며칠 내 교전 예상." KBS. 2024.10.31.
박노자. "러시아, 혹은 한국인들의 환상과 환멸의 역사." 〈다른세상을향한연대〉. 2023.03.05.
박노자. "한국의 '진보'는 왜 우크라이나를 때리나." 〈한겨레21〉 1555호. 2025.03.14.
박수윤. "북, '2024년 8월' 러 파병 결정 확인…북러조약 직후." 〈연합뉴스〉. 2025.08.30.
박지원. 『우크라이나 사태 이후 러시아의 대외경제 현황 및 대안정책 분석』. 서울: 코트라, 2023.
"북러 '포괄적인 전략적 동반자 관계에 관한 조약' 전문." 〈연합뉴스〉. 2024.06.20.
"북한군, 개고기 통조림 전투식량…'폄하 각본' 인지전?" 〈서울신문〉. 2024.11.02.
"북한군 첫 교전서 1명 빼고 전원 사망설까지...野, 이래도 참관단 파견 막을텐가." <세계일보>. 2024.11.01.
브레진스키, 즈비그뉴. 김명섭 옮김. 『거대한 체스판: 21세기 미국의 세계전략과 유라시아』. 서울: 삼인, 2007.
송태화. ""원하면 김정은 방문 정보 주겠다"… 러, 北 밀착 속 韓에 유화 메시지." 〈국민일보〉. 2023.09.13.
"스톰섀도 공격으로 북한군 500명 사망, 우크라 매체 주장." 〈동아일보〉. 2024.11.24.
"쏘베트 사회주의 공화국 연맹과 조선 민주주의 인민 공화국 간의 우호, 협조 및 호상 원조에 관한 조약." *United Nations Treaty Series.* No. 6045. https://treaties.un.org/doc/Publication/UNTS/Volume%20420/volume-420-I-6045-Other.pdf
"'유일생존' 북한군 추정 인물 등장... "시체 밑에 숨어 살았다"." <서울신문>. 2024.10.31.
이문영. "북한이 파병한 진짜 이유." 〈삼프로TV〉. You Tube. 2024.10.26. https://www.youtube.com/watch?v=jnrjWdpePYM&t=68s;
이문영. "우크라 비밀 협약, 미국의 무서움." 〈삼프로TV〉. You Tube. 2025.05.10. https://www.youtube.com/watch?v=t2V4c5Nqg8o&t=26s
이성우. "러시아는 북극에서 얼마나 앞서가고 있는가?" *Russia In & Out.* No. 10. 2025. https://www.rioins.kr/notice/notice1__list.html?bmain=view&uid=36;
이재호. "거칠 것 없는 푸틴·김정은, 북한군 전쟁 참전 공식화하며 "관계 강화" 한목소리." 〈프레시안〉. 2025.04.28.
이재훈. "자칭 '진보'의 강자 선망." 〈한겨레21〉 1555호. 2025.03.13.
"인공기 빼앗은 우크라군…북한군 첫 교전서 1명 빼고 모두 전사." 〈동아닷컴〉. 2024.10.30.
"정부 "북한군 40명 우크라서 사망"…우크라도 교전 확인." 〈서울신문〉. 2024.11.05.
정의길. "우크라이나 난민 나탈리아 서가 말하는 전쟁의 시작." 메디아 벤저민, 니컬러스 데이비스 지음. 이준태 옮김. 『당신은 우크라이나 전쟁을 모른다』. 서울: 오월의봄, 2023.
캘리니코스, 알렉스 외 지음. 『우크라이나 전쟁: 제국주의 강대국들의 각축전』. 서울: 책갈피, 2022.
"파병 온 북한군, 인터넷 자유로운 러시아서 음란물에 중독." 〈뉴시스〉. 2024.11.07.
페치코, 키엘. "뒤늦은 미국, 트럼프가 얼마나 따라잡을까?" *Russia In & Out*. No. 12. 2025. https://www.rioins.kr/notice/notice1__list.html?bmain=view&language=KOR&uid=37
한정숙. "역사서술로 우크라이나 민족을 만들어내다: 흐루세프스키의 『우크라이나의 역사』와 우크라이나 정체성." 『러시아연구』 제24권 2호. 2014.

"2006 Transnistrian independence referendum." Wikipedia. last modified on 24 Oct. 2025. https://en.wikipedia.org/wiki/2006_Transnistrian_independence_referendum
"2021 Trends and observations from the Special Monitoring Mission to Ukraine." *OSCE*. Feb. 4, 2022. https://www.osce.org/special-monitoring-mission-to-ukraine/511327
"A divided Ukraine." *CNN*. March 3, 2014.
"A new survey of the Ukraine-Russia conflict finds deeply divided views in the contested Donbas region." *The Washinton Post*. Feb. 12, 2021.
Amnesty International, Human Rights Watch. "Abuses and War Crimes by the Aidar Volunteer Battalion in the North Luhansk Region." *Amnesty International*. Sep. 8, 2014. https://www.amnesty.org/en/documents/eur50/040/2014/en/
Amnesty International, Human Rights Watch. "You Don't Exist: Arbitrary Detentions, Enforced Disappearances, and Torture in Eastern Ukraine." *Amnesty International*. July 2016. https://www.amnesty.org/en/documents/eur50/4455/2016/en/
"Analysis: U.S. Cozies Up to Kiev Government Including Far Right." *NBC News*. March 30, 2014.
Anisimova, Anna. "Ukraine and NATO: Evidence from Public Opinion Surveys." *Free Network*. Oct. 30, 2023. https://freepolicybriefs.org/2023/10/30/ukraine-nato-public-opinion/
"Assessed Control of Terrain in Ukraine and Main Russian Maneuver Axes." *Institute for the Study of War*. April 6, 2022. https://understandingwar.org/map/assessed-control-of-terrain-in-ukraine-and-main-russian-maneuver-axes-as-of-april-06-2022-300-pm-et/
Ash, Timothy, Ivan Krastev, Mark Leonard. "United West, divided from the rest:

Global public opinion one year into Russia's war on Ukraine." *European Council on Foreign Relations.* Feb. 22, 2023. https://ecfr.eu/publication/united-west-divided-from-the-rest-global-public-opinion-one-year-into-russias-war-on-ukraine/

"Astana Commemorative Declaration Towards a Secutiry Community." *OSCE.* 2010. https://www.osce.org/files/f/documents/b/6/74985.pdf

"Attitude of Ukrainians towards Russia and Russians." *Kyiv International Institute of Sociology.* 2024.11.07. https://kiis.com.ua/?lang=eng&cat=reports&id=1446

"Audio evidence of of Putin's Adviser Glazyev involvement in war in Ukraine." *Ua Position.* Youtube. Aug. 30, 2016. https://www.youtube.com/watch?v=0w78QuxBUe0

"Azov Brigade." Wikipedia. Last modified on 10 Nov. 2025. https://en.wikipedia.org/wiki/Azov_Brigade

B4Ukraine and KSE Institute. "Corporate Complicity: How Global Firms Bankrolled Russia's War Chest in 2024." *B4Ukraine.* Aug. 27, 2025. https://b4ukraine.org/pdf/B4Ukraine_Report_2025.pdf

"Babi Yar Massacre." *United States Holocaust Memorial Museum.* https://encyclopedia.ushmm.org/content/ko/article/kiev-and-babi-yar

Balachuk, Iryna, Roman Romaniuk. "Possibility of talks between Zelenskyy and Putin came to a halt after Johnson's visit." *Ukrainska Pravda.* May 5, 2022.

Balibar, Etienne. "Palestine, Ukraine and other wars of extermination: the local and the global." *AURDIP.* Dec. 10, 2023. https://aurdip.org/en/bisan-lecture-series-etienne-balibar-palestine-ukraine-and-other-wars-of-extermination-the-local-and-the-global/

Barnes, Julian, Michael Schwirtz. "Sending Troops to Help Russia Was North Korea's Idea: U.S. Officials Say." *The New York Times.* Dec. 23, 2024.

Beale, Jonathan. "Ukrainians in war-ravaged Donbas weigh prospects of peace deal." *BBC.* Dec. 3, 2025.

Bershidsky, Leonid. "Ukraine's Neo Nazis Won't Get US Money." *Bloomberg.* June 12, 2015.

Biden, Joe. "Remarks by President Biden on the October 7th Terrorist Attacks and the Resilience of the State of Israel and its People." *The Whitehouse.* Oct. 18, 2023. https://bidenwhitehouse.archives.gov/briefing-room/speeches-remarks/2023/10/18/remarks-by-president-biden-on-the-october-7th-terrorist-attacks-and-the-resilience-of-the-state-of-israel-and-its-people-tel-aviv-israel/

Bortnik, Ruslan, Oksana Krasovskaya, Andrey Timchenko. "Situation in Ukraine: June 13-19, 2024." *Ukrainian Institute of Politics.* June 20, 2024. https://uiamp.org/index.php/en/situation-ukraine-june-13-19-2024.

Braw, Elisabeth. "When Putin Loved NATO." *Foreign Policy*. Jan. 19, 2022.

Bréville, Benoît. "Ukraine: what might have been." *Le Monde Diplomatique*. June 1, 2024.

Brunson, Jonathan. "Russia Isn't the Only Threat to Ukrainian Democracy: The Impact of Far-Right Nationalist Revolutionaries." *War on the Rocks*. April 20, 2019.

"Brussels Summit Communiqué." *NATO*. June 14, 2021. https://www.nato.int/cps/en/natohq/news_185000.htm

"Bucharest Summit Declaration Issued by the Heads of State and Government participating in the meeting of the North Atlantic Council in Bucharest." *NATO*. April 3, 2008. *https://www.nato.int/cps/en/natohq/official_texts_8443.htm?-mode=pressrelease*

Bachega, Hugo. "Peace talks still on despite 'genocide', Zelensky says." *BBC*. April 5, 2022.

"Biden Allows Ukraine to Strike Russia With Long-Range U.S. Missiles." *The New York Times*. Nov. 17, 2024.

"Brothers in Arms: Estimating North Korean Munitions Deliveries to Russia." *Open Source Centre*. April 15, 2025. https://stories.opensourcecentre.org/brothers-in-arms/

Burns, William. *The Back Channel: A Memoir of American Diplomacy and the Case for Its Renewal*. New York: Random House, 2020.

Carlough, Molly, Benjamin Harris. "Comparing the Size and Capabilities of the Russian and Ukrainian Militaries." *Council on Foreign Relations*. June 3, 2025. https://www.cfr.org/in-brief/comparing-size-and-capabilities-russian-and-ukrainian-militaries

Catalano, Claudio. "Casus Belli: NATO Enlargement to Eastern Europe as a Justification for Russian Aggression to Ukraine." *De-Europa* 7(2). 2024.

Chabarovskaya, Natalia. "Going Steady: China and Russia's Economic Ties are Deeper than Washington Thinks." *The Center for European Policy Analysis*. June 16, 2025. https://cepa.org/comprehensive-reports/going-steady-china-and-russias-economic-ties-are-deeper-than-washington-thinks/#footnote_9_40839;

Charap, Samuel. "Nato honesty on Ukraine could avert conflict with Russia." *Financial Times*. Jan. 12, 2022.

Charap, Samuel, Scott Boston. "The West's Weapons Won't Make Any Difference to Ukraine." *Foreign Policy*. Jan. 21, 2022.

"China-Russia Dashboard: a special relationship in facts and figures." *Mercator Institute for China Studies*. https://merics.org/en/china-russia-dashboard-facts-and-figures-special-relationship

Cohen, Stephen. "America's Collusion With Neo-Nazis: Neo-fascists play an important official or tolerated role in US-backed Ukraine." *The Nation.* May 2, 2018.

Colborne, Michael. "U.S. Congress Accidentally Boosted Ukraine's Far-Right." *Foreign Policy.* Nov. 1, 2019.

"Conflict-related civilian casualties in Ukraine." *UN OHCHR.* Jan. 27, 2022. https://ukraine.un.org/sites/default/files/2022-02/Conflict-related%20civilian%20casualties%20as%20of%2031%20December%202021%20%28rev%2027%20January%202022%29%20corr%20EN_0.pdf

*Crimea Platform.* Homepage. https://crimea-platform.org/en/

"Daily and spot reports from the Special Monitoring Mission to Ukraine." *OSCE.* https://www.osce.org/ukraine-smm/reports

Davies, Robert, Stephen Wheatcroft. *The Years of Hunger: Soviet Agriculture 1931–1933.* London: Palgrave Macmillan, 2004.

Davis, Victor. "Lord Ismay, NATO, and the Old-New World Order." *National Review.* July 5, 2017.

"Declassified Documents Concerning Russian President Boris Yeltsin." *Clinton Digital Library.* https://clinton.presidentiallibraries.us/items/show/57569

"Defence Expenditure of NATO Countries (2014-2025)." *NATO.* Aug. 28, 2025. https://www.nato.int/nato_static_fl2014/assets/pdf/2025/8/pdf/250827-def-exp-2025-en.pdf

Dejean, Mathieu. "Étienne Balibar: Le pacifisme n'est pas une option." *Mediapart.* March 7, 2022.

Dekker, Juliëtte. "Stepan Bandera Monument: The politics of memory." *Heritage & Memory.* https://heritageandmemorystudies.humanities.uva.nl/index.php/1718-2/research-projects-lviv/stepan-bandera-monument/

Denisova, Kateryna. "Only 20% of Ukrainians would vote for Zelensky following corruption scandal, poll shows." *Kyiv Independent.* Dec. 9, 2025.

"Despite Concerns about Governance, Ukrainians Want to Remain One Country." *Pew Research Center.* May 8, 2014. https://www.pewresearch.org/global/2014/05/08/chapter-1-ukraine-desire-for-unity-amid-worries-about-political-leadership-ethnic-conflict/

"Directions of Affairs in the Country and Trust in Political, Military and Public Figures." *KIIS.* 2024.02.15. https://www.kiis.com.ua/?lang=eng&cat=reports&id=1368&page=1

Dixon, Robyn. "The U.S.-Ukraine Sea Breeze naval exercises." *The Washington Post.* July 2, 2021.

Djurica, Marko. "Zelenskiy says Russian 'war crimes' in Ukraine make negotia-

tions harder." *Reuters.* April 5, 2022.
"Donald Trump Press Conference with Soft Bank CEO." *REV.* 2024.12.16.
"Dynamics of trust in President V. Zelenskyy in 2019-2025 and attitude towards holding elections." *Kyiv International Institute of Sociology.* 2025.09.19. https://www.kiis.com.ua/?lang=eng&cat=reports&id=1552&page=1
Elroy, Damien. "Chomsky's nuclear war fear: Fight to last Ukrainian or choose Macron's dialogue path." *The National.* April 8, 2022.
Erlanger, Steven. "Hegseth Says Return to Ukraine's Pre-2014 Borders Is 'Unrealistic.'" *The New York Times.* Feb. 12, 2025.
"Exclusive: Russia producing three times more artillery shells than US and Europe for Ukraine." *CNN.* March 11, 2024.
"Fact Sheet: U.S.-Ukraine Strategic Defense Framework." *National Secutiry Archive.* Aug. 31, 2021. https://nsarchive.gwu.edu/document/29309-44-fact-sheet-us-ukraine-strategic-defense-framework-august-31-2021
Fassihi, Farnaz. "U.S. and European Allies Split Sharply at the U.N. Over Ukraine." *The New York Times.* Feb. 24, 2025.
"Final Communiqué of the North Atlantic Council." *NATO.* Dec. 1, 1994. https://www.nato.int/docu/comm/49-95/c941201a.htm
Fischer, Sabine. "The Donbas Conflict: Opposing Interests and Narratives, Difficult Peace Process." *SWP Research Paper.* 2019/RP 05. 2019.04.17. https://www.swp-berlin.org/10.18449/2019RP05/#fn-d16368e1303
"Founding Act on Mutual Relations, Cooperation and Security between NATO and the Russian Federation." *NATO.* May 27, 1997. https://www.nato.int/cps/en/natohq/official_texts_25468.htm
"Four maps that explain the Russia-Ukraine conflict." *The Washington Post.* Feb. 26, 2022.
Foxal, Andrew, Oren Kessler. "Yes, There Are Bad Guys in the Ukrainian Government." *Foreign Policy.* March 18, 2014.
Freedom House. "Freedom in the World 2009: South Ossetia (Georgia)." *Refworld.* July 16, 2009. https://www.refworld.org/reference/annualreport/freehou/2009/en/67057
Friedman, Thomas. "Evolution in Europe; Four Allies Give Up Rights in Germany." *The New York Times.* Sep. 13, 1990.
Friedman, Thomas. "Foreign Affairs: Now a Word from X." *The New York Times.* May 2, 1998.
Friedman, Thomas. "Soviet Disarray; Yeltsin Says Russia Seeks to Join NATO." *The New York Times.* Dec. 21, 1991.
"Fuck the EU! (original File): Victoria Nuland phoning with Geoffrey Pyatt." *Frei-*

*BILDfuerAlle.* Youtube, Feb. 11, 2014. https://www.youtube.com/watch?v=KIvRl-jAaNgg

Galeotti, Mark. "Ukraine has a victory plan: but what does victory mean?" *The Times.* Sep. 22, 2024.

"Gas Temptation: The return of Nord Stream may be just the first step in the gas mega-alliance that Trump is trying to use to entice Putin." *RE:Russia.* March 13, 2025. https://re-russia.net/en/analytics/0264/

"Gen. Keith Kellogg: Trump 'frustrated' with Russia's level of unreasonableness." *ABC News.* May 30, 2025.

"Germany blocks ex-Soviets' Nato entry." *Financial Times.* April 1, 2008.

Goldgeier, James, Joshua Shifrinson. "Evaluating NATO Enlargement: Scholarly Debates, Policy Implications, and Roads not Taken." In James Goldgeier and Joshua Shifrinson. eds. *Evaluating NATO Enlargement From Cold War Victory to the Russia-Ukraine War.* Cham. Switzerland: Palgrave Macmillan, 2023.

Goldgeier, James. "NATO Enlargement and the Problem of Value Complexity." *Journal of Cold War Studies* 22(4). Fall 2020.

Golinkin, Lev. "The Reality of Neo-Nazis in Ukraine is Far From Kremlin Propaganda." *The Hill.* Sep. 11, 2017.

Golinkin, Lev. "The Western Media Is Whitewashing the Azov Battalion." *The Nation.* June 26, 2023.

Gorbachev, Mikhail. *Perestroika. New Thinking for our Country and the World.* London: Fontana/Collins, 1988.

Gordon, Michael. "The Anatomy of a Misunderstanding." *The New York Times.* May 25, 1997.

Green, Mark. "Countries That Have Sanctioned Russia." *Wilson Center.* May 10, 2022. https://www.wilsoncenter.org/blog-post/countries-have-sanctioned-russia

"Gross domestic product 2022, PPP." *World Bank.* 2023.12.21. https://databankfiles.worldbank.org/public/ddpext_download/GDP_PPP.pdf

Habermas, Jürgen. "A Plea for Negotiations." *Süddeutsche Zeitung.* Feb. 14, 2023.

Habermas, Jürgen. "War and Indignation. The West's Red Line Dilemma." *Reset Dialogues.* May 6, 2022.

Hagen, Mark. "Does Ukraine Have a History?" *Slavic Review* 54(3). 1995.

Hahn, Gordon. "The Ukrainian Revolution's Neo-Fascist Problem." *Fair Observer.* Sep. 23, 2014.

Hale, Henry, Oxana Shevel & Olga Onuch. "Believing Facts in the Fog of War: Identity, Media and Hot Cognition in Ukraine's 2014 Odesa Tragedy." *Geopolitics* 23(4). 2018.

Hale, Henry. *The Foundations of Ethnic Politics: Separatism of States and Nations in Eurasia and the World.* New York: Cambridge University Press, 2008.

Hellbeck, Jochen. "Ukraine Makes Amnesia the Law of the Land." *The New Republic.* May 22, 2015.

Henrard, Kristin. "Ukraine Options Paper: Minority and Language Rights." *Cambridge Initiative on Peace Settlements.* April 18, 2023. https://cambridgepeace.org/2023/04/18/ukraine-options-paper-minority-and-language-rights/

Herb, Jeremy, Donald Judd and Phil Mattingly. "Biden condemns Russia's unprovoked and unjustified attack on Ukraine." *CNN.* Feb. 24, 2022.

Hildebrandt, Tina, Giovanni di Lorenzo. "Hatten Sie gedacht, ich komme mit Pferdeschwanz?" *Die Zeit.* Dez. 7, 2022.

Hill, Fiona. "Putin Has the U.S. Right Where He Wants It." *The New York Times.* Jan. 24, 2022.

Hopkins, Valerie. "Ukrainians Find That Relatives in Russia Don't Believe It's a War." *The New York Times.* March 6, 2022.

Holovne Upravlinnia Rozvidky(*Defence Intelligence of Ukraine*). Homepage. https://gur.gov.ua/

"How Russia Pays for War." *The New York Times.* Oct. 30, 2022.

"How to achieve lasting peace." *Kyiv International Institute of Sociology.* 2023.05.26. https://kiis.com.ua/?lang=eng&cat=reports&id=1237

Hyde, Lily. "Ukraine to Rewrite Soviet History with Controversial 'Decommunisation' Laws." *The Guardian.* April 20, 2015.

Ingimundarson, Valur. *The 'Kosovo Precedent': Russia's justification of military interventions and territorial revisions in Georgia and Ukraine.* London: LSE Ideas, 2022.

International Advisory Panel. "IAP report on Odesa events." *Council of Europe.* Nov. 4, 2015. https://rm.coe.int/168048851b.

Irwin, Lauren. "Trump Jr.: Biden administration trying to cause 'World War 3' by helping Ukraine." *The Hill.* Nov. 18, 2024.

Ishchenko, Volodymyr. "The Unique Extra-Parliamentary Power of Ukrainian Radical Nationalists is a Threat to the Political Regime and Minorities." *The Foreign Policy Centre.* July 18, 2018.

Ishchenko, Volodymyr. "Ukraine has ignored the far right for too long: it must wake up to the danger" *The Guardian.* Nov. 13, 2014.

Ishchenko, Volodymyr. "Ukrainian protesters must make a decisive break with the far right." *The Guardian.* Feb. 7, 2014.

"Israel-Gaza war in maps and charts." *Aljazeera.* 2024.04.05.

"Istanbul Document 1999." *OSCE.* 1999. https://www.osce.org/files/f/documents/6/5/39569.pdf

"Joint press point by NATO Secretary General Jens Stoltenberg with the President of Ukraine, Volodymyr Zelenskyy." *NATO.* Dec. 16, 2021. https://www.nato.int/cps/en/natohq/opinions_190292.htm

Jones, Seth. "Russia's Ill-Fated Invasion of Ukraine: Lessons in Modern Warfare." *CSIS.* June 1, 2022. https://www.csis.org/analysis/russias-ill-fated-invasion-ukraine-lessons-modern-warfare

Kasianov, Georgiy. "Nationalist Memory Narratives and the Politics of History in Ukraine since the 1990s." *Nationalities Papers.* March 27, 2023.

Katchanovski, Ivan. "The Far Right in Ukraine During the 'Euromaidan' and the War in Donbas." *SSRN e-Library.* Sep. 2, 2016. https://ssrn.com/abstract=2832203

Katchanovski, Ivan. "The Far Right, the Euromaidan, and the Maidan Massacre in Ukraine." *Journal of Labor and Society.* March 2020.

Kellogg, Keith, Fred Fleitz. "America First: Russia & Ukraine." *America First Policy Institute.* April 11, 2024. https://americafirstpolicy.com/issues/america-first-russia-ukraine

Kennan, George. "A Fateful Error." *The New York Times.* Feb. 5, 1997.

Kheel, Rebecca. "Congress bans arms to Ukraine militia linked to neo-Nazis." *The Hill.* March 27, 2018.

Kissinger, Henry. "How the Ukraine crisis ends." *The Washinton Post.* March 5, 2014.

Klußmann, Von Uwe, Matthias Schepp und Klaus Wiegrefe. "NATO's Eastward Expansion: Did the West Break Its Promise to Moscow?" *Spiegel.* Nov. 26, 2009.

Kofman, Michael et al. *Lessons from Russia's Operations in Crimea and Eastern Ukraine.* Santa Monica, Calif.: Rand Corporation, 2017.

Korshunov, Maxim. "Mikhail Gorbachev: I Am Against All Walls." *Russia beyond the Headlines.* Oct. 16, 2014.

Kottasová, Ivana. "Ukraine sees first major anti-government protests since start of war, as Zelensky moves to weaken anti-corruption agencies." *CNN.* July 23, 2025.

Kozieł, Marcin. "Ukraine vis-à-vis NATO: the Challenges of the Partnership." *POLITEJA* 3(17). 2011.

Kramer, Mark. "NATO Enlargement: Was There a Promise?" *International Security* 42(1). Summer 2017.

Kramer, Mark. "The Myth of a No-NATO-Enlargement Pledge to Russia." *The Washington Quarterly.* No. 2. April 2009.

Kremzner, Robert. "How Ukraine's History Impacts its War with Russia." *New Lines Institute.* July 18, 2024. https://newlinesinstitute.org/state-resilience-fragility/how-ukraines-history-impacts-its-war-with-russia/

Krushelnycky, Askold. "Ukraine: A Look At Kyiv's Motives For Seeking NATO Membership." *Radio Free Europe*. May 30, 2002.

Kurianowicz, Tomasz, Moritz Eichhorn. "Interview with Gerhard Schröder: How the peace negotiations between Ukraine and Russia failed." *Berliner Zeitung*. Oct. 21, 2023.

Kushch, Oleksii. "Good Land Does Not Lie Fallow? Is Depopulation a Threat for Ukraine?" *ZN.UA*. Sep. 8, 2025.

Laruelle, Marlene. Translated by M. Gabowitsch. *Russian Eurasianism: An Ideology of Empire*. Baltimore: The Johns Hopkins University Press, 2012.

Lee, Moonyoung. "North Koreans in Russia Between Migrants and Refugees." *Europe-Asia Studies*. 76(5). 2024.

"Letter from James Baker to Helmut Kohl." *National Security Archive*. Feb. 10, 1990. https://nsarchive.gwu.edu/document/16119-document-08-letter-james-baker-helmut-kohl

Levy, Clifford. "'Hero of Ukraine' Prize to Wartime Partisan Leader Is Revoked." *The New York Times*. Jan. 12, 2011.

Libanova, Ella. "Ukraine's Demography in the Second Year of the Full-Fledged War." *WIlson Center*. June 27, 2023. https://www.wilsoncenter.org/blog-post/ukraines-demography-second-year-full-fledged-war

Likhachev, Vyacheslav. "Far-right Extremism as a Threat to Ukrainian Democracy." *Freedom House*. 2018. https://freedomhouse.org/report/analytical-brief/2018/far-right-extremism-threat-ukrainian-democracy

"Live updates: Trump meets with Putin in Alaska." *PBS*. Aug. 15, 2025.

Lunn, Simon. "The NATO-Russia Council: Its Role and Prospects." *European Leadership Network*. Nov. 2013.

Lupu, Noam, Leonid Peisakhin. "Why are Crimean Tatars so hostile to Russia?" *The Washington Post*. Sep. 5, 2017.

"Malignant Growth: The increase in the rouble's share of foreign trade settlements indicates that the Russian financial system is reliably isolated from the global economy." *RE: Russia*. 2025.07.25. https://re-russia.net/en/analytics/0327/

Maksak, Hennadiy. "The security perception and security policy of Ukraine: 1991-2018." *Defense & Security Analysis* 37(1). 2021.

"Map Shows Locations of NATO and Russian Military Bases in the Arctic." *Newsweek*. Feb. 3, 2025.

"Maps show the key regions in Ukraine that Putin wants." *CNN*. Aug. 18, 2025.

Marcus, Jonathan. "Ukraine crisis: Transcript of leaked Nuland-Pyatt call." *BBC*. Feb. 7, 2014.

Marples, David. "Open Letter from Scholars and Experts on Ukraine Re. the So-

Called "Anti-Communist Law"." *Krytyka.* March 2015.

Marson, James. "In Russia, 'Nazi' is the Harshest Insult for Any Foe, and Now Ukraine." *The Wall Street Journal.* Feb. 26, 2022.

Marson, James. "Putin to the West: Hands off Ukraine." *Time.* May 25, 2009.

Marten, Kimberly. "NATO Enlargement: Evaluating Its Consequences in Russia." In James Goldgeier and Joshua Shifrinson. eds. *Evaluating NATO Enlargement From Cold War Victory to the Russia-Ukraine War.* Cham. Switzerland: Palgrave Macmillan, 2023.

Martin, Terry. *The Affirmative Action Empire: Nations and Nationalism in the Soviet Union, 1923-1939.* Ithaca: Comell University Press, 2001.

Matthews, Christopher. "A Miami Financier Is Quietly Trying to Buy Nord Stream 2 Gas Pipeline." *The Wall Street Journal.* Nov. 21, 2024.

Mayall, James. "Sovereignty, national self-determination and secession." In Jean-Pierre Cabestan and Aleksandar Pavkovic. eds. *Secessionism and Separatism in Europe and Asia: To have a state of one's own.* London & New York; Routledge, 2013.

Mearsheimer, John. "Why the West is principally responsible for the Ukrainian crisis." *Economist.* March 19, 2022.

Mearsheimer, John. "Ukraine Sticks To Its Guns." *John's Substack.* Aug. 20, 2025. https://mearsheimer.substack.com/p/ukraine-sticks-to-its-guns

Mearsheimer, John. "Ukraine War is a Long-term Danger." *The Greyzone.* July 30, 2023.

Mearsheimer, John. "War Will Decide Ukraine's Fate, Not Diplomacy." *Times Now World.* You Tube. 2025.07.29. https://www.youtube.com/watch?v=-9zlH-b77l_4&t=15s

Mearsheimer, John. "Why the Ukraine Crisis Is the West's Fault." *Foreign Affairs.* Sep./Oct. 2014.

Méheut, Constant, Josh Holder. "Russia's Swift March Forward in Ukraine's East." *The New York Times.* Oct. 31, 2024.

"Memorandum of conversation between Mikhail Gorbachev and James Baker in Moscow." *National Security Archive.* Feb. 9, 1990. https://nsarchive.gwu.edu/document/16116-document-05-memorandum-conversation-between

"Memorandum of Conversation with Helmut Kohl." *George H. W. Bush Presidential Library and Museum.* May 17, 1990. https://bush41library.tamu.edu/files/memcons-telcons/1990-05-17--Kohl%20%5B1%5D.pdf

"Merkel defends 2008 decision to block Ukraine from NATO." *France 24.* April 4, 2022.

Mierzejewski-Voznyak, Melanie. "The Radical Right in Post-Soviet Ukraine." Jens

Rydgren ed. *The Oxford Handbook of the Radical Right.* London: Oxford University Press, 2018.

Mikhailov, Sergey. "Ah, it is easy to deceive me: What were the Minsk agreements for the West, Russia and Ukraine?" *Russia.Post.* Feb. 15, 2023.

Miller, Matthew. "Department Press Briefing." *2021-2025.state.gov.* Dec. 2, 2024. https://2021-2025.state.gov/briefings/department-press-briefing-december-2-2024/

Mills, Claire. "Military assistance to Ukraine 2014-2021." *Research Briefing.* Number 7135. March 4, 2022.

"Mineral Commodity Summaries 2025." *U.S. Geological Survey.* March 3, 2025. https://doi.org/10.3133/mcs2025

Mirovalev, Mansur. "Ten years ago Russia annexed Crimea, paving the way for war in Ukraine." *Aljazeera.* Feb. 20, 2024.

Mongilio, Heather. "Russia's Arctic Rise." *US Naval Institute News.* Oct. 29, 2024.

Moore, Rebecca. "Ukraine's Bid to Join NATO: Reevaluating Enlargement in a New Strategic Context." In James Goldgeier and Joshua Shifrinson. eds. *Evaluating NATO Enlargement: From Cold War Victory to the Russia-Ukraine War.* Cham. Switzerland: Palgrave Macmillan, 2023.

"Mr. Hurd to Sir C. Mallaby (Bonn). Telegraphic N. 85: Secretary of State's Call on Herr Genscher: German Unification." *National Security Archive.* Feb. 6, 1990. https://nsarchive.gwu.edu/document/16113-document-02-mr-hurd-sir-c-mallaby-bonn

"National Security Strategy of the United States of America." *White House.* Nov. 2025. https://www.whitehouse.gov/wp-content/uploads/2025/12/2025-National-Security-Strategy.pdf

"NATO Admits It Is Running Out of Ammunition." *Newsweek.* Oct. 4, 2023.

"NATO Expansion-The Budapest Blow Up 1994." *National Security Archive.* Nov. 24, 2021. https://nsarchive.gwu.edu/briefing-book/nato-75-russia-programs/2021-11-24/nato-expansion-budapest-blow-1994

"NATO Expansion: What Gorbachev Heard." *National Security Archive.* Dec. 12, 2017. https://nsarchive.gwu.edu/briefing-book/russia-programs/2017-12-12/nato-expansion-what-gorbachev-heard-western-leaders-early

"NATO Expansion: What Yeltsin Heard." *National Security Archive.* March 16, 2018. https://nsarchive.gwu.edu/briefing-book/russia-programs/2018-03-16/nato-expansion-what-yeltsin-heard

"NATO-Russia Council." *NATO.* July 25, 2024. https://www.nato.int/cps/en/natohq/topics_50091.htm

"NATO-Russia Relations: A New Quality." *NATO.* May 28, 2002. https://www.nato.int/cps/en/natohq/official_texts_19572.htm

"Noam Chomsky and Jeremy Scahill on the Russia-Ukraine War, the Media, Propaganda, and Accountability." *The Intercept.* April 14, 2022.

"North Korean soldiers joining Russia in combat, US State Dept says." *Reuters.* Nov. 13, 2024.

"North Koreans tell BBC they are being sent to work 'like slaves' in Russia." *BBC.* Aug. 12, 2025.

"North Korean troops are in Russia, would be 'legitimate targets' in Ukraine." *The Washington Post.* Oct. 23, 2024.

"Number of civilian casualties in Ukraine during Russia's invasion verified by OHCHR from February 24, 2022 to February 15, 2024," *Statista*, 2024.02.23. https://www.statista.com/statistics/1293492/ukraine-war-casualties

"On-the-Record Press Gaggle by White House National Security Communications Advisor John Kirby." *bidenwhitehouse.gov.* Dec. 16, 2024. https://bidenwhitehouse.archives.gov/briefing-room/speeches-remarks/2024/12/16/on-the-record-press-gaggle-by-white-house-national-security-communications-advisor-john-kirby-37/

"Opinion Poll: Viewpoints of Experts and Specialists on Russia-Ukraine War." *Trends Research & Advisory.* July 2022. https://trendsresearch.org/wp-content/uploads/2022/07/opinion-poll-for-experts-and-specialists-about-russia-ukraine-war-Report-EN.pdf

"OSCE Special Monitoring Mission to Ukraine (SMM) Daily Report 39/2022 issued on 19 February 2022." *OSCE. https://www.osce.org/special-monitoring-mission-to-ukraine/512629*

"OSCE Special Monitoring Mission to Ukraine (SMM) Daily Report 40/2022 issued on 21 February 2022." *OSCE.* https://www.osce.org/special-monitoring-mission-to-ukraine/512683

"Outgunned and outnumbered, Ukraine's military is struggling with low morale and desertion." *CNN.* Sep. 8, 2024.

"Package of Measures for the Implementation of the Minsk Agreements." *OSCE.* Feb. 12, 2015. https://www.osce.org/cio/140156

Palazhchenko, Pavel. "Mikhail Gorbachev and the NATO Enlargement Debate: Then and Now." In Daniel S. Hamilton and Kristina Spohr. eds. *Exiting the Cold War, Entering a New World.* Washington DC: Johns Hopkins University SAIS, 2019.

Panasyuk, Sergiy. "Some Questions About Ukrainian 'Way to NATO' Constitutionality: Some Legal Aspects Which May Become the Stumbling Blocks for Ukrainian Future NATO Membership." *Cornell International Law Journal* 56(2). 2023.

Pavkovic, Aleksandar, Jean Cabestan. "Secessionism and Separatism from a comparative perspective: An Introduction." In J. Cabestan and A. Pavkovic. eds. *Secessionism and Separatism in Europe and Asia: To have a state of one's own.* London & New York; Routledge, 2013.

Parkovic, Aleksandar, "Seceding by the force of arms: Chchnya and Kosovo." In Jean-Pierre Cabestan and Aleksandar Pavkovic. eds. *Secessionism and Separatism in Europe and Asia: To have a state of one's own.* London & New York; Routledge, 2013.

"Peace in Ukraine (III): The Costs of War in Donbas." *International Crisis Group.* Sep. 3, 2020. https://www.crisisgroup.org/europe-central-asia/eastern-europe/ukraine/261-peace-ukraine-iii-costs-war-donbas

"Pentagon Has Quietly Blocked Ukraine's Long-Range Missile Strikes on Russia." *The Wall Street Journal.* Aug. 23, 2025.

"Pentagon Press Secretary Maj. Gen. Pat Ryder Holds an Off-Camera, On-The-Record Press Briefing." *US Department of War.* Dec. 2, 2024. https://www.war.gov/News/Transcripts/Transcript/Article/3982254/pentagon-press-secretary-maj-gen-pat-ryder-holds-an-off-camera-on-the-record-pr/

"Pentagon Press Secretary Maj. Gen. Pat Ryder Holds an Off-Camera, On-the-Record Press Briefing." *US Department of War.* Dec. 16, 2024. https://www.war.gov/News/Transcripts/Transcript/Article/4005839/pentagon-press-secretary-maj-gen-pat-ryder-holds-an-off-camera-on-the-record-pr/

Petro, Nicolai. *The Tragedy of Ukraine.* Berlin/Boston: De Gruyter, 2023.

Pifer, Steven. "Did NATO Promise Not to Enlarge? Gorbachev Says 'No'." *Brookings.* Nov. 6, 2014. https://www.brookings.edu/articles/did-nato-promise-not-to-enlarge-gorbachev-says-no/

Plokhy, Serhii. *The Gates of Europe: A History of Ukraine.* New York: Basic Books, 2015.

Plokhy, Serhii. "The Ghost of Pereyaslav: Russo-Ukrainian Historical Debates in the Post-Soviet Era." *Europe-Asia Studies* 53(3). May 2001.

Plokhy, Serhii. "The History of a "Non-historical" Nation: Notes on the Nature and Current Problems of Ukrainian Historiography." *Slavic Review* 54(3). 1995.

Ponomarenko, Illia. "After more than 3 years in bases, Azov Regiment returns to front." *Kyiv Post.* Feb. 1, 2019.

Poroshenko, Petro. "On Internal and External Situation of Ukraine in 2016: Annual address of President to Verkhovna Rada." *president.gov.ua.* Sep. 6, 2016. https://www.president.gov.ua/en/videos/shorichne-poslannya-prezidenta-do-verhovnoyi-radi-pro-vnutri-221

"Post-1948 order 'at risk of decimation' amid war in Gaza, Ukraine." *Aljazeera.*

April 24, 2024.

Prokopenko, Alexandra. "What Are the Limits to Russia's "Yuanization"?" *Carnegie Politika.* May 27, 2024.

Protz, Anastasia. "Ukraine's spy chief says 11,000 North Korean soldiers to fight against Ukraine by 1 November." *Ukrainska Pravda.* Oct. 18, 2024.

"Public Opinion: November 2019." *Ilko Democratic Initiatives Foundation.* Nov. 27, 2019. https://dif.org.ua/en/article/public-opinion-november-2019

"Public Opinion Survey Residents of Ukraine." *International Republican Institute.* March 14-26, 2014. https://www.iri.org/wp-content/uploads/2014/04/201420April-20520IRI20Public20Opinion20Survey20of20Ukraine2C20March2014-262C202014.pdf

"Putin ally pushes deal to restart Nord Stream 2 with US backing." *Financial Times.* March 1, 2025.

Putin, Vladimir. "President Vladimir Putin addressed a meeting of the Russia-NATO Council." *President of Russia.* April 4, 2008. http://en.kremlin.ru/events/president/news/44078

Rankin, Jennifer. "Ex-Nato head says Putin wanted to join alliance early on in his rule." *The Guardian.* Nov. 4, 2021.

"Ranking of smartphone brands in Russia in 2024, by customer affinity." *Statista.* https://www.statista.com/statistics/1186157/favorite-brands-of-smartphones-in-russia/

Rapoza, Kenneth. "One Year After Russia Annexed Crimea, Locals Prefer Moscow To Kiev." *Forbes.* March 20, 2015.

Ravid, Barak. "Trump peace plan for Ukraine includes NATO-style security guarantee." *Axios.* Nov. 20, 2025.

"Read the Full Transcript of Donald Trump's '100 Days' Interview With TIME." *Time.* April 25, 2025.

"Record of Conversation between Mikhail Gorbachev and James Baker in Moscow. (Excerpts)." *National Security Archive.* Feb. 9, 1990. https://nsarchive.gwu.edu/document/16117-document-06-record-conversation-between

Reilly, Patrick. "Putin says Bill Clinton told him Russia could join NATO before pulling back hours later: 'You tricked us'." *New York Post.* Feb. 8, 2024.

"Relations with Ukraine." *NATO.* June 26, 2025. https://www.nato.int/cps/en/natohq/topics_37750.htm

"Remarks by Boris Yeltsin, President of Russia at the Signing Ceremony of the NATO-Russia Founding Act." *NATO.* May 27, 1997. https://www.nato.int/cps/en/natohq/opinions_25649.htm?selectedLocale=en

Romaniuk, Roman. "From Zelenskyy's "surrender" to Putin's surrender: how the negotiations with Russia are going." *Ukrainska Pravda.* May 5, 2022.

Roshchina, Olena. "Head of Ukraine's Leading Party Claims Russia Proposed Peace in Exchange for Neutrality." *Ukrainska Pravda.* Nov. 24, 2023.

Rubio, Marco. "Opening Remarks by Secretary of State-designate Marco Rubio Before the Senate Foreign Relations Committee." *US Department of State.* Jan. 15, 2025. https://www.state.gov/opening-remarks-by-secretary-of-state-designate-marco-rubio-before-the-senate-foreign-relations-committee

Rubio, Marco. "Secretary Marco Rubio with Megyn Kelly of The Megyn Kelly Show." *US Department of State.* Jan. 30, 2025. https://www.state.gov/secretary-marco-rubio-with-megyn-kelly-of-the-megyn-kelly-show/

Rumer, Eugene. "The Primakov (Not Gerasimov) Doctrine in Action." *Carnegie Endowment for International Peace.* June 5, 2019. https://carnegieendowment.org/research/2019/06/the-primakov-not-gerasimov-doctrine-in-action?lang=en

"Russia and US discuss restarting Nord Stream pipelines, Kremlin says." *Politico.* March 26, 2025.

"Russia GDP Annual Growth Rate." *Trading Economics.* https://tradingeconomics.com/russia/gdp-growth-annual

"Russia has completed withdrawal from around Kyiv." *Reuters.* April 7, 2022.

"Russian Invasion of Ukraine: How Putin lost in 10 days." *Imperial War Museum.* 2023.03.15. https://www.iwm.org.uk/history/how-Putin-lost-in-10-days

"Russian Offensive Campaign Assessment, March 16, 2025." *Institute for the Study of War.* 2025.03.16. https://www.understandingwar.org/backgrounder/russian-offensive-campaign-assessment-march-16-2025

"Russian Offensive Campaign Assessment, December 19, 2025." *Institute for the Study of War.* 2025.12.19. https://understandingwar.org/research/russia-ukraine/russian-offensive-campaign-assessment-december-19-2025/;

"Russia overtook US as gas supplier to Europe in May." *Financial Times.* June 15, 2025.

"Russia producing three times more artillery shells than US and Europe for Ukraine." *CNN.* March 10, 2024.

"Russia Sanctions Dashboard." *Castellum.AI.* Aug. 15, 2025. https://www.castellum.ai/russia-sanctions-dashboard

"Russia's accusations: setting the record straight." *NATO.* April 2014. https://www.nato.int/nato_static_fl2014/assets/pdf/pdf_2014_04/20140513_140411-factsheet_russia_en.pdf

"Russia to Earn $160bn in Taxes From Northern Sea Route by 2035, Arctic Region Accounts for 7.5 Percent of GDP." *High North News.* May 19, 2025.

Sachs, Jeffrey. "Ukraine Is the Latest Neocon Disaster." *Jeffreysachs.org.* June

27, 2022. https://www.jeffsachs.org/newspaper-articles/m6rb2a5tskpcxzesjk8h-hzf96zh7w7

Sakwa, Richard. "Patterns of Secession and Disintegration in the USSR." In Jean-Pierre Cabestan and Aleksandar Pavkovic. eds. *Secessionism and Separatism in Europe and Asia: To have a state of one's own.* London & New York; Routledge, 2013.

Samoiliuk, Maksym. "Ukraine War Economy Tracker." *Centre for Economic Strategy.* Sep. 23, 2025. https://ces.org.ua/en/tracker-economy-during-the-war/

Sanger, David. "Power, Money, Territory: How Trump Shook the World in 50 Days." *The New York Times.* March 11, 2025.

Santora, Marc. "Ukraine Fires Top Military Enlistment Officers After Bribery Scandal." *The New York Times.* Aug. 11, 2023.

Sarotte, Mary Elise. *Not One Inch: America, Russia, and the Making of Post-Cold War Stalemate.* New Haven & London: Yale University Press, 2021.

Sasse, Gwendolyn. *Terra Incognita: The Public Mood in Crimea.* Berlin: Centre for East European and International Studies, 2017.

Scheidler, Fabian. "Naftali Bennett wanted peace between Ukraine and Russia: Who blocked?" *Berliner Zeitung.* Feb. 6, 2023.

Schulenburg, Michael von der. "How The Chance Was Lost For A Peace Settlement Of The Ukraine War." *Michael von der Schulenburg.* Nov. 14, 2023. https://michael-von-der-schulenburg.com/how-the-chance-was-lost-for-a-peace-settlement-of-the-ukraine-war/

Sciolino, Elaine. "Yeltsin Says NATO is Trying to Split Continent Again." *The New York Times.* Dec. 6, 1994.

Sebastian, Gregor. "Collision Course: The Future of Chinese Carmakers in Russia." *Rhodium Group.* Dec. 12, 2024. https://rhg.com/research/collision-course-the-future-of-chinese-carmakers-in-russia/

"Secretary Antony J. Blinken And NATO Secretary General Mark Rutte After Their Meeting." *2021-2025.state.gov.* Nov. 13, 2024. https://2021-2025.state.gov/secretary-antony-j-blinken-and-nato-secretary-general-mark-rutte-after-their-meeting/

"Secretary Christopher's meeting with President Yeltsin." *National Security Archive.* Oct. 22, 1993. https://nsarchive.gwu.edu/document/16380-document-08-secretary-christopher-s-meeting

"September 12 Two-Plus-Four Ministerial in Moscow: Detailed account." *National Security Archive.* Nov. 2, 1990. https://nsarchive.gwu.edu/document/16139-document-25

"Setting the record straight: De-bunking Russian disinformation on NATO."

*NATO.* Oct. 24, 2024, https://www.nato.int/cps/en/natohq/115204.htm

Shuster, Simon, Billy Perrigo. "Like, Share, Recruit: How a White-Supremacist Militia Uses Facebook to Radicalize and Train New Members." *Time.* Jan. 7, 2021.

Shuster, Simon. "I Don't Trust Anyone at All: Ukrainian President Volodymyr Zelensky Speaks Out on Trump, Putin and a Divided Europe." *Time.* Dec. 2, 2019.

Shuster, Simon. "The Untold Story of the Ukraine Crisis." *Time.* Feb. 2, 2022.

Silaev, Nikolai. "To Continue Using Other Means." *Russia in Global Affairs.* 23(1) 2025.

"Six years and $20 billion in Russian investment later, Crimeans are happy with Russian annexation." *The Washington Post.* March 18, 2020.

Spaulding, Hugo. "Far-Right Riot at Ukraine's Parliament." *Institute for the Study of War.* Sep. 1, 2015. https://understandingwar.org/research/russia-ukraine/far-right-riot-at-ukraines-parliament/

Spohr, Kristina. "Precluded or Precedent-Setting? The 'NATO Enlargement Question' in the Triangular Bonn-Washington-Moscow Diplomacy of 1990-91." *Journal of Cold War Studies* 14(4). Fall 2012.

State Statistics Committee of Ukraine. "About number and composition population of UKRAINE by data All-Ukrainian population census' 2001 data." *All-Ukrainian population census 2001.* http://2001.ukrcensus.gov.ua/eng/results/general/nationality/

Stoltenberg, Jens. "Opening remarks at the joint meeting of the European Parliament's Committee on Foreign Affairs and the Subcommittee on Security and Defence." *NATO.* Sep. 7, 2023. https://www.nato.int/cps/en/natohq/opinions_218172.htm

"Study on NATO Enlargement." *NATO.* Sep. 3, 1995. https://www.nato.int/cps/en/natohq/official_texts_24733.htm

Stuenkel, Oliver. "Why the Global South Is Accusing America of Hypocrisy: Many countries perceive a double standard in the West's contrasting responses to Gaza and Ukraine." *Foreign Policy.* Nov. 2, 2023.

Sukhov, Oleg. "Top Ukrainian anti-corruption official fired over pressure on whistle blower." *Kyiv Independent.* Sep. 3, 2024.

"Summary report on One-on-One meeting between Presidents Clinton and Yeltsin." *National Security Archive.* May 10, 1995. https://nsarchive.gwu.edu/document/16391-document-19-summary-report-one-one-meeting.

Sushentsov, Andrey, William Wohlforth. "The Tragedy of US–Russian Relations: NATO Centrality and the Revisionists' Spiral." In James Goldgeier and Joshua Shifrinson. eds. *Evaluating NATO Enlargement From Cold War Victory to the*

*Russia-Ukraine War.* Cham. Switzerland: Palgrave Macmillan, 2023.

Tabarovsky, Izabella, Eugene Finkel. “Statement on Ukraine by scholars of genocide, Nazism and World War II.” *Jewish News Syndicate.* Feb. 28, 2022.

“The 28-point peace proposal for Ukraine, annotated.” *CNN.* Nov. 22, 2025.

“The Countries Sending the Most Aid to Ukraine.” *Statista.* Feb. 14, 2025. https://www.statista.com/chart/28489/ukrainian-military-humanitarian-and-financial-aid-donors/

“The Decalogue of a Ukrainian Nationalist.” Wikipedia. Last modified on Oct. 4, 2025. https://en.wikipedia.org/wiki/The_Decalogue_of_a_Ukrainian_Nationalist

“The Full Text of the US-Ukraine Minerals Agreement.” *Kyiv Independent.* May 1, 2025.

“The language question: the results of recent research in 2012.” *Rating Group.* 2012.05.25. https://web.archive.org/web/20150709203803/http://ratinggroup.com.ua/en/products/politic/data/entry/14004/

“The smartphone market in Russia grew in money by 6% (to 721 billion rubles), but decreased in pieces by 3%.” *Tadviser.* 2025.02.06.

“The Surprising Resilience of the Russian Economy.” *Financial Times.* Feb. 3, 2024.

“The turning points in Russia’s invasion of Ukraine.” *CNN.* Sep. 30, 2022.

Ticku, Nitin. “Ukraine’s Military In Turmoil: 576 Soldiers Desert Daily, 10X More Than Russian Army; What’s Going Wrong?” *Eurasian Times.* Aug. 28, 2025.

Toh, Michelle. “Chinese brands have replaced iPhones and Hyundai in Russia’s war economy.” CNN. Feb. 25, 2023.

Toporowski, Jan. “The War in Ukraine and the Revival of Military Keynesianism.” *Institute for New Economic Thinking.* Jan. 9, 2023. https://www.ineteconomics.org/perspectives/blog/the-war-in-ukraine-and-the-revival-of-military-keynesianism;

Troianovski, Anton, Adam Entous, Michael Schwirtz. “Ukraine-Russia Peace Is as Elusive as Ever. But in 2022 They Were Talking.” *The New York Times.* June 15, 2024

Trofimov, Yaroslav. “Did Ukraine Miss an Early Chance to Negotiate Peace With Russia?” *The Wall Street Journal.* Jan. 5, 2024.

Troianovski Anton, Michael Schwirtz. “The Sticking Points That Kept Russia and Ukraine Apart.” *The New York Times.* June 15, 2024.

Troianovski, Anton. “Why Vladimir Putin Invokes Nazis to Justify His Invasion of Ukraine.” *The New York Times.* March 17, 2022.

“Trump announces novel plan to send weapons to Ukraine and gives Russia new deadline to make peace.” *CNN.* July 15, 2025.

Trump, Donald. “Agenda 47: Preventing World War III.” *donaldjtrump.com.* March

16, 2023. https://www.donaldjtrump.com/agenda47/agenda47-preventing-world-war-iii

Trump, Donald. "Donald Trump full speech at Mar-a-Lago ahead of inauguration." Youtube. Jan. 7, 2025. https://www.youtube.com/watch?v=WV2j7QJfagM

Tsentr Stratehichnykh Komunikatsii ta Informatsiinoi Bezpeky(*Centre for Strategic Communication and Information Security*). Homepage https://spravdi.org/

"Turkish FM says some NATO states want Ukrainian war to continue." *Hürriyet Daily News.* April 21 2022.

"Tymoshenko insists on referendum on membership in NATO." *Interfax-Ukraine.* May 19, 2014.

"Ukraine front could 'collapse' as Russia gains accelerate, experts warn." *BBC.* Nov. 20, 2024.

"Ukraine holds military drills with U.S. forces, NATO allies." *Reuters.* Sep. 20, 2021.

"Ukraine in maps: Tracking the war with Russia." *BBC.* Sep. 24, 2025.

"Ukraine makes significant changes to US 'peace plan', sources say." *The Guardian.* Nov. 25, 2025.

"UKRAINE: Mining Investment Opportunities-Critical Raw Materials." *Ukrainian Geological Survey.* 2025. https://www.geo.gov.ua/wp-content/uploads/presentations/en/investment-opportunities-in-exploration-production-strategic-and-critical-minerals.pdf

"Ukraine-NATO Relations." Wikipedia. Last modified on Nov. 9, 2025. https://en.wikipedia.org/wiki/Ukraine-NATO_relations

"Ukraine peace deal proposals set out by US at talks in Paris." *Reuters.* April 25, 2025.

"Ukraine: purpose of upcoming Defender Europe 2021 exercise is to practice for war with Russia." *Uawire.* April 4, 2021.

"Ukraine Refugee Situation." *UNHCR.* Sep. 24, 2024. https://data.unhcr.org/en/situations/ukraine

"Ukraine Support Tracker: Military aid falls sharply despite new NATO initiative." *Kiel Institut.* 2025.10.14. https://www.kielinstitut.de/publications/news/ukraine-support-tracker-military-aid-falls-sharply-despite-new-nato-initiative/

"Ukraine war briefing: "Trump sympathises with Russian stance against Ukraine joining Nato." *The Guardian.* Jan. 8, 2025.

"Ukraine's Allies Play Down Hopes for Zelenskiy's 'Victory Plan' Breakthrough." *Bloomberg.* Sep. 24, 2024.

"Ukraine's Poroshenko plans referendum on NATO membership." *Reuters.* Feb. 2, 2017.

"Ukraine's President Promises NATO Referendum As Part Of Path To West." *Ra-*

*dio Free Europe*. June 05, 2019.

"Ukraine's Zelenskiy Says 'No Other Choice' Than To Talk To Russia, As Bucha Anger Rises." *Radio Free Europe*. April 5, 2022.

"Ukrainian and European peace deal counterproposals to US at talks in London." *Reuters*. April 25, 2025.

"Ukrainian People's Republic." Wikipedia. Last modified on Oct. 8 2025. "https://en.wikipedia.org/wiki/Ukrainian_People%27s_Republic

Umland, Andreas. "The Glazyev Tapes: Getting to the root of the conflict in Ukraine." *European Council on Foreign Relations*. Nov. 1, 2016. https://ecfr.eu/article/commentary_the_glazyev_tapes_getting_to_the_root_of_the_conflict_in_7165/

UN OHCHR. "Report on the human rights situation in Ukraine 16 February to 15 May 2016." *Refworld*. May 2016. https://www.refworld.org/reference/countryrep/ohchr/2016/en/110462

"U.S.-Ukraine Charter on Strategic Partnership." *2021-2025.state.gov*. Nov. 10, 2021. https://2021-2025.state.gov/u-s-ukraine-charter-on-strategic-partnership/

"U.S. Vetoes Resolution to Upgrade Palestine's U.N. Membership." *Time*. April 19, 2024.

Vigers, Benedict. "Ukrainian Support for War Effort Collapses." *Gallup*. Aug. 7, 2025.

"Wang Yi Elaborates on an Equal and Orderly Multipolar World and a Universally Beneficial and Inclusive Economic Globalization." *Ministry of Foreign Affairs People's Republic of China*. March 7, 2024. https://www.mfa.gov.cn/eng/wjbzhd/202403/t20240308_11256418.html

Walker, Shaun, Jamie Wilson. "Bribes and hiding at home: the Ukrainian men trying to avoid conscription." *The Guardian*. Aug. 15, 2023.

"War in Donbas." Wikipedia. Last modified on Nov. 6 2025. https://en.wikipedia.org/wiki/War_in_Donbas

Watkins, Susan. "An Avoidable War?" *New Left Review* 133/134. Jan.-April 2022.

West, Lowell. "Crimea is not Kosovo: Seven Arguments against a False Comparison." *Policy Note*. No. 1. Prishtina: Group for Legal and Political Studies, March 2016.

"What are Ukraine's rare earth minerals, where are they and what does this deal with Trump involve?" *Independent*. May 2, 2025.

"What does Putin Really Want?" *Politico*. Feb. 25, 2022.

Wintour, Patrick. "Russia's belief in Nato 'betrayal' and why it matters today." *The Guardian*. Jan. 12, 2022.

"Worldwide Recognition of the Holodomor as Genocide." *Holodomor Muse-*

*um.* https://holodomormuseum.org.ua/en/recognition-of-holodomor-as-genocide-in-the-world/

Zaluzhny, Valerii. "The commander-in-chief of Ukraine's armed forces on how to win the war." *Economist.* Nov. 1, 2023.

Zaluzhny, Valerii. "Ukraine's Commander-in-chief on the Breakthrough He Needs to Beat Russia." *Economist.* Nov. 1, 2023.

"Zelensky enacts strategy for de-occupation and reintegration of Crimea." *Ukrinform.* 2021.03.24.

Zelenskyy, Volodymyr. "Volodymyr Zelenskyy's Inaugural Address." *president.gov.ua.* May 20, 2019. https://www.president.gov.ua/en/news/inavguracijna-promova-prezidenta-ukrayini-volodimira-zelensk-55489

Zolkina, Maria. "What are Ukrainians willing to compromise for peace?" *Atlantic Council.* Oct. 30, 2019.

Zubok, Vladislav. "Myths and Realities of Putinism and NATO Expansion." In James Goldgeier and Joshua Shifrinson. eds. *Evaluating NATO Enlargement: From Cold War Victory to the Russia-Ukraine War.* Cham. Switzerland: Palgrave Macmillan, 2023.

"1954 Государственные флаги УССР и РСФСР из серии 300-летие Воссоединения Украины с Россией," *stamps.ru.* https://stamps.ru/catalog/300-letie-vossoedineniya-ukrainy-s-rossiey/gosudarstvennye-flagi-ussr-i-rsfsr

"5 лет с момента воссоединения Крыма с Россией: мнение крымчан." *ВЦИОМ.* 2019.03.14. https://wciom.ru/presentation/prezentacii/5-let-s-momenta-vossoedinenija-kryma-s-rossiei-mnenie-krymchan

"Аксенов: референдум 1991 года заронил семена Крымской весны." *РИА Новости Крым.* 2016.01.20.

Амелюшкин, Константин. "Российский историк." *Иносми.* 7 марта 2017.

Анненская, Светлана, Альфия Мясумова. "«Наивно ждать потепления». Чем победа Трампа может обернуться для России." *Газета.ru.* 6 ноября 2024.

"«Антироссийский форпост»: зачем в Киеве открыли Центр информационной безопасности." *RT.* 2 апреля 2021.

Бабенко, Василий. "Украина и НАТО: Проблемы и перспективы." *Актуальные проблемы Европы.* No. 3. 2019.

"Белоусов раскрыл число заключивших за год контракт с армией." *РБК.* 16 декабря 2024.

Бессонов, Д. В. "Методы информационно-психологического влияния, применяемые украинскими подразделениями информационно-психологических операций против участников СВО, их родственников и других граждан.” *Tadviser*. август 2023. https://www.tadviser.ru/images/7/7b/Методы_ЦИПсО_2023.pdf

“Ближайшим рейсом: Россия и Корея обсуждают восстановление прямого авиасообщения.” *Известия*. 27 октября 2025.

Блищенко, Варвара. “Присоединение Украины к России: мифы и реальность.” *Обозреватель-observer* No.2(289). 2014.

“Блок НАТО разошелся на блокпакеты.” *Коммерсантъ.* 7 апреля 2008.

Бондарчук, Илья. “Конституция и законодательство Республики Крым (2014-2018).” *Журнал российского права* № 1. 2019.

Борисёнок, Елена. *Концепции «украинизации» и их реализация в национальной политике в государствах восточноевропейского региона (1918–1941)*. Диссертация на соискание ученой степени доктора исторических наук. Москва: Институт славяноведения РАН, 2015. https://web.archive.org/web/20170329095757/http://inslav.ru/images/stories/other/2015_borisenok_dissert-acija.pdf

“Был ли геноцид: статистика гибели жителей Донбасса в 2014-2021 годах.” *Системный Блокъ.* 2022.04.18. https://sysblok.ru/infographics/byl-li-genocid-statistika-gibeli-zhitelej-donbassa-v-2014-2021-godah/

“В Госдуме объяснили участие спецназа КНДР в бою под Курском.” *RTVI.* 2024.12.13.

“Великие страны, отношение к США, ЕС, Китаю и Украине, гражданам этих стран.” *Левада-Центр.* 2023.09.12. https://www.levada.ru/2023/09/12/velikie-strany-otnoshenie-k-ssha-es-kitayu-i-ukraine-grazhdanam-etih-stran/

Вебер, Андрей, Владимир Логинов, Геннадий Остроумов, Анатолий Черняев. ответ. ред. *Союз можно было сохранить. Белая книга: документы и факты о политике М. Горбачева по реформированию и сохранению многонационального государства.* Москва: Апрель-85, 1995.

Винник, Сергей. “93 процента крымчан подтвердили свой выбор, сделанный на референдуме 2014 года.” *Российская газета.* 2024.03.13.

“Владимир Путин ответил на вопросы журналистов.” *Президент России.* 22 февраля 2022. http://www.kremlin.ru/events/president/news/67838

“В Минобороны оценили потери ВСУ в Курской области за время боевых действий.” *РИА Новости.* 26 апреля 2025.

Воронович, Александр. “Большевизм и национальный вопрос.” *Отечественные записки* No.1. 2012. https://magazines.gorky.media/oz/2012/1/bolshevizm-i-naczi-onalnyj-vopros-8212-ot-teorii-k-praktike.html?ysclid=mdmzxi4em1549627162

“В России умер брат советника главы ОП Украины Михаила Подоляка.”

*НТВ.* 2024.07.07.

“В Симферополе у здания Верховного Совета тысячи человек проводили два митинга под разными лозунгами.” *Первый канал.* 26 февраля 2014.

Галкина, Александр, Анатолий Черняева. сост. “Из беседы М.С. Горбачева с Дж. Бейкером 18 мая 1990 года.” *Михаил Горбачев и германский вопрос: Сборник документов 1986-1991.* Москва: Издательство Весь Мир, 2006.

“Герасимов доложил о полном освобождении Курской области. И поблагодарил бойцов КНДР.” *Газета.ru.* 26 апреля 2025.

Гончарова, Н., и др. “Формирование централизованной экономической системы на территории Украины.” *Историко-экономические исследования* 12(1). 2011.

“Горбачев отверг критику Путина в свой адрес по поводу договоренностей с НАТО.” *Интерфакс.* 13 июня 2017.

Громенко, Сергей. “День «независимости» Крыма.” *Крым.Реалии.* 11 марта 2017.

“Два ответа с приветом.” *Коммерсантъ.* 2022.02.02.

“Дело 26 февраля.” *Мемориал.* https://memohrc.org/ru/special-projects/delo-26-fevralya

“Договор между РФ и США о гарантиях безопасности.” *МИД РФ.* 17 дек. 2021. https://www.mid.ru/ru/foreign_policy/rso/nato/1790818/?ysclid=l6yw6f-85bl953146306

“Доля рубля в расчетах за экспорт в Европу вновь упала ниже 50%.” *РБК.* 19 фев. 2024.

Довгань, Виктория. “Украинцы разделились в отношении к личности Бандеры: опрос.” *OBOZ-UA.* 7 мая 2021.

“Евгений Пригожин признал, что в 2014 году создал ЧВК Вагнера.” *Медуза.* 26 сентября 2022.

“Ждут возвращения «корейцев»: многие россияне откладывают покупку авто.” *Зарулем.* 7 марта 2025.

“За 10 лет позитивное отношение украинцев к Петлюре увеличилось вдвое, к Бандере-более чем в три раза-опрос,” *Страна*, 5 мая 2022.

“За время полномасштабного вторжения открыли более 250 тысяч дел о СОЧ и дезертирстве.” *Украинская правда.* 26 августа 2025.

Зверева, Галина. “Русский проект: конструирование позитивной национальной идентичности в современном российском государстве и обществе.” *Eurasian Review.* Vol. 1. 2008.

Иванов, Павел. “Захарова посоветовала уточнить в Пхеньяне дислокацию военных КНДР.” *Газета.ru.* 23 октября 2024.

“Инфодиверсанты. Как действовал Центр инфо-психологических операций

ВСУ” *РИА Новости.* 2022.05.13.

“История конфликта в Донбассе.” *ТАСС.* 7 апреля 2024.

“История политического кризиса 2013-2014 годов на Украине.” *ТАСС.* 22 февраля 2024.

Каганский, Владимир. “Украина: география и судьба страны.” *Неприкосновенный запас* 1(9). 2000.

“Как изменился Крым за 10 лет.” *ТАСС.* 18 марта 2024.

“Как нанять в России рабочих из Северной Кореи в 2025 году: пошаговая инструкция.” *Бизнес.ру.* 7 мая 2025.

“Как складывалась ситуация вокруг Донецкой и Луганской народных республик после 2014 года.” *ТАСС.* 21 февраля 2022.

“Киев отошел от договоренностей и вернулся в тупик, заявил Путин.” *РИА Новости.* 12 апреля 2022.

“Киев отступил: За что жители Крыма голосовали в 1991-м.” *РИА Новости.* 2021.01.20.

“Киев хотят заставить исполнить Минск-2, заявила Тимошенко.” *РИА Новости.* 31 январь 2022.

Китаева, Юлия. “Ретроспективный анализ развития северного морского пути.” *Системный анализ и логистика.* № 1(44). 2025./http://www.salogistics.ru/magazine/44/1_Kitaeva_3-18.pdf

“Комментарий официального представителя МИД России М.В.Захаровой в связи с освобождением Курской области.” *МИД РФ.* 2025.04.26. https://mid.ru/ru/foreign_policy/news/2011785/

“Конфликт с Украиной: внимание, поддержка, отношение к переговорам и возможным сценариям завершения конфликта в сентябре 2025 года.” *Левада-центр.* 2025.10.07. https://www.levada.ru/2025/10/07/konflikt-s-ukrainoj-vnimanie-podderzhka-otnoshenie-k-peregovoram-i-vozmozhnym-stsenariyam-zaversheniya-konflikta-v-sentyabre-2025-goda/

“Конфликт с Украиной.” *Левада-Центр.* 28 апреля 2022. https://www.levada.ru/2022/04/28/konflikt-s-ukrainoj-i-otvetstvennost-za-gibel-mirnyh-zhitelej/

“Конфликт с Украиной: массовые оценки марта 2024 года.” *Левада-Центр.* 2024.04.04. https://www.levada.ru/2024/04/04/konflikt-s-ukrainoj-massovye-otsenki-marta-2024-goda/

“Крым.” *Левада-Центр.* 26 апреля 2021. https://www.levada.ru/2021/04/26/krym/

“Лавров пообещал всеми силами мешать вступлению Украины и Грузии в НАТО.” *Lenta.ru.* 8 апреля 2008.

Лавров, Сергей. “Текст послания Министра иностранных дел Российской

Федерации С.В.Лаврова по тематике неделимости безопасности, направленного 28 января с.г. главам внешнеполитических ведомств США, Канады и ряда европейских стран.” *mid.ru.* 1 фев. 2022. https://www.mid.ru/ru/foreign_policy/news/1796679/

Лежнева, Любовь, Алена Нефедова. “После того как мы отвели войска, киевские власти выбросили всё на свалку истории.” *Известия.* 17 июня 2023.

Ливанов, Борис. “Забои без правил: Краткая история промышленного Донбасса: от создания Российской империей до разрушения российской агрессией.” *Новая газета-Европа.* 15 июня 2023.

“Медведев раскрыл число контрактников, вступивших в армию с начала года.” *РБК.* 2 июля 2025.

“МИД: взаимодействие с КНДР в военной сфере не нарушает международное право.” *РИА Новости.* 23 октября 2024.

“МИД раскрыл требования России к США по гарантиям безопасности.” *РБК.* 17 дек. 2021.

“«Минск» невыполним. Украина отказывается от соглашений по Донбассу.” *Украина.ру.* 2022.02.01.

“Мы все знали, на что идем и что может быть: Интервью с российским танкистом, который вместе со своим батальоном был командирован сражаться за Дебальцево.” *Новая газета.* 4 марта 2015.

“Мы хотим стать частью России: глава ДНР попросил Путина о помощи.” *РИА Новости.* 28 мая 2014.

“Мэр Бучи заявил об освобождении города от оккупантов.” *Украинская правда.* 1 апреля 2022.

Напалкова, Анастасия. “Северокорейские студенты вне российских законов. Зачем они приезжают в Россию?” *Комитет «Гражданское содействие».* 2020.12.29. https://refugee.ru/news/студенты-кндр-в-россии/?ysclid=mjnr-sujj9c931258298

“Нарышкин сравнивал воссоединение Крыма с Россией с объединением Германии.” *РИА Новости.* 30 января 2015.

“НАТО и Россия: вчера, сегодня, завтра?” *ВЦИОМ.* 4 апреля 2022. https://wciom.ru/analytical-reviews/analiticheskii-obzor/nato-i-rossija-vchera-segodnja-zavtra?ysclid=l7a1cwjxie274516407

“Ностальгия по СССР.” *Левада-Центр.* 24 декабря 2021. https://www.levada.ru/2021/12/24/nostalgiya-po-sssr-3/

“Обладателями новых паспортов РФ стали 3,5 млн жителей Донбасса и Новороссии.” *Интерфакс.* 5 марта 2025.

“О «войне на истощение» между Россией и Украиной говорят давно. Но только сейчас она начинается по-настоящему.” *Медуза.* 4 января 2023.

“Основные эпизоды войны в Донбассе за восемь лет.” *РИА Новости.* 2022.04.14.

“От 5,2 миллионов рублей за первый год службы получат добровольцы, заключившие контракт с Минобороны РФ при поддержке Правительства Москвы.” *Северинформ.* 2024.09.20. http://www.severinform.ru/index.php?page=newsfull&date=20-09-2024&newsid=305513

“Отношение населения Украины к России и населения России к Украине.” *Киевский международный институт социологии.* 17 декабря 2021. https://www.kiis.com.ua/?lang=rus&cat=reports&id=1078

Пархалина, Татьяна. “Россия-Нато: от холодной войны эпохи биполярной конфронтации до холодной войны эпохи глобализации.” *Европейская безопасность: события, оценки, прогнозы.* Выпуск 63(79). 2021.

“Перестройка 40 лет спустя: представления о перестройке и отношение к Михаилу Горбачёву.” *Левада-Центр.* 8 апреля 2025. https://www.levada.ru/2025/04/08/perestrojka40-let-spustya-predstavleniya-o-perestrojke-i-otnoshenie-k-mihailu-gorbachyovu/

“Победа Трампа обеспечит начало переговоров по Украине, считает эксперт.” *РИА Новости.* 6 ноября 2024.

Поплавский, Алексей. “«Поменяли конституцию за 8 минут»: как сторонники «майдана» взяли власть.” *Газета.ru.* 10 июня 2021.

“Портрет электоратов Ющенко и Януковича.” *Киевский центр политических исследований и конфликтологии.* 2005.01.18. https://web.archive.org/web/20150403101945/http://www.analitik.org.ua/researches/archives/3dee44d0/41ecef0cad01e/

“Появилось видео со штурмом Плехово после сообщений об участии спецназа КНДР.” *Газета.ru.* 13 декабря 2024.

“Правда о том, что произошло в Буче, откроется очень скоро.” *Коммерсантъ.* 2022.04.05.

“«Правый сектор» отправит в Крым «поезд дружбы».” *Lenta.ru.* 25 февраля 2014.

Путин, Владимир. “Встреча с руководством МИД России.” *Президент России.* 14 июня 2024. http://www.kremlin.ru/events/president/news/74285

Путин, Владимир. “Выступления Владимира Путина на заседании дискуссионного клуба «Валдай».” *Президент России.* 5 октября 2023. http://kremlin.ru/cvents/president/news/72444

Путин, Владимир. “Выступление и дискуссия на Мюнхенской конференции по вопросам политики безопасности.” *Президент России.* 10 февраля 2007.

http://www.kremlin.ru/events/president/transcripts/24034.

Путин, Владимир. “Заседание дискуссионного клуба «Валдай».” *Президент России.* 7 ноября 2024. http://www.kremlin.ru/events/president/news/75521

Путин, Владимир. “Заявление Президента Российской Федерации.” *Президент России.* 28 апреля 2025. http://kremlin.ru/events/president/news/76805

Путин, Владимир. “Интервью в эфире программы «Завтрак с Фростом» на телеканале Би-би-си.” *Президент России.* 5 марта 2000. http://www.kremlin.ru/events/president/transcripts/24194

Путин, Владимир. “Об историческом единстве русских и украинцев.” *Президент России.* 12 июля 2021. http://www.kremlin.ru/events/president/transcripts/articles/66181

Путин, Владимир. “Обращение Президента Российской Федерации.” *Президент России.* 18 марта 2014. http://www.kremlin.ru/events/president/news/20603

Путин, Владимир. “Обращение Президента Российской Федерации.” *Президент России.* 21 февраля 2022. http://www.kremlin.ru/events/president/transcripts/statements/67828

Путин, Владимир. “Обращение Президента Российской Федерации.” *Президент России.* 24 февраля 2022. http://www.kremlin.ru/events/president/transcripts/statements/67843

Путин, Владимир. “Послание Федеральному Собранию Российской Федерации.” *Президент России.* 25 апреля 2005. http://www.kremlin.ru/acts/bank/36354

Путин, Владимир. “Пресс-конференция по итогам XVI саммита БРИКС.” *Президент России.* 24 октября 2024. http://www.kremlin.ru/events/president/transcripts/75385

“Путин: независимость Косово повлечет непредсказуемые последствия.” *РИА-Новости.* 2008.02.22.

“Путин попросил перенести референдум на востоке Украины.” *РБК.* 7 мая 2014.

“Путин раскрыл детали отвода войск из-под Киева в 2022 году.” *РБК.* 28 января 2025.

“Путин: РФ ценит, что Южная Корея не поставляет вооружения на Украину.” *ТАСС.* 6 июня 2024.

“Путин считает что распад СССР стал трагедией для миллионов.” *РИА-Новости.* 5 мая 2005.

Цыплаков, Сергей. “Об основных трендах развития торговли России и Китая.” *Российский совет по международным делам.* 13 сентября 2024. https://russiancouncil.ru/analytics-and-comments/analytics/ob-osnovnykh-trendakh-razvitiya-torgovli-rossii-i-kitaya/?ysclid=mh76v1z5hx719258987

“Реакция России на ответ США по гарантиям безопасности. Полный текст.” *ТАСС.* 17 февраля 2022.

“Результаты соцопросов: рейтинги политиков. Выборы Президента Украины.” *Ukraine Elections.* https://ukraine-elections.com.ua/socopros/vybory_prezidenta

“Республика Крым: отложенный референдум. Часть первая. Сложный период.” *РИА Новости Крым.* 2016.05.05.

Робертс, Синтия. “Россия и НАТО: Пределы частичной интеграции.” *Актуальные проблемы Европы.* No. 4. 2004.

“Родители и брат нового главкома ВСУ Сырского живут в России.” *Страна.* 8 февраля 2024.

“«Российский» Крым в цифрах: Как изменился полуостров за 10 лет аннексии?” *Верстка.* 14 марта 2024.

“Российско-украинские отношения.” *Левада-Центр.* 17 декабря 2021. https://www.levada.ru/2021/12/17/rossijsko-ukrainskie-otnosheniya-10/

“Россия и Нато.” *Левада-Центр.* 6 июня 2022. https://www.levada.ru/2022/06/06/rossiya-i-nato-2/

“Россияне назвали бренд, возвращение которого ждут больше всего.” *Газета.ru.* 17 марта 2025.

“Россияне ставят на модернизаторов.” *Коммерсантъ.* 21 августа 2023.

“С 2019 года более 797 тысяч жителей Донбасса получили гражданство России.” *РИА Новости.* 6 апреля 2022.

Смирново, Наталья. “Обращение Владимира Путина о частичной мобилизации в России.” *Комсомольская правда.* 21 сентября 2022.

“Соглашение о мерах обеспечения безопасности РФ и государств-членов Организации Североатлантического договора.” *МИД РФ.* 17 дек. 2021. https://www.mid.ru/ru/foreign_policy/rso/nato/1790803/?ysclid=l6yw4pe5ro470022883

“Специальная военная операция: мониторинг.” *ВЦИОМ.* 30 мая 2022. https://wciom.ru/analytical-reviews/analiticheskii-obzor/cpecialnaja-voennaja-operacija-monitoring

“Трудовые мигранты из Северной Кореи в России: возможности и риски для работодателей.” *RUQI.* 2025.09.03.

“Указ об утверждении Концепции внешней политики Российской Федерации Владимир Путин подписал Указ «Об утверждении Концепции внешней политики Российской Федерации».” *Президент России.* 31 марта 2023.

http://www.kremlin.ru/events/president/news/70811

“Украина и Донбасс.” *Левада-Центр.* 24 февраля 2022. https://www.levada.ru/2022/02/24/ukraina-i-donbass-2/

Федеральная службы государственной статистики (Rosstat). *Труд и занятость в России.* https://rosstat.gov.ru/folder/210/document/13210#

Червоненко, Виталий. “От ненависти до поддержки: почему изменилось отношение к УПА?” *BBC Украина.* 14 октября 2017.

“Что происходило в торговле России и Китая в 2024 году.” *РБК.* 23 января 2025.

Яковенко, Игорь. “Украина воюющая: социологический портрет.” YouTube. 2023.09.14. https://www.youtube.com/watch?v=UXrdgbqGR_o.

Яковенко, Игорь. “Украина и Россия: сюжеты соотнесенности.” *Вестник Европы* No.16. 2005.

“Я не хочу, чтобы из Украины делали путинскую Россию.” *Медуза.* 3 ноября 2023.

“Эволюция Евромайдана.” *Радио Свобода.* 19 ноября 2014.

“Экономические отношения РФ и КНР продемонстрировали «устойчивый иммунитет».” *Деловая Россия.* 16 мая 2024.

“Акт проголошення незалежності України.” *zakon.rada.gov.ua.* https://zakon.rada.gov.ua/laws/show/1427-12#Text

“АТО по-народному, або чому Владімір Путін не ввів війська.” *Правий сектор.* 4 травня 2014. https://archive.is/y12mT

“Бандера прийде: порядок наведе. Як у Києві пройшла традиційна смолоскипна хода.” *НВ.* 1 січня 2021. https://nv.ua/ukr/ukraine/events/yak-u-kiyevi-proyshla-smoloskipna-hoda-v-richnicyu-dnya-narodzhennya-banderi-foto-novini-ukrajini-50133567.html

Білецький, Андрій. “Український расовий соціал-націоналізм.” *Патріот України.* 2007. https://web.archive.org/web/20080409023834/http:/patriotukr.org.ua/index.php?rub=stat&id=267

Бортник, Руслан. “Коли і за яких умов в Україні відбудуться вибори: відповіді на запитання від Руслана Бортника.” *Український інститут політики.* 19 жовтня 2023. https://uiamp.org/uk/koly-i-za-yakykh-umov-v-ukrayini-vidbudutsya-vybory-vidpovidi-na-zapytannya-vid-ruslana-bortnyka

“Війна та мир в обіцянках Зеленського: як змінювалася риторика президента щодо Донбасу.” *Слово і Діло.* 27 липня 2021.

“Громадська думка про ситуацію на Донбасі та шляхи відновлення суверенітету України над окупованими територіями." *Разумков Центр.* 11 жовтня 2019. https://razumkov.org.ua/napriamky/sotsiologichni-doslidzhennia/gromadska-dumka-pro-sytuatsiiu-na-donbasi-ta-shliakhy-vidnovlennia-suverenitetu-ukrainy-nad-okupovanymy-terytoriiamy

"Декларація про державний суверенітет України." *zakon.rada.gov.ua.* https://zakon.rada.gov.ua/laws/show/55-12#Text

"Дослідження демографії Голодомору 1932–1933 рр." *Інститут демографії та соціальних досліджень М.В. Птухи НАН України.* https://www.idss.org.ua/golodomor/html/holodomor

"Закон про перехідний період відкликали з Ради на доопрацювання." *Ukrinform.* 2022.01.25.

"Історична пам'ять: результати соціологічного опитування дорослих жителів України." *Київський міжнародний інститут соціології.* Jan. 2023. https://kiis.com.ua/materials/news/20230320_d2/UCBI_History2023_rpt_UA_fin.pdf

"Конституція України." *zakon.rada.gov.ua.* https://zakon.rada.gov.ua/laws/show/254%D0%BA/96-%D0%B2%D1%80?lang=uk#Text

Куделюк, А. "Як українці уникають мобілізації: начальник ТЦК розповів про найпопулярніші способи." *Знай.UA.* 3 травня 2023.

Лащенко, Олександр. "Клімкін: Шкодую, що Україна не розірвала дипвідносини з Росією." *Радио Свобода.* 03 жовтня 2020.

"Порошенко про Мінські домовленості: ми отримали вісім років, щоб створити ЗСУ і відновити економіку." *Європейська солідарність.* 2022.06.15.

Рагуцька, Лілія. "Ярош: якщо Зеленський зрадить Україну: втратить не посаду, а життя." *OBOZ.UA.* 27 травня, 2019.

"Ставлення українців до вирішення питання окупованих територій." *Rating Group.* 2019.10.02. https://www.ratinggroup.ua/news/otnoshenie-ukraincev-k-resheniyu-voprosa-okkupirovannyh-territoriy

"2024年中国贸易伙伴排名TOP100." *Chwang.* 2024. https://www.chwang.com/article/188225828944

북한군 대상 설문조사지. Telegram. 2024.10.20. http://t.me/spravdi/42271

북한군 보급품 배급 동영상. Telegram. 2024.10.19. http://t.me/spravdi/42230

유일한 북한군 생존자 인터뷰. Telegram. 2024.10.31. http://t.me/exilenova_plus/3080

최초의 북한군 포로 동영상. Telegram. 2024.10.18. http://t.me/exilenova_plus/2819

Colonelcassad. Telegram. 2024.12.13. https://t.me/boris_rozhin/147660

Котенок, Военкор. Telegram. 2024.12.14. https://t.me/voenkorKotenok/60689

Лайт, Романов. Telegram. 2024.12.12. https://t.me/romanov_92/45708

Єрмак, Андрій. Facebook. 2020.09.30. https://www.facebook.com/andrij.ermak.896325/posts/3257709324282927?ref=embed_post

Trump, Donald. Truth Socials. 2025.02.20. https://truthsocial.com/@realDonaldTrump/posts/114031332924234939

# 러시아-우크라이나 전쟁

## 우아한 위선에서 정직한 야만의 시대로

1판 1쇄 펴낸날 2026년 2월 24일
1판 2쇄 펴낸날 2026년 4월 8일

지은이 | 이문영
펴낸이 | 김시연

펴낸곳 | (주)일조각
등록 | 1953년 9월 3일 제300-1953-1호(구 : 제1-298호)
주소 | 03176 서울시 종로구 경희궁길 39
전화 | 02-734-3545 / 02-733-8811(편집부)
02-733-5430 / 02-733-5431(영업부)
팩스 | 02-735-9994(편집부) / 02-738-5857(영업부)
이메일 | ilchokak@hanmail.net
홈페이지 | www.ilchokak.co.kr

ISBN 978-89-337-0859-0 93340
값 28,000원